mit max bill für max bill seit 1944   von eugen gomringer

erkennen
ist eines

wissen
ein zweites

entscheiden
ein drittes

erfinden
ein viertes

erschaffen
ein fünftes

erweitern
ein sechstes

erkennen lehren
ein siebtes

wissen lehren
ein achtes

entscheiden lehren
ein neuntes

erfinden lehren
ein zehntes

erschaffen lehren
ein elftes

erweitern lehren
ein zwölftes

max bill

Herausgeber   Niggli Verlag

Mit Textbeiträgen von   Gerd Fleischmann
                         Hans Rudolf Bosshard
                         Christoph Bignens

Niggli

typografie	reklame	buchgestaltung
typography	advertising	book design

Typografische Gestaltung	Typographic Design	Hans Rudolf Bosshard
Lektorat	Publisher's Reader	Sonja Schenk
Englische Übersetzung	English Translation	Jori Lynn Walker
		Robert Thomas
Herstellung und Druck	Production and Printing	Heer Druck AG, Sulgen
Papier	Paper	Hanno'Art Top Silk 150 g/m^2
		Baumgartner Papier AG, Brunegg
Schriften	Types	Meta Plus
		Akzidenz-Grotesk
Buchbinder	Binding	Buchbinderei Burkhardt AG,
		Mönchaltorf-Zürich

Wir danken für die Förderung und Unterstützung
der Publikation:

max, binia + jakob bill stiftung, adligenswil

Dr. Angela Thomas Schmid, Zumikon

Pro Helvetia, Schweizer Kulturstiftung

Grütli Stiftung, Zürich

Wohnbedarf AG, Zürich

Inhaltsverzeichnis

Contents

Plakat «Suchard Chocolat 1826–1926»,
Entwurf, Gouache, 90,5×128 cm, 1925.

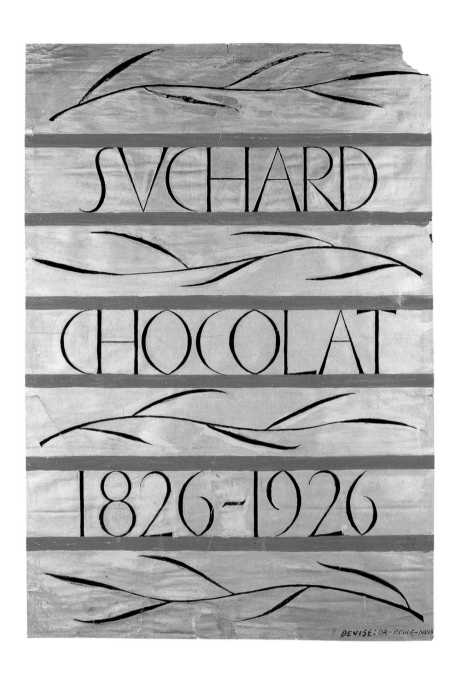

SVCHARD
CHOCOLAT
1826-1926

DEVISE: OR-ROUGE-NDIR

Max Bill was active in nearly every area of design. "Art" and "Design" were universal concepts for him, and in his work he lived out the tradition of the Bauhaus in this regard as well. Bill is known as a painter and as a sculptor, and less so as an architect. Consistent with his fidelity to the Bauhaus ideology, architecture was the highest league for him, although he himself was not able to realize many buildings as an architect. Although the architecture of Max Bill has enjoyed increased attention of late, his work is connected first and foremost with his sculptural works and his painting. Least known of all is that Bill earned his living in the early years almost exclusively by working in the areas of advertising, typography and book design. Yet already early on his commissions were concentrated around the architectural field. In the thirties Bill was called upon by the Zurich architects of the Modern for each and every propaganda objective related to the "Neues Bauen". He carried out the ideas of the "Wohnbedarf ideology" in type and image and he designed the outdoor signage for the urbanistic Zett-Haus and for the Corso Varieté theatre. The present publication makes clear that much of what the Swiss avant-garde accomplished around 1930 with regard to habitation- and housing-reform, had been visualized for the public in the atelier "bill-zürich reklame." Compared to other European centers, this unique monopoly by one graphic designer lends a high documentary value to the commercial graphic work of Max Bill comprehensively published here for the first time.

Max Bill was not one of the creators of the "New Typography" – he was nearly a generation younger than El Lissitzky. He was, however, among those who consequently developed the "New Typography". His poster design for the Suchard Chocolate Factory, for which he was awarded the first prize at seventeen years of age in 1925, is still influenced by Expressionism. The design shows traditional tendencies and aspects of the Modern corresponding to the artistic context in those years in Zurich. Bill soon made the logical transfer from the Kunstgewerbeschule in Zurich to the Bauhaus in Dessau. There he was confronted with the New Realism as well as with the international typographic avant-garde, which had already taken position with its works. However, Bill barely stayed for two years at the Bauhaus – Gerd Fleischmann has put the myth a bit into perspective that Bill himself had evoked about his Bauhaus time. Nonetheless, Bill succeeded in connecting the aesthetic concepts which he came to know through Albers, Klee, Kandinsky and others with the basic principles of the "New Typography", and in defining his own path with regard to design and typography.

One discovers Max Bill as the tireless creator of highly individual types and commercial logos as well as a designer who had a command of "visual humor" – not exactly a frequent attribute of constructive design in this country. At the same time, Bill was an enormously versatile and creative designer: from an advertising car to book design, exhibition catalogues, façade signage, posters and stationery, up to the conception of commercial advertising, Bill left no sphere unexplored. In his typeface creations Bill pursued two opposing principles and left behind therein two lines in his work: a graphic line and a sculptural line. Taking Herbert Bayer's universal type as a point of departure, Bill developed two type styles for the Neubühl housing development and the Wohnbedarf company, which depart from all then-known forms. The reason for the stretched "o" may have lain in how one perceives the text from the side; yet, behind this understanding lie formal ideas and the reductionist concept of the Bauhaus.

Max Bill war in nahezu allen Bereichen der Gestaltung tätig. Kunst und Gestaltung waren für ihn universale Begriffe und in seinem Schaffen lebte auch in dieser Hinsicht die Tradition des Bauhaus weiter. Bill ist bekannt als Maler und als Plastiker, weniger als Architekt. Ebenfalls getreu der Ideologie des Bauhaus war für ihn die Architektur die am höchsten stehende Gattung, obwohl er als Architekt wenig Bauten realisieren konnte. Zwar wurde gerade der Architektur Max Bills in jüngster Zeit vermehrt Beachtung entgegengebracht, dennoch ist sein Werk in erster Linie mit seinen plastischen Arbeiten und mit der Malerei verbunden. Am wenigsten bekannt ist, daß Bill in den frühen Jahren seinen Unterhalt fast vollständig mit Arbeiten aus den Bereichen Reklame, Typografie und Buchgestaltung verdiente. Doch schon in den frühen Jahren waren die Aufträge oftmals im Umfeld der Architektur angesiedelt: Von den Zürcher Architekten der Moderne wurde Bill in den dreißiger Jahren für jedweden Zweck der Propaganda des Neuen Bauens beigezogen. Er setzte die Ideen der ‹Wohnbedarf-Ideologie› in Schrift und Bild um, er entwarf die Aussenbeschriftungen für das urbanistische Zett-Haus und für das Corso-Varietétheater. Die vorliegende Publikation verdeutlicht, daß vieles, was die Schweizerische Avantgarde um 1930 an Lebens- und Wohnreform durchführte, im Atelier ‹bill-zürich reklame› für die Öffentlichkeit visualisiert wurde. Dieses im Vergleich mit anderen europäischen Zentren einzigartige Monopol eines Grafikers verleiht den hier erstmals umfänglich veröffentlichten gebrauchsgrafischen Arbeiten Bills einen hohen dokumentarischen Wert.

Max Bill war nicht einer der Erfinder der neuen Typografie – er war beinahe eine Generation jünger als El Lissitzky. Er war aber einer derjenigen, die die neue Typografie konsequent weiterentwickelten. Sein Plakatentwurf für die Schokoladenfabrik Suchard, für den er 1925, also siebzehnjährig, mit dem ersten Preis ausgezeichnet wurde, ist noch expressionistisch geprägt; er zeigt Tendenzen der Tradition und der Moderne entsprechend dem künstlerischen Umfeld jener Jahre in Zürich. Folgerichtig wechselte Bill schon bald von der Kunstgewerbeschule Zürich an das Bauhaus Dessau, wo er mit der Neuen Sachlichkeit konfrontiert wurde, aber auch mit der internationalen typografischen Avantgarde, die mit ihren Arbeiten bereits Position bezogen hatte. Bill hielt sich jedoch nur knapp zwei Jahre am Bauhaus auf – Gerd Fleischmann hat den von Bill selbst heraufbeschworenen Mythos seiner Bauhaus-Zeit ein wenig relativiert. Dennoch gelang es Bill ästhetische Ansätze, die er bei Albers, Klee, Kandinsky und anderen kennengelernt hatte, mit den Grundsätzen der neuen Typografie zu verbinden und seine eigene gestalterische und typografische Linie festzulegen.

Zu entdecken ist Max Bill als unermüdlicher Entwerfer von eigenwilligen Schriften und Firmenlogos sowie auch als Gestalter, der über Bildwitz verfügte – ein nicht gerade häufiges Merkmal konstruktiver Gestaltung hierzulande. Zugleich war Bill ein enorm vielseitiger und kreativer Entwerfer, vom Reklameauto über Buchgestaltungen, Ausstellungskataloge, Fassadenbeschriftungen, Plakate und Briefpapiere bis hin zur Konzeption von Werbemitteln für Firmen ließ er keinen Bereich aus. In seinen Schrifterfindungen verfolgte Bill zwei gegensätzliche Prinzipien und hat damit zwei Linien in seinem Werk hinterlassen: eine zeichnerische und eine skulpturale. Ausgehend von der Universalschrift von Herbert Bayer hat er für die Siedlung Neubühl und die Firma Wohnbedarf zwei Schriftzüge entwickelt, die von allen damals bekannten Formen abweichen. Der Grund für das breit gelagerte ‹o› mag in der Möglichkeit der seitlichen Betrachtung gelegen haben, dahinter stecken jedoch formale Ideen und das reduktionistische Konzept des Bauhaus.

The impulse for this publication came from Gerd Fleischmann, who mounted an exhibition about the same theme in the "bill house" in Zumikon in 1998. The exhibition was subsequently shown in the Kunsthalle Bielefeld in the same year. Arising from this publication as well, the exhibition "bill-zürich reklame, Max Bill: Werbegrafik und Buchgestaltung" was shown from December 1998 until March 1999 in the Museum für Gestaltung in Zurich.

For the first time the comprehensive commercial graphic design archive from Max Bill has been made accessible. Gerd Fleischmann viewed the works in the "bill house" in Zumikon and produced a list of works of the sketches and designs as well as the realized prints. Where no reference was available to enable an exact placement in time, a reasonable chronological order was decided upon. In addition, he reconstructed Bill's time at the Bauhaus and established contact with persons who studied there at the same time. Hans Rudolf Bosshard searched for further heretofore undiscovered typographical works from Bill, measured all the prints in the Zumikon archive, checked them with regard to the printing technique, and finally supplemented and reworked the list of works. In addition, he directed the selection of the extensive collection of images and their ordering in the catalogue part of the book, while writing the introductory texts. Christoph Bignens brought several of the magazine works from Max Bill to light, viewed relevant periodicals and traced the dates of publication for some of the advertisements designed by Bill. Furthermore, he and Hans Rudolf Bosshard wrote the commentaries for Bill's works and clients in the list of works. Very special thanks are extended to Dr. Angela Thomas Schmid and to Dr. Jakob Bill, both of whom most kindly supported this publication and accompanied it in word and deed. Without the works of Max Bill made available by Dr. Angela Thomas, this comprehensive publication would not have been possible.

March 1999   J. Christoph Bürkle, Verlag Niggli AG

Die Anregung zu dieser Publikation ging von Gerd Fleischmann aus, der eine Ausstellung zum gleichen Thema im ‹haus bill› in Zumikon 1998 einrichtete, die im selben Jahr auch in der Kunsthalle Bielefeld gezeigt wurde. Unter dem Titel ‹bill-zürich reklame, Max Bill: Werbegrafik und Buchgestaltung› war im Museum für Gestaltung in Zürich vom Dezember 1998 bis März 1999 eine Ausstellung zu sehen, die wiederum aus dieser Publikation hervorging.

Erstmalig ist nun das umfangreiche gebrauchsgrafische Archiv Bills zugänglich gemacht worden. Gerd Fleischmann hat die Arbeiten im ‹haus bill› in Zumikon gesichtet, Skizzen und Entwürfe sowie die ausgeführten Drucke für das Werkverzeichnis zusammengestellt und, wo kein Hinweis eine zeitliche Zuordnung ermöglichte, eine entsprechend sinnvolle Einordnung vorgenommen. Zudem hat er Bills Zeit am Bauhaus rekonstruiert und zu Personen Kontakt aufgenommen, die zur gleichen Zeit am Bauhaus studierten. Hans Rudolf Bosshard hat nach weiteren, bisher unentdeckten typografischen Arbeiten Bills geforscht, alle Drucke im Archiv in Zumikon vermessen, auf Druckverfahren geprüft und anschließend das Werkverzeichnis ergänzt und überarbeitet. Zudem hat er die umfangreiche Bildauswahl und -anordnung im Katalogteil vorgenommen und die Einführungstexte geschrieben. Christoph Bignens hat einige der Zeitschriftenbeiträge von Max Bill zutage gefördert, die einschlägigen Periodika gesichtet und manches Erscheinungsdatum der von Bill gestalteten Anzeigen ermittelt. Ferner haben er und Hans Rudolf Bosshard die Kommentare zu Bills Arbeiten und Auftraggebern im Werkverzeichnis verfaßt.

Ganz besonders gedankt sei Dr. Angela Thomas Schmid und Dr. Jakob Bill, die diese Publikation wohlwollend unterstützten und mit Rat und Tat begleiteten – ohne die von Dr. Angela Thomas Schmid zur Verfügung gestellten Arbeiten Bills wäre dieses umfassende Werk nicht möglich gewesen.

März 1999   J. Christoph Bürkle, Verlag Niggli AG

Reformhaus Egli, Fahrzeugbeschriftung, um 1930.
Foto Binia Bill.

Gerd Fleischmann

Max Bill: Bauhaus: Schrift

Jede Auseinandersetzung mit Max Bill ist auch eine Auseinandersetzung mit der Rolle des Gestalters als «Architekt, Maler, Plastiker, Graphiker, Entwerfer, Publizist und Erzieher», so wie ihn Tomás Maldonado 1955 in der ersten Monografie bezeichnete.[1]* Max Bill hatte nicht nur «Die gute Form»[2] im Blick, sondern immer auch eine bessere Welt und den «totalen menschen»[3], die materielle, geistige und gesellschaftliche Einheit der gestalteten Umwelt. Er sah in der Entwicklung der Sozialordnungen den Schlüssel für die Gestaltung einer humanen Welt. Seinen eigenen Weg beschrieb er als «den weg der verantwortung und den der kleinen schritte».[4] Seine Vision war, wie es in einem Prospekt der Hochschule für Gestaltung in Ulm hieß, «den in der Jugend zur Auswirkung drängenden Unternehmungsgeist zu lenken und die Jugend zur Mitarbeit und Mitverantwortung am gesellschaftlichen Leben zu erziehen, zur Verwirklichung von sozial bedeutenden Gestaltungsaufgaben und zur Kultivierung der Lebensform unseres technischen Zeitalters».[5]

Gestaltung, die sich auf formal-ästhetische Veränderungen beschränkt, stellte für ihn einen sinnlosen Modernismus dar. Für Bill galt, was Jan Tschichold 1930 für die Gestaltung einer genormten Zeitschrift lapidar gefordert hat: «Konstruktiv, sinngemäß und ökonomisch (= schön)»[6], oder, wie es in der Zeitschrift *ABC* zu lesen war: «Das Exakte geht über das Verschwommene, die Wirklichkeit über die Nachahmung»[7]. Max Bills 1952 veröffentlichtes Buch *FORM*[8] stellte das Programm vor – es wurde zum «Trendbuch der fünfziger Jahre»[9].

1925 hat Max Bill auf der ‹Exposition Internationale des Arts Décoratifs et Industriels Moderne› in Paris den Pavillon de l'Esprit Nouveau von Le Corbusier gesehen. Das und ein Vortrag von Le Corbusier haben ihm «den kopf verdreht»[10]. Seither stand für ihn fest, daß er Architekt werden wollte, noch nicht achtzehnjährig. Le Corbusier hat mit dem Pavillon neue Wohnformen dargestellt, eine neue Möblierung, neue Kunst und eine neue Stadtplanung für Paris, den ‹plan voisin›. Bills Interesse galt von da an dem Neuen Bauen und der neuen Gestaltung. Danach sollte sich der Architekt nicht mehr als Künstler verstehen, sondern als «Konstrukteur einer neuen Gesellschaft»[11]. Die Arbeit des Gestalters war für Bill ein Beitrag zur Entwicklung der Gesellschaft und zur Anhebung «des Kulturniveaus unserer Zeit»[12]. Sie sollte nicht der Profitmaximierung dienen, wie Design als Marketinginstrument heute, sondern einer besseren Zukunft. «Als einer der großen Neu-Gestalter der Dinge unseres täglichen Lebens, Bauens, Sehens und Wohnens steht Max Bill mitten im Kampf für ein besseres Morgen, so wie sein Landsmann Le Corbusier, wie Einstein und Oppenheimer, wie Miës van der Rohe und Gropius.»[13]

Die Abonnementseinladung des Zürcher *Dôme-Journal,* für das er 1933 den Kopf entworfen hat, liest sich wie eine Beschreibung seiner eigenen Position: «Unsere Gegenwart überblicken und die Zukunft skizzieren. Nützliche kulturelle Arbeiten dokumentieren. Unseren Staatsorganismus durch praktische Probleme unterstützen. Keinerlei Parteipolitik, aber eine Politik für kulturellen Fortschritt.»[14] Er hat Gestaltung, ähnlich wie László Moholy-Nagy in seinem Vermächtnis,[15] als eine Haltung verstanden und nicht als Beruf.

* Anmerkungen Seite 45

Max Bill: Bauhaus: Type

To consider Max Bill is to consider the role of the designer as "architect, painter, sculptor, graphic artist, designer, publicist, and educator", as Tomás Maldonado referred to Bill in the first monograph of 1955.[1]* Max Bill not only focused on "Die gute Form"[2], but also on a better world and the "total human being"[3], the material, spiritual and social unity of the designed environment. He saw in the development of social orders the key to the design of a humane world. He described his own path as "the path of responsibility and small steps".[4] In a brochure for the Hochschule für Gestaltung in Ulm, "his vision was to guide the initiative in youth so powerfully seeking expression and to educate youth towards collaboration and co-responsibility in societal life, towards the realization of socially meaningful design tasks and towards the cultivation of an appropriate form of life for our technical age".[5]

Design that was restricted to formal-aesthetic change represented a meaningless Modernism for Bill. What counted for him was what Jan Tschichold had concisely demanded in 1930 for the design of a standardized magazine: "structural, analogous and economic (= beautiful)"[6], or, as appeared in the magazine *ABC*: "The exact is superior to the vague, reality is superior to imitation"[7]. Max Bill's book *FORM*[8], published in 1952, introduced the program, and became "the trend book of the fifties"[9].

In 1925, Max Bill saw the Pavilion de l'Esprit Nouveau from Le Corbusier at the "Exposition Internationale des Arts Décoratifs et Industriels Moderne" in Paris. That, together with a lecture from Le Corbusier, "turned his head"[10]. From then on, not even eighteen years old, it was clear to him that he wanted to become an architect. With the pavilion Le Corbusier had introduced new living forms, new furnishings, new art, and a new urban planning concept for Paris, the "plan voisin". From then on Bill's interest lay with the "Neues Bauen" and the new design. Accordingly, the architect should no longer see himself as an artist, but rather as a "constructor of a new society"[11]. For Bill, the work of the designer was a contribution to the development of society and to the raising of "the level of culture of our time"[12]. Design should not serve to maximize profit, such as the current use of design as a marketing instrument, but rather serve to build a better future. "As one of the important new designers of the things in our daily living, building, seeing, and living, Max Bill is in the heart of the struggle for a better tomorrow, like his compatriot Le Corbusier, like Einstein and Oppenheimer, like Miës van der Rohe and Gropius."[13]

The subscription card for the *Dôme-Journal*, for which he designed the title text in 1933, reads like a description of his own position: "To survey our present and to sketch the future. To document useful cultural work. To support our state organs through practical problems. No party politics whatsoever, but politics for cultural progress."[14] He understood design, similar to László Moholy-Nagy in his will,[15] as a position and not as a profession.

In 1960, when Max Bill was suggested as the successor for Hans Fischli as director of the Kunstgewerbeschule in Zurich, he made the total reorganization of the school a condition for his acceptance of the position. He suggested a radical reform in order to realize that

* See endnotes page 44

Als Max Bill 1960 für die Nachfolge von Hans Fischli als Direktor der Kunstgewerbeschule Zürich vorgeschlagen wurde, stellte er eine völlige Reorganisation der Schule zur Be-
dingung. Er schlug eine radikale Reform vor, um das zu verwirklichen, was ihm mit der Hochschule für Gestaltung in Ulm nur zum Teil gelungen war: Eine Hochschule für Gestaltung mit
den Abteilungen Produktgestaltung, Planen und Bauen, Information und Erziehung, die als
Ziel hat «die Ausbildung des möglichst allgemein gebildeten Gestalters, der mit sozialem
Verantwortungsbewusstsein, mit schöpferischen Fähigkeiten und dem nötigen Fachwissen
versehen, in der Gesellschaft verantwortlich mitwirken kann»[16]. Der Gestalter sollte nicht ein
elitärer Künstler sein, sondern als politisches Wesen wirken.

Nach seinen Erfahrungen am Bauhaus Dessau waren Typografie und Reklame für ihn
nicht nur Broterwerb – so nötig dieser in den ökonomisch schlechter werdenden Jahren nach
seiner Rückkehr aus Deutschland Ende 1928 auch war. Der ‹schwarze Freitag› an der New
Yorker Börse am 25. Oktober 1929 und der Beginn der Weltwirtschaftskrise trafen Bill, als er
mit gerade einundzwanzig Jahren anfing, ein Büro als selbständig arbeitender Architekt einzurichten. Wenig bekannt, gab es für ihn kaum Aufträge, aber zu seinen Freunden zählten
Architekten vom Schweizerischen Werkbund, vor allem Rudolf Steiger und Werner M. Moser.
Das führte zu intensiver Mitarbeit an der Werkbundsiedlung Neubühl in Zürich und zu ersten
Schriftentwürfen und Reklamedrucksachen. Die ‹heiße Reklame› wurde ein Experimentier-
feld für die ‹kalte Kunst›[17]. Formentwicklungen in der angewandten Arbeit beeinflußten seine
Malerei – und umgekehrt. So entstand das *well-relief* 1931/32 parallel zum Plakat *negerkunst*.
Die geschweiften Formen in den Sammelinseraten für das Zett-Haus tauchen in Zeichnungen
und Bildern wieder auf.

Typografie, grafische Gestaltung und publizistische Arbeit hat Bill auch als Mittel zum
Zweck eingesetzt. Gestaltung bedeutete für ihn, sich unmittelbar zu engagieren. So kämpfte
er mit den Titeln der Zeitschrift *information* und den wenigen gestalteten Beiträgen, die das
schmale Budget erlaubte, sowie mit der Wochenzeitung *Die Nation* gegen den drohenden
«Fascismus», gegen nationalsozialistische Entwicklungen in der Schweiz und für Freiheit
und Demokratie, Recht und Gerechtigkeit, Friede und Fortschritt, Kultur und Menschentum
in der Schweiz. Er unterstützte mit seiner Arbeit die Hilfe für die Opfer nationalsozialistischer
Willkür, das Schweizerische Freiheitskomitee (Spanienhilfe), den Schweizer Freiwirtschaftsbund und später den Landesring.

Neben Geschäftsausstattungen, Prospekten und Plakaten erhielt die neu gegründete
Reklame-Abteilung des Bauhauses gerade in der Zeit, in der Bill in Dessau war, mehr und
mehr Aufträge für Schauwerbung, Ausstellungs- und Messegestaltung. Diese Aufgaben wurden unterstützt von systematischen Versuchen von Heinz Loew und Joost Schmidt zur Raum-
erfahrung und -inszenierung in der ‹Plastischen Werkstatt› (1927–30). In der Gestaltung von
Ausstellungen flossen alle Medien zusammen, die auch Bills Gesamtwerk bestimmen: Architektur, Plastik, Sprache, Typografie, Malerei, Fotografie. Die «informierenden Ausstellungen
des Bauhauses waren Spielräume, Experimentierfelder der Moderne zur Spiegelung und
Visualisierung der eigenen Utopie und gleichzeitig Instrumente zu deren Realisierung».[18] Bill
wollte seine typografischen Arbeiten nicht getrennt von seinen anderen Werken sehen. In der
ersten Serie retrospektiver Ausstellungen 1956/57, die im Museum der Stadt Ulm begann
und im Helmhaus Zürich endete, zeigte er neben Malerei, Skulptur, Produktform und Architektur auch Drucksachen, Plakate und Bücher.[19]

Ohne abgeschlossene Lehre, ohne formalen Abschluß und ohne erkennbare Erfahrungen oder Referenzen stürzte sich Bill nach Verlassen des Bauhauses Dessau mit der gleichen
Begeisterung in das Geschäft wie andere Bauhäusler auch. Nach Zürich zurückgekehrt und
ohne ‹Hausmacht›, fand er durch die Nähe zu Projekten des Neuen Bauens einen Zugang zur

Der seitlich angeordnete und die volle
Satzspiegelhöhe beanspruchende Kopf des
Dôme-Journal, Nr. 1, 1933.

which had only partially succeeded at the Hochschule für Gestaltung in Ulm. He sought a school of design with departments for product design, planning and building, and information and education. The goal was "the education of the most broadly educated designer, who could responsibly take part in society armed with a sense of responsible social consciousness, with creative abilities, and the necessary specialized knowledge."[16] The designer should not be an elite artist, but rather should operate as a political creature.

After his experiences at the Dessau Bauhaus, typography and advertising were not just a source of income, despite the necessity of these earnings in the economic context of the increasingly difficult years after his return from Germany at the end of 1928. The "black Friday" on the New York Stock Exchange on October 25, 1929 and the beginning of the world economic crisis affected Bill as well. Barely 21 years old, he had just begun to open his own architecture office. Little known, there were hardly any commissions for him. But among his friends were architects of the Swiss Werkbund, above all Rudolf Steiger and Werner M. Moser. This lead to intensive collaboration on the Werkbund housing development Neubühl in Zurich and to the first designs for typography and printed advertising publications. The "hot add" became an experimental field for the "cold art"[17]. Form developments in the applied works influenced his painting – and visa versa. Thereafter, the *well-relief* from 1931/32 arose parallel to the poster *negerkunst*. The curved forms in the group advertisements for the Zett-Haus appear once again in drawings and pictures.

Typography, graphic design and publicity work were also used by Bill as a means towards an end. Design meant for him to directly engage one's self. With the titles of the magazine *information* and the few designed contributions that the small budget allowed, as well as with the weekly newspaper *Die Nation,* he fought against the threat of "Fascism", against national socialist developments in Switzerland and for freedom and democracy, law and jus-

Der Kopf der Zeitung *Die Nation,* 1933 gegründet.

Architekturszene: Wohnbedarf, Siedlung Neubühl, Zett-Haus, Corso – Carl Hubacher, Rudolf Steiger, Alfred Roth und andere. Seine erste Wohnung in Zürich in der Stadelhoferstraße lag schräg gegenüber dem ‹Baumwollhof›, wo Aline Valangin und Wladimir Rosenbaum Anfang der dreißiger Jahre einen kulturellen Fokus und bald darauf auch ein Refugium für politische Flüchtlinge, insbesondere aus Italien und Deutschland, bildeten.[20]

Die ersten Versuche Bills als Grafiker waren politische Karikaturen, Werbung für eigene Ausstellungen sowie Schriftplakate. Unter dem Markenzeichen «bill-reklame» bot er bereits 1929 auf einem seiner frühen Briefbogen «werbeberatung / reklamegrafik / druckberatung / ausstellungs- und geschäftsarchitektur / schriften»[21] an. Später stempelte er seine Skizzen, Konzepte und Entwürfe nur noch mit «bill-zürich», in einem Linienrechteck, ohne jeden Zusatz, und offen für alle Bereiche der Gestaltung. «gestaltende anbietarbeit», wie Werbwart Weidenmüller in seinem Beitrag in der Zeitschrift *bauhaus*[22] es nannte, «gipfelt und wurzelt in anbietwerkbauten!» Damit ist der Bogen gespannt, der Max Bills typografische Arbeiten von Anfang an verbindet: Signete und Marken, Geschäftsdrucksachen, Prospekte, Kataloge, Anzeigen, Zeitschriften, Laden- und Fassadenbeschriftungen, Bühnenbilder, Ausstellungsgestaltung und Ausstellungsarchitektur bis hin zur Architektur für sein erstes Wohn- und Atelierhaus in Zürich-Höngg.[23]

Die gezeichnete Schablonenschrift in dem Plakat *verkauf*[24] atmet Zeitgeist und ist ein Vorgeschmack auf die ‹kombinationsschrift nr. 3› von Josef Albers für die Metallglas-Aktiengesellschaft Offenburg-Baden, die 1931 erscheint und in Heft 1, 1931, der Zeitschrift *bauhaus* veröffentlicht wird. Reduktion, Normung und die konsequente Kleinschreibung sind die Botschaften der Reklamearbeiten von Max Bill. «die anzahl der typen wird um mehr als 97 % reduziert: der setzkasten des druckers für antiqua-(latein-)schrift hat 114 typen, die kombinationsschrift nur 3.»[25] – «Internationale Verständigung durch *eine* Art Schriftzeichen [...]

Anzeige für Wohnbedarf Zürich, 285 × 54 mm, NZZ vom 29. März 1932.

tice, peace and progress, and culture and humanity in Switzerland. With his work, he supported assistance to the victims of national socialistic arbitrariness, as well as the Swiss Freedom Committee (aid for Spain), the Swiss Free Economic Union, and later the Landesring political party.

Besides commissions for commercial interiors, brochures and posters, the newly-established department for advertising in the Bauhaus received more and more commissions for print advertising, and exhibition and trade fair design – just at the time when Bill was in Dessau. These jobs were supported by Heinz Loew and Joost Schmidt's systematic investigations into spatial experience and staging in the "plastic workshop" (1927–30). In exhibition design all of the media would flow together, which also influenced Bill's œuvre: architecture, sculpture, language, typography, painting and photography. The "informative exhibitions of the Bauhaus were playrooms, experimental fields of the Modern aimed towards reflecting and visualizing one's own utopia while simultaneously revealing the instruments necessary for their realization".[18] Bill didn't want to see his typographic work as separate from his other work. In the first series of retrospective exhibitions from 1956/57, which began in the Museum of the City of Ulm and ended in the Helmhaus in Zurich, he showed printed works, posters and books, in addition to painting, sculpture, industrial design and architecture.[19]

Without a finished apprenticeship, without a formal degree, and without any discernable experience or references, Bill dove into business after leaving the Dessau Bauhaus with the same excitement as others who had been at the Bauhaus. Having returned to Zurich and lacking any "dynastic power", he found access to the architectural scene by being near projects of the "Neues Bauen": Wohnbedarf, the Neubühl housing development, Zett-Haus, Corso – Carl Hubacher, Rudolf Steiger, Alfred Roth and others. His first apartment in Zurich on the Stadelhoferstrasse lay diagonally opposite the "Baumwollhof". There, at the beginning of the thirties, Aline Valangin and Wladimir Rosenbaum had formed a cultural focus and soon after offered safe haven for political refugees, especially from Italy and Germany.[20]

Bill's first attempts as a graphic artist were political caricatures, publicity for his own exhibitions, as well as typeface posters. Using the trademark "bill-reklame", he offered services as early as 1929 on his early letterhead in "advertising consulting / advertising graphics / printing consulting / exhibition- ancommercial architecture / typography"[21]. Later, he stamped his sketches, concepts and designs merely with "bill-zürich", in a box, without any addition, and open for all areas of design. "gestaltende anbietarbeit", as Werbwart Weidenmüller called it in his contribution to the magazine *bauhaus*[22], "gipfelt und wurzelt in anbietwerkbauten!" And therein the range is defined that connects Max Bill's typographic work from the beginning: logos and labels, commercial publications, brochures, catalogues, advertisements, magazines, commercial- and facade signage, stage designs, exhibition design and exhibition architecture up to and including the design of his first home and atelier in Zurich-Höngg.[23]

The stencil drawn lettering in the poster *verkauf*[24] is infused with the Zeitgeist. It is a precursor of the "combination typeface no. 3" from Josef Albers for the Metallglas-Aktiengesellschaft Offenburg-Baden, which appears in 1931 and is published in issue number 1 of the magazine bauhaus that same year. Reduction, standardization and the consistent use of the lowercase are the messages in the advertising work of Max Bill. "the number of characters will be reduced by more than 97%: the printer's type case for the roman typeface has 114 characters, the combination typeface only three."[25] "International understanding through one design of type [...] This uniform form must satisfy various uses [...] Unity in the construction of the lines, in order to achieve exact characters [...] Composition of all lines in the primary forms of circle, square [...] consistently uniform line weight [...] There is no large and small alphabet [...]"[26]

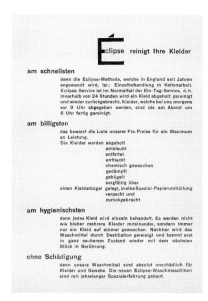

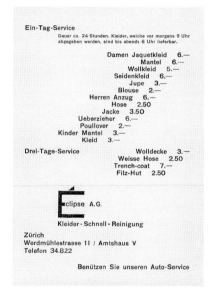

Diese Einheitsform muß verschiedenen Verwendungen Genüge leisten [...] Einheit in der Konstruktion der Staben, um exakten Charakter zu erzielen [...] Komposition aller Staben in den primären Formen Kreis, Quadrat [...] Durchgehend gleiche Balkenstärke [...] Es gibt kein großes und kleines alfabet [...]»[26]

Mit dem Aufsatz *über typografie*[27] legt Max Bill 1946 den Grundstein für das, was später Schweizer Typografie heißen wird.[28] Auf acht Seiten umreißt er die Typografie als «gestaltung von satzbildern, in ähnlicher weise, wie die moderne, konkrete malerei die gestaltung von flächenrhythmen ist», begleitet von Abbildungen aus eigenen, als beispielhaft dargestellten Arbeiten aus den Jahren 1940 bis 1945. In den zugehörigen Bildlegenden hat er die wesentlichen Argumente und Formideen seiner Buchtypografie erläutert (siehe S. 160–166). Der Schwerpunkt der Reklamearbeiten liegt in den dreißiger Jahren. Später konzentriert sich Bill vermehrt auf Bücher, als Autor oder Herausgeber, aber auch als Gestalter und Produzent mit dem eigenen Allianz-Verlag. Mit zunehmendem Erfolg als Künstler kümmert er sich danach fast ausschließlich um die Publizität seiner eigenen Werke. Die handschriftlichen und in der Regel im Siebdruck hergestellten Plakate, die er seit dem Plakat für seine Ausstellung in der Hanover Gallery, London, 1966, für die eigenen Ausstellungen entwirft und drucken läßt, sind zu einem Markenzeichen geworden. Dabei verwendet er keinen der handschriftlichen Namenszüge zweimal.

Als ein erster Hinweis auf die Gewichtung der frühen Arbeiten bis 1932 können 27 noch erhaltene Ausstellungskartons mit aufgeklebten Drucksachen und Fotos gelten, die Bill für Ausstellungen im Ausland verwendet hat, angefangen bei der Ausstellung *Gefesselter Blick* im Frühjahr 1930 im Graphischen Klub in Stuttgart und anschließend in der Graphischen Gesellschaft München als Gast des Ring ‹neue werbegestalter›, über die Ausstellung *Kunst der Werbung* in den Ausstellungshallen Essen vom 30. Mai bis 29. Juni 1931, bis zur Ausstellung *International reclamedrukwerk. Fotos en fotomontages* im Amsterdamer Stedelijk Museum, der letzten Ausstellung des Ring, beide im Sommer 1931. Die einzelnen Arbeiten sind in einer spannungsreichen, randbezogenen asymmetrischen Anordnung auf Strohpappe aufgeklebt. Bill trat mit diesen Arbeiten auf die Bühne der Werbegestaltung, als sich der politische Umbruch in Deutschland bereits deutlich abzuzeichnen begann und die Formerneuerung in der Typografie und Reklame abgeschlossen war.

Für den Katalog des Kunstgewerbemuseums Zürich *Dreissiger Jahre Schweiz, Werbestil 1930–40, die alltägliche Bildersprache eines Jahrzehnts,* 1981, hat Max Bill als Ergänzung zu seinem Text ‹funktionelle grafik und typografie› eine ungewöhnliche Auswahl an eigenen Drucksachen getroffen: Den Prospekt *amortisieren statt zinsen* für die von ihm mitbegründete Bausparkasse Bau-Kredit Zürich, 1931, einen Umschlag der antifaschistischen Zeitschrift *information,* 1932, den Kopf der linksliberalen Wochenzeitung *Die Nation,* 1933, sowie eine Werbekarte für die Kleider-Schnell-Reinigung Éclipse AG, 1937.[29]

Im Sommersemester 1928 hat die Redaktion der Bauhaus-Zeitschrift den Studierenden einen Fragebogen vorgelegt. Die eingegangenen Antworten wurden – zum Teil gekürzt – in alphabetischer Reihenfolge ihrer Einsender veröffentlicht. In seiner Stellungnahme zum Bauhaus hat Bill es einerseits für sich vereinnahmt, andererseits als zu kurz gedacht kritisiert, nachdem er nur gerade ein Jahr dort war. Er beantwortete die Fragen nicht einzeln wie die meisten anderen Bauhäusler – und auch nicht alle. Er nutzte die Umfrage als Chance, seine aktuelle Position zu dokumentieren. Die Redaktion wiederum verstärkte Bills Argumente durch Fettdruck und Sperrung und benutzte sie so als Werbung für das Bauhaus.[30]

«bevor ich ans bauhaus kam, habe ich in zürich an der kunstgewerbeschule gearbeitet, war aber unbefriedigt. / am bauhaus wollte ich zunächst architektur studieren, denn corbusier hatte mir den kopf verdreht. / mein eindruck vom bauhaus war nicht der, den ich

With the essay *über typographie*[27] from 1946, Max Bill lays the groundwork for what later will be referred to as "Swiss typography".[28] In eight pages he outlines typography as the "design of type images, in a similar way to modern concrete painting, which is the design of surface rhythms". This is accompanied by exemplary illustrations from his own work from 1940 until 1945. In the accompanying legend for the illustrations, Bill expanded on the fundamental arguments and ideas on form of his book typography (see pp. 160–166). Much of the advertising work takes place in the thirties. Later, Bill concentrates more on books, as author or publisher, as well as designer and producer with his own Allianz Publishing House. With increasing success as an artist he concerns himself almost exclusively with publicizing his own works. Posters with hand-written text, produced primarily in silk-screen technique, become a trademark. He first designed them and had them printed for his own exhibitions beginning with his show in the Hanover Gallery in London in 1966. Not once, though, does a handwritten signature appear twice.

As a first indication of the importance of the early works up until 1923, 27 extant exhibition boards with adhered printed matter and photographs can be cited which Bill had used for exhibitions abroad. This began as a guest of the "new advertising designers" ring with the exhibition *Gefesselter Blick* premiering in early 1930 in the Graphischer Klub in Stuttgart and ending in the Graphische Gesellschaft in Munich. It continued with the exhibition *The Art of Advertising* in the Ausstellungshallen of Essen from May 30 until June 29, 1931 and included the exhibition *International reclamedrukwerk. Fotos en fotomontages* in the Stedelijk Museum in Amsterdam. This was the last exhibition of the ring, both having been in the summer of 1931. Each work is glued to strawboard in an exciting, margin-oriented asymmetrical arrangement. With these works, Bill took the stage of advertising design, just as the political eruption in Germany was already taking shape and the renewal in typography and advertising form was already complete.

In 1981 the Kunstgewerbemuseum of Zurich showed the exhibition *Dreissiger Jahre Schweiz, Werbestil 1930–1940, die alltägliche Bildersprache eines Jahrzehnts*. In his contribution to the catalogue, "functional graphics and typography", Bill complemented his text with an unusual selection from his own printed work: the brochure *amortisieren statt zinsen* from the Bausparkasse Bau-Kredit Zürich (which he co-founded) of 1931, a cover from the antifascist magazine *information* from 1932, the masthead of the liberal-left weekly newspaper *Die Nation* from 1933, as well as an advertising brochure for the garment cleaning firm Éclipse AG in 1937.[29]

In the summer semester of 1928 the editors of the Bauhaus magazine passed out a questionnaire to the students. The responses were published – some lightly edited – in the alphabetical order of their authors. In his response to the Bauhaus, Bill exploited the opportunity on the one hand, while criticizing the undertaking on the other hand as incompletely thought out, since he had only been there for one year. He didn't answer the questions one after the other like most of the other Bauhaus students; and he didn't answer all of the questions, either. He used the questionnaire as an opportunity to document his current position. The editors strengthened Bill's arguments by highlighting certain passages in bold and with letter-spacing and used his remarks in this way as advertising for the Bauhaus.[30]

"before i came to the bauhaus, i worked at the kunstgewerbeschule in zurich; but i was discontented. / at the bauhaus i wanted at first to study architecture, since corbusier had turned my head. / my impression of the bauhaus was not as i expected, i was somewhat disappointed, but with time i found what had actually drawn me here: clarity. / i have not received a new outlook on life, i found my old one to an ever-increasing extent confirmed: everything that creeps and stirs, is built upon far-sighted egoism. / seen from this insight,

erwartet hatte, ich war etwas enttäuscht, aber nach und nach fand ich doch, was mich eigentlich hergezogen hat: klarheit. / eine neue lebensanschauung habe ich nicht bekommen, ich habe meine alte in immer stärkerem maße bestätigt gefunden: alles was kreucht und fleucht, ist auf weitsichtigem egoismus aufgebaut. / aus dieser einsicht heraus ist die höchste forderung für den menschen in sozialer hinsicht: die persönliche freiheit (gesell: fysiokratie durch freiland und freigeld[31]). / deshalb ist die technik so wesentlich. die technik sollte den menschen befreien, aber durch das kapitalistische system hat sie ihn noch mehr geknechtet. / vielleicht, wenn die persönliche freiheit einst da sein wird, wird jedermann sein eigener künstler sein, es wird bessere und schlechtere geben (wie heute), solche, die nur kunst machen, und solche, die für sich kunst *erleben*. / das bauhaus zu verlassen hat keinen wert, solange es draußen so aussieht, wie es eben heute ist. / ich fasse das bauhaus größer, als es in wirklichkeit ist: picasso, jacobi, chaplin, eiffel, freud, strawinski, edison usw. gehören eigentlich auch zum bauhaus. / bauhaus ist eine geistige, fortschrittliche richtung, eine gesinnung, die man religion nennen könnte.»

50 Jahre später hat er sich aus Anlaß der Wiederherstellung der Bauhausgebäude in Dessau noch einmal zu seiner Zeit am Bauhaus geäußert: «Wahrscheinlich wäre es falsch zu behaupten, allein die Bauhausdoktrin hätte meinen weiteren Werdegang bestimmt, aber sicher hat die Zeit, die ich am Bauhaus war, mich bestärkt in der Richtung, deretwegen ich dorthin gegangen bin. Das Bauhaus wurde und blieb für mich der Mittelpunkt, in dem sich die Disziplinen überschneiden und daraus alles zu Gestaltende in persönlicher Verantwortung gegenüber der Gesellschaft sich entwickelt, oder wie wir heute sagen: Die ganze Umwelt, vom Löffel bis zur Stadt, muß mit den sozialen Notwendigkeiten in Einklang gebracht werden.»[32] In einem Referat über das Bauhaus und seine gesellschaftspolitische Bedeutung heute schreibt Max Bill zur Idee des Bauhauses: «es sind unendlich viele probleme der realen umwelt, die verbesserter lösungen bedürfen, unter verbesserten lösungen verstehe ich solche, bei denen alle probleme im zusammenhang gesehen zu einer harmonischen gestalt führen, also solche, die im eigentlichen sinn des wortes gestaltet sind. [...] das was das bauhaus anstrebte, was in chicago im institute of design, oder seinerzeit in den 50er jahren an der hochschule für gestaltung in ulm versucht wurde, als bauhaus-tradition weiterzuführen, hat eine design-welle ausgelöst. der trend dieser design-welle ist offensichtlich nicht primär die bedarfsdeckung, sondern die verkaufsförderung, also nicht die mensch-bezogenen, sondern die kommerziellen überlegungen führen dazu, neue, dem jeweiligen zeittrend entsprechende formen von designern entwerfen zu lassen. diese entwicklung ist genau das gegenteil von dem, was man als das erbe des bauhauses bezeichnen darf.»[33]

Mitstudierende und Weggefährten von Max Bill haben sich zu seiner Zeit am Bauhaus selten geäußert – auch Josef Albers oder Helene Nonné-Schmidt nicht, die Witwe von Joost Schmidt, die er beide an die Hochschule für Gestaltung in Ulm berufen hat. Auch Gustav Hassenpflug, der zur gleichen Zeit wie Bill am Bauhaus Dessau studiert hat, sprach nicht über die gemeinsame Zeit. Er war 1950–56 Direktor der Landeskunstschule in Hamburg, die unter seiner Leitung nach dem Vorbild des Bauhauses in eine Hochschule umgewandelt wurde. Die Gleichzeitigkeit war auch Konkurrenz. Hassenpflug versuchte, mit dem ehemaligen Bauhäusler Kurt Kranz in Erinnerung an die Vorlehre am Bauhaus einen Grundkurs aufzubauen, der sich wie Bill auf Albers, Klee und Kandinsky bezog. Gegenüber Bills Ansatz in Ulm, der eine mit dem technischen Zeitalter übereinstimmende Kultur anstrebte, war in Hamburg die Gegenwartskunst Dreh- und Angelpunkt für eine neue Kunstschule. Hassenpflug wandte sich gegen «Luxus-Kunst» und stellte sich dem Problem des Wiederaufbaus. Er sah darin auch neue Aufgaben im Bereich der angewandten Kunst und der Formgebung für Industrieprodukte.

the highest demand for human beings in a social regard is: personal freedom (social: physio-cracy through free-land and free-money[31]). / this is why technology is so important. technology should liberate the people, but through the political system technology has subjugated the people even more. / perhaps, when personal freedom arrives one day, everybody will be his own artist, there will be better ones and worse ones (as today), those who just make art, and those who live out art for themselves. / to leave the bauhaus has no value, as long as life outside looks the way it does today. / i understand the bauhaus to be larger than it really is in reality: picasso, jacobi, chaplin, eiffel, freud, stravinsky, edison, etc. actually belong to the bauhaus as well. / bauhaus is a spiritual, progressive direction, a conviction, which one could call religion."

50 years later, on the occasion of the renovation of the Bauhaus building in Dessau, he offered remarks once again about his time at the Bauhaus: "It would probably be false to claim that the Bauhaus doctrine alone influenced my career thereafter; but certainly the time that I spent at the Bauhaus strengthened me in the direction for which I had gone there to begin with. The Bauhaus was, and remained for me, the center point in which the disciplines overlap and out of which everything to be designed develops in personal responsibility with regard to society; or, as we say today: The entire environment, from the spoon to the city, must be brought into harmony with the social necessities."[32] In a lecture about the Bauhaus and its sociopolitical meaning today, Max Bill writes about the idea of the Bauhaus: "there are endless problems in the real environment, which require improved solutions. by improved solutions i mean those in which all problems seen in connection lead to a harmonic form, to those forms then, which are designed in the real sense of the word. [...] that which the bauhaus sought, which was attempted in chicago at the institute of design, or in the fifties at the hochschule für gestaltung in ulm, trying to continue the bauhaus tradition, released a design wave. the trend of this design wave is apparently not primarily the satisfying of needs, but rather the promotion of sales. thus it's not the human-oriented, but rather the commercial-oriented deliberations which lead to designers creating new forms which correspond to a momentary trend in time. this development is exactly the opposite of that which one may call the inheritance of the bauhaus."[33]

Fellow students and colleagues of Max Bill have only seldom spoken about his time at the Bauhaus, including Josef Albers or Helene Nonné-Schmidt, the widow of Joost Schmidt, both of whom Bill called to teach at the Hochschule für Gestaltung in Ulm. Gustav Hassen-pflug, who studied simultaneously with Bill at the Bauhaus, has not spoken about the mutual time, either. From 1950 until 1956 he was the director of the Landeskunstschule in Hamburg, which was transformed under his guidance into a Hochschule using the Bauhaus as a proto-type. The simultaneity also bread competition. Together with the former Bauhaus student Kurt Kranz, Hassenpflug tried, like Bill, to build up a foundation course similar to the one at the Bauhaus, which related to Albers, Klee and Kandinsky. In contrast to Bill's position in Ulm, which sought a form of culture attuned to the technical age, contemporary art was the guiding light of the new art school in Hamburg. Hassenpflug objected to "luxury art" and turned to the problem of reconstruction. He saw therein new tasks in the area of applied art and design form for industrial products.

In 1967 Max Bill was appointed to teach in Hamburg as the professor for environmental design at this college of art, which had become a Hochschule für Bildende Künste under Hassenpflug. Bill retained this position until 1974. Within the framework of Hassenpflug's teaching activity in Weimar, Hamburg and Munich, he made a significant contribution to the receptivity of the Bauhaus in pedagogic circles of post-war Germany. As a member of the Board of Trustees of the Bauhaus Archive in Darmstadt, he was interested in keeping the

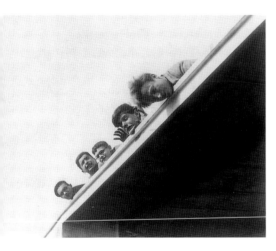

Studenten aus dem Bauhaus Dessau:
(von links) oberes Foto: unbekannte Person, Moïse Vorobeitschik, Max Bill, Heinz Walter Allner, Albert Mentzel; unteres Foto: Max Bill, Moïse Vorobeitschik, Heinz Walter Allner, Albert Mentzel, unbekannte Person. Fotos Naftalie Rubinstein, 1928. Stiftung Bauhaus Dessau.

1967 erhielt Max Bill einen Ruf auf den Lehrstuhl für Umweltgestaltung an eben diese Kunstschule, die noch unter Hassenpflug zu einer Hochschule für Bildende Künste geworden war, den er bis 1974 innehatte. Im Rahmen von Hassenpflugs Lehrtätigkeit in Weimar, Hamburg und München trug dieser wesentlich dazu bei, daß die Rezeption des Bauhauses auf pädagogischem Gebiet im Nachkriegsdeutschland aufgenommen wurde. Er war auch als Kuratoriumsmitglied des Bauhaus-Archivs Darmstadt bemüht, das Ideengut des Bauhauses lebendig zu erhalten. Bill sah in ihm einen Weggefährten, und er schrieb im Geleitwort zu einer Publikation im Juli 1985: «ich habe bestätigt gefunden, daß die bauhaus-lehre ohne zweifel für gustav hassenpflug jenen grundlegenden antrieb auslöste, der es ihm erlaubte, die seinerzeit kaum viel mehr denn als idee bestehenden prinzipien selbst erfolgreich weiter zu entwickeln in lehre und praxis. wir waren während den gleichen jahren am bauhaus. wir trafen uns später hin und wieder. ohne daß wir uns darüber unterhalten mußten, verbanden uns die probleme von gestaltung und erziehung im weitesten sinn mit dem ziel, zur verbesserung der lebensräume beizutragen. gustav hassenpflug hat mitgeholfen, die gesamtheit einer menschenwürdigen umwelt zu durchdenken. die art und weise, wie er dieses ziel anstrebte, die resultate die er vorweist, die projekte die er vorschlug, sie sind immer auf jener intelligenten gestaltungshöhe, die er erreichte ohne jede originalitätssuche, ohne zweckfremdes beiwerk. das ist der grund, weshalb seine gesamte umfassende tätigkeit von bleibendem wert ist, exemplarisch für ein handeln nach ausgeprägtem verantwortungsbewußtsein und von diszipliniertem können.»[34]

Über seine Bauhaus-Zeit hat Bill sich kaum nachhaltig geäußert, allerdings hob er immer wieder den Unterricht bei Josef Albers, Wassily Kandinsky und Paul Klee sowie Vorträge von Gastdozenten, insbesondere Mart Stam und Wilhelm Ostwald hervor. 1928 zeigte er zusammen mit Albert Braun im Bauhaus Aquarelle und beteiligte sich an der Ausstellung *junge maler am bauhaus* im Anhaltischen Kunstverein, Dessau.[35] Auf Fotos ist Bill in Rollen zu sehen, die sowohl auf Kabarett und Musik wie auf die Bauhaus-Bühne verweisen, einmal ist er verkleidet mit Clemens Rösler, Lux Feininger, Joost Schmidt, Andor Weininger und Xanti Schawinsky am Bauhaus zu sehen.[36] Max Bill hatte sich am 20. April 1927 am Bauhaus Dessau eingeschrieben, im Sommersemester 1927 belegte er den Vorkurs bei Moholy-Nagy, im Wintersemester 1927/28 arbeitete er in der Metallwerkstatt unter Moholy-Nagy. Sein offizieller Belegplan weist im Sommersemester 1928 und im Wintersemester 1928/29, das er aber nicht mehr besucht hat, nur jeweils zwei Wochenstunden aus. Er besuchte den Unterricht in der Freien Malklasse bei Kandinsky und Klee. Am 30. Oktober 1928 hat er das Bauhaus wieder verlassen.[37] Archivalien zu Bill aus seiner Zeit am Bauhaus gibt es im Bauhaus-Archiv Berlin und in den Sammlungen der Stiftung Bauhaus Dessau nicht – weder Skizzen, Zeichnungen, Bilder, typografische oder plastische Arbeiten noch Manuskripte. Auch in der umfangreichen Ausstellung *bauhaus utopien, Arbeiten auf Papier,* die 1988 in Budapest, Madrid und Köln gezeigt wurde, ist Bill nicht mit Arbeiten aus seiner Bauhaus-Zeit vertreten. Der Bestand an Arbeiten von ihm aus der Zeit danach in den Sammlungen in Berlin und Dessau ist sehr gering.[38]

Max Bill hat bis wenige Jahre vor seinem Tod in allen gedruckten Biografien stehen lassen, daß er bis Mitte 1929 am Bauhaus Dessau gewesen sei. Sein Verhältnis zum Bauhaus als Hochschule für Gestaltung allerdings war ambivalent. Auf der einen Seite hat er sich immer als ‹bauhäusler› bezeichnet und verstanden, auf der anderen Seite war er distanziert: «die haben damals alles falsch gemacht».[39] Sicher war er enttäuscht, daß er nicht in die Architekturabteilung aufgenommen wurde, wo von April 1927 an mit Hannes Meyer und Hans Wittwer nicht nur zwei Schweizer, sondern auch (mit Meyer) einer der entschiedensten Verfechter des Neuen Bauens in der Schweiz unterrichtete. Seine Lehrmethode, schrieb Meyer

ideas of the Bauhaus alive. Bill saw a like-minded colleague in him and wrote in a foreword for a publication in July, 1985: "i have seen it proven true, that without a doubt the lessons of the bauhaus released that fundamental drive in gustav hassenpflug, which allowed him to successfully further develop those principles in theory and practice which at that time were hardly more than ideas. we were at the bauhaus during the same time. we met on occasion later. without having even discussed it, we were linked by the problems of design and education in the broadest sense of the word, by the goal of contributing to the improvement of the environment. gustav hassenpflug contributed to thinking through the totality of a dignified human environment. the way in which he sought this goal, the results that he presents and the projects that he proposed are always at that intelligent design level which he reached, void of any search for originality and void of non-essential ballast. That is the reason why his entire comprehensive activity is of lasting value, exemplary for a way of working characterized by strong awareness of responsibility and disciplined ability."[34]

Bill hardly spoke about his Bauhaus time, although he repeatedly mentioned his instruction under Josef Albers, Wassily Kandinsky and Paul Klee as well as guest instructors, especially Mart Stam and Wilhelm Ostwald. In 1928, together with Albert Braun, he showed water colors in the Bauhaus and took part in the exhibition *junge maler am bauhaus* in the Anhaltischer Kunstverein of Dessau.[35] Bill can be seen in photographs in roles that refer to cabaret and music as well as to the Bauhaus stage. Once he is in costume at the Bauhaus with Clemens Rösler, Lux Feininger, Joost Schmidt, Andor Weininger and Xanti Schawinsky.[36] Max Bill enrolled at the Bauhaus in Dessau on April 20, 1927. In the summer semester of 1927 he attended the foundation course with Moholy-Nagy and in the winter semester of 1927/28 he worked under him in the metal shop. His official record-book for the summer semester of 1928 and the winter semester of 1928/29 (which he no longer attended) indicates only two hours of instruction per week. He attended the free-painting course under Kandinsky and Klee. On October 30, 1928 he left the Bauhaus.[37] In the Bauhaus Archive in Berlin as well as in the collection of the Stiftung Bauhaus Dessau there exist no archived works from Bill – neither sketches, drawings, pictures, typographic or sculptural works nor manuscripts. In the comprehensive exhibition *bauhaus utopien. Arbeiten auf Papier,* which was shown in 1988 in Budapest, Madrid and Cologne, Bill is not represented with work from his Bauhaus period either. The number of his works made after the Bauhaus in the collections in Berlin and Dessau is very minimal.[38]

Up until a few years before his death, Max Bill allowed published biographies to state that he had been at the Bauhaus until the middle of 1929. His relationship to the Bauhaus as a Hochschule für Gestaltung was certainly ambivalent. On the one hand, he always referred to himself and understood himself to be a "Bauhäusler" [one from the Bauhaus]. On the other hand he kept his distance: "they did everything wrong back then"[39]. Certainly he was disappointed at not being admitted to the Architecture Department, where, beginning in 1929, not only the two Swiss Hannes Meyer and Hans Wittwer were teaching, but (in Meyer) also one of the strongest advocates of the "Neues Bauen" in Switzerland. In a letter to Gropius, Meyer wrote that his teaching method will stand in an "absolute functional-collectivist-constructive sense in agreement with *ABC* [...]"[40]. Hannes Meyer had previously been the editor of this magazine, which, previous and parallel to *Neues Frankfurt,* was the mouthpiece for the "Neues Bauen" and design.[41]

In a letter from Mexico dated April 28, 1947 written to Waldemar Adler, Hannes Meyer describes his attempts after 1945 to reestablish contact with former Bauhaus personalities. He writes about Bill, 20 years after his entry into Bauhaus: "Max Bill, architect and commercial artist. Very enterprising business man and manager. Is everywhere, where modern art is.

in einem Brief an Gropius, werde «im absolut funktional-kollektivistisch-konstruktiven Sinne in Übereinstimmung mit *ABC* [...] stehen».[40] Hannes Meyer war zuvor auch Redaktor dieser Zeitschrift gewesen, die vor und parallel zum *Neuen Frankfurt* Sprachrohr für Neues Bauen und Gestalten war.[41]

In einem Brief aus Mexiko vom 28. April 1947 an Waldemar Adler beschreibt Hannes Meyer seine Versuche, nach 1945 wieder Kontakt zu ehemaligen Bauhäuslern aufzunehmen. Über Bill schreibt er, zwanzig Jahre nach dessen Eintritt in das Bauhaus Dessau: «Max Bill, Arch. u. Graphiker, Limmattalstr. 253, Zürich-Höngg. Sehr rühriger Geschäftsmann und Manager. Steckt in allem, was moderne Kunst ist. Habe Notizen von seiner Tätigkeit in Italien an der Triennale. Hielt vor einem Jahr einen Vortrag in Mailand über das Bauhaus, wo er plötzlich mit mir sympathisierte. Konjunktur?»[42]

Meyer übernahm im April 1928, während Bills Bauhaus-Zeit, auch die Leitung des Instituts von Walter Gropius. Sein Ziel war die «wissenschaftlich begründete Gestaltung».[43] Moholy-Nagy, bei dem Bill zunächst studiert hatte, verließ zusammen mit Gropius das Bauhaus. Die neue Programmatik von Hannes Meyer/co-op kulminierte in einem bekenntnishaften Text in Gedichtform: «[...] / alles leben ist drang zur harmonie / wachsen heißt / das streben nach harmonischem genuß von / sauerstoff + kohlenstoff + zucker + stärke + eiweiß / arbeiten heißt / unser suchen nach der harmonischen daseinsform. / wir suchen keinen bauhausstil und keine bauhausmode. / keine modisch flache flächenornamentik / [...] / wir verachten jegliche form, / die zur formel sich prostituiert. / so ist das endziel aller bauhausarbeit / die zusammenfassung aller lebenbildenden kräfte / zur harmonischen ausgestaltung unserer gesellschaft. / [...] / kunst?! / alle kunst ist ordnung. / ordnung der auseinandersetzung mit diesseits und jenseits, / ordnung der sinneseindrücke des menschenauges, / und je nachdem subjektiv, persönlich gebunden, / und je nachdem objektiv, gesellschaftsbedingt. / kunst ist kein schönheitsmittel, / kunst ist keine affektleistung / kunst ist nur ordnung. / [...] / die neue baulehre / ist eine erkenntnislehre vom dasein. / als gestaltungslehre / ist sie das hohe lied der harmonik. / als gesellschaftslehre / ist sie eine strategie des ausgleichs / der kooperativkräfte und der individualkräfte / innerhalb der lebensgemeinschaft eines volkes. / diese bau-lehre ist keine stil-lehre. / sie ist kein konstruktivistisches system, / und sie ist keine mirakellehre der technik.»[44]

In einem Brief an Marianne Brandt schreibt Herbert Hunger: «[...] was er [Bill] am BH trieb, weiß ich noch nicht, jedenfalls malte er auch, bewegte sich zwischen Moholy und Kandinsky in größeren Formaten.»[45] «Von den Schweizer Bauhäuslern war Max Bill in meinem Semester. Er war ein junger, unglaublich vitaler, begabter Maler, Grafiker und Architekt. Er beteiligte sich damals an dem Wettbewerb für den Völkerbundpalast in Genf.»[46] «Er zählt sich gern so zum letzten Vertreter des Bauhauses, gewissermaßen als Nachfolger von Pius [Pahl], was sicher in Verbindung mit der Hochschule für Gestaltung auch stimmt. Und ist schließlich, nach Henry Moores Tod, der einzige Monumental-Plastiker weltweit.»[47] «Max Bill könntest Du vom Bauhaus doch noch kennen. Er gibt sich mit Gemälden und Plastiken ab. Er hat in Ulm eine Akademie gebaut, doch scheinbar ist ihm der Bau mißlungen. Ich erinnere mich nicht, ihn in der Bauabteilung gesehen zu haben.»[48]

Da Bill die Vorlehre nicht abgeschlossen hatte, konnte er sich in keiner Abteilung einschreiben. Auch die in Dessau neu gegründete und der Druckerei angegliederte «reklameabteilung» unter der Leitung von Herbert Bayer konnte Bill nicht besuchen, da in ihr nur «angehörige der wandmalerei und der druckerei nach mindestens zweijähriger tätigkeit [...] aufnahme finden».[49] Überall aber werden die neuen Ideen diskutiert. Die Bauhaus-Zeitschriften der Zeit geben die Themen vor, die Bill auch später beschäftigen. Für Bill war das Erscheinen der ersten Nummer dieser Zeitschrift eine Offenbarung.[50]

Adreßkarten: für Max Bill, 74×52 mm, und für die Gruppe Z, 107×77 mm, 1927/28.

Have notes about his activity in Italy at the Triennale. Held a lecture a year ago in Milan about the Bauhaus, where he suddenly sympathizes with me. Positive trend?"[42]

Meyer took over the leadership of the institute from Walter Gropius in April 1928, during Bill's Bauhaus period. His goal was "scientifically-based design".[43] Moholy-Nagy, under whom Bill had recently studied, left the Bauhaus together with Gropius. The new program from Hannes Meyer / co-op culminated in a confession-like text in poetic form: "[…] / all of life is the drive towards harmony / growth means / the pursuit of harmonic enjoyment from / oxygen + carbon + sugar + starch + protein / work means / our search for harmonic forms of being. / we seek no bauhaus style and no bauhaus fashion. / no fashionable flat surface ornament / […] / we despise every form, / which prostitutes itself to a formula. / thus the final goal of all bauhaus work / the concentration of all life-forming powers / towards the harmonic formation of our society. / […] / art?! / all art is order. / the order of dealing with this world and the hereafter, / order of the sensations of the human eye, / and possibly subjectively, personally bound, / and possibly objective, socially determined. / art is not cosmetic, / art is not a work of emotion / art is only order. / […] / the new lesson of building / is a lesson of cognition in being. / as a lesson of design / it is the sublime song of harmony. / as a lesson of society / it is a strategy of equilibrium / of the cooperative forces and the individual forces / within the life-community of a people. / this lesson of building is no lesson of style. / it is not a constructive system, / and it is not a miraculous lesson of technology. […]"[44]

In a letter to Marianne Brandt, Herbert Hunger writes: "[…] I don't know yet what he [Bill] is doing at the BH [Bauhaus], in any case he painted, too, moved between Moholy and Kandinsky with much self-importance"[45] "Among the Swiss at the Bauhaus, Max Bill was in my semester. He was a young, unbelievably vital and talented painter, graphic designer and architect. He took part back then in the competition for the Völkerbundpalast in Geneva."[46] "Thus he likes to count himself among the last representatives of the Bauhaus, in a certain sense as the successor of Pius [Pahl], which, in connection with the Hochschule für Gestaltung, is certainly correct. And after Henry Moore's death [he] is certainly the only monumental sculptor in the world."[47] "You would still know Max Bill from the Bauhaus. He engages in painting and sculpture. He built an academy in Ulm, but apparently the building did not succeed. I don't remember having seen him in the building department."[48]

Since Bill had not completed the foundation studies, he was unable to enroll in any

hiermit gestatte ich mir, sie höflich darauf aufmerksam zu machen, dass innerhalb einer grösseren ausstellung in der **kunsthalle bern vom 15. juni bis 13. juli 1930** eine grössere kollektion meiner arbeiten, malerei und graphik vertreten ist. mit vorzüglicher hochachtung begrüsst sie **bill**

Einladungskarte zu einer Ausstellung in Max Bills Wohnung in Zürich, Faltkarte, geschlossenes Format 148×105 mm, 1929.

Einladungskarte zu einer Gruppenausstellung in der Kunsthalle Bern, 226×104 mm, 1930.

Die entscheidenden Publikationen zur Neuen Typografie und zur Neuen Reklame sind bereits vor Bills Eintritt in das Reklame-Geschäft erschienen: Im Oktober 1925 ging das von Jan Tschichold herausgegebene Sonderheft «elementare typographie» der *Typografischen Mitteilungen* an alle gewerkschaftlich organisierten Setzer und Buchdrucker in Deutschland. Es enthielt grundlegende Aufsätze und programmatische Äußerungen zur «neuen», «elementaren» oder «funktionellen» Typografie von allen Wortführern der Moderne sowie eine Reihe Beispielabbildungen. 1926 erschien in Heft 10 der Zeitschrift *Die Form* des Deutschen Werkbundes der Aufsatz ‹Neue Typographie› von Willi Baumeister, der ähnlich wie Bill in den frühen Jahren neben der Malerei Typografie und Reklamegestaltung angeboten hat.[51] Vom 22. Mai bis 12. Juni 1927 veranstaltete Walter Dexel im Kunstverein Jena die erste Ausstellung mit Arbeiten der jungen Gestalter unter dem Titel ‹Neue Reklame›. Auf der Einladungskarte stehen keine Vornamen, dafür hinter den Namen die Städte, aus denen die Gestalter kommen, eine Form, die Max Bill später für sich nutzt und zum Erkennungszeichen macht, wie beispielsweise: Baumberger-Zürich, Baumeister-Stuttgart, Doesburg-Paris, Huszar-Holland, Schwitters-Hannover.

Das Gewerbemuseum in Basel zeigte vom 28. Dezember 1927 bis 29. Januar 1928 die Ausstellung ‹Neue Typographie› mit Arbeiten von Theo Ballmer, Walter Cyliax, Walter Käch und Ernst Keller aus der Schweiz, von Willi Baumeister, Herbert Bayer, Max Burchartz, Walter Dexel, Paul Renner, Kurt Schwitters und Jan Tschichold aus Deutschland sowie von Vilmos Huszar, Paul Schuitema und Mart Stam aus Holland. Der Katalog enthält Walter Dexels Aufsatz ‹Was ist neue Typographie?›, der bereits am 5. Februar 1927 auf der Titelseite der Frankfurter Zeitung erschienen war – pikanterweise in der Grundschrift dieser Tageszeitung, einer Fraktur, gesetzt![52]

Die Inkunabel der Neuen Typografie, Jan Tschicholds Buch *Die Neue Typographie,* kam 1928 heraus, zwei Jahre später erschien *Eine Stunde Druckgestaltung.* Die Einführung ‹Was ist und was will die Neue Typographie?› faßt auf der einen Seite die Errungenschaften der Neuen Typografie zusammen, hebt aber bereits die früher gezogenen Grenzen wie ‹Einheit der Schrift›, die ausschließliche Verwendung von Grotesk- oder Blockschriften, ‹verbotene› Schriftmischungen oder ‹Ruhe› und ‹Ausgewogenheit› als Gestaltungsziel auf. Sie enthält einen Hinweis auf die von Bill immer wieder verwendete (gesetzte) Schreibmaschinentype: «Eine sehr eigenartige und wirksame Schriftart ist auch die Schreibmaschinenschrift.»[53]

department. The newly founded "advertising department" in Dessau was not open to Bill, either. It was a part of the printing workshop, and under the direction of Herbert Bayer, only "members of the mural-painting and the printing [departments] can be admitted after at least two years of activity".[49] But the new ideas are discussed everywhere. The Bauhaus magazines of the time present the themes that later occupied Bill as well. For Bill, the first issue of this magazine was a revelation.[50]

The decisive publications about the "new typography" and the "new advertising" appeared long before Bill's entry into the advertising business: In October of 1925, Jan Tschichold published the special issue "elementare typographie" of the *Typographische Mitteilungen*. It was sent to all union-organized typesetters and printers in Germany. It contained fundamental articles and programmatic statements about the "new", "elementary" or "functional" typography from all of spokesmen of the Modern as well as a series of sample illustrations. In 1926, the article "Neue Typographie" from Willi Baumeister appeared in issue number 10 of the German Werkbund's magazine *Die Form*. Similar to Bill in earlier years, it offered typography and advertising design besides painting.[51] From May 22 until June 12, 1927 in the Kunstverein in Jena, Walter Dexel staged the first exhibition with works from the young designers with the title "Neue Reklame". No first names are to be found on the invitation; instead, after the last name appears the city of the designer's origin. Max Bill used this form later for himself and made it into a trademark, such as: Baumberger-Zürich, Baumeister-Stuttgart, Doesburg-Paris, Huszar-Holland, and Schwitters-Hannover.

The Gewerbemuseum of Basle showed the exhibition "Neue Typographie" from December 28, 1927 until January 29, 1928, with works from Theo Ballmer, Walter Käch and Ernst Keller from Switzerland, Willi Baumeister, Herbert Bayer, Max Burchartz, Walter Dexel, Paul Renner, Kurt Schwitters and Jan Tschichold from Germany, Vilmos Huszar, Paul Schuitema and Mart Stam from Holland. The catalogue contains Walter Dexel's essay "Was ist neue Typographie?", which had already appeared on the title page of the Frankfurter Zeitung on February 5, 1927. Oddly enough, the article was set in the newspaper's body type – a blackletter type![52]

The fountainhead of the "Neue Typografie", Jan Tschichold's book *Die Neue Typographie,* appeared in 1928, while two years later *Eine Stunde Druckgestaltung* appeared. The introduction "Was ist und was will die neue Typografie?" summarizes, on the one hand, the accomplishments of the "Neue Typografie", while simultaneously revoking the previously set boundaries such as "unity of typeface", the exclusive use of sans-serif- or block letters, "forbidden" typeface mixtures, or "quietness" and "balance" as design goals. It contains a reference to typewriter type, repeatedly used (set) by Bill: "a most unique and effective type is also typewriter type."[53]

Max Bill used the most conspicuous and idiosyncratic form of communication in the Bauhaus – the avoidance of capitals[54] – consistently after his Bauhaus period. Apparently he stuck to the requirements laid out by Herbert Bayer for commercial printed matter in the Bauhaus printshop, as seen in the two letterhead stationary sheets and address cards from the time in Dessau: "we do not use capitals, since we save time that way". (That is perhaps true for the writer and the typewriter manufacturer – certainly, though, to the disadvantage of the reader). Water colors from the Bauhaus period are signed with the capital letters BILL or signed with the full name in uppercase and lowercase.[55] That is also the case for his first works after his return to Switzerland.[56] But already in the invitation to his first apartment exhibition on the Stadelhoferstrasse 27 from November 1 until December 1, 1929, the text is consistently printed without capitals. The text, nonetheless, is not in sans-serif, which would be expected from an unadulterated teaching interpretation, but rather a bold roman. Max Bill

kontrete
kunst

18·märz
bis
16·april
1944

kunsthalle
basel

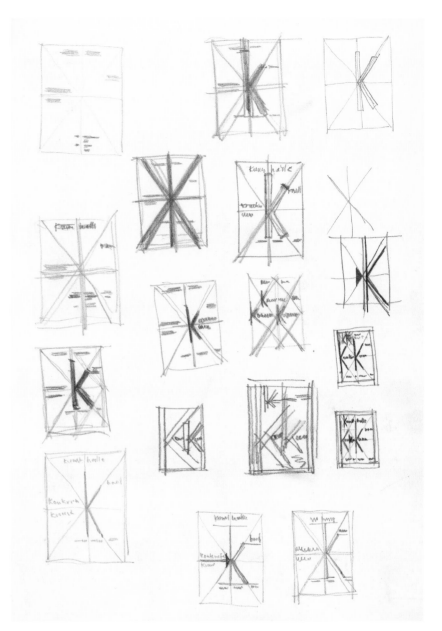

Skizzen mit verschiedenen Motiven zum Plakat *konkrete kunst*, Kunsthalle Basel, 1944 (das ausgeführte Plakat s. S. 222).

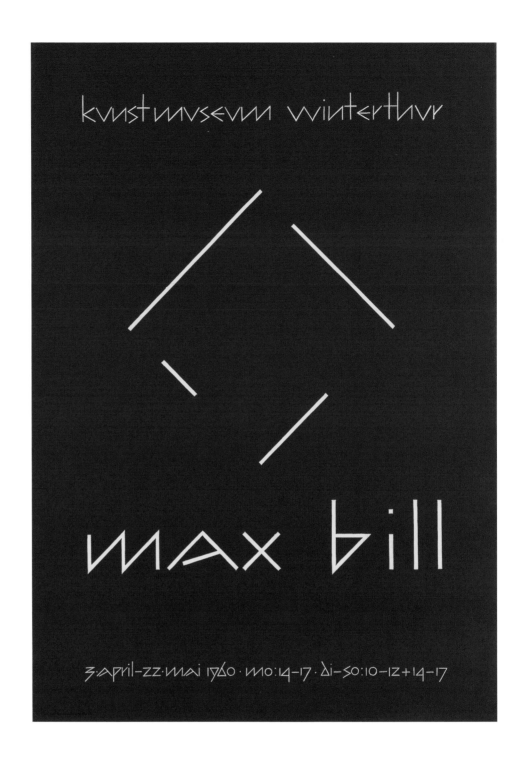

Plakat *max bill,* Kunstmuseum Winterthur, Buchdruck, Linolschnitt, 70×100 cm, 1960.

›du‹ – do it yourself, Anleitung zum Herstellen einer Bill-Plastik, 210×297 mm, 1970.

Max Bill hat die auffälligste Eigenheit der Kommunikationsformen des Bauhauses – die Kleinschreibung[54] – für sich erst nach seiner Bauhaus-Zeit konsequent angewandt. Lediglich in den beiden Briefbogen und Adreßkarten aus der Zeit in Dessau, die wohl in der Bauhaus-Druckerei entstanden sind, hält er sich an die Vorgabe, die Herbert Bayer auf die Geschäftsdrucksachen des Bauhauses setzen ließ: «wir schreiben alles klein, denn wir sparen damit zeit». (Das gilt vielleicht für den Schreiber und den Hersteller der Schreibmaschine – sicher aber auf Kosten des Lesers). Aquarelle von Max Bill aus der Zeit am Bauhaus sind mit Versalien BILL oder mit dem vollen Namen in gemischter Schreibweise signiert.[55] Das gilt auch für die ersten Arbeiten nach seiner Rückkehr in die Schweiz.[56] Aber bereits in der Einladung zu seiner ersten Zimmerausstellung in der Wohnung Stadelhoferstraße 27 vom 1. November bis 1. Dezember 1929 steht der Text in konsequenter Kleinschreibung. Die Schrift allerdings ist keine Grotesk, wie nach der reinen Lehre zu erwarten wäre, sondern eine fette Antiqua. Die Kleinschreibung hat Max Bill beibehalten und heftig propagiert. In Ulm galt sie zumindest für alle internen Papiere und Drucksachen. Nach außen wurde mit Rücksicht auf die Adressaten auch die gemischte Schreibweise verwendet. Diesen pragmatischen Kompromiß ist Bill auch in seinen frühen Arbeiten eingegangen, wenn ein Kunde nicht ‹fortschrittlich› genug war. Auch in seinen eigenen grafischen Arbeiten und Büchern kommen beide Schreibweisen vor. Erstaunlich ist daher, wieviele Schweizer Geschäftskunden er in den dreißiger Jahren von der Kleinschreibung überzeugen konnte.

Der Beitrag ‹schrift?› von Joost Schmidt im gleichen Heft der Zeitschrift *bauhaus*, in dem Bills Antwort auf den Fragebogen zum Bauhaus erschienen ist, faßt sowohl die breite Diskussion um die Kleinschreibung und die Reform der deutschen Sprache (unter anderem Walter Porstmann[57]), wie auch die Diskussion um die Einschriftigkeit (beispielsweise Jan Tschichold[58]) und die Vereinfachung der Schriftzeichen zusammen (wie Josef Albers und Herbert Bayer[59]). Alle Versuche, gegen die seit der Renaissance tradierten Schriftformen neue, vereinfachte zu setzen, sind jedoch gescheitert – zumindest für Lesetexte.[60] Die Bauhaus-Ideen zur Schrift und auch Bills Entwürfe übersehen, daß gerade die Vielgestaltigkeit der Einzelzeichen innerhalb einer formalen und rhythmischen Einheit oder eines gemeinsamen Duktus die Qualität einer guten und lesbaren Schrift ausmacht. Die Protagonisten der Moderne hatten allerdings eher formale Aspekte der Reklame, des Films oder von Werbe- und Ausstellungsarchitekturen im Blick, nicht die Lese- oder Buchtypografie. Sie waren fasziniert von der Geschwindigkeit und von den neuen Kommunikationsmitteln. Die Zeitung mit ihren Schlagzeilen, ihren knappen Meldungen und ihrer ins Auge springenden Form sollte auch Vorbild für das Buch sein: «Die Schnelligkeit und Gedrängtheit des Films hat auch die Literatur in die Richtung filmisch-momentbildhafter Gestaltung beeinflußt. An die Stelle des Romans ist die short story getreten».[61] Einzelne exponierte Wörter in diesen Bereichen können in jeder Schrift gesetzt werden, da sie als Bildzeichen wirken – und auch wirken sollen. Für Lesetexte dagegen gilt, daß den Leser nicht die Buchstaben und die Formen der Wörter interessieren sollen, sondern nur der Sinn der durch sie visualisierten Gedanken und Sachverhalte. Alles, was sich zwischen den Leser und den Inhalt stellt, stört die Kommunikation, die Typografie muß unsichtbar bleiben.

Bill hat Formprobleme zunächst auf dem Papier ausgetragen. Für die Ausstellung ‹konkrete kunst› in der Kunsthalle Basel, 1944, hat er Hunderte von Bleistiftskizzen angefertigt. Er versuchte darin sowohl ein allgemeingültiges Motiv, als auch eine optimale Textfigur für das Plakat zu finden. Einmal entsteht die Bildidee aus der Buchstabenform, dann wiederum bestimmen geometrische Flächenteilungen die Formen einzelner Buchstaben.[62] Die Diagonalstruktur des k in den drei Wörtern «konkret», «kunst» und «kunsthalle» und das ähnliche b führten zunächst zu einer diagonalen Komposition. Damit waren die Winkel gegeben, der

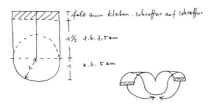

retained and strongly propagated the avoidance of capitals. In Ulm this was the rule, at least for all internal papers and printed matter. For external communication conventional capitalization was used in consideration of the reader. Bill entered into this pragmatic compromise in his early work, too, when a customer was not "progressive" enough. The conventional approach appears in his own graphic works and books, as well. It is astounding therein to witness how many Swiss business clients Bill could persuade not to use capitals in the thirties.

The contribution "schrift?" from Joost Schmidt appeared in the same issue of the magazine *bauhaus* as Bill's response to the questionnaire. Schmidt summarizes the wide discussion concerning capitalisation and the reform of the German language (among others Walter Porstmann[57]), as well as the discussion concerning a uniform typeface (for example Jan Tschichold[58]) and the simplification of the characters (like Josef Albers and Herbert Bayer[59]). All attempts to replace type styles that had been handed down since the Renaissance with new and simplified ones failed, at least for texts meant to be read.[60] The Bauhaus ideas concerning type, as well as Bill's own designs overlook the fact that precisely the variability of form of the individual characters within a formal and rhythmic unit or within a series, was where the quality of a good and readable typeface arose. The protagonists of the Modern had their eye on more formal aspects of advertising and film, or advertising- and exhibition architecture and not typography that was meant to be read or appear in a book. Speed and the new means of communication fascinated them. The newspaper with its headlines, brief reports and catchy form should be the prototype for book design: "The speed and conciseness in film has also influenced literature, moving it towards the film-like design of ephemeral imagery. The short story has replaced the novel".[61] Single exposed words in this genre can be set in any typeface, since they operate as sign-forms – as they well should. But for texts to be read, the letters and the form of the words should not be of interest to the reader, but rather only the sense of the visualized thoughts and circumstances conveyed by them. Everything that interferes between reader and content interferes with the communication; the typography must remain invisible.

Bill dealt with problems of form by working on paper. He prepared hundreds of pencil sketches for the exhibition "konkrete kunst" in the Kunsthalle Basle in 1944. He tried to find a universally valid subject as well as an optimal text figure for the poster. One time the idea for an image arises out of the form of the letters, while another time geometric surface divisions influence the form of individual letters.[62] The diagonal structure of the k in the three words "konkret", "kunst" and "kunsthalle" and the similarity of the letter b lead immediately to a diagonal composition. The angles were automatically given, and the typeface should also follow them. The mixture of uppercase and lowercase forms reminds one of the "attempt at a new typeface" from Jan Tschichold in 1926–29 and of the "New graphic system typeface" from Kurt Schwitters in 1927.[63] The Grecian forms dominated for Bill; the type that he designed is more autonomous form than a readable offering. It was used a second time for the poster *pevsner, vantongerloo, bill* in 1949 in the Kunsthaus in Zurich. It found its widest use on the two Europe stamps that Max Bill designed for the Swiss Post Office in 1974. One 30-cent stamp was red with an image of his destroyed sculpture *kontinuität* from 1947, while the other, a 40-cent blue one, showed the statue *Die Amazone* by Carl Burckhardt. But this Grecian typeface reached its most powerful effect in the poster for his exhibition in the Kunstmuseum in Winterthur from 1960. Here, it was connected to the graphics, for which he used the same elements as for the letters. On the side of a imaginary square that is standing on a corner, a length similar to the line weight of the typeface is removed. The dimensions of the four parts form the series 1, 2, 3, 4. But here, because of their various directions and relationships, they have a different, mysterious effect. The longest of these straight lines also

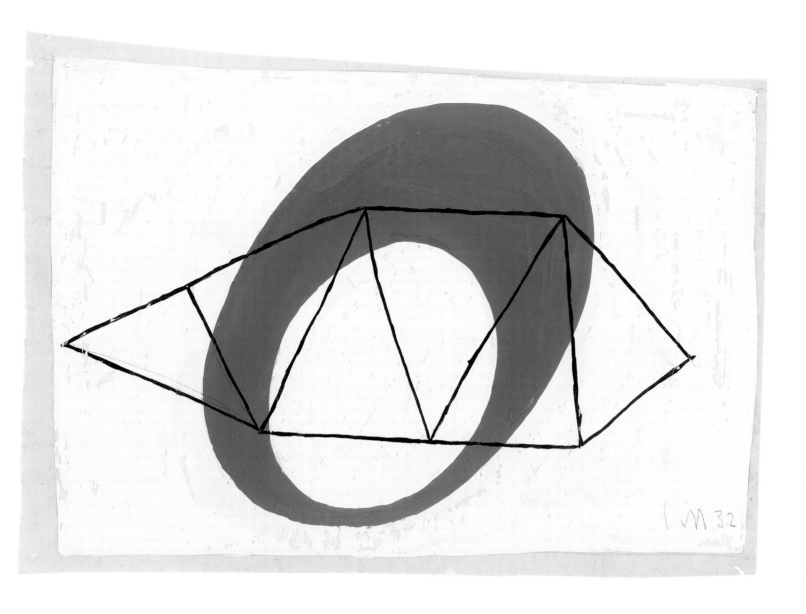

Entwurf für Wandmalerei mit großem O, Gouache,
ca. 300×200 mm, 1932.
Ladenbeschriftung Wohnbedarf, Claridenstraße 47,
Zürich, 1931. Foto Binia Bill.

Seite gegenüber: Schriftzug für ein Jazzorchester,
dreißiger Jahre.

eine schrift aus wortbildern:
durch betonung der vokale
lesbar mit hilfe von maschinen
besser lesbar für den menschen:
eine schrift unserer zeit.

memorandum
idea philomela
look back anger
typografy abitur

aäbcde
fghhiik
lmnopr
rssttuv
wwee y

forms one side of the square. The seemingly symmetrical order shows itself, by closer examination, to be a richly exciting composition. Only in this manner, and by no other means, can the closed effect be reached of the open square as an unstable balance between the text lines "kunstmuseum winterthur" and "max bill". In contrast to the later stamp version, the A is open below.

The delight and force with which Max Bill wrote can not only be recognized in the handwritten posters for his own exhibitions since 1966. In countless sketches he repeatedly experimented with single characters, such as in the letter f in the word "farbe" for the poster accompanying the exhibition "die farbe" in the Kunstgewerbemuseum of Zurich, in 1944. And in the playful construction directions ›du‹ – do it yourself, too, from the exhibition "max bill, grafiken aus 30 jahren" in Hamburg from 1970. Here he shows singularities in the particular characters, such as in the b or the d, as well as totally unexpected recourse to historic forms, such as the small e for the modified vowels.

In his typeface creations, Bill pursued two opposing principles and therein left behind two basic lines in his work – one related to drawing and one to sculptural. Both ideas for typeface are already united in one gouache from 1932: the graphic-linear and the plastic-round. Using Herbert Bayer's "Universal" type as a point of departure, he developed two let-

da ich die welt durch die sprache entdeckte
habe ich lange zeit die sprache für die welt gehalter
ich nahm worte für quintessenz der dinge.

                                    sartre

milano simplify jambo
apply languages ai comuni sviluppi

das teema diizjs buuxjs cṫäll di aotgaabj, di critt
aostsuwääljn, di glaexjrmaasjn fvn aotomaatjn unt
mäncjn gjleezjn weerdjn kan.
um di aotgaabj aabjr vptimaal tsu ärfüljn, wirt
aenj nvöj crift gjcnitjn weerdjn müsjn. der äntwurf
aenjr nvöjn crift müstj aof infvrmatsioonspsüxo
loogicjn unt clatisticjn untjrzuuxuqjn unt aof
maksiimjnkataloogjn aofbaojn. in djn maksiimjn
kataloogjn würdjn alj bjtaelixtjn faxrixtuqjn iirj
fvrdjruqjn tsuzamjntraagjn unt zeer algjmaen
fvrmuliirjn.

«eine schrift aus wortbildern», Probetext, Andruck.
«memorandum», Probetext, Filmnegativ.
Buchstabenproben mit a, e, i, o, u, y als fette Vokale,
Filmnegativ.

«da ich die welt ...», Probetext, ohne oder nur mit
geringer Betonung der Vokale, Filmnegativ; im letzten
Wort sind auch die Konsonanten fett.
«das teema diizjs buuxis ...», Probetext in optopho-
netischer Schreibweise, Andruck.

auch die Schrift folgen sollte. Die Mischung von Versal- und gemeinen Formen erinnert an
den ‹Versuch einer neuen Schrift› von Jan Tschichold, 1926–29, und an die ‹Neue plastische
Systemschrift› von Kurt Schwitters, 1927.[63] Bei Bill dominierten die gräkisierenden Formen,
die von ihm gezeichnete Schrift ist mehr autonome Form als ein Leseangebot. Ein zweites
Mal wurde sie für das Plakat *pevsner, vantongerloo, bill*, Kunsthaus Zürich, 1949, verwendet.
Die größte Verbreitung fand sie auf den beiden Europa-Briefmarken, die Max Bill 1974 für die
Schweizerische Postverwaltung entworfen hat, einen roten 30-Rappen-Wert mit der Abbildung seiner zerstörten Skulptur *kontinuität* von 1947 und einen blauen 40-Rappen-Wert mit
der Abbildung des Standbildes *Die Amazone* von Carl Burckhardt. Ihre stärkste Wirkung jedoch erreicht diese gräkisierende Schrift im Plakat für seine Ausstellung im Kunstmuseum
Winterthur, 1960, in Verbindung mit einer Grafik, in der er die gleichen Elemente verwendet
wie für die Buchstaben. Auf den Seiten eines gedachten, auf der Spitze stehenden Quadrats
ist jeweils eine Strecke in ähnlicher Strichstärke wie die der Schrift abgetragen. Die Maß-
zahlen der vier Strecken bilden die Folge 1, 2, 3, 4. Sie wirken allerdings aufgrund der
unterschiedlichen Richtungen und Lagebeziehungen anders, geheimnisvoll. Die längste dieser Strecken bildet zugleich eine Seite des Quadrats. Die systematische Anordnung zeigt
sich bei näherem Hinsehen als spannungsreiche Komposition, die nur so und nicht anders

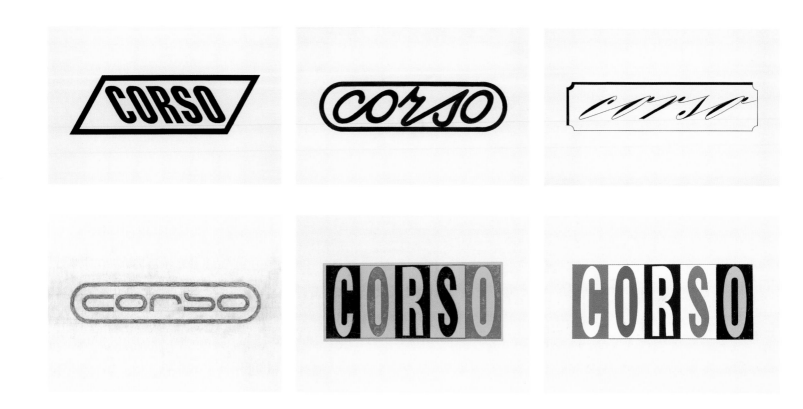

tering systems for the Neubühl housing development and the firm Wohnbedarf, which take
leave from any forms then known. The reason for the stretched o in "wohnbedarf" may indeed have been to aid its legibility from the side. Yet this alone does not justify the o being a
true oval. The lettering is used, too, in the same unchanged stretched form in advertisements
and commercial printing, upon which one's glance falls perpendicularly. The explanation
helps; but behind it lie formal ideas as well as reductionist concepts from the Bauhaus. The
same circular openings in the b, d, e and o as well as in the word "wohnbedarf" and in the
substantially smaller type for "neubühl", have an effect like a later echo of the circular opening above the garden of Corbusier's Pavilion de l'Esprit Nouveau, which Bill saw in 1925.

In a series of pencil drawings on sketch paper, repro film and paste-ups from single
contact prints, Bill attempted to develop a "typeface from word-images" at the beginning of
the sixties. The type should be "readable with the aid of machines by emphasizing the vowels, and more readable for people: a typeface for our time". With this argument he takes up
the advertising slogan for Futura from the end of the twenties – perhaps a memory of the experiments at the Bauhaus. The idea, similar to Schwitter's "Optophonetik", was to find a correspondence in the appearance of the words with their acoustical form by emphasizing the
vowels. This would increase the reading speed with regard to its industrial effectiveness.

38

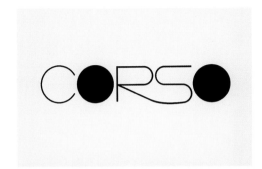

die geschlossene Wirkung des geöffneten Quadrats als labiles Gleichgewicht zwischen den beiden Textzeilen «kunstmuseum winterthur» und «max bill» erreicht. Das A ist gegenüber der späteren Version auf den Briefmarken unten offen.

Die Lust und die Kraft, mit der Max Bill geschrieben hat, ist nicht nur in seinen handschriftlichen Plakaten zu eigenen Ausstellungen seit 1966 zu erkennen. Er hat in unzähligen Skizzen immer wieder Versuche zu einzelnen Zeichen gemacht, so etwa zum f im Wort ‹farbe› für das Plakat zur Ausstellung ‹die farbe› im Kunstgewerbemuseum Zürich, 1944. Aber auch die spielerische Bastelanleitung ›du‹ – do it yourself zur Ausstellung ‹max bill, grafiken aus 30 jahren› in Hamburg, 1970, zeigt sowohl Eigenheiten in den Einzelformen, so etwa beim b oder beim d, wie auch ganz unerwartete Rückgriffe auf historische Formen, wie die kleinen e für die Umlaute.

Bill hat in seinen Schrifterfindungen zwei gegensätzliche Prinzipien verfolgt und damit zwei Linien in seinem Werk hinterlassen, eine zeichnerische und eine skulpturale. Beide Schriftideen sind bereits in einer Gouache von 1932 vereint: die zeichnerisch-lineare und die plastisch-runde. Ausgehend von Herbert Bayers Schrift ‹Universal› hat er für die Siedlung Neubühl und die Firma Wohnbedarf zwei Schriftzüge entwickelt, die abweichen von allen damals bekannten Formen. Der Grund für das breit gelagerte o in ‹wohnbedarf› mag zwar

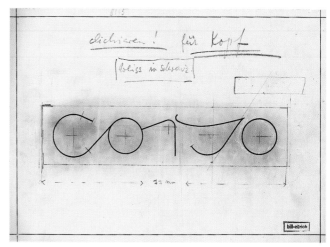

Corso-Theater, Zürich, Fassadenbeschriftung, Entwurf, Pastell
auf Transparentpapier, 350×416 mm, 1934.

Corso-Theater, Zürich, Reinzeichnung, Tusche auf Transparentpapier,
295×210 mm, 1934.

The most striking are the bold vowels a, e, i, o, u with their circular inner spaces. This
was a theme that already interested Bill in his *langen plastik* from 1933, which had a circular
hole somewhat below the middle. The e departs the most from familiar lettering. It is related
to the e that Bill had already used for lettering for Wohnbedarf and Neubühl. The unfinished
concluding stroke reminds one of a construction diagram of a Grotesque typeface from Joost
Schmidt from 1925. Here, Schmidt made this the basis of the two hours of typeface instruction per week within the framework of the foundation course: "four circles in a square, three
verticals, three horizontals, the two large and the four small diagonals; these are the elements with which you can make all of your letters."[64]

For other special forms such as the d, the g or the s, there are forerunners in Bill's
handwriting – constantly for the d. He already had used the s without its upper curve in 1934
for one of the unused logos for the Corso Varieté theatre. Here, though, the s was rigid in a
sequence of constructed signs of straight elements, half- and quarter circles and in an oval
of nearly the same weight. Two s-forms, "äss" and "schee", appear in the "toitsches grundalfabet"[65] [German basic alphabet] from Porstmann. They show a disappearing neck and a
clear stomach that supports the tendency to simplify the complicated s-form. Despite his
preference for lowercase, the capital letters that Bill designed for the "type from word-

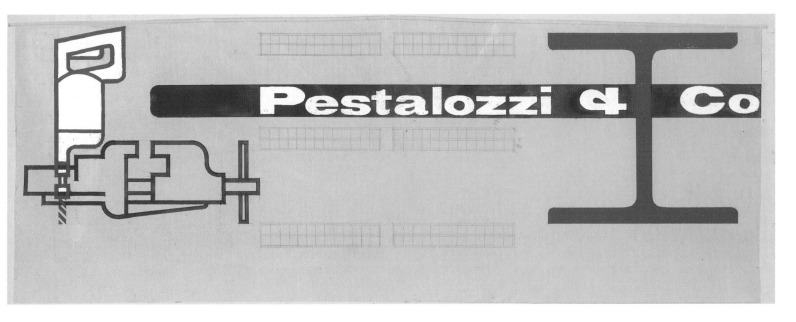

Pestalozzi & Co, Lagerhaus am Mythenquai in Zürich,
Architekt: Ernst F. Burkhardt, 1934, Foto aus Jubiläums-
broschüre Pestalozzi & Co, 1938.
Fassadendekoration Pestalozzi & Co, Entwurf, Bleistift
und Gouache auf Transparentpapier, auf Karton
montiert, ca. 515×190 mm, 1934.

gewesen sein, daß es von der Seite aus lesbar sein sollte. Das allein aber begründet nicht,
daß dieser Buchstabe ein regelrechtes Oval ist. Der Schriftzug wird in gleicher breitlagernder
Form unverändert auch in Anzeigen und Geschäftsdrucksachen verwendet, auf die der Blick
orthogonal fällt. Die Begründung ist ein Behelf, dahinter stecken sowohl formale Ideen wie
auch das reduktionistische Konzept des Bauhauses. Die gleichen kreisrunden Öffnungen in
b, d, e und o sowohl in ‹wohnbedarf› wie in der wesentlich schmaleren Schrift für ‹neubühl›
wirken wie ein später Nachklang an die kreisrunde Öffnung über dem Etagengarten des Pavillon de l'Esprit Nouveau von Le Corbusier, den Bill 1925 gesehen hat.

In einer Serie von Bleistiftzeichnungen auf Skizzenpapier, Reprofilmen und Montagen
aus einzelnen Papierkontakten versuchte Max Bill Anfang der sechziger Jahre «eine schrift
aus wortbildern» zu entwickeln, die «durch betonung der vokale lesbar mit hilfe von maschinen, besser lesbar für den menschen [ist]: eine schrift unserer zeit». Er greift mit diesem
Argument den Werbeslogan für die Futura vom Ende der zwanziger Jahre auf – vielleicht eine
Erinnerung an Versuche am Bauhaus. Die Idee dabei war, ähnlich wie bei Schwitters' ‹Optophonetik›, durch die Betonung der Vokale für das Aussehen der Wörter eine Entsprechung
zu der akustischen Form zu finden und so die Lesegeschwindigkeit im Sinne industrieller
Effektivität zu erhöhen.

images" remind one more of image elements from the earlier years than of characters. The circular openings are a theme in the vowels as well, though only the o reminds one of a common letterform. Bill pursued the idea of lettering with extremely conspicuous and bold vowels in many pencil drawings on sketch paper in countless variations – for a roman typeface as well as for an italic one. From the drawings, reductions were made on film, and then paper contact prints were made from these. He mounted words and whole sentences from these single characters, which, reduced once again, were made into blocks and proofed. These typeface experiments were not taken so far as to find use.[66] This is no surprise when seen opposite the Grecian Bill typeface. We do not read with the vowels, but rather with word-images, which are primarily formed by the ascenders and descenders of the consonants. Other languages even go so far as to write only the consonants, while indicating the vowels by additional small dots and dashes; or they are not reproduced at all, such as in Arabic and Hebrew.

One of the most unique signs that Bill produced is the bold & in the lettering for "Pestalozzi & Co", which can still be seen today as an "advertising monument" on the former warehouse building of the firm on the Mythenquai in Zurich.[67] He designed a similar figurative ampersand at about the same time in normal weight for the advertisement and the poster *antik & modern* for "Wohnbedarf".

"Abstract art begins with the type."[68] Max Bill would say: the concrete.

Max Bill in seinem Atelier in Zürich-Höngg, Briefmarkenentwürfe präsentierend, um 1935. Farbfoto Binia Bill.

Am auffälligsten sind die fetten Vokale a, e, i, o, u mit ihren kreisrunden Innenräumen, ein Thema, das Bill bereits in seiner *langen plastik* von 1933 bewegte, die etwas unterhalb der Mitte ein kreisrundes Loch hat. Das e weicht am meisten von bekannten Schriftformen ab. Es ist verwandt mit dem e, das Bill bereits in den Schriftzügen für Wohnbedarf und Neubühl verwendete. Der unvollständige Endstrich erinnert an das Konstruktionsschema einer Grotesk von Joost Schmidt von 1925, das dieser zur Grundlage seines Schriftunterrichts von zwei Wochenstunden im Rahmen des Vorkurses gemacht hatte: «Vier Kreise im Quadrat, drei Vertikale, drei Horizontale, die zwei großen und die vier kleinen Diagonalen, das sind die Elemente, mit ihnen könnt ihr alle Buchstaben machen.»[64]

Für andere Sonderformen, wie das d, das g oder das s, gibt es in Bills Handschrift Vorbilder – durchgängig für das d. Das s ohne den oberen Bogen hat er bereits 1934 in einem der nicht verwendeten Schriftzüge für das Varietétheater Corso eingesetzt, allerdings streng in einer Folge konstruierter Zeichen aus Geraden, Halb- und Viertelkreisen und in einem Linienoval von annähernd gleicher Stärke. Bei Porstmann erscheinen im ‹toitschen grundalfabet›[65] zwei s-Formen, ‹äss› und ‹schee›, mit verschwindendem Kopf und deutlichem Bauch, die die Tendenz unterstützen, die komplizierte s-Form zu vereinfachen. Die Versalien, die Bill trotz seiner Vorliebe für die Kleinschreibung für die «schrift aus wortbildern» entworfen hat, erinnern mehr an Bildelemente der frühen Jahre als an Schriftzeichen. Die kreisrunden Öffnungen sind auch da Thema in den Vokalen, wobei nur noch das o an gewohnte Letternformen erinnert. Die Idee der Schrift mit den extrem auffälligen und fetten Vokalen hat Bill in vielen Bleistiftzeichnungen auf Skizzenpapier in immer neuen Varianten verfolgt, sowohl für eine geradestehende Schrift als auch für eine kursive. Von den Zeichnungen wurden Verkleinerungen auf Film gemacht, davon wiederum Papierkontakte. Aus diesen Einzelzeichen hat er Wörter und ganze Sätze montiert, die dann, noch einmal verkleinert, klischiert und angedruckt wurden. Diese Schriftversuche sind nicht so weit gediehen, daß sie angewendet werden konnten.[66] Gegenüber der gräkisierenden Bill-Schrift verwundert das nicht. Wir lesen nicht über die Vokale, sondern über Wortbilder, die maßgeblich durch die Ober- und Unterlängen der Konsonanten geformt werden. Andere Sprachen gehen sogar so weit, daß nur die Konsonanten geschrieben und die Vokale durch zusätzliche kleine Punkte und Striche oder gar nicht angegeben werden, wie im Arabischen und Hebräischen.

Eines der eigenwilligsten Zeichen, das Bill geschaffen hat, ist das fette & im Schriftzug «Pestalozzi & Co», der noch heute am ehemaligen Lagergebäude der Firma am Mythenquai in Zürich als «Reklame-Denkmal» zu sehen ist.[67] Ein ähnliches bildhaftes &-Zeichen hat er etwa gleichzeitig in normaler Strichstärke für die Anzeige und das Plakat *antik & modern* für den Wohnbedarf gezeichnet.

«die abstrakte kunst beginnt mit der schrift.»[68] Bill würde sagen: die konkrete.

1 Tomás Maldonado: *Max Bill,* Buenos Aires, Nueva Visión, 1955. Compare also Eugen Gomringer: "Variety and Unity of the Shaped Environment", in *Architect's Year Book,* no. 10, 1960. As a friend and secretary of Max Bill in the dramatic period from 1954 until 1958, he presented with this work a comprehensive and rich introduction to the work and production of Bill, still valid today. It also shows his most important works in the areas of architecture, exhibition design, product design, painting and sculpture – but contains no typographic work.

2 Max Bill installed the special exhibit "Die gute Form" for the Swiss Trade Fair in Basle in 1949 and propagated the term from then on.

3 Heinz and Bodo Rasch (eds.): *Gefesselter Blick. 25 kurze Monografien und Beiträge über neue Werbegestaltung,* Stuttgart, Wissenschaftlicher Verlag Dr. Zaugg & Co, 1930. Reprint, Baden, Lars Müller, 1996, p. 23.

4 Der Thema-Kreis im IDZ Berlin (ed.): *Design? Umwelt wird in Frage gestellt,* IDZ 1, Berlin, Internationales Design Zentrum, April 1970, p. 18.

5 Hochschule für Gestaltung der Geschwister-Scholl-Stiftung (ed.): *Hochschule für Gestaltung,* folded page, Ulm, around 1950, p. 1.

6 Jan Tschichold: *Eine Stunde Druckgestaltung. Grundbegriffe der Neuen Typographie in Bildbeispielen für Setzer, Werbefachleute, Drucksachenverbraucher und Bibliofilen,* Stuttgart, Akademischer Verlag Dr. Fritz Wedekind & Co., 1930, p. 67. As "two pages from a standardized, contemporarily designed magazine", Tschichold shows pages 4 and 5 from the magazine *bauhaus,* Dessau, no. 1, 1928, designed by Herbert Bayer.

7 *ABC, Beiträge zum Bauen,* Series 1, no. 3/4, Basle, 1925, p. 7, as a quote from: 2, 1924, p. 3.

8 Max Bill: *FORM, eine Bilanz über die Formentwicklung um die Mitte des XX. Jahrhunderts,* Basle, Karl Werner, 1952.

9 Eugen Gomringer: "Ein romantischer Moment. Der 'form' zum Vierzigsten – sechs Weggefährten gratulieren", in *Design-Dimensionen, 40 Jahre form – 40 Jahre Alltagskultur,* form special issue no. 1, Frankfurt a. M., 1997, p. 10.

10 *bauhaus,* magazine, Dessau, no. 2/3, 1928, p. 25.

11 Christoph Bignens: *Corso, ein Zürcher Theaterbau 1900 und 1934,* Niederteufen, Arthur Niggli, 1985, p. 37. Compare also "Die Neue Welt", in *ABC, Beiträge zum Bauen,* Basle, Series number 1, no. 2, 1924, p. 2.

12 Max Bill: "Die gute Form", Special exhibit in the Swiss Trade Fair in Basle from 1949, organized by the Swiss Werkbund SWB [...] according to concept and plans from the architect Max Bill, Zurich, Catalogue, 1949, p. 1.

13 Max Bill: *die unbekannte Gegenwart,* Catalogue for the display window exhibition in the Globus department stores in Zurich, Basle, St. Gall, Chur and Aarau, 1957, Jacket.

14 Dôme-Journal, Illustrierte Monatszeitung für Kunst, Wissenschaft, Aktualitäten, Zurich, no. 2, October, 1933, p. 20. For the design of the title Bill made use of every graphic element: bold roman, sans-serif, bold black-letter, modern italic (apparently as a replacement for a script type), letters drawn and transformed so far as to appear figurative, circular elements and pictograms. – Interesting in this regard is the critique from Hans Altdorf concerning the international poster exhibition in the newly-opened Kunstgewerbemuseum in Zurich in the same issue of the Dôme-Journal: "[...] The Swiss graphic designer is almost always tasteful. [...] Bill, the controversial one, shows strongly fluctuating work. He should have a little boy who says, "Father, the other one was better"; then he would only create good work. He has no distance to himself. [...] Tschichold disappointed. Those are formal games. One of the most beautiful posters of the entire exhibition is still Lissitzkys Doppelkopf. [...]"

15 Compare László Moholy-Nagy: *Vision in Motion,* Chicago, Paul Theobald, 1947, p. 42. Bill hardly never mentioned sources. The sum of experience that Moholy-Nagy offered in his last book (which appeared after his death) must have impressed Bill. Richard Neutra presented a similar position in his commentary for the German version of an American book, where he tries to make the wide-ranging word "design" understandable to German readers: "It means planning, drawing-up, creating, form-giving. But also the resourceful induction of something which works and functions dynamically, which satisfies every worldly contemplation, and perhaps even that highest example – logically effective and beautiful – which the gods seem to set before human beings – all that is design. Everywhere the world is full of design. The Greeks had the word cosmos for it, the ordered universe, an unending jewel, the clear and pleasing opposite of chaos, that ugly, terrible and hopeless mess of disorder." In Richard Neutra: *wenn wir weiterleben wollen [...] Erfahrungen und Forderungen eines Architekten,* second publishing, Hamburg, Claassen, 1956, p. 13. The book is the German edition of *Survival Through Design,* which appeared in 1954 in New York. The word "design" was not yet a part of German usage. For the terms that were later called "Industrial Design", Max Bill coined the term "Produktform" and used it at the Hochschule für Gestaltung in Ulm.

16 Kunstgewerbemuseum der Stadt Zürich (ed.): *Gründung und Entwicklung. 1878–1978: 100 Jahre Kunstgewerbeschule der Stadt Zürich, Schule für Gestaltung,* Catalogue, Zurich, 1978, p. 165. A far more compre-

1 Tomás Maldonado: *Max Bill,* Buenos Aires, Nueva Visión, 1955. Vgl. dazu auch Eugen Gomringer: ‹Variety and Unity of the Shaped Environment›, in: *Architect's Year Book,* Vol. 10, 1960. Als Freund und Sekretär von Max Bill in der dramatischen Zeit von 1954 bis 1958 hat er mit diesem Aufsatz eine auch heute noch gültige, umfassende und kenntnisreiche Einführung in das Werk und das Schaffen von Bill vorgelegt, die auch seine wichtigsten Arbeiten in den Bereichen Architektur, Ausstellungsgestaltung, Produktform, Malerei und Skulptur zeigt – aber keine typografische Arbeit.

2 Max Bill richtete an der Schweizer Mustermesse in Basel 1949 die Sonderschau ‹Die gute Form› ein und propagierte fortan den Begriff.

3 Heinz und Bodo Rasch (Hrsg.): *Gefesselter Blick. 25 kurze Monografien und Beiträge über neue Werbegestaltung,* Stuttgart, Wissenschaftlicher Verlag Dr. Zaugg & Co, 1930. Reprint, Baden, Lars Müller, 1996, S. 23.

4 Der Thema-Kreis im IDZ Berlin (Hrsg.): *Design? Umwelt wird in Frage gestellt,* IDZ 1, Berlin, Internationales Design Zentrum, April 1970, S. 18.

5 Hochschule für Gestaltung der Geschwister-Scholl-Stiftung (Hrsg.): *Hochschule für Gestaltung,* Ulm, Faltblatt, um 1950, S. 1.

6 Jan Tschichold: *Eine Stunde Druckgestaltung. Grundbegriffe der Neuen Typografie in Bildbeispielen für Setzer, Werbefachleute, Drucksachenverbraucher und Bibliofilen,* Stuttgart, Akademischer Verlag Dr. Fritz Wedekind & Co., 1930, S. 67. Tschichold zeigt als «Zwei Seiten aus einer genormten, zeitgemäß gestalteten Zeitschrift» die Seiten 4 und 5 der Zeitschrift *bauhaus,* Dessau, Heft 1, 1928, gestaltet von Herbert Bayer.

7 *ABC, Beiträge zum Bauen,* Basel, Serie 1, Heft 3/4, 1925, S. 7, als Zitat aus Heft 2, 1924, S. 3.

8 Max Bill: FORM, *eine Bilanz über die Formentwicklung um die Mitte des XX. Jahrhunderts,* Basel, Karl Werner, 1952.

9 Eugen Gomringer: ‹Ein romantischer Moment. Der 'form' zum Vierzigsten – sechs Weggefährten gratulieren›, in: *Design-Dimensionen, 40 Jahre form – 40 Jahre Alltagskultur,* form spezial 1, Frankfurt a. M., 1997, S. 10.

10 *bauhaus,* Zeitschrift, Dessau, Heft 2/3, 1928, S. 25.

11 Christoph Bignens: *Corso, ein Zürcher Theaterbau 1900 und 1934,* Niederteufen, Arthur Niggli, 1985, S. 37. Vgl. dazu auch ‹Die Neue Welt›, in: *ABC, Beiträge zum Bauen,* Basel, Serie 1, Heft 2, 1924, S. 2.

12 Max Bill: ‹Die gute Form›, Sonderschau an der Schweizer Mustermesse in Basel, 1949, veranstaltet vom Schweizerischen Werkbund SWB […] nach Idee und Plan von Architekt Max Bill Zürich, Katalog, 1949, S. 1.

13 Max Bill: *die unbekannte Gegenwart,* Katalog zur Ausstellung in den Schaufenstern der Globus-Warenhäuser in Zürich, Basel, St. Gallen, Chur und Aarau, 1957, Umschlag.

14 *Dôme-Journal,* Illustrierte Monatszeitung für Kunst, Wissenschaft, Aktualitäten, Zürich, Nr. 2, Oktober 1933, S. 20. Bei der Gestaltung des Kopfs setzte Bill alle grafischen Elemente ein: fette Antiqua, Grotesk, fette Fraktur, kursive klassizistische Antiqua (offensichtlich als Ersatz für eine Schreibschrift), gezeichnete und bis zum Bildhaften veränderte Buchstaben, Kreiselemente und Piktogramme. – Hierzu interessant ist die Kritik von Hans Altdorf über die internationale Plakatausstellung im neueröffneten Kunstgewerbemuseum Zürich in derselben Ausgabe des *Dôme-Journal:* «[...] Der Schweizer Grafiker ist fast immer geschmackvoll. [...] Bill, der Umstrittene, zeigt stark unterschiedliche Leistungen. Er sollte einen kleinen Jungen haben, der sagt, Vater, das andere war schöner, dann würde er nur Gutes schaffen. Er hat keine Distanz zu sich. [...] Tschichold enttäuscht. Das sind formalistische Spielereien. Eines der schönsten Plakate der ganzen Ausstellung immer noch: Lissitzkys Doppelkopf. [...]»

15 Vgl. László Moholy-Nagy: *Vision in motion,* Chicago, Paul Theobald, 1947, S. 42. Bill hat kaum einmal Quellen genannt. Die Summe der Erfahrungen, die Moholy-Nagy in seinem letzten Buch ausgebreitet hat, das erst postum erschien, muß Bill beeindruckt haben. Eine ähnliche Position vertritt Richard Neutra in seinen Gedanken zur deutschen Ausgabe eines amerikanischen Buches, wo er versucht, das umfassende Wort ‹design› für deutsche Leser verständlich zu machen: «Es bedeutet Planung, Entwurf, Gestaltung, Formgebung. Aber auch die erfinderische Herbeiführung von etwas, das dynamisch funktioniert und arbeitet, das jeden irdischen Betracht befriedigt, und vielleicht sogar das, was von der Gottheit als höchstes Beispiel, als logisch wirksam und schön, vor den Menschen gesetzt erscheint – alles das ist design. Allenthalben ist die Welt voller design, und die Griechen hatten dafür das Wort Kosmos, das geordnete Universum, ein unendliches Juwel, das gerade und glückliche Gegenteil von Chaos, der häßlichen, schrecklich und hoffnungslos wirren Unordnung.» In: Richard Neutra: *wenn wir weiterleben wollen […] Erfahrungen und Forderungen eines Architekten,* Hamburg, Claassen, 1956 (2. Aufl.), S. 13. Das Buch ist die deutsche Ausgabe von *Survival Through Design,* das 1954 in New York erschienen ist. Das Wort ‹Design› gab es im deutschen Sprachgebrauch noch nicht. Für das, was später Industrie-Design oder Industrial Design heißen sollte, hat Max Bill den Begriff Produktform geprägt und an der Hochschule für Gestaltung Ulm verwendet.

16 Kunstgewerbemuseum der Stadt Zürich (Hrsg.): *Gründung und Entwicklung. 1878–1978: 100 Jahre Kunstgewerbeschule der Stadt Zürich, Schule für Gestaltung,* Katalog, Zürich, 1978, S. 165. Einen weit umfassen-

hensive plan for a new design institute, "A cultural working institute" which would unite scientists, designers, technicians and economic specialists under one roof was developed by Moholy-Nagy as "a proposal"
in "parliament of social design [...]", in *vision in motion,* op. cit., p. 359.

17 Karl Gerstner: *Kalte Kunst? – zum Standort der heutigen Malerei,* Teufen, Arthur Niggli, 1957. This book is
a survey and simultaneously a plea for concrete art, or, as Gerstner writes, "makeshift concrete" art.

18 Kai-Uwe Hemken: "'Guillotine der Dichter' oder Ausstellungsdesign am Bauhaus", in Ute Brüning (ed.):
Das A und O des Bauhauses. Bauhauswerbung: Schriftbilder, Drucksachen, Ausstellungsdesign, Berlin,
Bauhaus-Archiv, Edition Leipzig, 1995, p. 233.

19 Max Bill, in *max bill,* Exhibition catalogue from the Museum of the City of Ulm, 1956.

20 Peter Kamber: *Geschichte zweier Leben – Wladimir Rosenbaum & Aline Valangin,* Zurich, Limmat, 1990.

21 The first version of the letter containing an adhesive band for mailing without an envelope contains the
message: "note that as an official document, the post cancellation indicates the departure time of the letter, which should be the case with all business correspondence. this as well as other standardized letters
can only be obtained through bill-reklame." Notable in Bill's designs for business printed matter is the
consistent use of the DIN norm 676 with the address field on the left and not on the right, as is commonly
the case in Switzerland.

22 werbwart [Hans] weidenmüller: "gestaltende anbiet-arbeit", in *bauhaus,* Dessau, no. 1, 1928, p. 1.

23 Compare Arthur Rüegg (ed.): *Das Atelierhaus Max Bill 1932/33. Ein Wohn- und Atelierhaus in Zürich-
Höngg von Max Bill und Robert Winkler,* Sulgen, Niggli, 1997.

24 Depicted in *Gefesselter Blick,* op. cit., p. 23.

25 Josef Albers: "Kombinationsschrift '3'", in bauhaus, zeitschrift für gestaltung, Dessau, no. 1, January, 1931,
p. 1. The brochure of the Metallglas-Aktiengesellschaft Offenburg-Baden is shown in Gerd Fleischmann:
bauhaus. typografie, drucksachen, reklame, op. cit., p. 263. – The three "prototypes" of the combination
typeface are the primary shapes of the square, quarter circle and circle, with which all letters and signs are
put together. Albers already began in 1923 with the design of a stencil typeface, whose signs can be as-
sembled from the square, the triangle and the quarter circle. This was published in *Offset- Buch- und Werbekunst,* Leipzig, no. 7, Bauhaus issue, 1928.

26 Herbert Bayer: "Versuch einer neuen Schrift", in *Offset- Buch- und Werbekunst,* Leipzig, no. 7, (Bauhaus
issue), 1926, pp. 398–400.

27 Max Bill: "über typografie", in *Schweizer Graphische Mitteilungen,* St. Gall, no. 4, 1946. The essay *mit 10
reproduktionen nach arbeiten des verfassers* is also available as a special 8-page edition.

28 Robin Kinross: *Modern typography: an essay in critical history,* London, Hyphen Press, 1994, p. 124: "The
founding statement of Swiss typography can be seen to have been Max Bill's "Über Typografie" of 1946,
and in that text and in Jan Tschichold's criticisms of it, most of the issues of this typography had been
raised [...]". Jan Tschichhold answered Bill in the following number of the same magazine with the contribution "Glaube und Wirklichkeit". Both essays have become known as the "typography duel" of the
Modern. Paul Rand reports about it in his book *Von Lascaux bis Brooklyn,* 1993: "In a letter to me from
November 19, 1946, Bill wrote: 'I am sending you my response to Tschichold's attack against me in the
Schweizer Graphische Mitteilungen. The editors requested a reply but didn't have the courage to print it.'
The unpublished answer was written in the form of a theatrical play with the title *Kleines Typographie-
theater für Aussenstehende.* Here, Tschichold is shown sitting on a stone holding a 'middle-axis' (an imaginary middle line) in the left hand and a goose-quill in the right hand. Despite the extremely sarcastic
nature of the play, it shows the passion that drove the two antagonists. As we see, though, passion that
inspires can also be blinding. Bill expressed his strong feelings by concluding the letter with the words:
'Tschichold is about to leave Switzerland and we will then be finally rid of this evil that we invited to begin
with.'" [The original from Bill certainly written consistently in lowercase!] – In March, 1948 Paul Renner
published a contribution about the controversy between Max Bill and Jan Tschichold. It appeared in numbers 4 and 6, 1946 of the *Schweizer Graphische Mitteilungen* after a long period of correspondence with
Jan Tschichold, his former colleague at the Meisterschule für Deutschlands Buchdrucker in Munich. Renner attempts in his writing to present the controversy between Max Bill and Jan Tschichold as an inner
antagonism of the time and as a necessary dialectical movement. He warns of prematurely taking sides:
"Bill seems to have the better position at first glance, since he is more decided and more biased. He is a
student of the Bauhaus, but his typography is much more mature today than that Bauhaus typography
that had so thoroughly shaken and angered the young writing teacher of the Leipziger Akademie Johannes
Tzschichhold, that he called himself Iwan Tschichold from then on. He became Jan only when I brought him
to the Münchner Meisterschule in 1926, since I couldn't present an Iwan to the people in Munich. [...] The
Bauhaus style is, just as the Jugendstil and the applied arts of the Wiener Werkstätten once were, a station along the way towards the style of our time." – In his book *Der Künstler in der mechanisierten Welt,*
Munich, Akademie für das Grafische Gewerbe, 1977, p. 43, Paul Renner turns expressly against "outsiders": "I have invested a part of my life's work in service of making the vocational work of bookmaking

deren Plan für ein neues Design-Institut, ‹A cultural working institute›, das Wissenschaftler, Gestalter, Techniker und Wirtschaftsfachleute unter einem Dach vereinen sollte, hatte Moholy-Nagy unter der Überschrift ‹a proposal› in *vision in motion* entwickelt: «parliament of social design [...]», op. cit., S. 359.

17 Karl Gerstner: *Kalte Kunst? – zum Standort der heutigen Malerei*, Teufen, Arthur Niggli, 1957. Dieses Buch ist ein Überblick und zugleich ein Plädoyer für die konkrete Kunst, oder, wie Gerstner schreibt, «behelfsmässig konkret» genannte Kunst.

18 Kai-Uwe Hemken: ‹'Guillotine der Dichter' oder Ausstellungsdesign am Bauhaus›, in: Ute Brüning (Hrsg.): *Das A und O des Bauhauses. Bauhauswerbung: Schriftbilder, Drucksachen, Ausstellungsdesign,* Berlin, Bauhaus-Archiv, Edition Leipzig, 1995, S. 233.

19 Max Bill, in: *max bill,* Katalog zur Ausstellung im Museum der Stadt Ulm, 1956.

20 Peter Kamber: *Geschichte zweier Leben – Wladimir Rosenbaum & Aline Valangin,* Zürich, Limmat, 1990.

21 Die erste Version dieses Briefblattes mit einer Klebelasche für den Versand ohne Briefhülle enthält die Botschaft: «beachten sie, daß als amtliches dokument der poststempel die abgangszeit des briefes angibt, wie es bei jedem geschäftlichen brief sein sollte. diesen sowie andere normalisierte briefe beziehen sie nur durch bill-reklame.» Bemerkenswert an Bills Entwürfen für Geschäftsdrucksachen ist die strenge Einhaltung der DIN-Norm 676 mit dem Anschriftenfeld links und nicht, wie in der Schweiz üblich, rechts.

22 werbwart [Hans] weidenmüller: ‹gestaltende anbiet-arbeit›, in: *bauhaus,* Dessau, Heft 1, 1928, S. 1.

23 Vgl. dazu Arthur Rüegg (Hrsg.): *Das Atelierhaus Max Bill 1932/33. Ein Wohn- und Atelierhaus in Zürich-Höngg von Max Bill und Robert Winkler,* Sulgen, Niggli, 1997.

24 Abgebildet in: *Gefesselter Blick,* op. cit., S. 23.

25 Josef Albers: ‹Kombinationsschrift '3'›, in: *bauhaus, zeitschrift für gestaltung,* Dessau, Heft 1, Januar 1931, S. 1. Der Prospekt der Metallglas-Aktiengesellschaft Offenburg-Baden ist abgebildet in: Gerd Fleischmann: *bauhaus. typografie, drucksachen, reklame,* op. cit., S. 263. – Die drei «Typen» der Kombinationsschrift sind Grundformen Quadrat, Viertelkreis und Kreis, mit denen alle Buchstaben und Zeichen zusammengesetzt werden. Albers hat schon 1923 mit dem Entwurf einer Schablonenschrift begonnen, deren Zeichen sich aus Quadrat, Dreieck und Viertelkreis zusammensetzen lassen, veröffentlicht in: *Offset- Buch- und Werbekunst,* Leipzig, Heft 7 (Bauhaus-Heft), 1926.

26 Herbert Bayer: ‹Versuch einer neuen Schrift›, in: *Offset- Buch- und Werbekunst,* Leipzig, Heft 7 (Bauhaus-Heft), 1926, S. 398–400.

27 Max Bill: ‹über typografie›, in: *Schweizer Graphische Mitteilungen,* St. Gallen, Heft 4, 1946. Der Aufsatz «mit 10 reproduktionen nach arbeiten des verfassers» liegt auch als achtseitiger Sonderdruck vor.

28 Robin Kinross: *Modern typography: an essay in critical history,* London, Hyphen Press, 1994, S. 124: «The founding statement of Swiss typography can be seen to have been Max Bill's 'Über Typografie' of 1946, and in that text and in Jan Tschichold's criticisms of it, most of the issues of this typography had been raised [...]». Jan Tschichold hat im darauffolgenden Heft derselben Zeitschrift mit dem Beitrag ‹Glaube und Wirklichkeit› auf Bill geantwortet. Die beiden Aufsätze sind als ‹Typografiestreit› der Moderne bekannt geworden. Paul Rand berichtet dazu in seinem Buch *Von Lascaux bis Brooklyn,* 1993: «In einem Brief an mich vom 19. November 1946 schrieb Bill: ‹Ich schicke Ihnen meine Antwort auf Tschicholds Angriff gegen mich in den *Schweizer Graphischen Mitteilungen.* Die Herausgeber fragten nach einer Replik, hatten aber nicht den Mut, sie abzudrucken.› Die unveröffentlichte Antwort war in der Form eines Theaterstücks geschrieben mit dem Titel *Kleines Typographietheater für Aussenstehende,* in dem Tschichold dargestellt wird, wie er auf einem Stein sitzt und in der linken Hand eine ‹Mittelachse› (eine imaginäre Mittellinie) und in der rechten einen Gänsekiel hält. Auch wenn das Stück äußerst sarkastisch ist, zeigt es doch, von welcher Leidenschaft die beiden Antagonisten angetrieben wurden. Wie wir aber sehen, kann Leidenschaft, die inspiriert, auch blenden. Bill machte seinen heftigen Gefühlen Luft, indem er den Brief mit den Worten schloß: ‹Tschichold ist daran, die Schweiz zu verlassen, und so werden wir das Übel endlich wieder los, das wir von vornherein eingeladen haben.›» [Von Bill im Original sicher alles klein geschrieben!] – Im März 1948 hat Paul Renner nach einer langen Korrespondenz mit Jan Tschichold, seinem früheren Kollegen an der Meisterschule für Deutschlands Buchdrucker in München, in den Heften 4 und 6, 1946, der *Schweizer Graphischen Mitteilungen* einen Beitrag zu der Kontroverse Max Bill–Jan Tschichold veröffentlicht. Renner versucht in seinem Beitrag, den Streit zwischen Max Bill und Jan Tschichold als den inneren Widerstreit der Zeit und als notwendige dialektische Bewegung darzustellen und warnt davor, voreilig Partei zu ergreifen: «Bill scheint auf den ersten Blick die bessere Position zu haben, weil er entschiedener, einseitiger ist. Er ist Bauhausschüler, seine Typographie ist aber heute viel reifer, als jene Bauhaustypographie war, die einmal den jungen Schreiblehrer der Leipziger Akademie Johannes Tzschichhold so erschüttert und aufgewühlt hat, daß er sich fortan Iwan Tschichold nannte. Zum Jan wurde er erst, als ich ihn 1926 an die Münchner Meisterschule holte, da ich den Münchnern keinen Iwan vorsetzen konnte. [...] Der Bauhausstil ist, wie es der Jugendstil und das Kunstgewerbe der Wiener Werkstätten einmal waren, eine Station auf dem Wege zum Stil unserer Zeit.» – In seinem Buch *Der Künstler in der mechanisierten Welt,* München, Akademie für das Grafische Gewerbe, 1977, S. 43, wendet sich Paul Renner ausdrücklich gegen

independent of this arbitrary and random influence through outsiders. It is not only an aesthetic question here, but also a social one; the struggle here is about dignified working conditions. [...] that typography is not just merely art, applied art in the common sense of the word, but that it concerns here a new variety of art, namely mechanized art." The term "mechanized graphics" later developed from this.

29 Kunstgewerbemuseum der Stadt Zürich, Museum für Gestaltung: *Werbestil 1930–1940. Die alltägliche Bildersprache eines Jahrzehnts,* Catalogue, 1981, pp. 67–69. Bill offers here a retrospective of his work as a graphic designer. The illustration of the magazine *information* shows the title from number 3, August/September, 1932, with a Hitler head that has a dagger in its mouth.

30 interview with bauhaus students, in *bauhaus,* 2/3, 1928, pp. 25–29, and 4, 1928, pp. 18–21. The questions were: "1. how old are you, in which semester are you, in which workshop are you working? 2. where did you study or work previously? 3. why did you come to the bauhaus? 4. what was your immediate impression here? were you disappointed or were your expectations confirmed? 5. if you were disappointed, what was the reason? 6. where did you later find the worth of the bauhaus? where have you experienced an advance in your personal abilities and aspirations? besides your particular field of training now, have you also received stimulation directed towards a new view of life? if yes, what did this stimulation consist of? which social and personal, spiritual and material requirements do you require of a new design in life? 7. opponents of the bauhaus claim that "the education at the bauhaus abandons development by connecting with the great works of our predecessors and scorns proven methods". – to what extent does this critique seem to be correct or false to you? 8. where do you see the difference between "art" in the conventional sense and "design" in the new sense? 9. do you see the meaning of the new design only in the sphere of practicality and usability? if yes, then why? if no, why do you still see a purely intellectual design as possible or necessary today? where do you see the value of technology? where do you see the value of art? 10. what do you plan to do when you leave the bauhaus?" – In the same number as Bill's response are the responses from Otti Berger, Rosa Berger, Hermann Bunzel, Lotte Burckhardt, Erich Comeriner, co-op [Hannes Meyer], Lux Feininger, Thomas Flake, Hubert Hoffmann, Walter Kaminski and Fritz Kuhr. In the following number responses appear from Lothar Lang, Fritz Levedag, Wera Meyer-Waldeck, Gerhard Moser, Helmut Schulze, Alexander [Xanti] Schawinsky, Vladas Svipas and Fritz Winter. The number 2/3, used intensively as a means of advertising, was apparently a great success; at the publication of number 4, it was "completely sold out".

31 Max Bill was also a follower later of the "free-land free-money teachings" of Silvio Gesell (1862–1930), which found their political homeland in Switzerland's liberal socialism. The free economy or the "natural economical order", as Gesell saw it, has two preconditions: first of all money, that loses its worth with time and is therefore unsuitable as a means of stable investment and speculation – free-money. Secondly, land, that cannot be owned by single persons, but rather belongs to all and can only be released to private interests by right of usufruct – free-land. Based on Tobias Kästli: "Hans Bernoulli und die Freiland-Freigeld-Lehre", in *archithese,* no. 6, 1981. Reprint of the thematic part 1983, pp. 31–32.

32 Max Bill: "Lehren am und aus dem Bauhaus", in *form + zweck. Fachzeitschrift für industrielle Formgebung,* Berlin DDR, no. 3 (second Bauhaus magazine), 1979, p. 66. The publication appeared on the occasion of the restoration, renovation and re-opening of the buildings of the Dessau Bauhaus. Bill expressed himself in a similar way in the book for the retrospective in Weimar in 1988: "it would probably be false to claim that the bauhaus doctrine alone would have influenced my career thereafter. but certainly the more than two years that i spent at the bauhaus brought many experiences and fixed a goal that i had already harbored, but which had found no middle point. the bauhaus became this middle point for me through the intersection of various disciplines and in the confirmation that we must carry personal responsibility with regard to society for all our design work; or, as formulated later: the entirety of the environment that we are to create, from the spoon to the city, must be brought into harmony with the social givens, which themselves are to be designed."

33 Archiv Stiftung Bauhaus Dessau, Object number 9487.

34 Christian Grohn: *Gustav Hassenpflug. Architektur, Design, Lehre 1907–1977,* Düsseldorf, Marzona, 1985, p. 6.

35 Arturo Carlo Quintavalle (ed.): *Max Bill,* Parma, Università, Centro studi e archivio della communicazione, 1977, p. 290; and: *max bill,* Geneva, Musée Rath, 1972, p. 9.

36 Angela Thomas: "The Early Years. An Interview", in *The Journal of Decorative and Propaganda Arts,* Miami, no. 19 (Swiss Theme Issue), 1993, pp. 99–119. The photograph is from 1928.

37 Data bank of the Stiftung Bauhaus Dessau, as of July 9, 1997. Object list: baupers, Bauhäusler, Object number 103, under the heading "Bauhauszeit" contains the following information concerning Max Bill: "registered at the Bauhaus on April 20, 1927/1927 summer semester Bauhaus Dessau, foundation course with Moholy-Nagy/1927 winter semester Bauhaus Dessau, metalshop with Moholy-Nagy (foreman Alfred Schäfter)/1928 summer semester Bauhaus Dessau, free painting class (Kandinsky and Klee)/1928 winter semester Bauhaus Dessau, free painting class (Kandinsky and Klee)/departed on October 30, 1928."

38 Wulf Herzogenrath (ed.), collaboration Stefan Kraus: *bauhaus utopien. Arbeiten auf Papier,* Stuttgart, Cantz, o. J., [1988].

‹Außenseiter›: «Ich habe einen Teil meiner Lebensarbeit in den Dienst der Aufgabe gestellt, die buchgewerbliche Arbeit von dieser willkürlichen und zufälligen Beeinflussung durch Außenseiter unabhängig zu machen. Es handelt sich hier nicht nur um eine ästhetische Frage, sondern auch um eine soziale; es wird hier um menschenwürdige Arbeitsbedingungen gekämpft. [...] daß Typografie nicht nur Kunst schlechthin, bildende Kunst im üblichen Wortsinne ist, sondern daß es sich hier um eine neue Spielart von Kunst handelt, nämlich um mechanisierte Kunst.» Daraus ist später der Begriff ‹mechanisierte Grafik› entstanden.

29 Kunstgewerbemuseum der Stadt Zürich, Museum für Gestaltung: *Werbestil 1930–40. Die alltägliche Bildersprache eines Jahrzehnts,* Katalog, 1981, S. 67–69. Darin beschreibt Bill im Rückblick seine Arbeit als grafischer Gestalter. Die Abbildung der Zeitschrift *information* zeigt den Titel von Heft 3, August/September 1932, mit einem Hitlerkopf, der einen Dolch im Mund hat.

30 interview mit bauhäuslern, in: *bauhaus,* Heft 2/3, 1928, S. 25–29, und Heft 4, 1928, S. 18–21. Die Fragen lauteten: «1. wie alt sind sie, in welchem semester stehen sie, in welcher werkstatt arbeiten sie? 2. wo haben sie vorher studiert oder gearbeitet? 3. weshalb sind sie an das bauhaus gekommen? 4. was war ihr eindruck hier zunächst? waren sie enttäuscht oder wurden ihre erwartungen bestätigt? 5. wenn sie enttäuscht waren, worin lag der grund hierfür? 6. worin haben sie später das wertvolle am bauhaus gesehen? worin haben sie für ihre persönlichen fähigkeiten und bestrebungen eine förderung erlebt? haben sie außer ihrer besonderen werkausbildung auch anregungen in der richtung einer neuen lebensanschauung empfangen? wenn ja, worin bestanden diese anregungen? welche sozialen und persönlichen, geistigen und materiellen forderungen stellen sie an eine neue lebensgestaltung? 7. von gegnern des bauhauses wird behauptet, daß ‘die ausbildung am bauhaus auf eine fortentwicklung im anschluß an die großen werke unserer vorfahren verzichtet und bewährte methoden verachtet’. – inwieweit scheint ihnen diese kritik richig oder falsch zu sein? 8. worin sehen sie den unterschied zwischen ‘kunst’ im herkömmlichen und ‘gestaltung’ im neuen sinn? 9. sehen sie den sinn der neuen gestaltung nur im praktisch-nutzbaren? wenn ja, warum? wenn nein, warum halten sie auch heute noch eine rein geistige gestaltung für möglich oder notwendig? worin sehen sie den wert der technik? worin den wert der kunst? 10. was gedenken sie zu tun, wenn sie das bauhaus verlassen?» – Im gleichen Heft wie Bills Antwort sind die Antworten von Otti Berger, Rosa Berger, Hermann Bunzel, Lotte Burckhardt, Erich Comeriner, co-op [Hannes Meyer], Lux Feininger, Thomas Flake, Hubert Hoffmann, Walter Kaminski und Fritz Kuhr veröffentlicht, im darauffolgenden Heft die Antworten von Lothar Lang, Fritz Levedag, Wera Meyer-Waldeck, Gerhard Moser, Helmut Schulze, Alexander [Xanti] Schawinsky, Vladas Svipas und Fritz Winter. Das Heft 2/3, intensiv als Werbemittel eingesetzt, war offenbar ein großer Erfolg; bei Erscheinen von Heft 4 war es «vollständig vergriffen».

31 Max Bill war auch später noch ein Anhänger der ‹Freiland-Freigeld-Lehre› nach Silvio Gesell (1862–1930), die in der Schweiz politisch im Liberalsozialismus ihre Heimat gefunden hatte. Die Freiwirtschaft oder die ‹natürliche Wirtschaftsordnung›, wie Gesell sie sah, hat zwei Voraussetzungen: Erstens Geld, das mit der Zeit seinen Wert verliert und deshalb als Wertaufbewahrungsmittel und zur Spekulation ungeeignet ist – Freigeld. Zweitens Boden, der nicht von einzelnen angeeignet werden kann, sondern allen gehört und an Private nur im Nutzungsrecht abgegeben wird – Freiland. Nach Tobias Kästli: ‹Hans Bernoulli und die Freiland-Freigeld-Lehre›, in: *archithese,* Heft 6, 1981. Nachdruck des thematischen Teils 1983, S. 31f.

32 Max Bill: ‹Lehren am und aus dem Bauhaus›, in: *form+zweck. Fachzeitschrift für industrielle Formgebung,* Berlin DDR, Heft 3 (zweites Bauhausheft), 1979, S. 66. Das Heft erschien aus Anlaß der Instandsetzung, Sanierung und Wiedereröffnung der Gebäude des Bauhauses Dessau. In ähnlicher Form äußert sich Bill im Buch zu der Retrospektive in Weimar, 1988: «wahrscheinlich wäre falsch zu behaupten, allein die bauhaus-doktrin hätte meinen werdegang bestimmt. aber sicher haben die über zwei jahre, die ich am bauhaus war, manche erfahrung gebracht und ein ziel gefestigt, das mir vorher schon vorschwebte, das jedoch noch keinen mittelpunkt gefunden hatte. das bauhaus wurde für mich zu diesem mittelpunkt in seiner überschneidung der disziplinen und in der bestärkung, dass wir für alles gestaltende tun persönlich die verantwortung gegenüber der gesellschaft zu tragen haben oder, wie die spätere formulierung lautete, die gesamt von uns zu schaffende umwelt, vom löffel bis zur stadt, mit den sozialen gegebenheiten in einklang gebracht werden muss, wobei diese selbst zu gestalten sind.»

33 Archiv Stiftung Bauhaus Dessau, Objekt-Nr. 9487.

34 Christian Grohn: *Gustav Hassenpflug. Architektur, Design, Lehre 1907–1977,* Düsseldorf, Marzona, 1985, S. 6.

35 Arturo Carlo Quintavalle (Hrsg.): *Max Bill,* Katalog, Parma, Università, Centro studi e archivio della communicazione, 1977, S. 290; und: *max bill,* Katalog, Genève, Musée Rath, 1972, S. 9.

36 Angela Thomas: ‹The Early Years. An Interview›, in: *The Journal of Decorative and Propaganda Arts,* Miami, Heft 19 (Swiss Theme Issue), 1993, S. 99–119. Das Foto ist von 1928.

37 Die Datenbank der Stiftung Bauhaus Dessau, Stand: 9.7.1997, Objektliste: baupers, Bauhäusler, Objekt-Nr. 103, enthält unter dem Stichwort ‹Bauhauszeit› zu Max Bill folgende Angaben: «am 20. 4. 1927 am Bauhaus eingeschrieben / 1927 Sommersemester Bauhaus Dessau, Vorkurs bei Moholy-Nagy / 1927 Win-

39 Compare the contribution from Max Bill in the exhibition catalogue *Werbestil 1930–1940. Die alltägliche Bildersprache eines Jahrzehnts,* Zurich, 1981, pp. 67–69, and Tomás Maldonado in a conversation on September 5, 1997 in Milan. This standpoint reminds one slightly of his response to the questionnaire in 1928, where Bill criticized the Bauhaus as being narrow-minded (compare note 32).

40 Quoted from John Willett: *Explosion der Mitte. Kunst + Politik 1917–1933,* Munich, Rogner & Bernhard, 1981, pp. 120–121.

41 *Das Neue Frankfurt / die neue stadt,* Frankfurt a. M., no. 1, 1926/27, to no. 1, 1933/34. According to Alfred Roth, "Das Neue Frankfurt" was the "publication at the heart of the youth – in zurich as well" (1996). Besides the magazine *Die Form,* that had been begun one year earlier, and the magazine *bauhaus* (1926–31), it was one of the most important publications for "new cultural design" in the German-speaking countries.

42 Sent as a copy from Lena Meyer-Bergner out of the Archiv Hannes Meyer to Konrad Püschel. Archiv Stiftung Bauhaus Dessau, object number 8185.

43 Hannes Meyer: "Mein Hinauswurf aus dem Bauhaus. Offener Brief an Oberbürgermeister Hesse, Dessau", quoted by Hans M. Wingler: *Das Bauhaus 1919–1933, Weimar Dessau Berlin und die Nachfolge in Chicago seit 1937,* Bramsche, Gebr. Rasch und M. DuMont Schauberg, p. 170.

44 Hannes Meyer: "bauhaus und gesellschaft", in *bauhaus,* no. 1, 1929, p. 2.

45 Herbert Hunger to Marianne Brandt, July 19, 1950, Archiv Stiftung Bauhaus Dessau, object number 9134.

46 Letter from Max Gebhardt to Konrad Püschel, March, 1976, Archiv Stiftung Bauhaus Dessau, object number 8187.

47 Eckhard Neumann in a letter to Carl Marx, February 20, 1988, Archiv Stiftung Bauhaus Dessau, object number 8046. In a letter to Eckhard Neumann from March 6, 1987, Marx raved about "[Bauhaus], this eternally young girl that radiates once again, [...] like a crystal [...] as when one turns it, the play of the surfaces showing the eternally new and inspiring."

48 René Mensch in a letter to Konrad Püschel from June 16, 1978, after which he apparently had recognized and recalled people on a photograph. Archiv Stiftung Bauhaus Dessau, object number 8743.

49 From the work schedule of the printshop, illustrated in Gerd Fleischmann (ed.): *bauhaus. drucksachen, typografie, reklame,* op. cit., p. 111.

50 Max Bill: "vom bauhaus bis ulm", in *max bill.* Zentrum für Kunstausstellungen der DDR, Weimar, 1988, p. 88: "hence the appearance of the first issue of the magazine "bauhaus" was decisive on the occasion of the opening of the new school building from walter gropius in dessau; and finally the competition project for the new league of nations building in geneva, for which hannes meyer and hans wittwer won the third prize."

51 The inner affinity goes even farther. Just as Max Bill takes part in the "Neues Bauen" in Zurich as an advertising designer, Willi Baumeister worked as a graphic designer for the *Neues Frankfurt* or, respectively, on the *neue stadt.* He dove into the current of closed international culture, against fearful political and economic circles that were increasingly demarcating themselves along nationalistic lines.

52 Illustrated in Gerd Fleischmann (ed.): *Walter Dexel. Neue Reklame,* with an introduction from Friedrich Friedl, Düsseldorf, Marzona, 1987, pp. 8–9.

53 Jan Tschichold: *Eine Stunde Druckgestaltung,* op. cit., p. 7.

54 "Dear Kay, as you see, i am in the midst of the bauhaus world once again; you see it in that i am beginning again to instinctively write without capitals [...]." Letter from Lena Meyer-Bergner to Kay Kulmala, January 7, 1958. Archiv Stiftung Bauhaus Dessau, object number 7894. Farther along she writes about Ulm: "[...] yesterday a student from Geneva was here again, who studies in Ulm (you know about this school, which began as a university extension school and then turned towards the path of the bauhaus, at first under the unfortunate direction of Mac Bill and now, without him, under Maldonado. The school has a hundred difficulties to overcome and one doesn't yet know what will become of it.)".

55 For example the pictures in *Herr Studienrat Bollmann,* 1927, charcoal on paper, signed: BILL; *Ich Katzenmann,* Self-portrait, 1927, Water color and ink on paper; *Nur was man auf dem Bild sieht,* 1928, Ink and water color on canvas; illustrated in *Max Bill, Georges Vantongerloo. A Working Friendship. 50 Years of Sculpture, Painting and Drawing,* London, Catalogue, Annely Juda Fine Art, 1996.

56 An example is the jacket drawing for number 43 from October 23, 1929 from the satirical Swiss magazine *Nebelspalter* with the signature: Bill 29.

57 Walter Porstmann: *Sprache und Schrift* (as the first part of the collection "Fundamente der Organisation", edited by Dr.-Ing Richard Hinz), Berlin, Verlag des Vereins Deutscher Ingenieure, 1920. This standard work about the use of capitals and spelling was also a basis for reflection at the Bauhaus. The background is not philology or philosophy, but rather office organization. In this light the author discusses rationalization with regard to the office and workshop as well. As an example, systematic abbreviated signs by methodical use of the phonetic store for the "Hinz-multiform-file cabinets and panels" were presented on page 22. This office furniture program is at once a foretaste of the "in-kombi-system" from Wohnbedarf more than ten years later.

tersemester Bauhaus Dessau, Metallwerkstatt unter Moholy-Nagy (Werkmeister Alfred Schäfter) / 1928 Sommersemester Bauhaus Dessau, Freie Malklasse (Kandinsky und Klee) / 1928 Wintersemester Bauhaus Dessau, Freie Malklasse (Kandinsky und Klee) / abgegangen am 30. 10. 1928.»

38 Wulf Herzogenrath (Hrsg.), Mitarbeit Stefan Kraus: *bauhaus utopien. Arbeiten auf Papier,* Stuttgart, Cantz, o. J., (1988).

39 Vgl. den Beitrag von Max Bill im Katalog der Ausstellung *Werbestil 1930 – 40. Die alltägliche Bildersprache eines Jahrzehnts,* Zürich, 1981, S. 67–69; und: Tomás Maldonado in einem Gespräch am 5. September 1997 in Mailand. Diese Einschätzung klingt bereits 1928 in seiner Antwort auf den Fragebogen an, wo Bill das Bauhaus als zu klein gedacht kritisiert hat (vgl. Anm. 32)

40 Zitiert nach John Willett: *Explosion der Mitte. Kunst + Politik 1917–1933,* München, Rogner & Bernhard, 1981, S. 120f.

41 *Das Neue Frankfurt/die neue stadt,* Frankfurt a. M., Heft 1, 1926/27, bis Heft 1, 1933/34. Das Neue Frankfurt war nach Aussage von Alfred Roth das «Leib- und Magenblatt der Jungen – auch in Zürich» (1996). Es war neben der ein Jahr früher begründeten Zeitschrift *Die Form* und der Zeitschrift *bauhaus* (1926–31) eines der bedeutendsten Blätter für ‹kulturelle Neugestaltung› im deutschsprachigen Raum.

42 Als Kopie von Lena Meyer-Bergner aus dem Archiv Hannes Meyer an Konrad Püschel übersandt. Archiv Stiftung Bauhaus Dessau, Objekt-Nr. 8185.

43 Hannes Meyer: ‹Mein Hinauswurf aus dem Bauhaus. Offener Brief an Oberbürgermeister Hesse, Dessau›, zitiert nach Hans M. Wingler: *Das Bauhaus 1919–1933, Weimar Dessau Berlin und die Nachfolge in Chicago seit 1937,* Bramsche, Gebr. Rasch und M. DuMont Schauberg, S. 170.

44 Hannes Meyer: ‹bauhaus und gesellschaft›, in: *bauhaus,* Heft 1, 1929, S. 2.

45 Herbert Hunger an Marianne Brandt, 19. Juli 1950, Archiv Stiftung Bauhaus Dessau, Objekt-Nr. 9134.

46 Max Gebhardt in einem Brief an Konrad Püschel vom März 1976, Archiv Stiftung Bauhaus Dessau, Objekt-Nr. 8187.

47 Brief von Eckhard Neumann an Carl Marx vom 20. Februar 1988, Archiv Stiftung Bauhaus Dessau, Objekt-Nr. 8046. Marx schwärmte in einem Brief an Eckhard Neumann vom 6. März 1987: «[Bauhaus], dieses wieder strahlende ewig junge Mädchen, [...] wie ein Kristall [...] wie man es auch dreht, das Spiel der Flächen zeigt ewig neues-inspirierendes.»

48 René Mensch in einem Brief an Konrad Püschel vom 16. Juni 1978, nachdem er offenbar Personen auf einem Foto identifiziert hatte und sich erinnerte, Archiv Stiftung Bauhaus Dessau, Objekt-Nr. 8743.

49 Aus dem Arbeitsplan der Druckerei, Abb. in: Gerd Fleischmann (Hrsg.): *bauhaus. drucksachen, typografie, reklame,* op. cit., S. 111.

50 Max Bill: ‹vom bauhaus bis ulm›, in: *max bill.* Katalog, Zentrum für Kunstausstellungen der DDR, Weimar, 1988, S. 88: «entscheidend wurde dann das erscheinen der ersten nummer der zeitschrift ‹bauhaus› zur eröffnung des neuen hochschulgebäudes von walter gropius in dessau; und schließlich das wettbewerbsprojekt für den neuen völkerbundpalast in genf, mit dem hannes meyer und hans wittwer einen dritten preis errangen.»

51 Die innere Verwandtschaft geht noch weiter. So wie Max Bill als Reklamegestalter Teil hat am Neuen Bauen in Zürich, wirkte Baumeister als graphischer Gestalter am *Neuen Frankfurt* beziehungsweise an der *neuen stadt* mit. Er tauchte ein in den Strom geschlossener internationaler Kultur gegen eine sich ängstlich mehr und mehr national abgrenzende Politik und Wirtschaft.

52 Abgebildet in: Gerd Fleischmann (Hrsg.): *Walter Dexel. Neue Reklame,* mit einer Einführung von Friedrich Friedl, Düsseldorf, Marzona, 1987, S. 8f.

53 Jan Tschichold: *Eine Stunde Druckgestaltung,* op. cit., S. 7.

54 «Liebe Kay, wie du siehst, bin ich wieder mitten in der bauhauswelt, das siehst du daran, dass ich unwillkürlich wieder anfange, klein zu schreiben [...].» Brief von Lena Meyer-Bergner an Kay Kulmala, 7. Januar 1958, Archiv Stiftung Bauhaus Dessau, Objekt-Nr. 7894. Weiter unten schreibt sie zu Ulm: «[...] gestern war wieder ein student aus Genève hier, der in Ulm studiert (du weisst von dieser schule, die als volkshochschule begann und sich dann auf die spuren des bauhauses begab zunächst unter der unglücklichen leitung von Mac Bill und jetzt ohne ihn, unter Maldonado. sie hat hundert schwierigkeiten zu überwinden, und man weiss noch nicht, was daraus wird).»

55 So zum Beispiel die Bilder: *Herr Studienrat Bollmann,* 1927, Kohle auf Papier, signiert: BILL; *Ich, Katzenmann,* Selbstportrait, 1927, Aquarell und Tusche auf Papier; *Nur was man auf dem Bild sieht,* 1928, Tusche und Wasserfarben auf Leinwand; abgebildet in: *Max Bill, Georges Vantongerloo. A Working Friendship. 50 Years of Sculpture, Painting and Drawing,* Katalog, Annely Juda Fine Art, London, 1996.

56 Ein Beispiel ist die Umschlagzeichnung für Heft 43 vom 23. Oktober 1929 der satirischen Schweizer Zeitschrift *Nebelspalter* mit der Signatur: Bill 29.

57 Walter Porstmann: *Sprache und Schrift,* Berlin, Verlag des Vereins Deutscher Ingenieure (als erster Teil der Sammlung Fundamente der Organisation, herausgegeben von Dr.-Ing Richard Hinz), 1920. Dieses Standardwerk zur Diskussion über Kleinschreibung und Rechtschreibung war auch eine Grundlage der

58 Jan Tschichold: *Die Neue Typographie. Ein Handbuch für zeitgemäß Schaffende,* Berlin, Bildungsverband der Deutschen Buchdrucker, 1928; Reprint: Berlin, Brinkmann & Bose, 1987, p. 83.

59 Josef Albers: "Zur Ökonomie der Schriftform", and: Herbert Bayer: "Versuch einer neuen Schrift", in *Offset- Buch- und Werbekunst,* Leipzig, no. 7 (Bauhaus issue), 1926, pp. 395–397 or, respectively, pp. 398–400.

60 "The thesis 'the simpler the letter form, the better its readability' was defended with conviction at the beginning of Constructivism. Raised, as it were, to the level of dogma, it is only championed by 'modern- istic' typographers today (Modernistic being different than modern). This assumption proved to be false, since we don't take in single letters when reading, but rather words, words as a whole and as 'word- images'." Josef Albers: *Interaction of Color, Grundlegung einer Didaktik des Sehens,* Cologne, M. DuMont Schauberg, 1970, p. 27.

61 Jan Tschichold: *Die Neue Typographie,* op. cit., p. 223.

62 A design for one of the ten lithographs in max bill: "10 original-lithos", Allianz-Verlag, 1941, shows a similar figuration for the letter K. The division of the poster format by the center-horizontal and center-vertical and both diagonals, as well as the spiral-shaped line consisting of straight lines (reminding one of the theme of the *quinze variations*) has been replaced in the end by a composition with circle, half-circle and quarter- circle.

63 Compare Ute Brüning: "Die neue plastische Systemschrift", in Volker Rattemeyer, Dietrich Helms, collabo- ration Konrad Matschke: *"Typographie kann unter Umständen Kunst sein". Kurt Schwitters – Typographie und Werbegestaltung,* Landesmuseum Wiesbaden, 1990.

64 Egidio Marzona, Marion Fricke (eds.), collaboration Gerd Fleischmann: *Lehre und Arbeit am Bauhaus 1919-32: Joost Schmidt,* Düsseldorf, Marzona, 1984, p. 37, Illustration 41. Joost Schmidt was at first a student at the Bauhaus in Weimar and completed the sculpture program up to journeyman certification. Besides heading the graphic workshop, as an autodidact he taught the foundation course for typeface beginning in 1925. In 1928, after Herbert Bayer left, he overtook the printshop and began in 1930 to teach advertising. Ultimately, in 1931 he became the head of the advertising workshop. "Something very impor- tant is happening here with "Schmidtling", and we didn't even know about it." (Kandinsky)

65 Walter Porstmann: *Sprache und Schrift,* op. cit., p. 98.

66 In collaboration with Professor Jay Rutherford from the Bauhaus-Universität in Weimar, three typefaces were chosen out of the profusion of various ideas, and are now available as digital fonts.

67 The "advertising monument", the façade signage on the Mythenquai in Zurich from Max Bill was restored in 1988 and is under protection. The warehouse is by Ernst F. Burckhardt and is considered to be a recog- nized example of the "Neues Bauen". Compare Tages-Anzeiger, Zurich, November 27, 1997.

68 *schrift en beeld/schrift und bild,* Poster from the Stedelijk Museum, Amsterdam, and the Kunsthalle Baden-Baden, 1963.

Überlegungen am Bauhaus. Der Hintergrund ist nicht die Philologie oder die Philosophie, sondern die Büroorganisation. So diskutiert der Autor auch die Rationalisierung in Büro und Werkstatt. Als Beispiele werden auf Seite 22 systematische Kurzbezeichnungen unter planmäßiger Anwendung des Lautschatzes für die «Hinz-Vielform-Schrankkörper und -Platten» vorgestellt. Dieses Büromöbelprogramm ist zugleich ein Vorgeschmack auf das ‹in-kombi-system› des Wohnbedarf mehr als zehn Jahre später.

58 Jan Tschichold: *Die Neue Typographie. Ein Handbuch für zeitgemäß Schaffende,* Berlin, Bildungsverband der Deutschen Buchdrucker, 1928; Reprint: Berlin, Brinkmann & Bose, 1987, S. 83.

59 Josef Albers: ‹Zur Ökonomie der Schriftform›, und: Herbert Bayer: ‹Versuch einer neuen Schrift›, in: *Offset- Buch- und Werbekunst,* Leipzig, Heft 7 (Bauhaus-Heft), 1926, S. 395–397 bzw. 398–400.

60 «Die These ‹Je einfacher die Form des Buchstaben, desto besser seine Lesbarkeit› wurde am Anfang des Konstruktivismus mit Überzeugung verteidigt. Gleichsam zu einem Dogma erhoben, wird sie heute nur noch von ‹modernistischen› Typografen verfochten (Modernistisch als verschieden von modern). Diese Annahme hat sich aber als falsch herausgestellt, weil wir nämlich beim Lesen nicht einzelne Buchstaben, sondern Worte, Worte als Ganzheiten, als ‹Wortbilder› aufnehmen.» Josef Albers: *Interaction of Color, Grundlegung einer Didaktik des Sehens,* Köln, M. DuMont Schauberg, 1970, S. 27.

61 Jan Tschichold: *Die Neue Typographie,* op. cit., S. 223.

62 Ein Entwurf zu einer der 10 Lithographien in: max bill: ‹10 original-lithos›, Allianz-Verlag, 1941, zeigt eine ähnliche Figuration über den Buchstaben K. Die Gliederung des Plakatformats durch die Mittelwaagrechte und -senkrechte und durch die beiden Diagonalen wie auch die an das Thema der *quinze variations* erinnernde spiralförmige Linie aus Geraden ist schließlich durch eine Komposition mit Kreis, Halbkreis und Viertelkreis ersetzt worden.

63 Vgl. dazu: Ute Brüning: ‹Die neue plastische Systemschrift›, in: Volker Rattemeyer, Dietrich Helms, Mitarbeit Konrad Matschke: ‹*Typographie kann unter Umständen Kunst sein›. Kurt Schwitters – Typographie und Werbegestaltung,* Katalog, Landesmuseum Wiesbaden, 1990.

64 Egidio Marzona, Marion Fricke (Hrsg.), Mitarbeit Gerd Fleischmann: *Lehre und Arbeit am Bauhaus 1919– 32: Joost Schmidt,* Düsseldorf, Marzona, 1984, S. 37, Abb. 41. Joost Schmidt war zunächst Student am Bauhaus in Weimar und absolvierte die Bildhauerlehre bis zum Gesellenbrief. Er lehrte als Autodidakt von 1925 an, neben der Leitung der plastischen Werkstatt, Schrift im Vorkurs. 1928, nach dem Ausscheiden von Herbert Bayer, übernahm er auch die Druckerei, und 1930 begann er mit seinem Reklame-Unterricht. 1931 wurde er schließlich Leiter der Reklame-Werkstatt. «Da geschieht ja beim ‹Schmidtchen› etwas sehr Wichtiges, und wir haben es nicht einmal gewusst.» (Kandinsky)

65 Walter Porstmann: *Sprache und Schrift,* op. cit., S. 98.

66 In Zusammenarbeit mit Prof. Jay Rutherford, Bauhaus-Universität Weimar, wurden 1996 aus der Fülle der unterschiedlichen Ansätze drei Schriften ausgewählt, die nun als digitale Fonts vorliegen.

67 Das ‹Reklame-Denkmal›, die Fassadenwerbung am Mythenquai in Zürich von Max Bill, wurde 1988 restauriert und steht unter Denkmalschutz. Das Lagergebäude stammt von Ernst F. Burckhardt und gilt als anerkanntes Zeugnis des Neuen Bauens. Vgl. dazu Tages-Anzeiger, Zürich, 27. November 1997.

68 *schrift en beeld/schrift und bild,* Plakat des Stedelijk Museum, Amsterdam, und der Kunsthalle Baden-Baden, 1963.

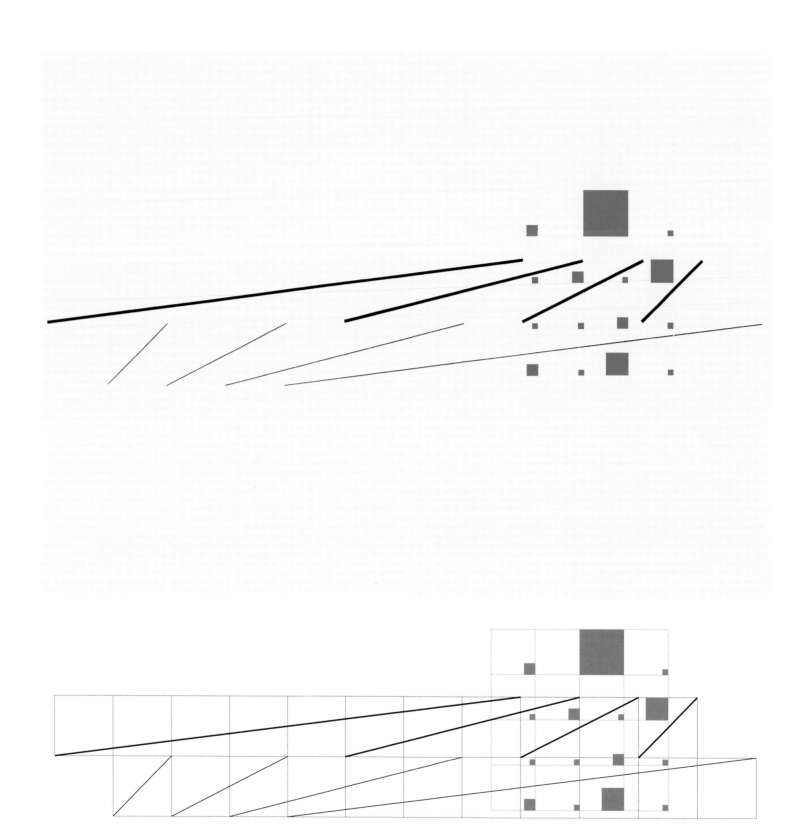

simultankonstruktion zweier progressiver systeme, 1945–51,
Öl auf Leinwand, 145 × 201 cm. – Die geometrische Struktur des
Bildes: zwei Rastersysteme mit 16 cm beziehungsweise 12 cm
Seitenlänge regeln die Orte aller Bildelemente.

Konkrete Kunst und Typografie

«typografie ist die gestaltung von satzbildern, in ähnlicher weise, wie die moderne, konkrete malerei die gestaltung von flächenrhythmen ist.»[1]* In diesem schon fast feierlichen, apodiktischen Satz, den er 1946 dem in den dreißiger Jahren zur Tradition der achsialen Typografie konvertierten früheren Modernisten Jan Tschichold buchstäblich an den Kopf warf, drückt eine Grundhaltung durch, die das ganze konsequente Schaffen und Denken von Max Bill durchzieht. Bill glaubte, daß die schöpferischen Ausdrucksformen einer Zeit in einem inneren Zusammenhang stehen, nicht aber sich gleichen sollen. Die Typografie, so sehr er diese liebte und so engagiert er sie betrieb, lag aber dem konkreten Künstler Max Bill doch nicht am nächsten: Die große Rivalin war die Architektur, ihr war Bill – dies ist in vielen schriftlichen Äußerungen belegt – zeit seines Lebens am intensivsten zugeneigt. Neben seinem weltweit bekannten Schaffen als Maler und Plastiker sowie dem angewandten als Typograf verstand er sich vor allem als der (wenig beschäftigte) Architekt: «wenn ich die letzten 25 jahre überblicke, so stelle ich fest, dass ich in manchen dingen glück und erfolg hatte. allerdings bedaure ich, dass ich nicht öfter gelegenheit hatte, meine architektonische konzeption zu realisieren. die schönste gelegenheit bot sich mir bisher mit den bauten der hochschule für gestaltung in ulm [...]»[2] Mit Kunst, Typografie und Architektur sind aber noch nicht alle seine Tätigkeiten angesprochen: Max Bill gilt als einer der markantesten Schweizer Produktgestalter,[3] er hielt Vorträge und schrieb hervorragende Texte zu seinen Arbeiten und zu Arbeiten anderer, zumeist befreundeter oder ihm nahestehender Künstler, und schließlich war er Lehrer und Politiker. Und bei all diesen vielfältigen Aktivitäten gehen seine zum Teil akribischen Schriftentwürfe und die typografischen Arbeiten in die hunderte und umfassen alle Drucksachenarten, von der privaten Familienanzeige bis zur Zeitschrift, zum Buch und zum Plakat.

Bei einer derart breiten Fächerung der Arbeitsgebiete kann man fragen: Wie geht ein konkreter Künstler mit Typografie um? Gibt es in Bills Schaffen (nachdem die Frage gestellt wurde, ob es konkrete Architektur gebe[4]) konkrete Typografie, oder bestehen wenigstens formal-ästhetische Verbindungen zwischen seiner Malerei und seiner Typografie? Um eine Antwort zu finden, muß man auf Bills Kunst oder zumindest auf einige Werke eingehen und nach Verbindungen zwischen den Disziplinen suchen. In Bills Haus in Zumikon, wo er zuletzt wohnte, fällt ein relativ frühes, großformatiges Bild auf, das in einer Zeit intensivster typografischer Tätigkeit entstand: *simultankonstruktion zweier progressiver systeme,* 1945–51. Trotz radikal reduzierter Farbigkeit strahlt es volle Frische und Schönheit aus. «ebenso wie die klaren, sauberen musikalischen formen dem hörenden angenehm sind, dem wissenden in ihrem aufbau freude bereiten, sollen die reinen, klaren formen und farben den betrachter erfreuen.»[5]

Dieses Bild weist zwei Gruppen mit je vier schwarzen Linien sowie fünfzehn rote, in einem sechzehnteiligen Rasternetz angeordnete Quadrate auf. Eine formal-mathematische Analyse ergibt folgende Zusammenhänge: Die Linien sind diagonal in ein, zwei, vier und acht Felder von 16×16 cm eingezeichnet; sie stehen direkt über beziehungsweise unter der Bildmitte. Ihre Längen verhalten sich wie $1{,}414 : 2{,}236 : 4{,}123 : 8{,}062$, entsprechend den Diagona-

Concrete Art and Typography

"typography is the shaping of typeset images, in the same way that modern, concrete painting is the shaping of surface rhythms."[1]* This almost solemn and apodictic statement, literally tossed by Max Bill in 1946 at the head of former Modernist Jan Tschichold, who had converted in the thirties to the tradition of axial typography, reveals a basic attitude that runs consistently through all of Bill's works and thoughts. Bill believed that an era's creative forms of expression have an inner connection but should not resemble one another. As much as he loved typography and as engaged as he was in its practice, it was not the discipline which lay closest to the heart of this concrete artist. Its great rival was architecture, toward which Bill had been strongly inclined his entire life, as evidenced in numerous writings. Next to his world-renowned work as a painter and sculpture and his applied work in typography, Bill saw himself first and foremost as the (infrequently employed) architect: "when i look back over the last 25 years, i see that i have had happiness and success in many things. nevertheless, i regret that i didn't have more opportunities to realize my architectural ideas. the most wonderful opportunity i've had so far was offered by the buildings for the college of design in ulm [...]"[2] Even so, art, typography and architecture do not account for all his activities: Max Bill is considered one of the most distinctive Swiss product designers,[3] he gave lectures and wrote outstanding texts about his own work and the work of others, for the most part artists who were friends of his or who were close to him, and, finally, he was as well a teacher and a politician. And accompanying all these activities are his sometimes meticulous typeface and script designs and typographic works, numbering in the hundreds and encompassing all forms of printing, from private family announcements to magazines, books and posters.

In the face of such broad diversification of work, one could ask what a concrete artist does with typography. Is there concrete typography in Bill's work (this following the question as to whether concrete architecture indeed exists[4]), or are there at least formal-aesthetic connections between his painting and his typography? To find an answer to this question, his art, or at least some of his works, must be carefully considered and a connection between the disciplines sought. In Bill's house in Zumikon, where he last lived, one's attention is drawn to a relatively early, large-format painting that stems from a time of the most intense typographical activity: *simultankonstruktion zweier progressiver systeme,* 1945–51. Despite the radically reduced use of color, the picture radiates full freshness and beauty. "just as clear, clean musical forms are pleasant to the listener, and their composition joyful to the initiate, clean, clear forms and colors should delight the viewer."[5]

This painting depicts two groups of four black lines each, plus fifteen red lines, in a square, sixteen-part grid arranged. A formal-mathematical analysis results in the following connections: The lines are drawn diagonally in one, two, four and eight fields of 16×16 cm; they are placed directly above and below the middle of the picture. Their lengths have the proportions $1.414 : 2.236 : 4.123 : 8.062$, in correspondence with the diagonals in the square $= \sqrt{2}$, in the double square $= \sqrt{5}$, in the quadruple square $= \sqrt{17}$ and in the eightfold square

* See endnotes page 96

Anzeige Wohnbedarf AG, 1932.
Hat Bill in seinen typografischen Arbeiten Strukturen erprobt (zum Beispiel die schrägen Linien), die später in Bildern, wenn auch unter anderen Bedingungen, wieder aufscheinen?

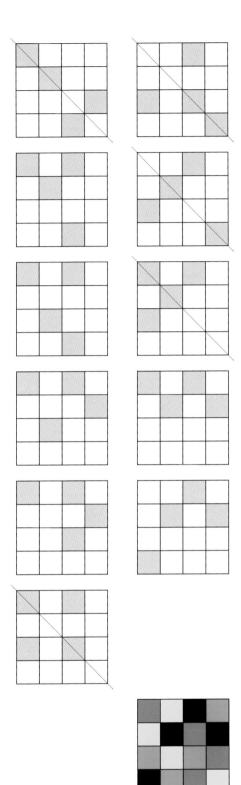

Schematische Darstellung der elf Kombinationen der grafischen Reihe *11 × 4 : 4*. Jede der elf Konstellationen, deren fünf eine diagonale Symmetrieachse aufweisen, besteht aus vier identischen Farbgruppen. Das letzte Schema zeigt die elfte Kombination mit den vier um je 90 Grad gedrehten Farbgruppen.

len im Quadrat = $\sqrt{2}$, im Doppelquadrat = $\sqrt{5}$, im vierfachen Quadrat = $\sqrt{17}$ und im achtfachen Quadrat = $\sqrt{65}$. Die Abstände ihrer Endpunkte verhalten sich wie der Anfang der Fibonacci-Zahlenreihe 1 : 2 : 3 : 5.[6] Die roten Quadrate sind in einem regulären Rasternetz von 4×4 quadratischen Feldern so angeordnet, daß sie die schwarzen Linien nicht berühren. Von diesen Quadraten haben acht die Seitenlänge 1, vier die Seitenlänge 2, zwei Quadrate haben die Seitenlänge 4, und eines hat die Seitenlänge 8. Ihre Seitenlängen verhalten sich wie 1 : 2 : 4 : 8, ihre Flächen demzufolge wie $1^2 : 2^2 : 4^2 : 8^2$ oder 1 : 4 : 16 : 64. Anzahl und Seitenlängen dieser Quadrate bilden eine reziproke Reihe. Das größte entspricht der Größe der Rasterfelder von 12×12 cm, weshalb man kaum bemerkt, daß ein Feld nicht besetzt ist. Die Seitenlängen der beiden Rastersysteme verhalten sich wie 3 : 4. Bei dieser formalen Stringenz und, zugegeben, disponiert durch die Kenntnis späterer Gestaltungskonzeptionen in Bills Werk, könnte man eine ebenso stringente – bilateral- oder punktsymmetrische – Konstellation der roten Quadrate erwarten. Da diese aber offensichtlich die schwarzen Linien nicht tangieren dürfen, ist die Anzahl der möglichen Anordnungen begrenzt – ihre Konstellation muß deshalb zufällig wirken.

Werke mit einem Rasternetz von 4×4 quadratischen Feldern, die diese Stringenz aufweisen, entstanden nach meinem Wissen erst in den sechziger Jahren, so etwa das Bild *vier farben in gleichen gruppen,* Öl auf Leinwand, 1963, sowie die elf Serigrafien der grafischen Reihe *11 × 4 : 4*, 1963–70. In diesen Werken arbeitete Bill mit je vier identischen Gruppen aus vier gleichfarbigen Elementen. Sofern Spiegelungen der asymmetrischen Konstellationen, die nur relative, nicht grundlegende Veränderungen aufweisen, sowie Farbvarianten ausgeschlossen werden – gibt es nur gerade elf verschiedene Kompositionen. Die elf Serigrafien zeigen das Prinzip der konkreten Gestaltungsweise sehr schön auf: Der Künstler schafft sich ein Spielfeld, auf dem er, unter Berücksichtigung bestimmter Regeln, alle möglichen Formvarianten darstellt; es können, unter anderen Bedingungen, auch Farbvarianten sein. Solche Spielregeln sind selbstauferlegte Einschränkungen, die die Anzahl der möglichen Varianten auf ein vernünftiges, das heißt überschaubares Maß reduzieren.

Max Bill arbeitete, abgesehen von den noch von seinem «verehrten Lehrer Paul Klee»[7] beeinflußten frühen figurativen Werken, unter Anwendung strenger Regeln, exakter formaler Vorgaben und arithmetischer oder geometrischer Reihen, die den Entstehungsprozeß seiner Werke determinieren. «Ich bin der Auffassung, daß es möglich sei, eine Kunst weitgehend auf Grund einer mathematischen Denkweise zu entwickeln. Gegen eine solche Auffassung erheben sich sofort scharfe Einwände. Es wird nämlich behauptet, daß die Kunst mit Mathematik nichts zu tun habe, und daß Mathematik eine ‹trockene›, unkünstlerische Angelegenheit sei, eine reine Angelegenheit des Denkens, und dieses sei der Kunst abhold. Für die Kunst sei einzig das Gefühl von Wichtigkeit und das Denken sei schädlich. Weder die eine noch die andere Auffassung stimmen, denn Kunst braucht Gefühl *und* Denken. […] Es ist nötig, immer wieder zu betonen, daß eines der wesentlichsten Merkmale des Menschen das Denken ist. Das Denken ermöglicht es auch, Gefühlswerte in einer Weise zu ordnen, daß daraus Kunstwerke entstehen.»[8] Und diese Ordnung verstand Bill als eine auf rationalem Weg entwickelte, die aber der Ästhetik nicht entbehrt, denn Voraussetzung aller Kunst ist Schönheit. Wer jedoch unter Schönheit nur das platte Gefallen versteht, ignoriert gründlich das Wesen der Kunst.

Gestaltungsprozesse in diesem absoluten Sinn sind in der Typografie, die noch anderen einschränkenden Gesetzen (so beispielsweise der logischen Gliederung von Texten oder Anforderungen an die Lesbarkeit) unterliegt, nicht möglich. «obwohl ich der grafik und typografie immer, auch heute noch, eminent künstlerische ausdrucksmöglichkeiten zugestehe, ja diese sogar fordere, war es nie meine absicht, diese als l'art pour l'art zu behandeln. ich habe mir darin nie die gleichen freiheiten erlaubt wie in einem bild oder einer plastik.»[9] Bill wußte schließlich genau zu unterscheiden, ob er Kunst oder Typografie machte, ob er das Möbiusband in eine nicht sich schon auf den

$= \sqrt{65}$. The intervals between their endpoints follow the beginning of the Fibonacci series $1:2:3:5$.[6] The red squares are arranged in a regular grid of 4×4 square fields in such a way that they do not touch the black lines. Of these squares, eight have a side length of 1, four a side length of 2, two a side length of 4 and one has a side length of 8. The lengths of their sides are $1:2:4:8$, their surface area accordingly $1^2:2^2:4^2:8^2$ or $1:4:16:64$. The number of these squares and the lengths of their sides form a reciprocal series. The largest corresponds to the size of the 12×12 cm grid field, which is why one hardly notices that one field is unoccupied. The side lengths of both grid systems are of a $3:4$ proportion. This formal precision and, granted, the foreknowledge of Bill's later design concepts, could lead one to expect the constellation of red squares to be just as precise – bilaterally or radially symmetrical. However, because they obviously may not be tangent to the black lines, the number of possible arrangements is limited; their constellation must therefore appear to be accidental.

Works based on a grid of 4×4 square fields, as revealed by this stringency, were to my knowledge first developed in the sixties, such as in the painting *vier farben in gleichen gruppen,* oil on canvas, 1963, and the eleven serigraphs in the graphic series *11 x 4:4,* 1963–70. In these pieces, Bill works with four identical groups, each composed of four elements of the same color. Ruling out reflections of asymmetrical constellations that feature only relative and not fundamental changes, and ruling out variations in color, there are only exactly eleven different compositions. The eleven serigraphs beautifully demonstrate the principle of concrete design, whereby the artist creates a playing field for himself on which, according to specific rules, he presents all possible variations of form; there could also be, under other conditions, variations in color. Such playing rules are self-imposed limitations that reduce the number of possible variations on a reasonable – that is, clear and easy to grasp – mass.

Apart from early figurative works that were still produced under the lasting influence of his "revered teacher Paul Klee"[7], Max Bill applied strict rules to his work, followed exact formal guidelines and arithmetical or geometrical progressions that determined the formative process of his works. "I believe it is possible to develop an art largely on the basis of a mathematical mentality. Sharp objections are immediately raised against such a view. Specifically, it is argued that art has nothing to do with mathematics, that mathematics is a 'dry' and inartistic affair, purely a matter of thought, and that this is averse to art. The only thing significant to art is feeling; thought is detrimental. Neither view is correct, because art needs feelings *and* thought. [...] It is necessary to continue to emphasize that thought is one of the most essential characteristics of man. Thought makes it possible to give order to emotional value in such a way that works of art can be created from it."[8] And Bill understood this ordering to be one that developed in a rational way, yet did not lack aesthetics, because the precondition of all art is beauty. If one takes trite pleasure for beauty, however, he is fundamentally ignoring the essence of art.

Design processes in this absolute sense are not possible in typography, which is subject to the limitations of other laws (such as the logical arrangement of text or the demands of legibility). "although i concede, even today, exceptional artistic expressive possibilities in graphic arts and typography, even demand them, it was never my intention to treat these mediums as l'art pour l'art. i have never allowed myself the same freedoms here that i have in a painting or a sculpture."[9] Ultimately, Bill knew how to differentiate between the making of art and the making of typography, between the formation of a Möbius strip that was not immediately decipherable and the arrangement of a text in a clearly recognizable structure. He himself even speaks once – although not directly in connection with art – of the "mysterious things in the 'Crystal Palace', in the Eiffel Tower, in the German pavilion at the fair in Barcelona, in the Pavilion de l'Esprit Nouveau that grip the viewer as a glimpse of something new, still unseen, and yet, from the time of their emergence, solemn."[10]

ersten Blick erschließende Form bringen oder einen Text in einer klar erkennbaren Struktur gliedern wollte. Er spricht sogar selber einmal – wenn auch nicht direkt auf Kunst bezogen – vom «Geheimnisvolle[n], das im ‹Crystal Palace›, im Eiffelturm, im deutschen Pavillon an der Messe in Barcelona, im Pavillon de l'Esprit Nouveau den Betrachter packte, als Ausblicke auf etwas Neues, noch Ungesehenes und doch von der Zeit ihres Entstehens Getragenes».[10] Das Geheimnisvolle: dies ist ein Terminus, den man Bill, dem konkreten Künstler, der für sein ganzes Schaffen stets Klarheit, Einfachheit und Ökonomie forderte, nicht ohne weiteres in den Mund legen würde.

In den Bereich Typografie gehört denn auch die seit dem Studium am Bauhaus Dessau für seinen privaten Gebrauch und, was die gedruckten Arbeiten betrifft, zumindest in seinen eigenen Katalogen und Plakaten konsequent angewandte radikale Kleinschreibung. Als Herbert Bayer, nachdem er zuvor dort studiert hatte, als Meister des Bauhauses von 1925 bis 1928 die Druckwerkstatt leitete, wurde diese Schreibweise vom Bauhaus propagiert und für die meisten internen Drucksachen eingeführt. (Bis dahin zeigten die Bauhaus-Drucksachen ein eher bieder-handwerkliches Bild, dominierten Antiquaschriften und Majuskeln, achsiale Zeilenstellung und Blocksatz, von Hand gezeichnete Schriften und Illustrationen.) Von Bayer typografisch gestaltete Inkunabeln der radikalen Kleinschreibung sind unter anderem die Briefpapiere für das Bauhaus und für Bauhausdirektor Walter Gropius von 1925 sowie der Lehrplan des Bauhauses aus demselben Jahr. Ebenso ist Hannes Meyers interessante Broschüre *junge menschen kommt ans bauhaus!* von 1928 in Kleinschreibung gedruckt; Meyer leitete ab 1927 die Architekturabteilung, von 1928 bis 1930 war er Direktor. Bill studierte bei Josef Albers, Paul Klee, Wassily Kandinsky, Oskar Schlemmer und László Moholy-Nagy,[11] der die Kleinschreibung anscheinend nicht befürwortete, zumal die von ihm und Gropius zwischen 1925 und 1930 herausgegebenen Bauhaus-Bücher – mit einer Ausnahme, und anders als die Bauhaus-Zeitschrift – in Gemischtschreibweise gehalten sind. Das Bauhausbuch 12, Gropius: *bauhausbauten dessau,* von 1930 könnte daher durchaus auf Gropius' Wunsch hin in Kleinschreibung und mit der 1928 von der Schriftgießerei Berthold in Berlin gegossenen, brandneuen Futura von Paul Renner gesetzt sein.

Bauhaustypografie und Kleinschreibung müssen mächtig auf Bill gewirkt haben. Aber er war flexibel, schrieb er doch, nachdem er seit zwei Jahren wieder in Zürich war: «das kleinschreiben ist vor allem beim schreibmaschinenschreiben viel einfacher wie [als] die gemischte schreibweise, es bestehen darüber viele verschiedene meinungen, doch ist meines erachtens das kleinschreiben weit unwesentlicher wie [als] z. b. die normierung von schreibpapier, obschon beide aus derselben praktischen überlegung herauswachsen.»[12] Trotzdem ist es merkwürdig, daß einige seiner schönsten Bücher, darunter solche, die er selber verfaßt oder herausgegeben hatte, in Gemischtschreibung gehalten sind: die von ihm herausgegebenen Werke *Le Corbusier & P. Jeanneret, Œuvre complète 1934–1938* (1939) und *Moderne Schweizer Architektur* (1942, 1949), sodann Alfred Roth: *Die Neue Architektur* (1940), Johannes M. Sorge: *Einführung in die Betrachtung der abstrakten und konkreten Malerei* (1945) und Ugo Pirogallo: *Intime Reise* (1945), ferner das von Georg Schmidt herausgegebene Buch *Sophie Taeuber-Arp* (1948) und die von ihm verfaßten Werke *Wiederaufbau* (1945), *Robert Maillart* (1949) und *FORM, eine Bilanz über die Formentwicklung um die Mitte des xx. Jahrhunderts* (1952). Man muß wohl Kompromisse an die Verleger und Autoren voraussetzen, die ihn dazu führten, gegen seine Überzeugung zu handeln. Immerhin hätte er – wäre ihm wirklich alles daran gelegen gewesen – bei den Büchern, die er auch als Autor verantwortete, für Kleinschreibung plädieren können.

Betrachten wir nun eine Arbeit, die nicht ganz der Kunst, aber auch nicht ganz der Typografie angehört: eine Komposition zum Thema Farbe für einen Katalogumschlag von 1944.[13] Das Dreieck als konstitutives Element kommt bei Bill relativ selten, etwas häufiger eigentlich erst in späteren Bildern vor. In früheren Werken – so auch bei den auf eine Ecke gestellten

The mysterious: this is a term no one would lightly attribute to Bill, the concrete artist, who demanded clarity, simplicity and economy throughout his entire body of work.

The radical avoidance of initial capitals had been a part of his typography since his studies at the Dessau Bauhaus, consistently applied for his personal use and, as concerned his printed work, at least in his catalogues and on his posters. This style was promoted by the Bauhaus and introduced into most of their internal printed material by Herbert Bayer, who, following his own studies there, was Master of the Bauhaus printing workshop from 1925 to 1928. (Up till then, Bauhaus printed material presents a rather straightforward hand-crafted image, dominated by roman types and the use of initial capitals, centred layouts and justified setting, hand-drawn lettering and illustrations.) Incunabula of radical non-capitalised typographical designs by Bayer include, among other things, letterhead stationery for the Bauhaus and for Bauhaus Director Walter Gropius in 1925, as well as the school's syllabus for the same year. Hannes Meyer's interesting 1928 brochure *junge menschen kommt ans bauhaus!* is likewise printed without capitals; Meyer headed the Architecture Department from 1927 and was Director between 1928 and 1930. Bill studied under Josef Albers, Paul Klee, Wassily Kandinsky, Oskar Schlemmer and László Moholy-Nagy,[11] who did not appear to support this style, particularly since the Bauhaus books published by himself and Gropius between the years of 1925 and 1930 – with one exception, and other than the Bauhaus newsletter – used conventional capitalisation. It was possible to typeset the 1930 Bauhaus book 12 by Gropius, *bauhausbauten dessau,* completely without capitals, according to Gropius' own wish, and in the brand-new Futura typeface by Paul Renner, cast in 1928 by the Berthold type foundry in Berlin.

Bauhaus typography and the avoidance of capitals must have made a strong impression on Bill. However, he was flexible; after he had been back in Zurich for two years he wrote, "not using capitals is above all much easier for typewriting than the conventional style; there are many opinions on this topic, but it is my observation that avoidance of capitals is far less essential than, for example, the standardization of writing paper, although both grew out of the same practical consideration."[12] Still, it is curious that some of his most beautiful books, including some he wrote or published himself, use conventional capitalisation: his own published works *Le Corbusier & P. Jeanneret, Œuvre complète 1934–1938* (1939) and *Moderne Schweizer Architektur* (1942, 1949); following that, Alfred Roth, *Die Neue Architektur* (1940), Johannes M. Sorge, *Einführung in die Betrachtung der abstrakten und konkreten Malerei* (1945) and Ugo Pirogallo, *Intime Reise* (1945), in addition, the book published by Georg Schmidt, *Sophie Taeuber-Arp* (1948), and his own written works *Wiederaufbau* (1945), *Robert Maillart* (1949) and *FORM, eine Bilanz über die Formentwicklung um die Mitte des xx. Jahrhunderts* (1952). It must be assumed that there were compromises with publishers and authors who would have him handle the work against his own convictions. Still, had it been that important to him, he could have pleaded for the avoidance of capitals in the books for which he was also author.

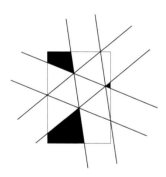

Let us turn now to a work that is not wholly art, but also not completely typography: a composition on the theme of color for a 1944 catalogue cover.[13] The triangle as a constitutive element shows up relatively rarely in Bill's work; it is actually seen to occur frequently only in later paintings. In earlier works – as with the two paintings rotated 45° – triangles are often the remaining areas, those surfaces not occupied by pictorial elements. These remaining areas must then be read as background and not as "pictorial object" or "figure". With this particular cover, a commercial art work, the triangle is actually the theme and therefore the constitutive element. A large triangle, in which four smaller triangles in orange, green, light purple and white are inscribed, floats within the format at an angle – with no triangle edge parallel to the edges of the paper, but with all three points touching the paper edges. Seen in

Katalog *Die Farbe in Natur, Kunst, Wissenschaft und
Technik,* Umschlag, Kunstgewerbemuseum Zürich, 1944;
Druck in sieben Farben, 148×210 mm.
Entwurf, Farbstift und Bleistift, Originalgröße.

Seite gegenüber: Schematische Darstellung mit den
drei Farbbändern als konstituierende Elemente und
Schwarz als ‹Grund›.

another way, the composition is comprised of yellow, red and blue bands of color. The three bands are placed at 60° angles to one another and intersect at one point (actually, in one triangle). Bill has made the primary theme here the subtractive, or pigment, color mixing. There, where two bands overlap, secondary colors result: orange from yellow and red, green from blue and yellow, purple from red and blue (the purple has been lightened, purely subjectively, to brightness by orange and green.) Then, totally unexpected, in the center triangle where all three bands overlap, following the additive principle – that is, the mixing of "colored" light – white has been inserted; theoretically, then, a violation has been committed. According to the law of subtractive color mixing with which this theme began, this should be black. If one accepts the second reading (of the colored bands as the constitutive element), black has, in the end, been brought into the remaining areas as the background. Determined by the borders of the format, the colored bands disappear – a phenomenon of gestalt psychology[14] – and the triangles in the corners and the irregular squares come forward, and in this way the black areas likewise become "figure". The white triangle is still perceived at the most as a "hole" in the picture surface. That one can still speak of subtractive mixing – since Bill's colors are each printed as a separate hue, not corresponding to the primary colors of yellow, magenta, and cyan, and the secondary colors of red (red-orange), green and blue (blue-violet) utilized in technical reproduction – does not detract from this precise design. Bill not only struck "at the core of the problem posed"[15] – the theory of color convergence was of no further concern – rather, he handled the theme freely, worked with variations and created a piece of graphic art work that is masterful in its form and color, a work that finds its complement in a simple, brilliant typographic solution.

Max Bill's typography is largely oriented around the material used by metal typesetters, around the letters, which – with few exceptions – are of consistently identical size gradation, around the brass rules and the (non-printing) spacing material – the spaces, quads, leads and reglets, whose lengths and widths are likewise gradated in defined steps. **"this precise basic material determines the character of typography. if we look closer at this basic material, we can see that it is perfectly suited for developing an exact rhythm, a rhythm which expresses itself in calculable proportions that constitute the face of the printed material and that represent what is characteristic in typographical art."[16]** One could call the typographical measuring system (1 cicero of 12 points corresponds to 4.513 mm), together with the standardized sizes of typesetting materials, a given, more or less flexible grid system of specific measure. Accordingly, texts would not have been typeset, for example, at an 80 mm width (17 ciceros, 8 points), but rather – to fit the existing spacing material, at 16, 18 or 20 cicero measures.[17] (Typesetters constantly alternated between metric units for paper formats and ciceros for typesetting materials.) Measurements of printed material designed by Bill are evidence of his virtuoso handling of the typographic measuring system, and that he worked entirely with the given conditions of typesetting materials. This is astonishing, as it might have been thought that Bill, who created his first paintings based entirely on a grid format[18] as early as 1942, would have used overriding "abstract" grid systems for typographical design – at least for books. This is however rare, as far as his typographical work can be surveyed, and when it occurs, it is only within limits. In isolated pieces within Bill's body of work, this principle can be traced back to the thirties: Arthur Rüegg demonstrates the existence of a grid of 4 squares by 6 squares in *well-relief* of 1931–32, a legendary early work by Bill, and a grid of 2 squares by 4 squares forms the foundation of his own 1932–33 studio building in Zurich-Höngg.[19]

This wellrelief has a history which shows, among other things, how Bill handles lettering, that he did not simply call upon the existing type – less in printed matter than in other, larger exercises – and that, as already mentioned, he accepted the respective conditions and

Bildern – sind Dreiecke oft Restflächen, die von den Bildelementen nicht besetzt sind. Diese Restflächen muß man denn auch als Hintergrund und nicht als ‹Bildgegenstand› oder als ‹Figur› lesen. Bei diesem Umschlag, einer gebrauchsgrafischen Arbeit, ist das Dreieck das eigentliche Thema und damit konstitutives Element. Ein großes Dreieck, in das vier kleinere mit den Farben Orange, Grün, helles Violett und Weiß eingeschrieben sind, steht schräg, schwebend – mit *keiner* Kante parallel zu den Papierrändern, aber mit allen drei Spitzen diese berührend – im Format. Anders gesehen, besteht die Komposition aus je einem gelben, roten und blauen Farbband. Die drei Bänder stehen im 60-Grad-Winkel zueinander und schneiden sich in einem Punkt (eigentlich in einem Dreieck). Bill thematisierte vorerst die subtraktive oder Körperfarbenmischung. Dort, wo sich zwei Bänder überlagern, entstehen Mischfarben: Orange aus Gelb und Rot, Grün aus Blau und Gelb, Violett aus Rot und Blau (das Violett ist, rein subjektiv, bis zur Helligkeit von Orange und Grün aufgehellt). Im mittleren Dreieck, wo sich alle drei Bänder überlagern, ist dann aber – ganz unerwartet – gemäß der additiven, das heißt der Mischung mit ‹farbigem› Licht, Weiß eingesetzt, theoretisch also ein Bruch vollzogen. Entsprechend dem Gesetz der anfänglich thematisierten subtraktiven Mischung müßte dieses schwarz sein. Das Schwarz schließlich ist, geht man von der zweiten Lesart (von den farbigen Bändern als den konstitutiven Elementen) aus, in den Restflächen als Hintergrund eingesetzt. Bedingt durch die Formatbegrenzung verschwinden die Farbbänder – ein gestaltpsychologisches Phänomen[14] – und treten die Dreiecke und, in den Ecken, unregelmäßige Vierecke hervor. So werden die schwarzen Flächen ebenfalls ‹Figur›. Höchstens noch das weiße Dreieck wird als ‹Loch› in der Bildebene empfunden. Daß man nur bedingt von subtraktiver Mischung sprechen kann, da Bills Farben, deren jede als separater Farbton gedruckt ist, nicht den bei der technischen Reproduktion verwendeten Primärfarben Yellow (Gelb), Magenta (Rot), Cyan (Blau) und den Sekundärfarben Rot (Rotorange), Grün, Blau (Blauviolett) entsprechen, tut dem in sich präzisen Entwurf keinen Abbruch. Bill stößt nicht nur «zum Kern des gestellten Problems»[15] vor – er kümmert sich auch nicht weiter um farbtheoretische Konvergenz –, sondern geht mit dem Thema frei um, variiert es und schafft dadurch ein formal und farblich herrliches grafisches Kunstwerk, das durch eine einfache, souveräne typografische Lösung ergänzt wird.

Die Typografie Max Bills orientiert sich weitgehend am Material der Bleisetzereien: an den Schriften mit ihren – von wenigen Abweichungen abgesehen – stets gleichen Größenabstufungen, an den Messinglinien sowie am (nichtdruckenden) Blindmaterial, also an den Spatien, Quadraten, Durchschußbahnen und Stegen, deren Längen und Breiten ebenfalls in bestimmten Schritten abgestuft waren. «dieses präzise grundmaterial bestimmt den charakter der typografie. betrachten wir dieses grundmaterial genauer, dann können wir beobachten, daß es geeignet ist, einen genauen rhythmus zu entwickeln, der sich in berechenbaren proportionen ausdrückt, die das gesicht der drucksache ausmachen und das charakteristische der typografischen kunst darstellen.»[16] Das typografische Maßsystem (1 Cicero zu 12 Punkt entspricht 4,513 mm) kann – mit den genormten Größen des Bleisatzmaterials zusammen – durchaus als ein vorgegebenes, mehr oder weniger bewegliches Rastersystem angesprochen werden, das bestimmte Maße vorgibt. So wurden Texte nicht, zum Beispiel, auf 80 mm Breite (= 17 Cicero 8 Punkt) gesetzt, sondern, entsprechend dem vorhandenen Blindmaterial, auf 16, 18 oder 20 Cicero.[17] (Die Bleisetzer changierten ständig zwischen dem Millimetermaß der Papierformate und dem Ciceromaß des Satzmaterials.) Messungen an den von Bill gestalteten Drucksachen beweisen, daß er virtuos mit dem typografischen Maßsystem umging und ganz mit den Gegebenheiten des Satzmaterials arbeitete. Das erstaunt, könnte man doch annehmen, daß er, der spätestens 1942 seine ersten, ganz auf einem Quadratraster basierenden Bilder[18] schuf, in der Typografie, zumindest aber im Buch, mit übergeordneten, ‹abstrakten› Rastersystemen gestaltet

well-relief, 1931/32, Eisenblech, weiß bemalt, 80×120 cm, mit der dem Wellrelief zugrundeliegenden Struktur.

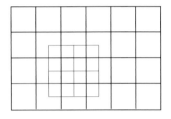

searched for the optimal solution. His writing for the first sales outlet for the firm Wohnbedarf AG is stretched so wide[20] that it is also clearly legible from a narrow angle of fore-shortened perspective. This stretching gave the o in particular such a special – reclining – form that Bill, fully surprised by the outcome,[21] used this shape again in the same year not only on the poster *negerkunst, prähistorische felsbilder südafrikas,*[22] which is just as legendary, but also in *well-relief,* though transposed here in the artistic context. Anton Stankowski, who came in 1929 to the advertising agency Dalang in Zurich from the Volkwangschule Essen, wrote, "Bill's commercial art, for example, the work he did for Wohnbedarf, some posters, façade lettering and a few brochures for Max Dalang-Werbeagentur, were stylistically instructive for the new era dawning in Zurich. Constructive pictures were not yet around at that time, in 1929–31. Most likely, it was the same for many of us: art was a testing ground, and one still kept one's experiments to oneself."[23] That poster – as well as *well-relief,* which (in Bill's own words) was perceived as "so extreme" for the times "that it met with no response"[24] – was a pioneering achievement, comparable to the photo-posters and brochures by Herbert Matter from the thirties, or the poster designed by Hans Arp and Walter Cyliax in 1929 for the Zurich Kunsthaus, *abstrakte und surrealistische malerei und plastik* (with the "first non-figurative composition on an exhibition poster in Switzerland"[25]), set, as Bill's poster is, in lowercase script.[26] The somewhat clumsy and forced characters were drawn by hand (probably by Cyliax) and reproduced in lithographic technique, together with the circular forms that seem to be more decoration than concrete characters, while Bill worked with type and cut in linoleum the large "abstract" characters that do not, or only remotely, recall prehistoric rock formations. Type, combined with a linocut – exactly that technique which is called relief printing and which in the meantime had largely given way to offset printing (a non-relief printing process like lithography) – was at that time the most economical printing process.

Oppressed by the "growing political tension [in Germany] as a result of the mass unemployment"[27], Bill left Dessau in 1928[28] to return to Switzerland, where he found that the situation was likewise worsening. This challenged him to act accordingly in his art and in his life. "i had decided not to erect any spectacular buildings, but rather to take pains to remain financially reasonable and not to incur any unnecessary expenditures. this moral principle inevitably led to an aesthetic of the useful that is denounced as exceptionally puritanical. this puritanism, for purely common sense reasons, always brought me back to the production of commercial art pieces, theoretically as well as practically."[29] Bill actually wanted to design architecture and because of this came into contact with Zurich architects of the "Neues Bauen", who found jobs for him in lettering and advertising material, but for the next ten years, he was unable to build anything but his own studio building. Typography and commercial art had thus necessarily become a financial basis.[30]

Bill's commissioned work from this time also included books. In 1930, he created a remarkable book jacket for Albert Ehrismann's volume of poetry, *Lächeln auf dem Asphalt.*[31] On the jacket is an aerial photograph of Bahnhofplatz in Zurich, which runs across the front and back sides, interrupted by the title on the spine, plus a smaller replica of the photograph, a skeleton-like drawing of a naked man, and italic text running diagonally towards the top – the resulting impression is irritating. This work, which was produced at the beginning of his involvement in commercial art, can with certainty be traced back to earlier examples Bill had seen in Dessau; but even so, this book jacket remains a fully valid achievement. The design of the contents, whose typeface (Bodoni) contrasts with the bold sans-serif typeface of the jacket is completely subdued: the avoidance of capitals on the jacket cover contrasts with their use on the title page and for the poem titles, while the capitalisation in the poems is conventional: overall, a strongly divergent design. The setting of the type area at a 30 mm

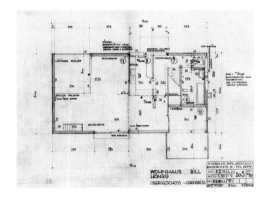

hätte. Dies ist jedoch, soweit sein typografisches Werk überblickbar ist, selten und wenn, dann nur mit Einschränkungen der Fall. In Bills Kunst kann bei vereinzelten Werken dieses Prinzip bis in die dreißiger Jahre zurückverfolgt werden: Arthur Rüegg wies im *well-relief* von 1931/32, einem legendären Frühwerk Bills, ein Rasternetz von 4 mal 6 Quadraten nach, und dem Grundriß seines Atelierhauses in Zürich-Höngg von 1932/33 liegt ein Rasternetz von 2 mal 4 Quadraten zugrunde.[19]

Dieses Wellrelief hat seine Vorgeschichte, die unter anderem zeigt, wie Bill mit Schrift umging, daß er – weniger bei Drucksachen als bei anderen, größeren Aufgaben – nicht einfach auf bestehende Satzschriften zurückgriff, und daß er, wie schon erwähnt, auf die jeweiligen Bedingungen einging und nach der optimalen Lösung suchte: Sein Schriftzug für den ersten Verkaufsladen der Firma Wohnbedarf AG ist so stark in die Breite gezogen,[20] daß er auch unter einem schmalen Winkel, perspektivisch verkürzt, gut lesbar ist. Vor allem der Buchstabe o bekam dadurch eine sonderbare – liegende – Form, daß Bill, wohl völlig überrascht darob[21], diese Figur im selben Jahr nicht nur beim ebenso legendären Plakat *negerkunst, prähistorische felsbilder südafrikas*[22], sondern eben auch im *well-relief*, hier aber in den Kunstkontext transponiert, verwendete. Anton Stankowski, der 1929 von der Volkwangschule Essen zur Werbeagentur Dalang nach Zürich kam, schrieb: «Die Gebrauchsgrafiken von Bill, z.B. für den Wohnbedarf, einige Plakate, Fassadenbeschriftungen und auch einige Prospekte für die Max Dalang-Werbeagentur waren stilbildend für die Aufbruchstimmung in Zürich. Konstruktive Bilder lagen damals, 1929–31, noch nicht vor; wahrscheinlich war es wie bei vielen von uns: Die Kunst war ein Probierfeld, und die Versuche behielt noch jeder für sich.»[23] Das Plakat war – wie auch das *well-relief,* das damals (nach Bills Worten) als «so extrem» empfunden wurde, «dass es keinerlei resonanz fand»[24] – eine Pionierleistung, vergleichbar mit den Fotoplakaten und Prospekten von Herbert Matter aus den dreißiger Jahren oder dem von Hans Arp und Walter Cyliax 1929 für das Kunsthaus Zürich gestalteten Plakat *abstrakte und surrealistische malerei und plastik* (mit der «erste[n] nicht figürliche[n] Komposition auf einem Ausstellungsplakat in der Schweiz»[25]), das ebenfalls, wie Bills Plakat, in Kleinschreibung gehalten ist.[26] Die etwas ungelenken, erzwungenen Schriftzeichen sind (wahrscheinlich von Cyliax) von Hand gezeichnet und zusammen mit den Kreisformen, die eher als Schmuck denn als konkrete Zeichen erscheinen, in lithografischer Technik reproduziert, während Bill mit Satzschrift arbeitete und das nicht oder nur entfernt an prähistorische Felsbilder erinnernde große ‹abstrakte› Zeichen in Linol schnitt. Satzschrift, kombiniert mit Linolschnitt, diejenige Drucktechnik, die man als Buchdruck (oder Hochdruck) bezeichnet und die mittlerweile weitgehend dem Offsetdruck (einem Flachdruckverfahren wie die Lithografie) gewichen ist, war damals das ökonomischste Druckverfahren.

Bedrückt von den «zunehmenden politischen Spannungen [in Deutschland] im Gefolge der Massenarbeitslosigkeit»[27] kehrte Bill Ende 1928[28] von Dessau in die Schweiz zurück, wo er aber ebenfalls zunehmend schlechtere Verhältnisse vorfand. Diese forderten ihn heraus, in seiner Arbeit und in seinem Leben entsprechend zu agieren. «ich war entschlossen, nicht spektakuläre bauten zu machen, sondern mich zu bemühen, wirtschaftlich vernünftig zu bleiben und keinerlei unnötige ausgaben zu verursachen. dieses moralische prinzip führt zwangsläufig zu einer ästhetik des nützlichen, das als besonders puritanisch verschrien wird. dieser puritanismus aus vernunftgründen bewirkte, dass ich mich auch immer wieder der herstellung von gebrauchsobjekten zuwandte, sowohl theoretisch als auch praktisch.»[29] Bill wollte eigentlich Architektur machen und kam denn auch mit Zürcher Architekten des ‹Neuen Bauens›, die ihm Aufträge für Beschriftungen und Werbedrucksachen verschafften, in Kontakt, aber außer seinem eigenen Atelierhaus konnte er für die nächsten zehn Jahre nichts mehr bauen. Damit wurden Typografie und Gebrauchsgrafik notgedrungen zur finanziellen Grundlage.[30]

distance from the spine is certainly unusual, but its layout is basically symmetrical. All the lines (with the exception of the title lines of the even pages, which are ranged right) are ranged left, but because many of the poems are narrower than the type area, the layout appears to be asymmetrical. – It would not have been Bill's work, had the title and poems been aligned traditionally on an optical axis!

There is one more larger order from that time: The publishing house, Verlag Girsberger in Zurich began in 1929 to publish the complete works of Le Corbusier. The undertaking would span decades, and would be later taken over by the Verlag für Architektur until its completion. Bill designed the book jackets for the first three volumes – by the third volume, he was also listed as publisher – but this work was then interrupted. "Let us not forget that, according to his own account, because of his visit to the Pavillon de l'Esprit Nouveau (1925) and ultimately – decisively – because of the lectures given by 'Arch. Jeanneret (Le Corbusier), Paris' on November 24 and 25, 1926 in Zurich, the seventeen-year-old Bill was moved to study architecture at the Dessau Bauhaus. [...] Bill, then, had known Le Corbusier since 1925; in 1935 he designed the cover for the second volume of *Œuvre complète,* followed by the cover for new edition of the first volume in 1937 and the publication and total design of the third volume in 1939."[32] Bill provided first-rate designs for these jobs. Utilizing photos and plans as well as motifs from the sketchbooks of Le Corbusier, he found surprising solutions that bespeak a free artistic handling of the pictorial elements and the lettering, as well as a lucid intuitive understanding of the work of the great architect. Space is created by printing the pictures in a variety of colors and overlaying them; it is an attempt to introduce the third dimension into graphic design, where it does not easily belong. The plane of the paper remains two-dimensional, a building cannot be erected on it as the architect erects on his plane, the building plot. Photographers taught us in the twenties to place our trust in the illusion of the third dimension and – with Alexander Rodchenko and Dziga Vertov, El Lissitzky and Moholy-Nagy, with Kurt Schwitters, Hannah Höch, Paul Schuitema and John Heartfield, with Max Burchartz and Anton Stankowski – to trust no longer in the vertical and horizontal as coordinates for spatial orientation. The dynamic of the book jacket for Ehrismann (a solitary event in Bill's typographical work in books) paved the way for tectonic formulations in the Le Corbusier covers. However, a rest from the – productive – irritation caused by the change from the illusory third-dimension of the photos to the two-dimensional planes, and by the back-and-forth movement of the pictures and the alineation of the object through color (for instance, the light blue façade of the "Cité de refuge" on the second volume) is not to be found here.

With the book jacket for Ehrismann's poems, the poster *negerkunst* and the complete works of Le Corbusier, plus posters, stationery, brochures, advertisements and building inscriptions – for the Werkbund housing development Neubühl, the Zett-Haus and Wohnbedarf AG – Bill proved his sensibility for typography and established himself in Zurich as a typographer, graphic artist and advertising specialist. As an architect, he had erected one of the Zurich incunabula of the "Neues Bauen" in 1932–33, the building containing his own living and studio quarters. As an artist, he created vital early works in concrete art: *well-relief* of 1931–32, and above all, the first version of *unendliche schleife,* 1935, and *quinze variations sur un même thème,* 1935–38. In 1936, he wrote a brief, concise text entitled "konkrete gestaltung" for the catalogue *Zeitprobleme in der Schweizer Malerei und Plastik,* in which he presented for the first time the design basis of Zurich concrete art. "concrete design is any design that is a product of your own methods and laws, without having to draw or borrow from external natural phenomena. optical design stems from color, form, space, light, movement. although every creative design is stimulated by experience, it cannot be brought to completion without clear and precise forming."[33]

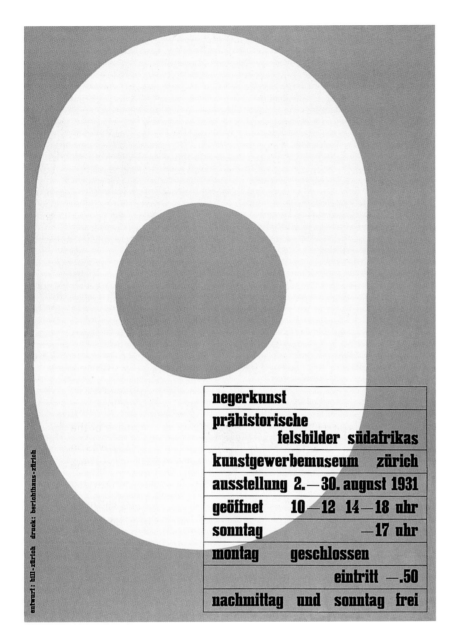

entwurf: bill-zürich   druck: berichthaus-zürich

negerkunst	
prähistorische	
	felsbilder südafrikas
kunstgewerbemuseum	zürich
ausstellung 2.—30. august 1931	
geöffnet	10—12 14—18 uhr
sonntag	—17 uhr
montag	geschlossen
	eintritt —.50
nachmittag und sonntag frei	

Plakat *negerkunst, prähistorische felsbilder südafrikas,*
Kunstgewerbemuseum Zürich, 1931, Buchdruck, Linolschnitt
und Satz, 90,5×128 cm.
Hans Arp und Walter Cyliax: Plakat *abstrakte und surrealistische
malerei und plastik,* Kunsthaus Zürich, 1929, Lithografie,
90,5×128 cm.
Herbert Matter: zwei Seiten aus einem Prospekt der Druckerei
Gebrüder Fretz AG, Zürich, 1934, 210×297 mm.

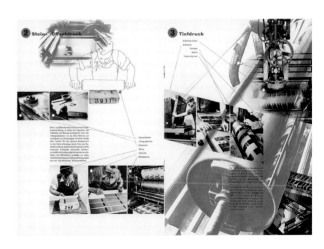

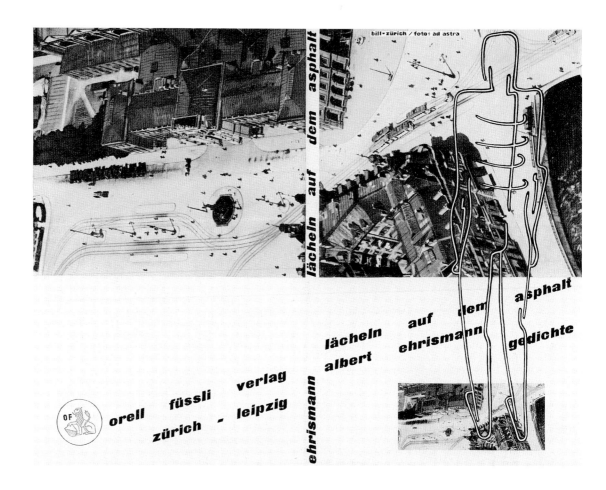

bill-zürich / foto: ad astra

lächeln auf dem asphalt

lächeln auf dem asphalt
albert ehrismann gedichte

ehrismann

orell füssli verlag
zürich - leipzig

NÄCHTLICHER BAHNHOF

Hängelaternen wanken im Wind,
Teilen das Licht und den Schatten.
Du an der Ecke, verlassenes Kind,
Denkst du an Menschen, die fern von dir sind:
Mutter und Freundin und Gatten?

Bist du allein und wünschest du nur,
Dass ich die Einsamkeit teile?
Dass meiner Schritte grabende Spur
Und meines Lächelns holde Figur
Wartend bei dir sich verweile?

Wollen wir beide zusammenstehn
Und die Minuten besiegen,
Die bis zur Abfahrt vorübergehn?
Denn wir werden uns nie mehr sehn,
Nie mehr begegnen und lieben...

Siehst du, nun läutet das Glockensignal,
Und bald kommen die Wagen,
Die uns zusammen ein einziges Mal
Weit durch das nächtlich hindunkelnde Tal
Und in den Morgen tragen.

LIED

Sieben Tage sang die Liebe...
Und dann ist der Herbst gekommen
Und hat mir nach sieben Tagen
Meine Liebe weggenommen.

Sieben Tage stieg das Schweigen
Der Entblössten in mein Hoffen.
Doch nach sieben dunklen Tagen
Stand der Himmel wieder offen.

Und ich sah die Blüten meiner
Blumen ihre Kelche falten,
Und ich ging, getreu wie einer
Der sie liebt, die Frucht zu halten.

Und nun ruhn in meinen Händen,
Eingekerbt in schwarze Narben,
Samen meiner Sonnenblumen,
Die im rauhen Herbst verdarben.

Auf und nieder gehn die Tage,
Helle und die dunklen Sieben,
Und wir lernen die Gespielen
Inniger denn je zu lieben.

Sieben Tage währt die Liebe.
Lasst uns während sieben Tagen
Unsre Scheiter auf die hohen
Brände reiner Herzen tragen!

14

15

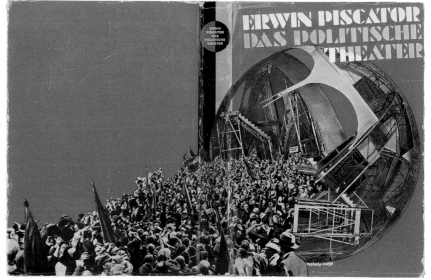

Auch Bücher gehörten zu dieser Zeit schon in den Bereich von Bills Auftragsarbeiten. 1930 schuf er einen außerordentlichen Schutzumschlag zu Albert Ehrismanns Lyrikbändchen *Lächeln auf dem Asphalt*.[31] Eine über die Vorder- und Rückseite laufende, durch den Rückentitel unterbrochene Luftaufnahme des Bahnhofplatzes in Zürich ergibt, zusammen mit ihrer kleineren Replik und der skelettartigen Zeichnung eines nackten Menschen sowie dem kursiven, schräg nach oben laufenden Text, einen irritierenden Eindruck. Diese am Anfang seiner gebrauchsgrafischen Tätigkeit stehende Arbeit kann mit Gewißheit auf Vorbilder, die Bill in Dessau gesehen hat, zurückgeführt werden; aber selbst dies vorausgesetzt, bleibt dieser Schutzumschlag eine vollgültige Leistung. Die Gestaltung des Inhalts, der sich schon durch die Schrift (Bodoni) vom Schutzumschlag mit der fetten Grotesk absetzt, ist ganz zurückgenommen: Der Kleinschreibung auf dem Schutzumschlag stehen Majuskeln im Titelbogen und in den Gedichtüberschriften gegenüber, während die Gedichte in Gemischtschreibung gesetzt sind: alles in allem eine stark divergierende Gestaltung. Der nach außen gerückte Satzspiegel ist mit 30 mm Abstand zum Bund zwar etwas ungewöhnlich, aber grundsätzlich symmetrisch angelegt. Alle Zeilen (ausgenommen die Titelzeilen der ungeraden Seiten, die rechts außen stehen) sind links angeschlagen. Da aber viele Gedichte schmäler sind als der Satzspiegel, erscheint das Satzbild asymmetrisch. – Es wäre nicht Bills Hand dahinter gewesen, wären Überschriften und Gedichte traditionell auf eine optische Achse ausgerichtet!

Ein größerer Auftrag stand schon damals an: Der Verlag Girsberger in Zürich begann 1929 mit der Herausgabe des Gesamtwerks von Le Corbusier; das Unternehmen wurde über Jahrzehnte hinweg, später durch den Verlag für Architektur, zu Ende geführt. Bill gestaltete die Schutzumschläge der ersten drei Bände – beim dritten zeichnete er auch als Herausgeber –, doch dann brach diese Arbeit ab. «Vergessen wir nicht, dass der siebzehnjährige Bill nach seinen eigenen Worten durch den Besuch des Pavillon de l'Esprit Nouveau (1925) und schliesslich – entscheidend – durch die Vorträge, die ‹Arch. Jeanneret (Le Corbusier), Paris› am 24. und 25. November 1926 in Zürich hielt, zum Architekturstudium am Bauhaus Dessau veranlasst wurde. [...] Bill kannte Le Corbusier also seit 1925; er hat 1935 dann den Umschlag für den zweiten Band des *Œuvre complète* entworfen, dem 1937 derjenige für die Neuauflage des ersten Bandes und 1939 die Herausgabe und Gesamtgestaltung des dritten Volumens folgte.»[32] Dieser Aufgabe wurde Bill mit drei hervorragenden Entwürfen gerecht.

Albert Ehrismann: *Lächeln auf dem Asphalt,* Gedichte, 1930, Schutzumschlag, Vorder- und Rückseite, und eine Doppelseite, 110×186 mm.
László Moholy-Nagy: Vorder- und Rückseite des Schutzumschlags zu Erwin Piscator: *Das politische Theater,* 1929, Fotomontage, 155×215 mm.

Anton Stankowski (?), für die Werbeagentur Max Dalang: Umschlagvorder- und -rückseite einer Werbebroschüre, 1936, Druck silber und schwarz, 148×210 mm.

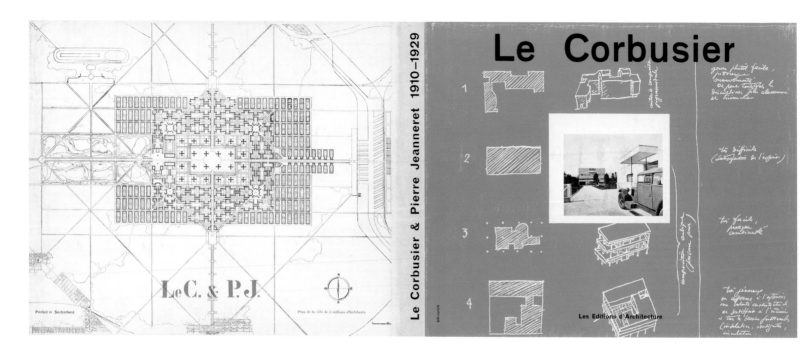

Even the subject figure for *quinze variations* is phenomenal (and is actually an image): Bill drew a broken line moving in a spiral formation, out of whose straight lines and corner points the variations are developed – brilliant pictures constructed of points, lines and areas, and overlaid with black-and-white and color. Bill explains the theme: "the theme demonstrates a continuous development from an equilateral tri-angle to an equilateral-equiangular octi-angle. this means that the side of the triangle that would enclose the surface area falls away, is incorporated into a side of the quadrangle (square), and the tri-angular surface area thereby remains open and only hinted at. all the transitions of the multi-angles into one another are carried out in the same way, giving rise to a spiral-like movement composed of straight lines of the same length, between which surface areas and angles of the most varied form and tension can be found."[34] Such a work, in the strict sense of having as its foundation a mathematically-defined figure from which variations have been developed in accordance with set laws, had never existed in the fine arts before 1935. In his text, "konkrete gestaltung", Bill compared it with Bach's fugues. "this method of the transformation and clothing of a basic idea, a theme, in specific, varied and derived forms of expression is applied more or less by various artists in the field of concrete art. an understanding of these methods allows the viewer to draw conclusions as to which methods have been utilized to create other works of art." This writing, which was significant for the later development of concrete art, has something perhaps instructive and manifesto-like about it. However, it represents, so to speak, the genesis of this artistic school of thought, which manifested itself in the forties in the Zurich school of concrete art with such artists as Max Bill, Camille Graeser, Verena Loewensberg, Richard Paul Lohse and other side schools, such as Constructivism, De Stijl, Op Art, Color Field, Hard Edge, and Minimal Art, to name only those that were more or less related. The instructive quality is especially strong in Bill's introductory text. It is easy to understand, however, when one takes into account how new, even provocative the emergence process was and how vehemently the rejection of non-figurative art[35] was expressed (even long after 1938). "my 'fifteen variations on one theme' was produced between the years 1935–1938. the decision to go public with it in its present form was based on the realization that it is not clear to many art lovers how works of art are made or how their

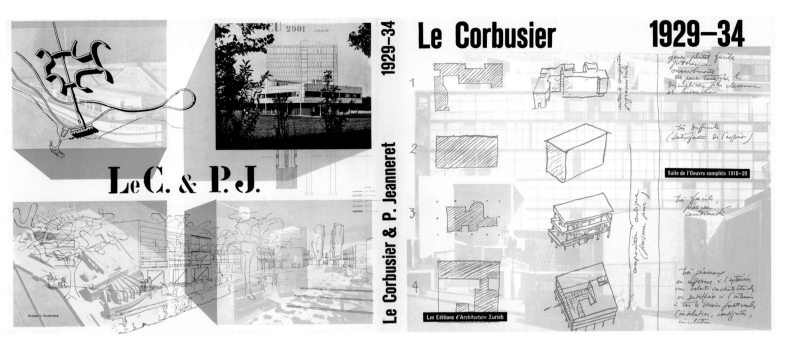

Le Corbusier, *Œuvre complète*, Vor- und Rückseite
des Schutzumschlags der zweiten Auflage des ersten
Bandes, 1937.

Le Corbusier, *Œuvre complète*, Vor- und Rückseite
des Schutzumschlags des zweiten Bandes, 1935.

Unter Verwendung von Fotos und Plänen sowie Motiven aus den Skizzenbüchern Le Corbusiers fand er überraschende Lösungen, die vom freien gestalterischen Umgang mit den Bildelementen und der Schrift sowie vom luziden Einfühlungsvermögen in die Arbeit des großen
Architekten zeugen. Durch Überlagern der in verschiedenen Farben gedruckten Abbildungen
entsteht Räumlichkeit; es ist der Versuch, im grafischen Entwurf die dritte Dimension ein-
zuführen, wo sie nicht ohne weiteres hingehört. Die Papierebene bleibt immer zweidimen-
sional, es ist auf ihr kein Gebäude zu errichten, wie dies der Architekt auf seiner Ebene, dem
Baugrund, tut. Die Fotografen haben uns seit den zwanziger Jahren gelehrt, sich der Illusion
der dritten Dimension anzuvertrauen und – mit Alexander Rodtschenko und Dsiga Wertoff,
El Lissitzky und Moholy-Nagy, mit Kurt Schwitters, Hannah Höch, Paul Schuitema und John
Heartfield, mit Max Burchartz und Anton Stankowski – nicht mehr auf die Senkrechte und
die Waagrechte als Koordinaten der räumlichen Orientierung zu vertrauen. Die Dynamik des
Schutzumschlags Ehrismann (ein Solitär in Bills buchtypografischem Werk) hat bei den Umschlägen für Le Corbusier tektonischen Formulierungen Platz gemacht. Durch den Wechsel
von der illusionären dritten Dimension der Fotos zu den zweidimensionalen Plänen, durch
das Vor- und Zurücktreten der Bilder sowie durch die Verfremdung der Objekte mittels Farbe
(etwa bei der hellblauen Fassade der ‹Cité de refuge› des zweiten Bandes) ist aber auch hier
noch einiges an – produktiver – Irritation zu finden.

Mit dem Schutzumschlag für Ehrismanns Gedichte, mit dem Plakat *negerkunst* und
der Le-Corbusier-Gesamtausgabe sowie mit Plakaten, Briefpapieren, Prospekten, Anzeigen
und Hausbeschriftungen (für die Werkbundsiedlung Neubühl, das Zett-Haus und die Wohnbedarf AG) hatte Bill seine Sensibilität für Typografie bewiesen und sich in Zürich als Typograf, Grafiker und Werbefachmann etabliert. Als Architekt hatte er 1932/33 eine der Zürcher
Inkunabeln des ‹Neuen Bauens›, sein Wohn- und Atelierhaus, errichtet. Als Künstler schuf er
mit dem *well-relief* von 1931/32 und vor allem mit der ersten Version der Plastik *unendliche
schleife* von 1935 sowie mit den *quinze variations sur un même thème,* 1935–1938, entscheidende Frühwerke der konkreten Kunst. 1936 schrieb er für den Katalog *Zeitprobleme in der*

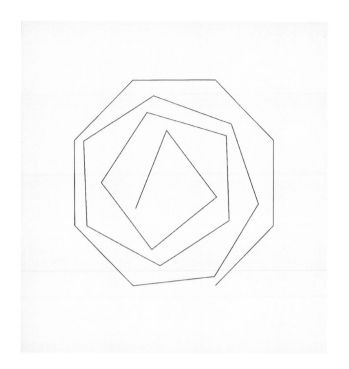

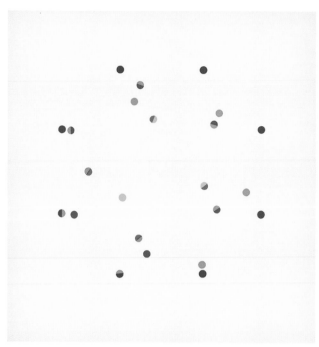

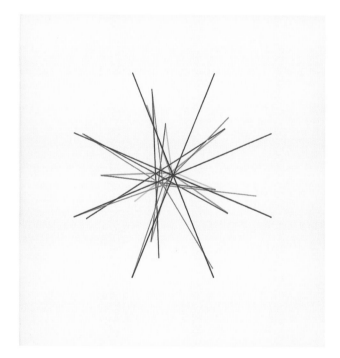

quinze variations sur un même thème, 1938.
Das Thema und die Variationen 3, 4 und 12; Doppelseiten
mit Titelblatt und dreisprachigen Texten, 305 × 320 mm.

Schweizer Malerei und Plastik den kurzen, prägnanten Text ‹konkrete gestaltung›, worin er zum ersten Mal die gestalterischen Grundlagen der Kunst der Zürcher Konkreten darlegte. «konkrete gestaltung ist jene gestaltung, welche aus ihren eigenen mitteln und gesetzen entsteht, ohne diese aus äußeren naturerscheinungen ableiten oder entlehnen zu müssen. die optische gestaltung beruht somit auf farbe, form, raum, licht, bewegung. obschon jede schöpferische gestaltung durch inspiration angeregt wird, ist sie ohne klare und präzise formung nicht zu vollenden.»[33]

Schon die Themenfigur der *fünfzehn Variationen* ist phänomenal (und eigentlich ein Bild): Bill zeichnete eine spiralartig verlaufende, gebrochene Linie, von deren Geraden und Eckpunkten aus die Variationen – fulminante, schwarzweiß und farbig angelegte Bilder aus Punkten, Linien und Flächen – entwickelt sind. Folgen wir Bill, wie er das Thema erläutert: «das thema zeigt eine kontinuierliche entwicklung, welche von einem gleichseitigen drei-eck in ein gleich-seitig-gleichwinkliges acht-eck überführt. das heisst, jene seite des drei-ecks, welche die fläche schliessen würde, fällt weg, sie wird durch eine seite des vierecks (quadrat) aufgenommen, wodurch die drei-eck-fläche geöffnet und nur angedeutet bleibt. so sind sämtliche übergänge der viel-ecke zueinander durch-geführt, woraus sich ein spiral-ähnlicher ablauf ergibt, bestehend aus gleichlangen geraden, zwischen denen sich flächen und winkel von verschiedenster form und spannung befinden.»[34] Ein Werk in dem strengen Sinn, daß ihm eine mathematisch definierte Figur zugrundeliegt und die Variatio-nen gesetzmäßig entwickelt werden, gibt es in der bildenden Kunst – Bill verglich in seinem Text ‹konkrete gestaltung› das Werk mit Bachs Fugen – vor 1935 wohl nicht. «diese methode der verwandlung und umkleidung einer grundidee, eines themas, in bestimmte, verschiedenartige und abgeleitete ausdrucksformen wird auf dem gebiet der konkreten kunst von verschiedenen künstlern mehr oder weniger angewandt. die kenntnis dieser methoden ermöglicht es dem beschauer, rückschlüsse zu ziehen auf diejenigen methoden, durch welche andere werke entstanden sind.» Dieser für die spätere Entwicklung der konkreten Kunst wichtigen Arbeit haftet vielleicht etwas Lehrhaftes, Mani-

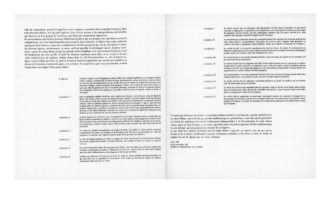

internal and external structures work." The text is typeset in the classical Bodoni style and laid out with a variable type area with laterally-crossed columns. While the acclaimed printer Fernand Mourlot was printing the lithographs, Bill was staying in Paris, where he was simultaneously working on the publication of Le Corbusier's third volume of *Œuvre complète.*

His experiences in Germany not only had the result that Bill subscribed to an "aesthetic of the useful"[29], but also that he became involved in politics, which is how he came to design the covers for the anti-fascist journal *information,* the masthead for the democratic weekly newspaper *Die Nation,* and a number of voting and election posters. He designed books for the publishers Girsberger and Dr. Oprecht & Helbling (Emil Oprecht's bookstore in Zurich was at that time an important location for refugees from Germany) and for the Verlag für Architektur, in Erlenbach. In 1932, Bill became a member of the artists' group "Abstraction-Création" in Paris, a member of the artist's group "Allianz" in Zurich in 1937, and in 1938 he joined the "CIAM, Congrès Internationeaux d'Architecture Moderne". – In short, one could easily say that during the thirties Bill participated in the most progressive groups in the fields of art, architecture, politics and commercial art. – In 1941, he founded the publishing venture Allianz-Verlag, and in 1944, in collaboration with other artists, the magazine *Abstrakt/Konkret.*[36] In the same year, the book *Wiederaufbau* was published, in 1949 the monograph *Robert Maillart* and, in 1952, *FORM, eine Bilanz über die Formentwicklung um die Mitte des xx. Jahrhunderts* (a balance Sheet of Mid-Twentieth-Century Trends in Design). Bill not only wrote all three of these books but also designed the typography. In 1949 he organized the traveling exhibition *Die gute Form* for the Swiss Werkbund. And finally, four of his most important typographical works were produced during this time: *Die Neue Architektur* by Alfred Roth, 1940 (in this work, Bill functioned as "advisor for all technical matters"[37]); *arp : 11 configurations,* 1945 (published by Bill's Allianz-Verlag); *Sophie Taeuber-Arp,* published by Georg Schmidt in 1948, and in 1949, the collection *Moderne Schweizer Architektur 1925–1945,* published by Bill.[38]

We have already established that Bill was primarily oriented toward metal typesetting materials, and that texts and illustrations were rarely arranged in a fully developed "abstract" grid system.[39] For the most part, he divided the paper format (across the width) into two or three columns with spaces between and margins on both sides, defined the height of the columns as well as the upper and lower margins, and graduated the sizes of the illustrations in "Konkordanz".[40] In *Moderne Schweizer Architektur, Robert Maillart* and *FORM,* which he published himself, this principle is consistently applied and the blocks (zinc blocks) are scaled according to his specifications. Where a fully developed grid system can be detected, however, as in the third volume of Le Corbusier's *Œuvre complète* and in Alfred Roth's *Die Neue Architektur,* it is frequently not adhered to. One of the reasons for this can perhaps be found in the fact that neither the setting of the type nor the production of the blocks was carried out very exactly. – Bill wrote in his essay "about typography" that the precise basic material of typesetting was perfectly suited for developing an exact rhythm. But this ideal case never quite corresponded to reality. – A further reason was the meager economic basis on which much work was produced: The expensive blocks could often be borrowed from trade journals and did not have to be specially made.[41] He would therefore adopt their sizes and must have either adjusted his design ideas to them or integrated the blocks after a fashion into his existing design. Bill obviously did the same even in his own exhibition catalogues, in which he reused the same blocks.[42]

Alfred Roth's *Die Neue Architektur* of 1940 is an excellent example of Bill's designing with "true" grid systems (the third volume of *Œuvre complète,* which had been published the year before, had the same column widths and deviated only slightly in the height of the for-

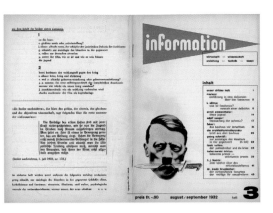

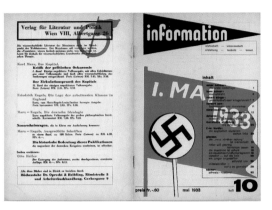

Umschläge der Zeitschrift *information*, 1932/33, 148×210 mm.

festartiges an. Sie stellt jedoch gleichsam den Ursprung dieser Kunstrichtung dar, die sich in den vierziger Jahren in der Zürcher Schule der Konkreten Kunst mit Max Bill, Camille Graeser, Verena Loewensberg, Richard Paul Lohse und anderen neben Richtungen wie Konstruktivismus, De Stijl, Op Art, Color Field, Hard Edge, Minimal Art (um nur die mehr oder weniger verwandten zu nennen) manifestierte. Das Lehrhafte kommt besonders in Bills einführendem Text zum Ausdruck. Bedenkt man jedoch, wie neuartig, ja geradezu provokativ der Prozeß der Bildentstehung war und wie vehement die Ablehnung der nichtfigurativen Kunst[35] (auch noch lange nach 1938) sich äußerte, wird dies ohne weiteres verständlich. «meine ‹fünfzehn variationen über ein thema› sind entstanden in den jahren 1935–1938. den entschluss, diese in der vorliegenden form zu veröffentlichen, fasste ich aus der erkenntnis heraus, dass sich viele kunstfreunde nicht klar sind über die entstehung von kunstwerken und über deren inneren und äusseren aufbau.» Der Text ist in der klassizistischen Bodoni gesetzt und in einem variablen Satzspiegel mit seitlich verschränkten Spalten angeordnet. Zur Zeit, als der renommierte Drucker Fernand Mourlot die Lithografien druckte, hielt Bill sich in Paris auf und arbeitete gleichzeitig an der Herausgabe von Le Corbusiers drittem Band des *Œuvre complète*.

Die Erfahrungen in Deutschland hatten nicht nur zur Folge, daß Bill sich einer «ästhetik des nützlichen»[29] verschrieb, sondern auch, daß er sich politisch engagierte. So entwarf er die Umschläge der antifaschistischen Zeitschrift *information*, den Kopf der demokratischen Wochenzeitung *Die Nation* Abstimmungs- und Wahlplakate. Er gestaltete Bücher für die Verlage Girsberger, Dr. Oprecht & Helbling (die Buchhandlung von Dr. Emil Oprecht in Zürich war damals eine wichtige Adresse für die Flüchtlinge aus Deutschland) und für den Verlag für Architektur in Erlenbach. Bill wurde 1932 Mitglied der Künstlergruppe ‹Abstraction-Création› in Paris, 1937 der Künstlergruppe ‹Allianz› in Zürich und 1938 der ‹CIAM, Congrès Internationaux d'Architecture Moderne›. – Kurz, man kann wohl sagen, daß Bill in den dreißiger Jahren an den fortschrittlichsten Gruppierungen in Kunst, Architektur, Politik und Gebrauchsgrafik beteiligt war. – 1941 gründete er den Allianz-Verlag und 1944, mit anderen Künstlern zusammen, die Zeitschrift *Abstrakt/Konkret*.[36] Im gleichen Jahr erschien das Buch *Wiederaufbau*, 1949 die Monografie *Robert Maillart* und 1952 *FORM, eine Bilanz über die Formentwicklung um die Mitte des XX. Jahrhunderts*. Bill hat diese drei Bücher nicht nur verfaßt, sondern auch typografisch gestaltet. 1949 organisierte er im Auftrag des Schweizerischen Werkbundes die Wanderausstellung *Die gute Form*. Und schließlich fallen vier seiner wichtigsten typografischen Arbeiten in diese Zeit: 1940 *Die Neue Architektur* von Alfred Roth (Bill fungierte hierbei als «Berater in allen fachlichen Fragen»[37]), 1945 *arp : 11 configurations* (in Bills Allianz-Verlag erschienen), 1948 *Sophie Taeuber-Arp*, von Georg Schmidt herausgegeben, und 1949 das von Bill herausgegebene Sammelwerk *Moderne Schweizer Architektur 1925–1945*.[38]

Wir haben schon festgestellt, daß sich Bill primär am Bleisatzmaterial orientierte und daß Texte und Abbildungen selten in einem voll ausgebildeten ‹abstrakten› Rastersystem geordnet sind.[39] Meist gliederte er das Papierformat (in der Breite) in zwei oder drei Spalten mit Zwischenräumen und beidseitigen Papierrändern, definierte die Spaltenhöhe sowie den oberen und unteren Papierrand und stufte die Größen der Abbildungen in Konkordanzschritten ab.[40] Bei den von Bill selbst herausgegebenen Büchern *Moderne Schweizer Architektur*, *Robert Maillart* und *FORM* ist dieses Prinzip konsequent durchgeführt und sind die Druckstöcke (Zinkklischees) nach seinen Angaben maßhaltig hergestellt worden. Wo aber ein voll ausgebildetes Rastersystem nachgewiesen werden kann, wie im dritten Band von Le Corbusiers *Œuvre complète* und in Alfred Roths *Die Neue Architektur*, wurde es vielfach nicht exakt eingehalten. Einer der Gründe hierfür ist vielleicht darin zu suchen, daß im Bleisatz und bei der Herstellung der Klischees nicht immer genau gearbeitet wurde. – Bill meinte zwar wohl in seinem Aufsatz ‹über typografie›, das präzise Grundmaterial des Bleisatzes sei geeignet,

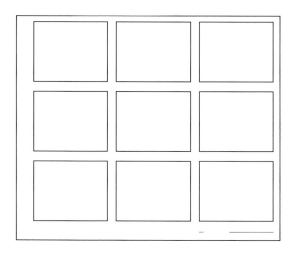

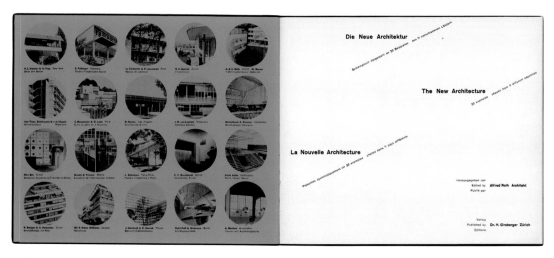

Neunteiliges ‹echtes› Rastersystem als Gestaltungsgrundlage
für das Buch *Die Neue Architektur* von Alfred Roth.
Inhaltsverzeichnis und Titelblatt aus dem Probebuch zu *Die Neue
Architektur* von Alfred Roth.
Doppelseite mit Titelblatt des Buches *Die Neue Architektur*.

Le Corbusier, Œuvre complète, Titelblatt des ersten Bandes,
um 1930, und Titelblatt des von Bill gestalteten dritten Bandes,
1939.

einen genauen Rhythmus zu entwickeln. Aber dieser Idealfall entsprach eben nicht immer der Realität. Ein weiterer Grund ist in der schmalen ökonomischen Basis zu suchen, mit der oft produziert werden mußte: Die Klischees wurden aus Fachzeitschriften entlehnt, um sie nicht neu anfertigen zu müssen.[41] Damit übernahm er auch ihre Größen, und er mußte entweder seine gestalterischen Vorstellungen diesen angleichen oder dann die Druckstöcke schlecht und recht in seine Gestaltungsvorgaben integrieren. Bill verfuhr auf diese Weise offensichtlich selbst in seinen eigenen Ausstellungskatalogen, in denen er wiederholt dieselben Klischees verwendete.[42]

Bills Gestaltung mit ‹echten› Rastersystemen läßt sich exemplarisch an Alfred Roths *Die Neue Architektur* von 1940 aufzeigen (der im Jahr zuvor herausgekommene dritte Band des *Œuvre complète* hat die gleiche Spaltenbreite und weicht nur in der Formathöhe ganz wenig ab[43]). Die geometrische Grundlage ist äußerst lapidar: Das Querformat ist mit neun querrechteckigen Rasterfeldern von 81×64 mm (=18×14 Cicero) strukturiert.[44] Diese lassen eine begrenzte, dafür aber übersichtliche Variabilität der Abbildungsgrößen zu. Der Text ist auf dem Einband, im Titelblatt, in der Mitarbeiterliste und im bebilderten Inhaltsverzeichnis in drei Sprachspalten gegliedert. Die Seite der Mitarbeiter ist von beispielloser Klarheit: Die fett hervorgehobenen Namen erscheinen nur einmal, in der mittleren Spalte, als ein symmetrisches Relikt in der allgemein vorherrschenden Asymmetrie. Das Inhaltsverzeichnis ist die absolute Novität: Die Kreisbilder, den Ochsenaugen der Architektur vergleichbar, stammen aus einem Formenrepertoire, das Bill weiterspinnt seit dem Plakat von 1931 und dem *wellrelief,* seit der *langen plastik* von 1933 und dem Bild *variationen* von 1934.[45]

Vergleicht man den Titelentwurf in der 24seitigen Mappe, in der Proben dieses Buches vorgestellt wurden, mit der Version des Titelblatts im Buch selber, muß man einen Verlust an Lebendigkeit konstatieren. Der Entwurf ließ einen gewissen Zufall in der Anordnung der Textgruppen zu, die spätere, weniger werbewirksame Lösung ist zurückhaltender. Man muß aber auch anerkennen, daß sich diese besser mit der breit ausgreifenden Geste des Papierformats und der Gestaltung insgesamt verbindet. Der Schutzumschlag, ein ‹konkretes› Bild mit räumlichen, architektonischen Assoziationen, kommt ohne kruden Naturalismus – ohne fotografische Abbildung – aus.[46]

Das zweite Gestaltungsprinzip, das in Bills Arbeiten nachgewiesen werden kann – das Abstufen der Abbildungshöhen in Konkordanzschritten – soll am Werk *Moderne Schweizer Architektur* aufgezeigt werden. Dieses Mappenwerk wurde 1938 begonnen; die Herausgabe eines ersten Teils verzögerte sich jedoch bis 1942. Im selben Jahr wurde beschlossen, die Arbeit unter einer neuen Herausgeberschaft weiterzuführen. Die abschließende Sammlung erschien aber erst 1949.[47] Das reiche Text- und Bildmaterial wird nicht durch einen ‹echten› Gestaltungsraster gegliedert, sondern durch zwei ungleiche Spalten in der Breite von 72 und 108 mm (=16 und 24 Cicero beziehungsweise 4 und 6 Konkordanzen) und eine einfache Gliederung in fünfzehn Teile zu 18 Millimeter (=4 Cicero beziehungsweise 1 Konkordanz[40]) in der Höhe. Die Abbildungen sind entweder auf die zwei Spaltenbreiten ausgerichtet, oder sie nehmen die Gesamtbreite von 190 mm (=42 Cicero beziehungsweise 10½ Konkordanzen) ein. Die Abbildungshöhen sind Vielfache von 18 mm (zum Beispiel 90, 54 und 72 mm), dazu kommen drei Teile zu 18 mm als Raum für die Bildunterschriften. Die Höhe des Satzspiegels von rund 270 mm (=60 Cicero[48]) wird unten durch eine feine Linie begrenzt. Nach dieser Linie stehen jeweils die Namen der Bauten und ihrer Architekten. Mit dem Prinzip der Gliederung in Konkordanzschritten, die technisch einfach war und eine feinere Differenzierung der Abbildungsgrößen zuließ als der neunteilige Raster, hat Bill eine überzeugende Einheit des Seitenbildes erreicht, das nur durch die Abbildungen der Baupläne, deren Klischees zum Teil von anderen Publikationen übernommen wurden, unterlaufen wird.

mat[43]). The geometric basis is extremely succinct: The horizontal format is structured with nine horizontal rectangular grid fields of 81×64 mm (= 18×14 cicero),[44] permitting a limited, and therefore easily grasped, variability of illustration sizes. The text is printed in three languages, arranged in three columns on the binding, in the inner title, in the collaborator list and in the illustrated table of contents. The page containing the list of collaborators is of exemplary clarity: the names emphasized in bold appear only once, in the center column, as a relic of symmetry in the overall predominating asymmetry. The table of contents is the absolute novelty: the circular pictures, comparable to the bull's-eye windows of architecture, derive from a form repertoire that Bill had been working on since a 1931 poster and since *well-relief,* since *lange plastik* of 1933 and since the picture *variationen* of 1934.[45]

When one compares the title design in the 24-page portfolio, in which samples of this book were presented, with the version of the inner title that appears in the book itself, one has to note a loss of liveliness. The sketched design allows for a certain element of chance in the arrangement of the groups of text, while the later, less advertising-oriented solution is more reserved. However, it must also be acknowledged that, on the whole, this second version better ties together the widely expansive gesture of the paper's format with the design. The jacket, a "concrete" picture with spatial, architectural associations, manages to do without crude naturalism – without photographic illustration.[46]

The second design principle that can be detected in Bill's work – the gradation of illustration heights according to "Konkordanz" units – is to be seen in *Moderne Schweizer Architektur.* This portfolio was begun in 1938; the publication of the first part was delayed, however, until 1942. It was decided in the same year to continue the work with a new publishing company, but the final collection was not published until 1949.[47] The material, rich in text and image, is not organized according to a "true" grid system; rather, there are two unequal columns 72 and 108 mm (= 16 and 24 ciceros, or 4 and 6 "Konkordanzen") wide and a simple organization into fifteen parts of 18 millimeters (= 4 ciceros, or 1 "Konkordanz"[40]) high. The illustrations either are aligned in two column widths, or they occupy a total width of 190 mm (= 42 ciceros, or 10½ "Konkordanzen"). The heights of the illustrations are multiples of 18 mm (for example, 90, 54 and 72 mm, in addition to which there are three sections of 18 mm space for the captions. The height of the entire type area, around 270 mm (= 60 ciceros[48]), is bordered below by a fine line. Beneath this line is the name of each building and the participating architects. With the principle of arranging the surface area in "Konkordanz" units, which were technically easy to handle and which allowed for a finer differentiation of illustration sizes than the nine-part register, Bill achieved a convincing unity of page image that was undermined only by the illustrations of the building sites, whose blocks were in part taken from other publications.

The monograph on Geneva bridge builder Robert Maillart, which Bill wrote, is clearly one of Bill's most beautiful books. It is a singular homage; one can feel the love of the subject and the respect for Maillart's achievement. Concerning the (demolished) Töss footbridge near Winterthur[49], Bill wrote: **"The structure is so effortless in appearance and so engagingly natural that it could have grown here by itself and sought the connection over the river."** The elemental, sensitive typography achieves the effortlessness of Maillart's loveliest bridges. The illustrations and texts are composed on the double pages[50] in such a way that they are able to build similar arcs as the bridges, and when it is opened up, the format, lightly banked in contrast to the square, creates an expansive area on which the photographic material can fully unfold. The type area of a symmetrical book can be shifted in towards the binding in order to connect the columns of text on the left and right sides; Bill achieved the same thing in consistently asymmetrical, dynamic designs by creating an optical connection between the illustrations – with

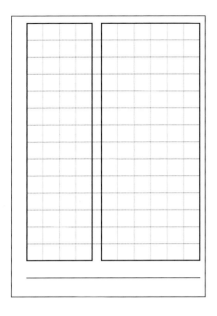

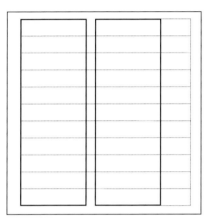

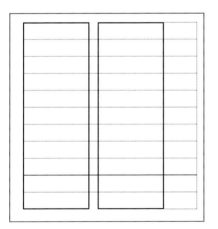

Gestaltungsgrundlagen für die Werke *Moderne Schweizer Architektur, Robert Maillart* und FORM. Die Abbildungsgrößen sind nach Konkordanzschritten abgestuft.

Die Monografie über den Genfer Brückenbauer Robert Maillart gehört eindeutig zu den schönsten seiner Bücher. Es ist eine einzige Hommage, man spürt die Liebe zur Sache und die Achtung vor Maillarts Leistung. Über den (zerstörten) Tößsteg bei Winterthur[49] schrieb Bill: **«Das Bauwerk ist von einer Leichtigkeit der Erscheinung und von einer ansprechenden Natürlichkeit, als ob es hier von selbst gewachsen wäre und die Verbindung über den Fluß gesucht hätte.»** Die elementare, einfühlsame Typografie erreicht die Leichtigkeit der schönsten Brücken Maillarts. Die Abbildungen und die Texte sind so auf den Doppelseiten[50] komponiert, daß sie den Brücken ähnliche Bogen zu schlagen vermögen, und das gegenüber dem Quadrat leicht überhöhte Format ergibt, aufgeschlagen, eine langgestreckte Fläche, auf der sich das Fotomaterial voll entfalten kann. Rückt das symmetrische Buch den Satzspiegel zum Bund hin, um die Textspalten auf den linken und rechten Seiten zu verbinden, erreicht Bill bei konsequent asymmetrischer, dynamischer Gestaltung dasselbe, indem er zwischen den Abbildungen – unter Einbezug der Textblöcke – optische Verbindungen schafft. Die kleine 6-Punkt-Grotesk, die, mit 2 Punkt durchschossen, auf 8 Punkt Zeilenabstand gebracht ist, tritt zurück und läßt die Bilder in ihrer vollen Schönheit wirken. Eine solche buchtypografische Leistung kann nur aus Passion und bei vollem Engagement entstehen. **«ich hatte während des krieges an einer monografie gearbeitet über den grossen schweizer eisenbetonpionier robert maillart. besonders seine eleganten neuartigen brücken weckten mein interesse. es sind realisationen, die sich von einem kunstwerk oft nur unwesentlich unterscheiden.»**[51]

In den sechziger Jahren bekam Bill Gelegenheit, beim Bau der Brücke über das Lavinatobel bei Tamins, Graubünden, als Formgestalter mitzuwirken, nachdem die Ingenieure keine befriedigende Lösung für die Verbindung des Tragbogens mit der Fahrbahnplatte gefunden hatten. **«ich verwarf das konstruktionsprinzip der bogenbrücke und schlug das später realisierte konzept vor. [...] diese brücke ist eine meiner glücklichsten realisationen. ich glaube, wenn ich heute noch wählen könnte, ich möchte möglichst viele brücken bauen zusammen mit den kompetenten fachleuten; denn hier ist das nützliche mit dem technischen und mit der umwelt in harmonischem gleichgewicht.»** Das aus dieser Zusammenarbeit hervorgegangene Werk ist sicher eine der beeindruckendsten Straßenbrücken der Schweiz – und dazu eine eigenständige, nicht eine Maillart-Brücke.

1948 hielt Max Bill an der Jahresversammlung des Schweizerischen Werkbundes in Basel einen Vortrag mit dem Titel ‹Schönheit aus Funktion und als Funktion›. Obwohl (oder weil?) dieser Vortrag viel Staub aufwirbelte,[52] erteilte ihm der Werkbund den Auftrag, seine Ideen in einer Wanderausstellung *Die gute Form* zu realisieren, woraus später, ergänzt mit zusätzlichen Abbildungen, das wunderbare Buch FORM (Titel von Bill in Versalien gesetzt!) entstand. **«Denn für uns ist es selbstverständlich geworden, daß es sich nicht mehr darum handeln kann, die Schönheit allein aus der Funktion heraus zu entwickeln, sondern wir fordern die Schönheit als ebenbürtig der Funktion, daß sie gleichermaßen eine Funktion sei.»**[53] Bill führte unter anderem aus, daß, wenn etwas schön sein solle, so deshalb, weil uns auf die Dauer mit der reinen Zweckmäßigkeit im eingeschränkten Sinn nicht gedient sei, denn diese sollte selbstverständlich sein und nicht mehr gefordert werden müssen. Und er befand, es gebe in der Schweiz keine (Kunstgewerbe-)Schule, die die Ausbildung von «Industrie-Entwerfern» oder (wie man heute sage) «Industrial Designern» leisten könne, daß die heutige Form dieser Ausbildungsstätten sich dazu nicht eigne und selbst am Bauhaus dieses «Erziehungsproblem [...] von außerordentlicher Bedeutung in seiner kulturellen Auswirkung»[54] kaum begonnen worden sei.

Dieses Buch ist in seiner lapidaren Form vollendet: es ist – in Bills Sinn – ganz einfach schön und enthält Sachfotografien von schön oder gut gestalteten Objekten. Entsprechend lapidar verhält sich denn auch die Typografie: Die Abbildungen stehen auf einer imaginären horizontalen Linie, die das Buch durchzieht und die Formathöhe etwa im Verhältnis 3:1 teilt (die Abmessungen innerhalb des Satzspiegels werden durch Konkordanzschritte bestimmt).

the incorporation of blocks of text. The small 6-point sans-serif, is 2-point leaded, to give 8-point line spacing, which causes it to retreat and allow the pictures to be seen in their full splendor. Such an achievement as this in book typography can only result from passion and full involvement. **"i worked during the war on a monograph about the great swiss pioneer of reinforced concrete, robert maillart. his elegant modern bridges especially pique my interest. they are realizations that often differentiate themselves only immaterially from works of art."** [51]

In the sixties, Bill had the opportunity to take part as a designer in the construction of the bridge over the Lavina-Tobel near Tamins, in the Grison, after the engineer had been unable to find a satisfactory solution for connecting the arched girders with the carriageway slab. **"i threw out the structural principle of the arched bridge and suggested the concept that was later realized. [...] this bridge is one of my happiest realizations. i think that if i could choose again today, i'd like to build as many bridges as possible in collaboration with competent experts, because here the useful is in harmonious balance with the technical and with the environment."** The structure emerging from this collaboration is surely one of the most impressive highway bridges in Switzerland – and it is an independent work, not a Maillart bridge.

In 1948, at the annual meeting of the Swiss Werkbund in Basle, Bill gave a lecture with the title "Schönheit aus Funktion und als Funktion" [Beauty from Function and as Function]. Despite the fact that (or because?) this lecture stirred up a lot of dust,[52] the Werkbund gave him the task of realizing his ideas in a traveling exhibition, *Die gute Form,* which, supplemented with additional illustrations, later gave rise to the wonderful book *FORM* (title set by Bill in capitals!). **"it has become self-evident to us that it is no longer about developing beauty alone from function, but about demanding that beauty be on an equal footing with function, that it be a function in equal measure."** [53] Bill explained, among other things, that if something is to be beautiful, it should be self-evident and no longer forced, because, in the long run, we are not served by pure functionality in the limited sense. And he found that there were no (applied arts) schools in Switzerland that could offer training in what is today known as "industrial design", that, in their present form, these educational institutions were not suitable for such training, and that even the Bauhaus had barely begun to address this "educational problem [...] whose cultural implications are of uncommon significance." [54]

The succinct form of this book is masterly: it is – in Bill's sense – simply beautiful, and it contains expert photographs of beautiful, well-designed objects. Just as masterful is the typography: The illustrations are placed on an imaginary horizontal line that runs through the entire book and splits the height placement of the photographs into an approximate ratio of 3:1 ("approximate", because the measurements inside the type area are defined by "Konkordanz" units). The illustrations are not arranged in unbalanced, asymmetrical compositions on the facing pages – push and pull, so to speak – as in the book on Maillart. Rather, they follow the principle of their unchanging position, even when they are only 3 "Konkordanzen", or 54 mm, in height. The three-language texts likewise remain basically in the same position, but the text plays around the illustrations in constant variation.

In another marvelous book, *Sophie Taeuber-Arp,* published by Georg Schmidt 1948, Bill has used a module of 36×36 mm to organize the surface area of the paper. The back margin measures 36 mm, the column widths 72 mm, or 16 ciceros. The book has the rather unusual A4 format of 210×297 mm.[55] The module does not correspond to the paper format: it has a width of 5⅚ and a height of 8¼ of the module.[56] It appears as if Bill did not work from the module in determining the paper format,[57] but rather in millimeters from the paper format and in ciceros from the width of the text. Every 8 lines of the text (which is set in 8-point Monogrotesk 4-point leaded, resulting in a line depth of 12 points = 4.5 mm) is the height of one module. Whenever possible, the height or the width of the illustrations correspond to

Brücke über das Lavinatobel bei Tamins, Kanton Graubünden. Formales Konzept von Max Bill. Ingenieurbüro Roš, Mitarbeit Aschwanden & Speck, Zürich. Polaroid H. R. Bosshard.

Die Abbildungen sind nicht, wie beim Buch über Robert Maillart, in ungleichgewichtig-asymmetrischen Kompositionen auf den sich gegenüberliegenden Seiten, sozusagen auf Zug und Druck, eingerichtet, sondern sie folgen dem Prinzip ihres unverrückbaren Standorts selbst dann, wenn ihre Höhe nur drei Konkordanzen oder 54 mm beträgt. Ebenso halten sich die dreisprachigen Texte grundsätzlich an dieselbe Position, umspielen aber stets variierend die Abbildungen.

Bei einem weiteren – herrlichen – Buch, *Sophie Taeuber-Arp*, 1948 von Georg Schmidt herausgegeben, hat Bill die Papierfläche mit einem Modul von 36×36 mm gegliedert. Der Bundsteg beträgt 36 mm, die Spaltenbreite 72 mm = 16 Cicero. Das Buch hat das eher unübliche Format A4 = 210×297 mm.[55] Das Modul korrespondiert nicht mit dem Papierformat, dessen Breite 5⅚ und dessen Höhe 8¼ Module beträgt.[56] Deshalb ist zu vermuten, daß Bill nicht vom Modul ausging, um anschließend das Papierformat zu bestimmen,[57] sondern vom Papierformat in Millimeter und von der Textbreite in Cicero aus. Je acht Zeilen (in 8 Punkt Monogrotesk mit 4 Punkt Durchschuß gesetzt, was ein Zeilenregister von 12 Punkt = 4,5 mm ergibt) nehmen die Höhe eines Moduls ein. Wenn immer möglich entsprechen entweder die Höhen oder die Breiten der Abbildungen den Vielfachen eines Moduls. Die textbegleitenden Zeichnungen stehen – mit Ausnahmen – auf der Unterkante des sechsten Moduls. Die Verzahnung von Modul, Zeilenregister und Abbildungsgrößen sowie deren Standorte ist in diesem Buch konsequent verwirklicht.

Ebenfalls 1948 erschien das Buch Richard Wright: *Wir Neger in Amerika*,[58] das Richard Paul Lohse mit einem konsequent angewandten, mit dem Zeilenregister korrespondierenden Rastersystem und hervorragender Bildregie gestaltete.

Wir haben bisher drei gestalterische Motive in der Buchtypografie Max Bills herausgearbeitet – den Raster, die Konkordanzschritte und das Modul –, sozusagen den makrotypografischen Bereich, die Sicht auf die große Form der Buchseiten. Nun gilt es, auch den Mikrobereich, die Sicht auf die Detailform, die Schrift, zu behandeln. Bill ging nicht nur mit dem typografischen Maß virtuos um, sondern auch mit der Schrift. Er bevorzugte die sogenannte Monogrotesk als Grundschrift und die halbfette Akzidenzgrotesk als Titelschrift. Fast alle seine typografischen Hauptwerke sind mit diesen beiden Schriften gesetzt.[59] Daneben verwendete er oft die Bodoni (in *Fontamara, Ascona Bau-Buch, quinze variations*) sowie die Renaissanceschriften Garamond (in *Wiederaufbau,* ferner in den Neuausgaben von Wassily Kandinskys Schriften) und Times (in Eduard Hüttinger: *max bill*). In späteren Jahren bevorzugte er mehr und mehr die nach traditioneller Ansicht – vielleicht auch wirklich – lesbarsten Renaissanceschriften und – vor allem – größere Schriftgrade.[60] Der 6-Punkt-Schriftgrad, in dem Bill die Monogrotesk fast immer verwendete, ist wahrhaft eine Zumutung an den Leser. Heute würde kaum mehr jemand ein Buch in dieser Schriftgröße drucken. Kommt noch dazu, daß die Kleinschreibung – nur schon wegen mangelnder Gewöhnung – der Lesbarkeit auch nicht gerade förderlich ist.

Texte in Kleinschreibung haben etwas Halluzinatorisches, eine ganz besondere, eigenartige Schönheit, so daß man darüber den pragmatischen Grund, der zu dieser Schreibweise führte, oft vergißt: «wir schreiben alles klein, denn wir sparen damit zeit; außerdem: warum 2 alfabete, wenn eins dasselbe erreicht? warum groß schreiben, wenn man nicht groß sprechen kann?»[61] Bills Kataloge zu seinen Ausstellungen sind oft von so betörender Schönheit, daß man sich dem suggestiven Eindruck kaum entziehen kann. Ist dies nun das Irrationale in seiner oft so rational geplanten Typografie? Der subtil gestaltete Katalog *piet mondrian* für das Kunsthaus Zürich von 1955 ist nicht nur in Kleinschreibung gesetzt, in der Bibliografie ist auch noch der normale Schnitt der Monogrotesk mit der mageren Version gemischt, so daß das Satzbild – der kleinen Strichstärkedifferenz wegen – eine diffuse Wirkung erhält.[62]

either the height or the width of the module. The line drawings accompanying the text are placed, with a few exceptions, on the bottom edge of the sixth module. The dovetailing of module, type gauge, and illustration size and placement is consistent throughout the book. Richard Wright's book *Wir Neger in Amerika*[58] was also published in 1948. Richard Paul Lohse designed the book with a simple but consistently applied grid system that corresponds to the line spacing, and displays an outstanding handling of the images.

We have thus far identified three design motifs in Max Bill's book typography – the grid, the "Konkordanz" unit, and the module – that is to say, the macro-typographical realm, the view of the overall form of the book page. We now turn to the micro-typographical realm to consider the detail form, the typeface. It was not only the typographical measurs that Bill handled with virtuosity, but the typefaces as well. His preference lay with the so-called Monogrotesk as the basic typeface and the semi-bold Akzidenzgrotesk as a titling type. Almost all his major typographical works are set in these two typefaces.[59] Next to these, he often used Bodoni (in *Fontamara, Ascona Bau-Buch, quinze variations*), as well as the old-face type Garamond (in *Wiederaufbau,* and again in the new editions with Wassily Kandinsky's publications) and Times (in Eduard Hüttinger: *max bill*). In later years, he came more and more to prefer the old-face types – traditionally considered, perhaps justifiably, to be the most legible – and, above all, larger type sizes.[60] The 6-point type size he almost always used with Monogrotesk is truly demanding on the reader. Few people today would print a book in such a size. Adding to the illegibility of the whole – surely due to lack of acclimatization – is the absence of capitals.

Texts set without capitals have something hallucinatory about them, a very special, unique beauty, so that one often forgets the pragmatic reasoning which led to this writing style. "we write everything small because it saves time; moreover: why have 2 alphabets when one achieves the same result? why write with capitals when one can't speak in capitals?"[61] Bill's catalogues for his own exhibitions are often of such seductive beauty that it is difficult to escape the suggestive effect. Is this now the irrational element in his often so rationally-planned typography? The subtly designed catalogue, *piet mondrian* for the Zurich Kunsthaus in 1955, not only does not use capitals, in the bibliography, the normal weight Monogrotesk is mixed with its lighter version, so the appearance of the page, because of the small difference in the strength of the strokers, is diffuse.[62]

A kind of minimalization is expressed here, a basic tendency not only in Bill's typography, in his avoidance of the use of formal aids – for example, supportive lines (which in any event were able to gain a foothold following upon unsuccessful text concepts). The index of work in the book on Sophie Taeuber-Arp is convincingly beautiful, without structuring lines, and the *Bericht des Schweizerischen Verbandes des Personals öffentlicher Dienste über das Jahr 1940* contains clearly organized tables, without column lines. Such tables had been almost unthinkable before this, as unthinkable as table headers arranged in a step formation. It is exactly in the handling of these apparently incidental details that Bill displays his innovative creativity. His exploration of the typographic medium and his fresh consideration of the content, and more, with each new edition, such as the way the information is clearly conveyed to the reader despite this minimal use of elements, is truly admirable.

Max Bill continually organized exhibitions of his own works and those of other artists, organized group exhibitions and comprehensive collective shows. He was indefatigable in his writing of forewords and introductions in which he represented the interests of the modern artist, above all those of the Concretists. Most often, he was the designer of the posters and catalogues. It was exactly in these catalogues that he displayed the richness of his ideas and his desire to approach a basically invariable task with an incessantly new eye.[63] The

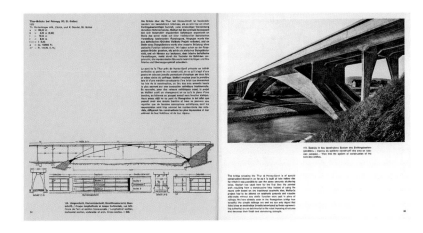

Max Bill : **Robert Maillart**

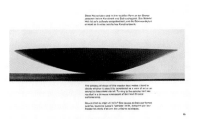

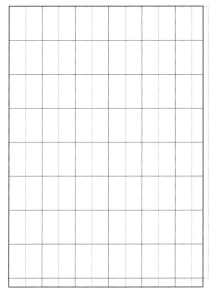
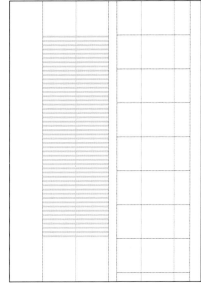
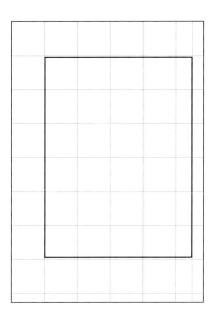

Schutzumschlag und Doppelseite aus dem Buch *Robert Maillart*.
Doppelseite aus *FORM, eine Bilanz über die Formentwicklung um die Mitte des XX. Jahrhunderts.*

Gestaltungsgrundlagen des Buches *Sophie Taeuber-Arp:*
Das Modul von 36×36 mm = 8×8 Cicero korrespondiert nicht mit dem Buchformat.
Korrespondenz von je 8 Zeilen mit der Modulteilung.
Korrespondenz des Satzspiegels der Anhangtexte mit der Modulteilung.

economic conditions of the thirties and forties were often restricting, and the expenditure was correspondingly low. Bill's smallest and lightest product, which he designed for an exhibition of his own work at the Galerie des Eaux-Vives in Zurich, consisted of a one-sided sheet of paper in A4 format folded twice perpendicularly into an A6 format (the standard size of earlier postcards). It is, to a certain extent, the beginning of a small book; it is even possible to turn the pages of at least four sides, which means that two sides are upside-down when the whole sheet is open. The typography is unobtrusive; one notices only at second glance that, with two font sizes and the tricky alignment of spaces between the words, the handset composition – and the setter – were rather overtaxed.

Motifs and themes in architecture or music are known to be passed down, picked up again and varied. In the lower arts, this process is immediately labeled as imitation or plagiarism, even though the principle of "theft"[64] can be fruitful here as well. Bill designed three catalogues whose jackets are variations on a typographical theme – and which have one precursor and at least one successor. The line of designers runs from Jan Tschichold through Max Bill to Richard Paul Lohse. The 1936 catalogue *Zeitprobleme in der Schweizer Malerei und Plastik* contains Bill's short text, "konkrete gestaltung". For the catalogue of 1942, *allianz, vereinigung moderner schweizer künstler,* he wrote the untitled text, accompanied by illustrations. In the catalogue *Allianz, Vereinigung moderner Schweizer Künstler* of 1947, he reflected on "Worte rund um Malerei und Plastik (über den Sinn theoretischer Artikel, Werktitel und Begriffe)". These three catalogues were preceded by a catalogue designed by Tschichold in 1935 for the Lucerne Kunsthaus, *these antithese synthese.* Max Bill did not take part in the Lucerne exhibition – nor did the other three artists from the core group of the Zurich Concrete artists – but Hans Arp, Hans Erni, Paul Klee and Sophie Taeuber-Arp did. The "successor catalogue" for the exhibition "Allianz" at the Helmhaus in Zurich in 1954 was designed by Richard Paul Lohse.[65]

The typography for these catalogue covers followed the same motif or pattern: alternating horizontal and vertical lines and groups of text. All three designers have taken care to organize the surface in a rectangular fashion, to create proportions – as if they were obliged to Mondrian! The cover of Bill's 1936 catalogue is simultaneously a table of contents. The lines, a superfluous accompaniment to the lines of type, have nearly disappeared; already by the time of the 1942 catalogue, all redundancies will have been omitted. This allows the interior to become that much richer: white book paper printed with the phototype illustrations alternating with brownish newsprint paper containing the indexes of artists and their works. There are five typefaces used in this catalogue; chronologically, they are: Berthold-Grotesk, 1928, Bodoni, 18th century, Garamond (with italic), 16th century, Bodoni and Modern, from the 19th century, and Akzidenzgrotesk from shortly before 1900. Bill worked in all three catalogues with roman typeface, just as Lohse created a brilliant, well-proportioned cover – including contents – with Akzidenzgrotesk.[66]

One motif that Bill often used was a nondogmatic, free form of mirror symmetry. The vertical axis is formed by the spaces between words, by first and last names, for example. It is a game played with chance: the portion of the name falling on the left and right of the axis is dependent on the length of the name and therefore only partly created by design. For lack of coherent text, this motif hardly ever spills over from the cover of the catalogue to the content. But it is exactly this that is the basic design theme of the time: a book (requiring this[67]) should be "designed throughout", from beginning to end, to form a unit; the façade should mirror the interior, the interior should show through from the outside – a theme with which architects are also familiar. We know on the other hand, however, that with the advent of the modern paperback, the cover is technically a component of the book block and has (paradox-

Eine Art Minimalisierung, eine Grundtendenz nicht nur in Bills Typografie, drückt sich darin aus, daß er kaum formale Hilfsmittel, etwa unterstützende Linien (die allenfalls mißglückten Textkonzeptionen etwas Halt zu geben vermöchten) einsetzt. Das Werkverzeichnis im Buch über Sophie Taeuber-Arp ist ohne Linien überzeugend gestaltet, und der *Bericht des Schweizerischen Verbandes des Personals öffentlicher Dienste über das Jahr 1940* enthält klar gegliederte Tabellen ohne Kolonnenlinien. Solche Tabellen waren bis anhin kaum denkbar, so wenig wie treppenförmig angeordnete Tabellenköpfe. Gerade in der Behandlung von scheinbar nebensächlichen Details erweist sich Bills innovatives Schaffen. Das Erforschen der typografischen Mittel und das mit jeder neuen Aufgabe erneute Eingehen auf den Inhalt und darauf, wie dieser mit minimalem Aufwand, aber klar an den Leser übermittelt werden kann, ist bewundernswürdig.

Max Bill organisierte immer wieder Ausstellungen seiner eigenen Arbeiten wie auch von Werken anderer Künstler, veranstaltete Gruppenausstellungen und umfassende Kollektivschauen. Er schrieb unermüdlich Vorworte und Einleitungen, worin er die Interessen der modernen Künstler, vor allem aber der Konkreten, vertrat. Meist war er auch Gestalter der Plakate und Kataloge. Gerade in den Katalogen zeigt sich der Ideenreichtum und die Lust, eine grundsätzlich gleichbleibende Aufgabe immer wieder neu anzugehen.[63] Die ökonomischen Voraussetzungen waren in den dreißiger und vierziger Jahren oft einengend und deshalb der Aufwand entsprechend klein. Das kleinste und leichteste Produkt, das Bill für eine eigene Ausstellung in der Galerie des Eaux-Vives in Zürich gestaltete, besteht aus einem einseitig bedruckten Blatt im Format A4, zweimal im Kreuzbruch auf A6 (die Größe der früheren

Katalog *piet mondrian*, Kunsthaus Zürich, 1955. Umschlag und vier Textseiten; Grundschrift normale Monogrotesk, Titelschrift halbfette Akzidenzgrotesk; in der Bibliografie ist normale mit magerer Monogrotesk gemischt.
Seiten aus dem Jahresbericht des VPOD über das Jahr 1940: Tabellen ohne Kolonnenlinien, senkrecht und treppenförmig angeordnete Kopftexte.

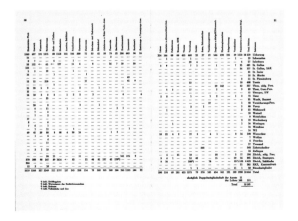

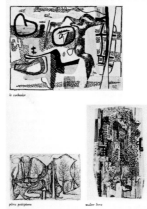

Katalog *these antithese synthese*, 1935, Umschlag, von Jan Tschichold gestaltet.
Katalog *Zeitprobleme*, 1936, Umschlag, von Max Bill gestaltet.
Katalog *allianz*, 1942, Umschlag und sechs Innenseiten, von Max Bill gestaltet.
Katalog *Allianz*, 1947, Umschlag, von Max Bill gestaltet.

Folgende Seite:
Katalog *allianz*, Umschlag, 1954, von Richard Paul Lohse gestaltet.
Katalog-Faltblatt, 1946, Format A4, 210×297 mm, zum Falzen auf
das Format A6, 105×148 mm.

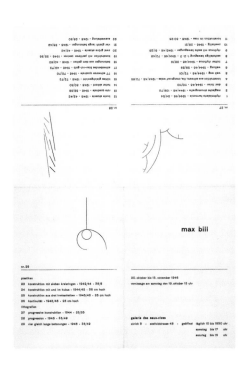

Normalpostkarten) gefalzt. Es ist gewissermaßen der Anfang eines kleinen Buches, und man kann, bei wenigstens vier Seiten, sogar umblättern, was bedeutet, daß beim offenen Blatt zwei Seiten kopfstehen. Die Typografie ist zurückhaltend; erst beim zweiten Blick bemerkt man, daß mit zwei Schriftgrößen und diffizil ausgerichteten Wortzwischenräumen der Handsatz – der Handsetzer – doch etwas strapaziert wurde.

Daß es Motive, Themen in der Kunst, in der Architektur oder in der Musik gibt, die tradiert, wiederaufgenommen und variiert werden, ist bekannt. In den niederen Künsten spricht man dann schnell einmal von Nachahmung oder Plagiat, obwohl auch hier das Prinzip des «Diebstahls»[64] fruchtbar sein kann. Bill hat drei Kataloge gestaltet, deren Umschläge Variationen über ein typografisches Thema sind – und die einen Vorläufer und mindestens einen Nachfolger haben. Die Reihe der Gestalter geht von Jan Tschichold über Max Bill zu Richard Paul Lohse. Der Katalog *Zeitprobleme in der Schweizer Malerei und Plastik* von 1936 enthält Bills kurzen Text ‹konkrete gestaltung›. Im Katalog *allianz, vereinigung moderner schweizer künstler* von 1942 hat er einen die Abbildungen begleitenden Text (ohne Titel) geschrieben. Im Katalog *Allianz, Vereinigung moderner Schweizer Künstler* von 1947 reflektierte Bill dann über ‹Worte rund um Malerei und Plastik (über den Sinn theoretischer Artikel, Werktitel und Begriffe)›. Diesen drei Katalogen voraus ging der von Jan Tschichold 1935 für das Kunsthaus Luzern gestaltete Katalog *these antithese synthese*. An dieser Ausstellung waren weder Max Bill noch die drei anderen Künstler der Kerngruppe der Zürcher Konkreten beteiligt, dagegen Hans Arp, Hans Erni, Paul Klee und Sophie Taeuber-Arp. Den ‹Nachfolger› schließlich, ein Katalog für die Ausstellung der Künstlergruppe Allianz im Helmhaus Zürich 1954, gestaltete Richard Paul Lohse.[65]

Die Typografie dieser Katalogumschläge folgt dem gleichen Motiv oder Muster: waagrechte und senkrechte Textzeilen beziehungsweise -gruppen wechseln ab. Alle drei Gestalter sind bemüht, die Fläche orthogonal zu gliedern, Proportionen zu schaffen – als ob sie Mondrian verpflichtet wären! Der Umschlag von Bills Katalog von 1936 ist gleichzeitig Inhaltsverzeichnis. Die Linien fallen bald als überflüssige Begleitung der Schriftzeilen weg; schon im Katalog von 1942 wird jede Redundanz vermieden. Das Innere wird dafür umso reicher: weißes Werkdruckpapier mit den im Lichtdruckverfahren gedruckten Abbildungen wechselt ab mit bräunlichem Zeitungspapier, das die Künstler- und Werkverzeichnisse enthält. Die in diesen fünf Katalogen verwendeten Schriften sind (chronologisch): Berthold-Grotesk, 1928, Bodoni, 18. Jahrhundert, Garamond (mit kursiv), 16. Jahrhundert, Bodoni und Modern, diese aus dem 19. Jahrhundert, und die kurz vor 1900 geschnittene Akzidenzgrotesk. Bill arbeitete in allen drei Katalogen mit Antiquaschriften, erst Lohse schuf einen brillanten, gut proportionierten Umschlag – samt Inhalt – mit der Akzidenzgrotesk.[66]

Ein Motiv, das Bill oft anwandte, ist eine undogmatische Form der Spiegelsymmetrie. Wortabstände, zum Beispiel zwischen Vor- und Nachnamen, bilden dabei eine senkrechte Achse. Es ist ein Spiel mit dem Zufall: Wie lange die Teile links und rechts der Achse sind, ist von der Länge der Namen abhängig, gestalterisch also nur teilweise zu fassen. Mangels kohärenter Texte greift dieses Motiv denn auch eher selten vom Katalogumschlag auf den Inhalt über. Gerade dies aber ist *das* Grundthema zeitgemäßer Gestaltungsweise: Ein Buch (verlangt diese[67]) sollte ‹durchgestaltet› sein, vom Anfang bis zum Schluß eine Einheit bilden – die Fassade sollte das Innere widerspiegeln, das Innere nach außen durchschlagen, ein Thema, das auch die Architekten kennen. Wir wissen aber andrerseits, daß seit dem modernen Taschenbuch, seit der Umschlag technisch ein Bestandteil des Buchblocks ist, er sich (paradoxerweise) optisch verselbständigt hat und zum lärmenden Aushang wurde.[68] Bill verzichtete also bei diesem gestalterischen Motiv bewußt auf formale Übereinstimmung aller Teile eines typografischen Werks zugunsten eines formalen Spiels, das zwar reizvoll, aber

ically) become an independent optical unit noisily demanding attention.[68] With this motif, Bill deliberately renounced the practice of harmonizing all the formal elements of a typographical work in favor of playing a game with the form, a game that was certainly charming but lacked a basis in content. It was a deviation from his own principle that in typography he "never allowed (himself) the same freedom as in a painting or a sculpture" (see quotation page 58). On the contrary, here he took the liberty of violating the basic concrete design method that he had never appeared to follow in quite the dogmatic way that has been attributed to these concrete artists.[69]

It would be worthwhile at this point to digress a bit into the great variety of typefaces Bill used outside his book production.[70] It is remarkable how often Bill, in daily printing jobs,[71] utilized script types, old face extra bold, Egyptian (a strong blocky typeface with bold serifs), extra-condensed sans-serif, and even decorated types – typefaces that do not correspond to the "normal" text types, with their italics or going somewhat further, his standard founts of normal and semi-bold Akzidenzgrotesk. **"for me, graphic and typographic expression was never a single-track system, but rather a service that had to be adapted to each function. for current communications, i mostly used the sans-serif, which we were already using as the basic typeface at the bauhaus. in other cases, the choice of type and the organic development of the text that was to be designed would be matched up with the content."**[72] This stroll through the typecases has to be attributed less to a reaction against the "strictness" of the Bauhaus – which was, perhaps, not really all that strict (see the printed material for the Bauhaus stage and the Bauhaus festivals) – and more to Bill's curiosity to try out and examine everything he engaged in. He even applied iris printing, an economical form of multicolor printing that was common to printers at that time, to posters – in large format – where this technique made sense.[73] Typefaces which had lascivious appeal and which lent the printed material an ironical or playful air, were largely disdained by the "proper" typographers, at least later, at the peak of "Swiss typography". Here,

ohne inhaltlichen Grund ist. Hierin folgte er nicht seinem Grundsatz, daß er sich in der Typografie «nie die gleichen Freiheiten erlaubt [habe] wie in einem Bild oder einer Plastik» (siehe Zitat Seite 57 unten). Im Gegenteil, hier nimmt er sich Freiheiten, die gegen die Grundsätze konkreter Gestaltungsweise verstoßen, die er anscheinend doch nicht gar so dogmatisch befolgte, wie man dies konkreten Künstlern gemeinhin nachsagt.[69]

Hier lohnt sich ein kleiner Exkurs über die Vielfalt der von Max Bill außerhalb seines Buchschaffens eingesetzten Schrifttypen.[70] Es ist erstaunlich, wie oft Bill in den Akzidenzdrucksachen[71] verspielte Schreibschriften, extrafette Antiqua, Egyptienne (eine blockartige, kraftvolle Schrift mit fetten Serifen), extraschmale Grotesk, ja selbst Zierschriften verwendete – Schrifttypen somit, die nicht den ‹normalen› Leseschriften mit ihren Kursiven oder, etwas zugespitzter, der normalen und halbfetten Akzidenzgrotesk, der Standardschrift also, entsprechen. «für mich war der grafische und der typografische ausdruck nie ein eingleisiges system, sondern eine dienstleistung, die sich der jeweiligen funktion anzupassen hat. für aktuelle mitteilungen benützte ich als schrift meist die grotesk, wie wir sie schon am bauhaus als grundlage der typografie brauchten. in anderen fällen wurde die schriftwahl und der organische aufbau des zu gestaltenden textes in übereinstimmung mit dem inhalt gebracht.»[72] Man muß wohl das Flanieren in den Setzkästen weniger als Reaktion auf die ‹Strenge› des Bauhauses zurückführen – das (in den Drucksachen für die Bauhausbühne und die Bauhausfeste beispielsweise) so streng vielleicht gar nicht war –, als vielmehr auf Bills Neugier, die ihn alles versuchen und untersuchen ließ, was ihn ankam. Auch den ‹Irisdruck›, eine den Druckern damals geläufige ökonomische Form des Mehrfarbendrucks, setzte Bill für Plakate – große Formate – ein, wo diese Technik auch Sinn macht.[73] Schrifttypen, die ihren lasziven Reiz haben und einer Drucksache etwas Ironisches, Verspieltes verleihen, wurden von den ‹zünftigen› Typografen, zumindest später, in der Hochzeit der ‹Schweizer Typografie›, weitgehend verschmäht. Bill spielte sich hier als der augenzwinkernde Spieler auf, dessen erfrischender Unernst weitab vom Ziel und vom Ernst

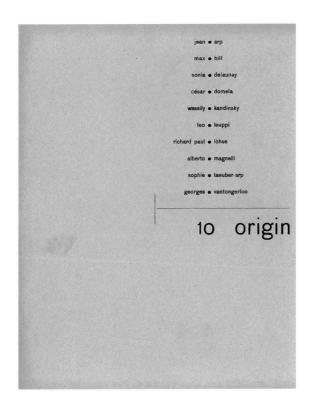

Die undogmatische Form der Symmetrie in Bills Typografie:
Katalog *züricher konkrete kunst*, herausgegeben vom .i.p.c. zürich,
Wanderausstellung, 1949, Umschlag, 105×148 mm.
Katalog *josef albers, fritz glarner, friedrich vordemberge-gildewart*,
Kunsthaus Zürich, 1956, Umschlag, 148×210 mm.
Titelblatt des Sammelwerks *Moderne Schweizer Architektur*, Basel,
Karl Werner, 1949, Titelblatt, 210×297 mm.

Umschlag der Mappe *10 origin*, von Max Bill 1942 im Allianz-Verlag
herausgegeben, 210×270 mm.

Bill played the role of the winking gambler, whose refreshing lack of seriousness was a far cry from the goals and earnestness of the concrete artists. He could, however, also handle the material in other ways, as witnessed by the elegant, almost tender stationery for photographer Binia Bill, his wife. Even historical typographic ornament was not alien to him; it was only the bold bars and signal-like circles, squares and triangles of the Bauhaus[74] – which could be thoroughly perceived as an expressionistic language of signs[75] – that are missing from his typographic repertoire.

An oft repeated comment by Paul Renner declares that typesetting is not a "romp through a costume shop",[76] and that typeface is not there to lend, for example, a historical costume to the content. But that was exactly what Bill did when he equated sans-serif with "modern" and "contemporary", and black-letter types with "yesterday", "outmoded" and "backwoodsy". Crossing through the word "zinsen" (interest) in a brochure for the credit company Baukredit Zurich reinforced what was already being stated in words – a straightforward method of emphasis that was customary in progressive architectural magazines of the twenties.[77] Typewriter type offers a particular flavor (would one be over-hasty in thinking of it as a "cult type" today?). The peculiar feature of this type, which even turned up in printers' typecases, is its standard letter width, with the resulting cramped appearance of the wide letters and over-extension of the narrow letters. "For the modern advertisement and for the modern designer, the individual element (the artist's "individual mark") is totally irrelevant. The flourishes of Rococo calligraphy are extremely graceful, but the characters of the standard typewriter are clearer and therefore more convincing."[78] As promoted at the Bauhaus and other places as *the* neutral typeface, propagated independently of the national debate, one could believe that typewriter type would be universally applicable. The artist-typographers of the twenties and thirties were certainly fascinated with its emergence as a purely technical innovation: pitch, impression density and typewriter ribbon technology were deci-

Briefblatt für Binia Bill, 210×297 mm, 1934.
Umschlag einer Broschüre für Baukredit Zürich, 100×210 mm, 1931.
Anzeige für die Firma Wohnbedarf AG, 71×101 mm, 1931; die Schreibmaschinenschrift wurde zu jener Zeit als gültige Druckschrift gesehen.

des konkreten Künstlers lag. Er konnte aber auch anders, wie das feine, fast zärtliche Brief-blatt für die Fotografin Binia Bill, seine Frau, beweist. Selbst der historisierende typografi-sche Schmuck war ihm nicht fremd – nur die Balken sowie die signalhaften Kreise, Quadrate und Dreiecke der Bauhaustypografie[74], die man durchaus als expressionistische Gebärden-sprache[75] empfinden kann, fehlen in seinem typografischen Repertoire.

Ein oft zitiertes Wort von Paul Renner besagt, die Setzerei sei keine «Masken-Verleih-anstalt»,[76] Schrift sei nicht dazu da, einem Inhalt ein – beispielsweise – historisches Kostüm zu verleihen. Aber gerade das tat Bill, indem er Groteskschrift mit ‹modern›, ‹zeitgenössisch› und Fraktur mit ‹gestern›, ‹veraltet›, ‹hinterwäldlerisch› gleichsetzte. Das Durchkreuzen des Wortes ‹zinsen› in einer Broschüre für ‹Baukredit Zürich› verstärkt noch, was schon mit der Schrift ausgesagt wird – eine unverblümte Art des Hervorhebens, die in progressiven Archi-tekturzeitschriften der zwanziger Jahre gang und gäbe war.[77] Ein spezielles Aroma verbreitet die Schreibmaschinenschrift (würde man heute nicht voreilig von Kultschrift sprechen?). Das Spezifische dieser Schrift, die sich sogar in die Setzkästen der Druckereien verirrte, ist die einheitliche Schrittweite und demzufolge die proportional gedrängte Form der breiten und die gespreizte der schmalen Buchstaben. «Für die moderne Reklame und für den mo-dernen Gestalter ist das individuelle Element (des Künstlers ‹eigener Strich›) total belang-los. Die Schnörkel der Rokokokalligraphen sind sehr zierlich, aber die Schrift der Standard Typewriter ist eindeutiger und darum überzeugender.»[78] Am Bauhaus, aber auch andernorts als *die* neutrale, von nationalsprachlichen Entwicklungen unabhängige Schrift propagiert, glaubte man, die Schreibmaschinenschrift sei universell anwendbar. Die Künstler-Typogra-fen der zwanziger und dreißiger Jahre faszinierte daran wohl, daß sie rein technischer Inno-vation entsprang: Schrittweite, Anschlagstärke und Farbbandtechnik waren für ihre Form und ihren Charakter bestimmend. Den subjektiven Gegenpol bildet die Künstlerhandschrift, Inbegriff des Individualistischen, das die ‹Neuen Architekten› und die ‹Neuen Typografen› einst so vehement ablehnten. Damit haben wir den Bogen – wenn nicht gar die Volten – in Bills Umgang mit Druckschriften einigermaßen nachgezeichnet: Die Handschrift sollte in den späteren Jahren seinen Plakaten eine unverkennbare Aura geben. Der Schriftjongleur Bill stellt seinen Bildkonstruktionen den flatternden Pulsschlag entgegen. Als Unikat – und, als Höhepunkt persönlichen Ausdrucks, auch als ein Unikum? – darf der Katalog für seine Aus-stellung 1971 in der Galerie Denise René in Paris gelten: Die Texte und die Abbildungen hat Bill von Hand geschrieben und gezeichnet.

Ist der konkrete Künstler Max Bill also auch ein konkreter Typograf oder ist er eher ein typografischer Flaneur, der sich um seine «mathematische Denkweise» foutierte? Nehmen wir die Frage rhetorisch. Eine Antwort brächte keine wesentliche Erkenntnis, weder für Bills typografisches Werk noch für das irgendeines anderen Künstler-Typografen. Erhellend wäre schon eher eine Antwort wie: Max Bill ist auch als Typograf Künstler. Und damit seine Typo-grafie Kunst? Ja, muß sie es denn überhaupt sein? Wir kennen Kurt Schwitters' schmeichel-haftes Diktum der ersten These aus seinen 1924 veröffentlichten ‹Thesen über Typographie›: «Typographie kann unter Umständen Kunst sein.» Es fällt heute jedoch schwer, Typografie als Kunst zu sehen. Unter welchen Umständen könnte Typografie Kunst sein? In These 3 heißt es: «Gestaltung ist Wesen aller Kunst, die typographische Gestaltung ist nicht Abmalen des textlichen Inhalts.»[79] Auch das hilft nicht, Schwitters klärt sein Diktum in keiner seiner zehn Thesen auf, er bleibt geheimnisvoll.

Der Künstler bleibt Künstler, auch wenn er Typografie macht; Typografie bleibt auch dann Typografie, wenn sie von einem Künstler (-Typografen) stammt. Kunst und Typografie haben weder den gleichen Hintergrund noch dasselbe Ziel. Typografie ist (nach Bill) – wie die Kunst – sowohl «rhythmus, proportion, klare, präzise formung», als auch «farbe, form, raum,

sive to its form and character. The subjective counterbalance was the artist's handwriting, epitome of the individualists who once so vehemently cursed the "New Architects" and the "New Typographers". And with this, we have to some extent traced the curve – if not indeed the vaults – of Bill's handling of printing type: his handwriting was, in later years, to give posters above all an unmistakable aura. Bill, the typeface juggler, set his image constructions up in contrast with the fluttering pulse. The catalogue for his exhibition of 1971 at the Galerie Denise René in Paris may be regarded as unicum – and perhaps, as the high point of his personal expression, also as something unique: the texts and illustrations were handwritten and hand drawn by Bill.

Is the concrete artist Max Bill now also a concrete typographer, or is he rather a typographical stroller who neglected his "mathematical mentality"? Let us consider this a rhetorical question: the answer would provide no significant insights on Bill's typographical work nor anything about other artist-typographers. A more enlightening answer would be: Max Bill is also an artist in his typography. And is his typography therefore art? Does it have to be? We know Kurt Schwitters' flattering dictum in the first thesis from his "Thesen über Typographie", published in 1924: "Typography can, under certain conditions, be art." It is hard for us today, however, to see typography as an art. Under which conditions could typography be art? Thesis three states: "Design is the essence of all art; typographic design is not a copy of the textual contents."[79] Even this does not help. Schwitters does not explain his dictum in any of his ten theses; it remains a mystery.

The artist remains an artist, even when he produces typography; typography, then, remains typography, even when it is produced by an artist(-typographer). Art and typography have neither the same background nor the same goal. Typography (according to Bill) is – as is art – as much "rhythm, proportion, clear and precise forming" as it is "color, form, space, light, movement", and it is with "feeling *and* thought" that it must – as must art – be created and seen: read.

Tschichold: "The relationship between concrete painting and new typography is not determined by the application of "abstract" forms, but rather by the equality of the working method. In both cases, the designer investigates the available media rather scientifically in order to bind them in a contrasting way into a whole. All abstract pictures, in particular the "totally simple", reveal elements of painting or graphics which themselves have been designed clearly and have a clear relationship with one another. From here, the step to typography is not a big one. Works of concrete painting are allegories for subtle orderings of simple, opposing elements. Because the new typography has no other task than to produce such orderings, many works of concrete art can offer the typographer significant inspiration as model designs, and can convey the formal world of the present. They are the most beautiful teaching tools for optical ordering. Of course, literal copying is out of the question, rather working in the spirit of the design. We have to stay within the framework of our technology and the aim of our work if we don't want to produce mere formalism."[80]

Max Bill's typographical work cannot be allocated to one side or the other – not to the purely factual, nor to the emotional. His typography tends to be (even if it is not always completely) regular, but it is often (a little) chaotic as well. Behind Bill's typography is also – as in his art – the "mathematical mentality", but intuition and beauty (which are not always rationally explainable) were just as important to him. There is the delightful statement by Georges Braque: "I love the law that orders the creative." It was printed in number 8/9 of the *Merz* journal in 1924 (the editors were El Lissitzky and Kurt Schwitters), and can be found again in 1925 in the special edition of *elementare typographie* of the *typographische mitteilungen,* entitled elementare typographie. In 1940, Max Bill wrote more or less the same

Katalog *max bill*, Galerie Denise René, Paris, 1971, Umschlag und Doppelseiten mit den gezeichneten Werken und handschriftlichen Texten, Offsetdruck, 206×260 mm.

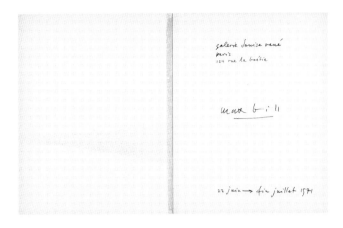
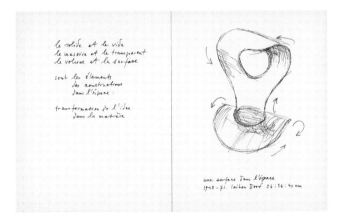
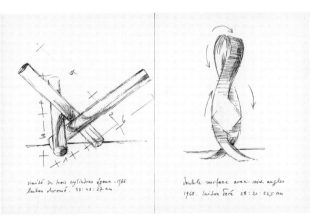
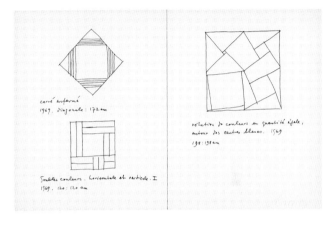
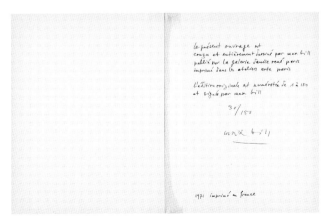
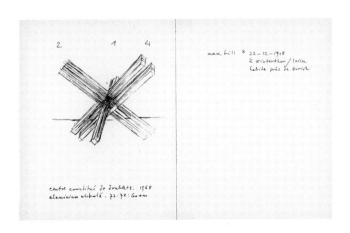

thing in his paper, "Die Beherrschung des Raumes", printed in the *Almanach neuer Kunst in der Schweiz*: "For us, geometry is the ordering force that supports creative imagination, where individual interpretation would not be universally acceptable." We can hear the emotion with which Bill describes his feelings of his first encounter with two of the most beautiful bridges built by Robert Maillart:

"I was in the countryside around Schwarzenburg while I was working on the preparation for this book. It was during the war; autos were not available, and I wandered eastward from Schwarzenburg, into that very region where the Rossgraben Bridge and the Schwandbach Bridge were to have been. It was hot and dry. Narrow roads finally appeared to run through the forest. Suddenly, I saw a structure flash through the trees, slender, taut, like a huge greyhound: the Rossgraben Bridge – an astounding construction of immense tension and energy – and a few hundred meters on, in the middle of a forested valley, floated the Schwandbach Bridge. Yes, it floated. It is as light as paper and apparently effortlessly connects one side of the valley with the other. Two experiences of indelible impression."[81]

Prospekt *Über das Wirbelsinterverfahren*, Knapsack-Griesheim AG, Frankfurt a. M., 1961, 74×105 mm. Die Schönheit der konstruktivistischen Zeichnung ist das Geheimnis.

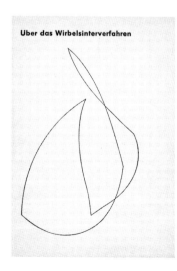

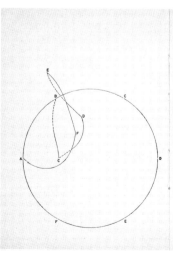

Über das Wirbelsinterverfahren

Das Form-Muster für die Darstellung des Beschichtungsverfahrens
Besonders eindrucksvoll wird die vielfältige Anwendungsmöglichkeit des Verfahrens an einem komplizierten Leichtmetall-Formstück demonstriert. Während die vorher aufgeführten Erzeugnisse einen technischen Verwendungszweck haben, ist das Formstück die Reproduktion einer Plastik aus unserer Zeit von Max Bill, dem Schweizer Architekten und Bildhauer. Die Plastik heißt „Sechseck im Raum mit vollem Kreisumfang". Ihr Bildungsgesetz: Die gleichlangen Bögen eines sechsgeteilten Kreises sind zu einem räumlichen Bogeneck zusammengefügt. Die so umgrenzte Fläche hat die Eigenschaft, nur eine einzige Fläche zu sein, ähnlich dem Band von Möbius. Eine große, vergoldete Fassung dieser Plastik steht im Kunstmuseum Winterthur.

15

licht, bewegung», und sie muß – wie die Kunst – mit «Gefühl *und* Denken» geschaffen und gesehen: gelesen werden.

Tschichold: «Die Beziehung zwischen konkreter Malerei und neuer Typographie bildet nicht die Anwendung ‹abstrakter› Formen, sondern die Gleichheit der Arbeitsmethode. Hier wie dort prüft der Gestalter zunächst gewissermaßen wissenschaftlich die verfügbaren Mittel, um sie dann kontrastierend zu einem Ganzen zu binden. Alle abstrakten Bilder, insbesondere die ‹ganz einfachen›, zeigen malerische oder graphische Elemente, die sowohl selbst klar gestaltet sind, als auch klare Verhältnisse zueinander haben. Von hier ist der Schritt zur Typographie nicht weit. Die Werke der konkreten Malerei sind Sinnbilder subtiler Ordnungen aus einfachen, gegensätzlichen Elementen. Da die neue Typographie sich keine andere Aufgabe stellt, als solche Ordnungen herzustellen, können viele Werke der konkreten Kunst dem Typographen als Modellgestaltungen wesentliche Anregungen geben und die optische Formenwelt der Gegenwart vermitteln. Sie sind die schönsten Lehrmittel optischer Ordnungen. Natürlich darf man nicht an ein wörtliches Abschreiben denken, sondern nur im Geiste jener Gestaltungen arbeiten. Wir müssen im Rahmen unserer Technik und des Zwecks unserer Arbeit bleiben, wenn wir nicht bloßen Formalismus treiben wollen.»[80]

Max Bills typografisches Schaffen läßt sich weder auf der einen noch auf der anderen Seite – nicht auf der rein sachlichen und nicht auf der emotionalen – festmachen. Seine Typografie will zwar (wenn auch nicht immer ganz) gesetzmäßig sein, sie ist aber oft auch (ein wenig) chaotisch. Hinter Bills Typografie steckt auch – wie in seiner Kunst – die «mathematische Denkweise», aber Intuition und Schönheit (die rational nie ganz erklärbar sind) waren ihm ebenso wichtig. Es gibt den schönen Satz von Georges Braque: «Ich liebe das Gesetz, das das Schöpferische ordnet.» Er ist im Heft 8/9, 1924, der *Merz*-Zeitschrift (Redaktion von El Lissitzky und Kurt Schwitters) gedruckt und findet sich 1925 im Sonderheft *elementare typographie* der *typographischen mitteilungen* wieder. Max Bill sagt 1940 in seinem Aufsatz ‹Die Beherrschung des Raumes›, gedruckt im *Almanach neuer Kunst in der Schweiz,* etwa dasselbe: «Für uns ist die Geometrie die ordnende Kraft, welche die schöpferische Phantasie unterstützt, wo individuelle Auslegungen nicht allgemeingültig wären.» Hören wir noch, mit welcher Emotion Bill seiner Empfindung bei der ersten Begegnung mit zwei der schönsten Brücken Robert Maillarts Ausdruck gibt:

«Als ich mich mit den Vorarbeiten dieses Buches beschäftigte, war ich im Schwarzenburgerland. Es war während des Krieges; Autos standen nicht zur Verfügung, und ich wanderte ostwärts von Schwarzenburg, in jene Gegend, in der die Rossgraben-Brücke und die Schwandbach-Brücke sein mussten. Es war heiss und drückend. Schliesslich ging es durch Wälder auf schmalen Fahrwegen. Plötzlich sehe ich durch die Bäume eine Konstruktion blitzen, schlank, straff, wie ein riesiger Windhund: die Rossgraben-Brücke – ein erstaunliches Bauwerk von ungeheurer Spannkraft – und einige hundert Meter weiter, mitten in einem waldigen Tal, schwebt die Schwandbach-Brücke. Ja, sie schwebt. Sie ist leicht wie aus Papier und verbindet scheinbar mühelos einen Talhang mit dem andern. Zwei Erlebnisse von unauslöschlichem Eindruck.»[81]

1 Max Bill: "über typografie", in *Schweizer Graphische Mitteilungen,* no. 5, 1946, p. 197. In a detailed essay accompanied by a number of – exemplary – typographical works, Bill responded to Tschichold's lecture "Konstanten der Typografie", presented to the members of the "Verband schweizerischer Graphiker" (Association of Swiss Graphic Artists), in a manner that was, if not exactly injured – and therefore somewhat irritable – then certainly disappointed. In his lecture, Tschichold took the "New Typography" seriously to task (and himself along with it). His answer to Bill's essay, which appeared in no. 6, 1946 of the same journal, was in part caustic, in part relatively cautious. Bill, Tschichold suggested in his introduction, had not attended the lecture himself but had received his information second or third hand.

2 Max Bill, in *max bill,* catalogue, Museum of the City of Ulm, 1956, p. 6.

3 Eugen Gomringer: "max bill – der universale gestalter", in *max bill,* catalogue, Municipal Museum of Leverkusen, Schloss Morsbroich, 1959, p. 5.

4 Hans Frei: *Konkrete Architektur? Über Max Bill als Architekt,* Baden, Lars Müller, 1991.

5 Max Bill: "konkrete gestaltung", in *Zeitprobleme in der Schweizer Malerei und Plastik,* catalogue, Kunsthaus Zurich, 1936, p. 9.

6 Leonardo da Pisa, known as Fibonacci, wrote a book around the year 1200 about the Arabic – actually Indian – system of numerals and the introduction of the digit o [zero]. Today, his name stands for the number series 1, 1, 2, 3, 5, 8, 13, 21, 34, 55, …, in which two consecutive values – becoming more exact the higher the numbers – reproduce the proportions of the Golden Section, or 1:1.618. The series is formed by the continuous addition of each two successive numbers. Mario Merz added the Fibonacci series allegorically to his own works in the form of luminous neon numbers as an infinite progression: "and because people, numbers, things, days strive to be infinite, the first of all sums, one + one = two, has not yet died." (Harald Szeemann, catalogue documenta 5, Kassel, 1972). Literature: Raúl M. Rosarivo: *Divina Proportio Typographica. Das Buch vom Goldenen typographischen Modul,* Krefeld, Scherpe, 1961; Hans Rudolf Bosshard, *Mathematische Grundlagen zur Satzherstellung,* Berne, Verlag des Bildungsverbandes Schweizerischer Typografen BST, now in St. Gallen, 1985, pp. 118 ff.

7 Max Bill: *max bill, malerei und plastik 1928–1968,* catalogue, Kunsthalle Berne, 1968, p. 19.

8 Max Bill: "Die mathematische Denkweise in der Kunst unserer Zeit", in *Werk,* no. 3, 1949, p. 88. Also printed in *Pevsner, Vantongerloo, Bill,* catalogue, Kunsthaus Zurich, 1949. Bill later wrote in Georges Vantongerloo, Kunsthaus Zurich, 1981, p. 8: "Vantongerloo structured his work according to rigid geometric rules from 1917 to 1937, then according to algebraic rules. In so doing, he became the founder of the mathematical mentality in the art of our time (which Max Bill later expanded into the branch of topology)."

9 Max Bill: "funktionelle grafik und typografie", in *Werbestil 1930–1940. Die alltägliche Bildersprache eines Jahrzehnts,* catalogue, Kunstgewerbemuseum Zurich, Museum für Gestaltung, 1981, p. 67.

10 Max Bill: "Ausstellungen. Ein Beitrag zur Abklärung von Fragen der Ausstellungs-Gestaltung", in *Werk,* no. 3, 1948, p. 69.

11 Eduard Hüttinger: *max bill,* Zurich, ABC, 1977, p. 29. Whether or not Bill actually studied all these masters is at the least doubtful, but in the end the atmosphere of the Bauhaus was decisive.

12 Letter to the "visitors to the exhibition of the sales exhibition in winterthur at the gewerbemuseum", dated Nov. 23, 1931, Archive Dr. Angela Thomas Schmid, Zumikon.

13 *Die Farbe in Natur, Kunst, Wissenschaft und Technik,* catalogue, Kunstgewerbemuseum Zurich, 1944. This color composition can stand completely on its own as a painting. Similarities with the paintings *einheit aus flächengleichen farben,* 1972, *vier quantengleiche farben in acht gleichen feldern,* 1973, and *einheit aus heller und dunkler farbgruppe,* 1975/76, cannot be denied. Ill. in Eduard Hüttinger: *max bill,* Zurich, ABC, 1977, pp. 191, 200 and 211.

14 Literature on the subject of perception: Wolfgang Metzger: *Gesetze des Sehens,* Frankfurt am Main, Waldemar Krauer, 1975; Andreas Speiser: *Die mathematische Denkweise,* Basle and Stuttgart, Birkhäuser, 1952; Hans Rudolf Bosshard: *Typografie Schrift Lesbarkeit, sechs Essays,* Sulgen, Niggli, 1996, pp. 45 ff.

15 Margit Staber: *Max Bill,* St. Gallen, Erker-Verlag, 1971, p. 7.

16 Max Bill: "über typografie", in *Schweizer Graphische Mitteilungen,* no. 4, 1946, p. 197. It does not need to be stressed that these passages no longer hold true since the onset of the electronic revolution, since the technical requirements of typesetting have fallen away and been replaced with a freedom in the realm of design that has fundamentally altered typography.

17 For the ratio of cicero per millimeter, see endnote 40.

18 These would be the paintings *vierteiliger rhythmus,* 1942, and *horizontal-vertikel-diagonal-rhythmus,* 1942. Ill. in Eduard Hüttinger: *max bill,* Zurich, ABC, 1977, pp. 82–83.

19 Arthur Rüegg (ed.): *Das Atelierhaus Max Bill 1932/33,* Sulgen, Niggli, 1997, pp. 11, 42.

20 Just as the lettering for Wohnbedarf is distorted in width for reasons already mentioned, the lettering for the Neubühl housing development (done in the same typeface) is distorted in height, because here – on the posters and brochures – there are different preconditions for legibility. Bill thought out well exactly what the requirements would be for the store lettering.

1 Max Bill: ‹über typografie›, in: *Schweizer Graphische Mitteilungen,* Heft 5, 1946, S. 197. Bill hat in einem ausführlichen, von eigenen – beispielhaften – typografischen Arbeiten begleiteten Aufsatz auf Tschicholds Vortrag ‹Konstanten der Typographie›, den dieser vor Mitgliedern des ‹Verbandes schweizerischer Graphiker› gehalten hatte, enttäuscht, wenn nicht sogar verletzt – und deshalb etwas überreizt – reagiert. Tschichold ging in diesem Vortrag mit der ‹Neue Typografie› (und damit auch mit sich selber) ins Gericht. Seine Antwort auf Bills Aufsatz, in Heft 6, 1946 der gleichen Zeitschrift erschienen, fiel teils scharf, teils verhältnismäßig zurückhaltend aus. Bill, so suggerierte Tschichold in der Einleitung, soll den Vortrag nicht selber verfolgt, seine Informationen also aus zweiter oder dritter Hand gehabt haben.

2 Max Bill, in: *max bill,* Katalog, Museum der Stadt Ulm, 1956, S. 6.

3 Eugen Gomringer: ‹max bill – der universale gestalter›, in: *max bill,* Katalog, Städtisches Museum Leverkusen, Schloß Morsbroich, 1959, S. 5.

4 Hans Frei: *Konkrete Architektur? Über Max Bill als Architekt,* Baden, Lars Müller, 1991.

5 Max Bill: ‹konkrete gestaltung›, in: *Zeitprobleme in der Schweizer Malerei und Plastik,* Katalog, Kunsthaus Zürich, 1936, S. 9.

6 Leonardo da Pisa, genannt Fibonacci, schrieb um 1200 ein Buch über das arabische – eigentlich indische – Zahlensystem und die Einführung der Ziffer 0 (Null). Sein Name steht heute noch für die Zahlenreihe 1, 1, 2, 3, 5, 8, 13, 21, 34, 55, …, in der je zwei aufeinanderfolgende Werte – je höher man steigt, umso genauer – das irrationale Goldene-Schnitt-Verhältnis 1:1,618 wiedergeben. Die Reihe wird durch fortlaufendes Addieren von je zwei aufeinanderfolgenden Zahlen gebildet. Mario Merz fügt die Fibonacci-Reihe in Form von Neonleuchtzahlen seinen Werken sinnbildlich als unendliche Progression ein: «und weil Menschen, Zahlen, Dinge, Tage danach trachten unendlich zu sein, ist die erste aller Summen, eins + eins = zwei, noch nicht gestorben.» (aus: Harald Szeemann: Katalog der documenta 5, Kassel 1972). Literatur: Raúl M. Rosarivo: *Divina Proportio Typographica. Das Buch vom Goldenen typographischen Modul,* Krefeld, Scherpe, 1961; Hans Rudolf Bosshard: *Mathematische Grundlagen zur Satzherstellung,* Bern, Verlag des Bildungsverbandes Schweizerischer Typografen BST (jetzt St. Gallen), 1985, S. 118ff.

7 Max Bill: *max bill, malerei und plastik 1928–1968,* Katalog, Kunsthalle Bern, 1968, S. 19.

8 Max Bill: ‹Die mathematische Denkweise in der Kunst unserer Zeit›, in: *Werk,* Heft 3, 1949, S. 88, ebenfalls abgedruckt in: *Pevsner, Vantongerloo, Bill,* Katalog, Kunsthaus Zürich, 1949. – Bill später in: Georges Vantongerloo, Kunsthaus Zürich, 1981, S. 8: «Vantongerloo hat von 1917 bis 1937 seine Werke nach streng geometrischen, dann algebraischen Regeln gebaut. Damit wurde er zum Begründer der mathematischen Denkweise in der Kunst unserer Zeit (die später Max Bill in das Gebiet der Topologie erweitert hat).»

9 Max Bill: ‹funktionelle grafik und typografie›, in: *Werbestil 1930–1940. Die alltägliche Bildersprache eines Jahrzehnts,* Katalog, Kunstgewerbemuseum Zürich, Museum für Gestaltung, 1981, S. 67.

10 Max Bill: ‹Ausstellungen. Ein Beitrag zur Abklärung von Fragen der Ausstellungs-Gestaltung›, in: *Werk,* Heft 3, 1948, S. 69.

11 Eduard Hüttinger: *max bill,* Zürich, ABC, 1977, S. 29. Ob Bill bei all diesen Meistern studiert hat, ist zumindest zweifelhaft, aber schließlich war die Atmosphäre des Bauhauses entscheidend.

12 Brief an die «tit ausstellungsbesucher der verkaufsausstellung winterthur, gewerbemuseum» vom 23.11. 1931, Archiv Dr. Angela Thomas Schmid, Zumikon.

13 *Die Farbe in Natur, Kunst, Wissenschaft und Technik,* Katalog, Kunstgewerbemuseum Zürich, 1944. Diese Farbkomposition könnte durchaus als Bild bestehen. Ähnlichkeit mit den Bildern *einheit aus flächengleichen farben,* 1972, *vier quantengleiche farben in acht gleichen feldern,* 1973, und *einheit aus heller und dunkler farbgruppe,* 1975/76, sind nicht von der Hand zu weisen. Abb. in: Eduard Hüttinger: *max bill,* Zürich, ABC, 1977, S. 191, 200, 211.

14 Literatur zum Thema Wahrnehmung: Wolfgang Metzger: *Gesetze des Sehens,* Frankfurt am Main, Waldemar Krauer, 1975; Andreas Speiser: *Die mathematische Denkweise,* Basel und Stuttgart, Birkhäuser, 1952; Hans Rudolf Bosshard: *Typografie Schrift Lesbarkeit, sechs Essays,* Sulgen, Niggli, 1996, S. 45ff.

15 Margit Staber: *Max Bill,* St. Gallen, Erker-Verlag, 1971, S. 7.

16 Max Bill: ‹über typografie›, in: *Schweizer Graphische Mitteilungen,* Heft 4, 1946, S. 197. Man muß sicher nicht betonen, daß diese Aussage auf die Zeit nach der elektronischen Revolution nicht mehr zutrifft, daß die technischen Bindungen des Bleisatzes weggefallen sind und damit gestalterische Freiheiten erworben wurden, die die Typografie wesentlich verändert haben.

17 Zum Verhältnis Cicero zu Millimeter siehe Anmerkung 40.

18 Es sind die Bilder *vierteiliger rhythmus,* 1942, und *horizontal-vertikel-diagonal-rhythmus,* 1942. Abb. in: Eduard Hüttinger: *max bill,* Zürich, ABC, 1977, S. 82, 83.

19 Arthur Rüegg (Hrsg.): *Das Atelierhaus Max Bill 1932/33,* Sulgen, Niggli, 1997, S. 11, 42.

20 So wie der Schriftzug für den Wohnbedarf aus besagten Gründen in die Breite, ist der Schriftzug für die Wohnsiedlung Neubühl (bei gleichem Schrifttypus) in die Höhe verzogen, da hier – auf Plakaten und Prospekten – nicht die gleichen Voraussetzungen für die Lesbarkeit vorliegen. Bill hat also sehr gut überlegt, was die Bedingungen der Ladenbeschriftung sind.

Jan Tschichold, Filmplakat, 1927.

21 Max Bill: "meine 30er jahre", in *Um 1930 in Zürich – Neues Denken Neues Wohnen Neues Bauen*, catalogue, Kunstgewerbemuseum Zurich, 1977, pp. 186–187: **"the new letter O pleased me so well, i found it to be so expressive as a single character, that i used it again in the same year on a poster [...]. when i ordered the metal letters to be made by the manufacturer, moreover, i ordered a relief made from corrugated iron that gave the O-shape an eccentric cast."**

22 The first thing one reads on the poster is: "negerkunst" (meaning black, or negro, art), and only then: "prähistorische felsbilder südafrikas" (prehistoric rock paintings of southern africa), in contrast to the catalogue, which reads: "prähistorische felsbilder südafrikas und negerkunst". As a result, this poster has henceforth been cited under the term "negerkunst" instead of "prähistorische felsbilder südafrikas" – a significant difference.

23 Anton Stankowski: "Situationen, Aktionen und Personen. Betrachtungen zu den frühen dreissiger Jahren in Zürich", in *Werbestil 1930–1940*, 1981, pp. 77–80.

24 Max Bill: "meine 30er jahre", in *Um 1930 in Zürich*, 1977, p. 186.

25 Bruno Margadant: *Das Schweizer Plakat 1900–1983*, Basle, Birkhäuser, 1983, p. 102. Walter Cyliax studied at the Academy for Graphic Arts in Leipzig and came to Zurich in the early twenties, where he worked as artistic director at the print shop Gebr. Fretz AG.

26 A few more should be mentioned here: Some of Jan Tschichold's film posters from the 1920's for the "Phoebus Palast" in Munich, El Lissitzky's poster and catalogue cover USSR *Russische Ausstellung* for the Kunstgewerbemuseum Zurich, 1929, and the poster *Forster Teil-Ausverkauf*, 1930, by Otto Baumberger. All three of these are outstanding examples of the new poster art which were designed by photographic, geometrical or "concrete" methods.

27 Max Bill: "meine 30er jahre", in *Um 1930 in Zürich*, 1977, p. 186.

28 Max Bill, in *Gefesselter Blick. 25 kurze Monografien und Beiträge über neue Werbegestaltung*, Heinz and Bodo Rasch (ed.), Stuttgart, Wissenschaftlicher Verlag Dr. Zaugg & Co, 1930; reprint: Baden, Lars Müller, 1996, p. 23: **"to study all sorts of things, drawing, painting, etc., at the kunstgewerbeschule zurich (metal department) / bauhaus dessau / since the end of 1928 in zurich, is the best a person can do, because today it's terribly important to have people who are oriented in all areas."**

29 Max Bill, in *Du*, special edition on Bill, June 1976, p. 14.

30 **"my occupation with graphic art, and especially with typography, came about because of external conditions. i wanted to produce architecture, came from the bauhaus to zurich and here, of course, into the architectural circle of the 'new construction'. in any case, because little was being built during these war years [crisis years?] and because i had an interest and apparently a natural talent for graphic arts, graphic art came to me: lettering on buildings, letterheads, exhibitions, advertising. everything, then, that was additionally and necessarily used in the area of modern architecture and its surroundings. the financial basis of my first decade in zurich, the 1930's, was graphic arts and advertising. i marketed (operated?) at first as an amateur, but i reached a position that was taken note of and acknowledged."** (Max Bill: "funktionelle grafik und typografie", in *Werbestil 1930–1940*, 1981, p. 67.)

31 Albert Ehrismann: *Lächeln auf dem Asphalt*, poems, Zurich, Orell Füssli, 1930.

32 Arthur Rüegg (ed.): *Das Atelierhaus Max Bill 1932/33*, Sulgen, Niggli, 1997, pp. 11–12. The jacket for the first edition of the first volume of *Œuvre complète* could have been by Walter Cyliax (see the illustration in Heinz and Bodo Rasch (ed.): *Gefesselter Blick*, 1930, p. 40). In no. 11/12, 1929, of the "Sonderheft Schweiz" (special Swiss issue) of the *Archiv für Buchgewerbe und Gebrauchsgraphik*, Leipzig, Verlag des Deutschen Buchgewerbevereins, which was published by Walter Cyliax, the illustration of the same work is referred to as a book brochure, and ascribed to Oscar Stonorov, who later worked in the US (see endnote 43).

33 Max Bill: "konkrete gestaltung", in *Zeitprobleme in der Schweizer Malerei und Plastik*, catalogue, Kunsthaus Zurich, 1936, p. 9. This is the first in a series of papers in which Bill explains the theoretical basis of concrete art; it was followed by: "Ueber konkrete Kunst", in *Das Werk*, no. 8, 1938; "Die Beherrschung des Raumes", in *Almanach neuer Kunst in der Schweiz*, published by the "Allianz", association of modern Swiss artists, 1940 (written in March 1939); "Die mathematische Denkweise in der Kunst unserer Zeit" of 1949, in *Werk*, no. 3, 1949.

34 This and the two following quotations from the text by Max Bill which accompanied *quinze variations sur un même thème*, Paris, Editions des chroniques du jour, 1938.

35 Peter Meyer, in *Das Werk*, no. 8, 1936, pp. 240–241: "With Arp, there is something important that is not there, and his virtuoso pun rolls and rumbles over empty tin boxes. With Morgenstern, a shimmer between wit, melancholy, joyful play and irony; with Arp [...], the corny joke stylized by the weltanschauung. [...] Abstract art and Surrealism have nothing to do with one another, and it is naïve dilettantism to exhibit them together, or perhaps only exactly because both schools refrain from taking the forms of reality into the painting. [...] It [art] has not become abstract in itself; rather it stands as an entirety within the abstract, within the unrelated. [...] Abstract painters remove themselves into geometry and color theory in

El Lissitzky, Katalog der Russischen Ausstellung in Zürich, 1929, Umschlag.
Otto Baumberger, Plakat Teppichgeschäft Forster, Zürich, 1930.
Walter Cyliax oder Oscar Stonorov, Prospekt für den ersten Band von Le Corbusiers *Œuvre complète*, 1929.

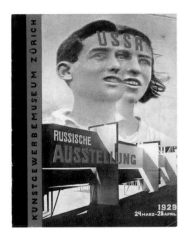

21 Max Bill: ‹meine 30er jahre›, in: *Um 1930 in Zürich – Neues Denken Neues Wohnen Neues Bauen*, Katalog, Kunstgewerbemuseum Zürich, 1977, S. 186f: **«der neue buchstabe O gefiel mir dann so gut, ich fand ihn als einzelnes zeichen so ausdrucksvoll, dass ich ihn im gleichen jahr als plakat verwendete [...]. beim hersteller der metallbuchstaben bestellte ich ausserdem ein relief aus wellblech, das die O-form exzentrisch abwandelte.»**

22 Auf dem Plakat liest man zuerst einmal: «negerkunst», erst dann: «prähistorische felsbilder südafrikas», auf dem Katalog dagegen: «prähistorische felsbilder südafrikas und negerkunst». So wurde fortan dieses Plakat unter dem Begriff «negerkunst» zitiert und nicht unter «prähistorische felsbilder südafrikas» – ein eminenter Unterschied.

23 Anton Stankowski: ‹Situationen, Aktionen und Personen. Betrachtungen zu den frühen dreissiger Jahren in Zürich›, in: *Werbestil 1930–1940*, 1981, S. 77–80.

24 Max Bill: ‹meine 30er jahre›, in: *Um 1930 in Zürich*, 1977, S. 186.

25 Bruno Margadant: *Das Schweizer Plakat 1900–1983*, Basel, Birkhäuser, 1983, Abb. S. 102. Walter Cyliax studierte an der Akademie der Graphischen Künste in Leipzig und kam in den frühen zwanziger Jahren nach Zürich, wo er als künstlerischer Leiter der Druckerei Gebr. Fretz AG arbeitete.

26 Hier sind noch zu nennen: Einige von Jan Tschicholds Filmplakaten für den ‹Phoebus-Palast› in München aus den zwanziger Jahren, von El Lissitzky Plakat und Katalogumschlag USSR *Russische Ausstellung* für das Kunstgewerbemuseum Zürich, 1929, sowie das Plakat *Forster Teil-Ausverkauf*, 1930, von Otto Baumberger, alle drei hervorragende Beispiele der neuen Plakatkunst, die mit fotografischen beziehungsweise geometrischen oder ‹konkreten› Mitteln gestaltet sind.

27 Max Bill: ‹meine 30er jahre›, in: *Um 1930 in Zürich*, 1977, S. 186.

28 Max Bill, in: Heinz und Bodo Rasch (Hrsg.): *Gefesselter Blick. 25 kurze Monografien und Beiträge über neue Werbegestaltung*, Stuttgart, Wissenschaftlicher Verlag Dr. Zaugg & Co., 1930; Reprint: Baden, Lars Müller, 1996, S. 23: «kunstgewerbeschule zürich (metallabteilung) / bauhaus dessau / seit ende 1928 in zürich, allerhand studierend, zeichnend malend etc. studien treiben ist das beste was ein mensch machen kann, denn es ist heute dringend notwendig menschen zu haben, die auf allen gebieten orientiert sind.»

29 Max Bill, in: *Du*, Bill-Sonderheft Juni 1976, S. 14.

30 «meine beschäftigung mit grafik und insbesondere typografie kam durch äussere umstände zustande. ich wollte architektur machen, kam vom bauhaus nach zürich und hier wie selbstverständlich in den kreis der architekten vom ‹neuen bauen›. da ohnehin in diesen kriegsjahren [krisenjahren?] wenig gebaut wurde und ich ein interesse und scheinbar eine natürliche begabung für grafik hatte, fielen mir grafische arbeiten zu: schriften an bauten, briefköpfe, ausstellungen, werbung. also alles, was es im gebiet der modernen architektur und ihrer umgebung zusätzlich und notwendig brauchte. die finanzielle grundlage meines ersten jahrzehnts in zürich, die 30er jahre, war die grafik und die werbung. ich vertrieb [betrieb?] das vorerst als amateur, aber erreichte einen stand, der damals bemerkt und anerkannt wurde.» (Max Bill: ‹funktionelle grafik und typografie›, in: *Werbestil 1930–1940*, 1981, S. 67.)

31 Albert Ehrismann: *Lächeln auf dem Asphalt*, Gedichte, Zürich, Orell Füssli, 1930.

32 Arthur Rüegg (Hrsg.): *Das Atelierhaus Max Bill 1932/33*, Sulgen, Niggli, 1997, S. 11f. Der Schutzumschlag für die Erstauflage des ersten Bandes des *Œuvre complète* könnte von Walter Cyliax sein (siehe Abbildung in: Heinz und Bodo Rasch [Hrsg.]: *Gefesselter Blick*, 1930, S. 40). In Heft 11/12, 1929, dem von Walter Cyliax herausgegeben «Sonderheft Schweiz» des *Archivs für Buchgewerbe und Gebrauchsgraphik*, Leipzig, Verlag des Deutschen Buchgewerbevereins, ist die Abbildung derselben Arbeit als Buchprospekt bezeichnet und Oscar Stonorov, der später in den USA tätig war, zugeschrieben (vergleiche Anmerkung 43).

33 Max Bill: ‹konkrete gestaltung›, in: *Zeitprobleme in der Schweizer Malerei und Plastik*, Katalog, Kunsthaus Zürich, 1936, S. 9. Dies ist der erste einer Reihe von Aufsätzen, in denen Bill die theoretischen Grundlagen der konkreten Kunst erklärte, gefolgt von: ‹Ueber konkrete Kunst›, in: *Das Werk*, Heft 8, 1938; ‹Die Beherrschung des Raumes›, in: *Almanach neuer Kunst in der Schweiz*, herausgegeben von der ‹Allianz›, Vereinigung moderner Schweizer Künstler, 1940 (geschrieben im März 1939); ‹Die mathematische Denkweise in der Kunst unserer Zeit› von 1949, in: *Werk*, Heft 3, 1949.

34 Dieses und die zwei folgenden Zitate aus dem Begleittext von Max Bill zu: *quinze variations sur un même thème*, Paris, Editions des chroniques du jour, 1938.

35 Peter Meyer, in: *Das Werk*, Heft 8, 1936, S. 240f: «Bei Arp ist ein Wichtiges nicht vorhanden, und so kollert sein virtuoser Wortwitz polternd über leere Blechkisten. Bei Morgenstern ein Schillern zwischen Esprit, Wehmut, Spielfreude und Ironie, bei Arp [...] der zur Weltanschauung stilisierte Kalauer. [...] Abstrakte Kunst und Surrealismus haben nichts miteinander zu tun, und es ist naiver Dilettantismus, beides zusammen auszustellen, nur eben deshalb, weil beide Richtungen davon absehen, die Formen der Realität ins Bild zu nehmen. [...] Sie [die Kunst] ist nicht nur in sich selbst abstrakt geworden, sondern sie steht als Ganzes im Abstrakten, im Beziehungslosen. [...] Die Abstrakten absentieren sich in hochmütigem oder verzweifeltem Verzicht auf eine Auseinandersetzung mit der Realität in die Geometrie und Farbenlehre,

arrogant or despairing renunciation of a confrontation with reality, and the Surrealists are fishing intro-spectively for deep sea fish in the pond of their own psyche, about whose depth many illusions are happi-ly made. For both, reality is an abandoned territory, and the trouble it takes to obtain it is no longer worth the effort. The aesthetic consequence is not to be denied, but on the whole it displays a radical lack of helpfulness, of intention – après nous le déluge."

36 The hectograph newspaper *Abstrakt/Konkret* figured as the bulletin for the Galerie des Eaux-Vives in Zu-rich, founded by the painter Hansegger (Johann Egger) in 1942 and exhibiting primarily Constructivists and Concretists, but also Sophie Taeuber and Kandinsky (see Lotte Schilder, "Die Galerie des Eaux-Vives' in Zürich", in *Dreissiger Jahre Schweiz, Konstruktive Kunst 1915–45,* pp. 44–45). Bulletin 8, 1945, was ded-icated to Kandinsky on the occasion of his death on December 13, 1944, and contained four of his draw-ings and written contributions by Michel Seuphor, Max Bill and Leo Leuppi. Cover design by Max Bill.

37 In the imprint, Roth wrote: "My closer circle of colleagues is made up of noisy young architects who, with their comrades in various lands, constitute the up and coming generation of architects. [...] From the beginning of the work to its completion, my advisor in all technical matters and, simultaneously, the de-signer of the typographical composition of the book: Max Bill Architect Zurich."

38 Max Bill: *Moderne Schweizer Architektur 1925–1945,* Basle, Karl Werner, 1949. A first part appeared in 1942, and at the same time it was decided to publish a second. Bill wrote the foreword to the 1949 edition: **"In the meantime, the general situation had changed substantially. Architecture had likewise been affected, in that currents that had been latent began to appear more actively and with more strength. The term "cultural bolshevism" was flung at the new architects, while the "Heimatstil" which in no way needed to be developed in our own home region, and which was recognized by us all as sentimental display decoration, won an increasing number of followers, even among architects [...] I have now seen the new present selection from the first and second parts of this collection of works and made the necessary improvements. This collection documents the development of modern Swiss architecture from its beginning until the end of the war, that is, over a period of twenty years."**

39 A fully developed typographical grid is composed of a number of square or rectangular fields that divide the width and height of the paper surface. One single or several grid fields and their spacing determine the width of the text and the height of the columns, as well as the sizes of the illustrations. The simple divi-sion into columns can only conditionally be called a grid. By "abstract", I mean that such a grid has some-thing to do with the text and the pictures up to a point, but that the contents are given priority or are over-laid. Literature on this topic can be found in Josef Müller-Brockmann's *Rastersysteme für die visuelle Gestaltung,* Niederteufen, Arthur Niggli, 1981, and Hans Rudolf Bosshard: *Rastersysteme : Gesetzmässig-keit und Intuition,* Sulgen, Niggli, 1999.

40 The "Konkordanz", an old typographic measurement unit, equals 4 ciceros (around 18 mm). The illustra-tions are therefore 8, 12, 16, 20, 24, 28, etc. ciceros tall (or around 36, 54, 72, 90, 108, 126, etc. mm). Typo-meters, the typesetter's measuring instruments, had, in addition to the millimeter scale, a scale with divi-sions into points, ciceros and "Konkordanzen".

41 This is true at least for a great number of the plan drawings in Max Bill: *Moderne Schweizer Architektur 1925–1945,* which the *Schweizerische Bauzeitung* made available.

42 Measuring only 105×148 mm, this small catalogue for the 1956 exhibition of the Ulm Art Association con-tains illustrations the size of postage stamps which would be used again, along with others, in the cata-logue for the Galerie im Erker in St. Gallen, 1967, and the Zurich Kunsthaus, 1969.

43 It is not clear who was responsible for the typography of the contents of the first two volumes of the *Œuvre complète.* They were certainly also laid out in three columns, as was the third volume, but the de-tails were far less rigorously handled. It can be assumed from this, and from a comparison with the title pages, that Bill was not the designer of the two first volumes. It is possible that the publishers, architects Willy Bösiger and Oscar Stonorov, cold have been the designers – perhaps even Walter Cyliax (see end-note 32).

44 The typographical grid (who invented it? – a better question might be: who first worked with a "true" grid structure?) was apparently not an no. at the Bauhaus, nor for the Dutch – and certainly not even for the Russians. Is it a Swiss invention, or even an invention of the Concretists? An innovation by Max Bill, Richard Paul Lohse, or the graphic artist and publicist Hans Neuburg? Graphic artist Josef Müller-Brock-mann was, in any case, the dogmatic proponent of grid typography (see endnote 39).

45 The *lange plastik* of 1933 is illustrated in Eduard Hüttinger: *max bill,* Zurich, ABC, 1977, p. 54, and the pain-ting *variationen* of 1934 in *Zeitprobleme in der Schweizer Malerei und Plastik,* 1936, p. 16 (see also the illustration in Bignens' essay, p. 128). Are these circular illustrations a reference to film posters from the twenties by Jan Tschichold, in which this motif can also be found?

46 Maybe the jacket cannot completely do without naturalistic associations (even if only in a distantly sym-bolic image formulation): It is open to interpretation if the green bottom half is the building site and the blue upper half is the sky.

Typometer mit der Einteilung in Cicero und Punkt (Didotsystem), die vom Pica und Point der Computersysteme leicht abweichen.

Cicero (1 Cicero zu 12 Punkt) und Konkordanzen (1 Konkordanz zu 4 Cicero)

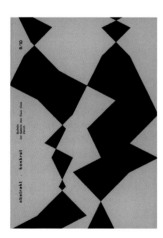

Bulletin 2 *Abstrakt/Konkret*, 1944, Umschlag von Max Bill.
Bulletin 8 *Abstrakt/Konkret*, 1945, Gestaltung Max Bill, unter Verwendung einer Zeichnung von Wassily Kandinsky.
Bulletin 9/10 *Abstrakt/Konkret*, 1945, Zeichnung Verena Loewensberg, Typografie Max Huber.

und die Surrealisten angeln nabelschauend Tiefseefische im Weiher ihrer eigenen Psyche, über dessen Tiefe man sich gerne Illusionen macht. Die Realität ist für beide ein preisgegebenes Gebiet, um das sich zu bemühen die Mühe nicht mehr lohnt. Die ästhetische Konsequenz ist nicht zu bestreiten, aber aus ihr spricht ein radikaler Mangel an Hilfsbereitschaft, an Willen überhaupt – après nous le déluge.»

36 Die hektografierte Zeitschrift *Abstrakt/Konkret* figurierte als Bulletin der Galerie des Eaux-Vives in Zürich, die vom Maler Hansegger (Johann Egger) 1942 gegründet wurde und vor allem Konstruktivisten und Konkrete, aber auch Sophie Taeuber und Kandinsky ausstellte (siehe Lotte Schilder: ‹Die ‘Galerie des Eaux-Vives’ in Zürich›, in: *Dreissiger Jahre Schweiz, Konstruktive Kunst 1915-45,* S. 44f). Das Bulletin 8, 1945, war Kandinsky aus Anlaß seines Todes am 13. Dezember 1944 gewidmet und enthielt vier seiner Zeichnungen sowie Textbeiträge von Michel Seuphor, Max Bill und Leo Leuppi. Umschlaggestaltung Max Bill.

37 Im Druckvermerk schrieb Roth: «Der Kreis meiner engeren Mitarbeiter bestand aus lauter jungen Architekten, die zusammen mit ihren Kameraden in den verschiedensten Ländern die kommende Architektengeneration bilden. [...] Von Beginn bis zur Fertigstellung der Arbeiten war mein Berater in allen fachlichen Fragen und gleichzeitig der Gestalter des typographischen Aufbaus des Buches: Max Bill Architekt Zürich.»

38 Max Bill: *Moderne Schweizer Architektur 1925-1945,* Basel, Karl Werner, 1949. Ein erster Teil erschien 1942, gleichzeitig wurde die Herausgabe eines zweiten beschlossen. Bill schreibt im Vorwort der Ausgabe 1949: **«In der Zwischenzeit hatte sich die allgemeine Situation wesentlich verändert. Die Architektur wurde davon ebenfalls in Mitleidenschaft gezogen, indem Strömungen, die schon vorher latent vorhanden waren, stärker und aktiver in Erscheinung traten. Der Begriff des ‹Kulturbolschewismus› wurde gegen die neue Architektur geschleudert, während der ‹Heimatstil›, der keineswegs gerade in unserer eigenen Heimat entstanden zu sein braucht, und der von uns als sentimentale Attrappendekoration erkannt wurde, vermehrte Anhängerschaft gewann, auch unter den Architekten [...] Aus dem ersten und zweiten Teil dieses Sammelwerkes habe ich nun die vorliegende neue Auswahl getroffen und notwendige Verbesserungen angebracht. Diese Sammlung dokumentiert die Entwicklung der modernen Schweizer Architektur von ihren Anfängen bis zum Kriegsende, also über einen Zeitraum von zwanzig Jahren.»**

39 Ein voll ausgebildeter typografischer Raster besteht aus einer Anzahl quadratischer oder rechteckiger Felder, die eine Papierfläche in der Breite und in der Höhe gliedern. Ein einzelnes oder mehrere Rasterfelder und ihr Abstand bestimmen die Textbreite und die Spaltenhöhe sowie die Größen der Abbildungen. Die Gliederung in bloße Spalten kann man nur bedingt als Raster bezeichnen. Mit ‹abstrakt› meine ich, daß ein solcher Raster nur bedingt etwas mit dem Text und dem Bildmaterial zu tun hat, sondern dem Inhalt übergeordnet oder übergestülpt ist. Literatur zum Thema: Josef Müller-Brockmann: *Rastersysteme für die visuelle Gestaltung,* Niederteufen, Arthur Niggli, 1981; Hans Rudolf Bosshard: *Rastersysteme: Gesetzmässigkeit und Intuition,* Sulgen, Niggli, in Vorbereitung, erscheint 1999.

40 Die Konkordanz, eine alte typografische Maßeinheit, enthält 4 Cicero (rund 18 mm). Die Abbildungen sind somit 8, 12, 16, 20, 24, 28, ... Cicero hoch (oder rund 36, 54, 72, 90, 108, 126, ... mm). Der Typometer, der Maßstab der Bleisetzer, hatte neben der Millimeterskala eine Skala mit der Einteilung in Punkte, Cicero und Konkordanzen.

41 Dies gilt zumindest für einen großen Teil der Planzeichnungen in: Max Bill: *Moderne Schweizer Architektur 1925-1945,* die die *Schweizerische Bauzeitung* zur Verfügung stellte.

42 Der kleine, nur 105×148 mm messende Katalog für die Ausstellung des Ulmer Kunstvereins von 1956 enthält briefmarkengroße Abbildungen, die unter anderem in den Katalogen der Galerie im Erker, St. Gallen, 1967, und des Zürcher Kunsthauses, 1969, wiederverwendet wurden.

43 Wer den Inhalt der ersten beiden Bände des *Œuvre complète* typografisch betreut hat, ist nicht klar. Sie sind zwar auch dreispaltig – wie der dritter Band – angelegt, jedoch sind die Details weit weniger stringent behandelt. Dies und ein Vergleich der Titelblätter läßt vermuten, daß nicht Bill der Gestalter der beiden ersten Bände sein kann. Eventuell waren die Herausgeber, die Architekten Willy Bösiger und Oscar Stonorov, die Gestalter, vielleicht auch Walter Cyliax (vergleiche Anmerkung 32).

44 Der typografische Raster (wer hat ihn ‹erfunden›? – oder anders gefragt: wer hat erstmals mit einer ‹echten› Rasterstruktur gearbeitet?) war anscheinend weder am Bauhaus noch bei den Holländern – und schon gar nicht bei den Russen – ein Thema. Ist er eine schweizerische Erfindung, gar eine Erfindung der Konkreten? Eine Innovation etwa von Max Bill, Richard Paul Lohse oder des Grafikers und Publizisten Hans Neuburg? Der Grafiker Joseph Müller-Brockmann jedenfalls war *der* Dogmatiker der Rastertypografie (siehe Anmerkung 39).

45 Die *lange plastik* von 1933 ist abgebildet in: Eduard Hüttinger: *max bill,* Zürich, ABC, 1977, S. 54, das Bild *variationen* von 1934 in: *Zeitprobleme in der Schweizer Malerei und Plastik,* 1936, S. 16 (siehe auch die Abbildung zum Aufsatz Bignens, S. 128). Sind diese Abbildungen in Kreisform Rückgriffe auf Filmplakate von Jan Tschichold aus den zwanziger Jahren, in denen dieses Motiv vorkommt?

46 Vielleicht kommt der Schutzumschlag doch nicht ganz ohne naturalistische Assoziationen (wenn auch nur in einer fernen symbolistischen Bildformel) aus: Er bietet sich an, die grüne untere Hälfte als Baugrund und die blaue obere Hälfte als Himmel zu interpretieren.

47 Bill was involved as publisher from 1942 on. It is probable, however, that the typographical concept was his from the beginning of the work, and would therefore be traceable back to 1938. Neither the foreword nor the imprint of 1949 offers any information about this (see endnote 38), but this assumption is supported by the typography in the publisher's brochures, of which only the earliest, printed in four languages and set in Bodoni for the first shipment, bears a designer's note.

48 1 cicero equals 4.513 mm, which gives the following calculation for the text area height: 60 × 4.513 = 270.78 mm; see the illustration by endnote 40.

49 Max Bill: *Robert Maillart,* Erlenbach-Zurich, Verlag für Architektur, 1949, pp. 106–107. Bill explained the authorship of the bridge in the following way: "Authors of the project, W. Pfeiffer, En., Winterthur, and the Engineering Office of Maillart, Zurich." Peter Pfeiffer, son of the engineer, wrote in the Winterthur newspaper *Landbote* of March 18, 1997, "The footbridge over the Töss in the Schlosstal is time and again attributed to that engineer of bridge construction, Robert Maillart. [...] But the author of the project and the engineer responsible for the elegant structure is clearly the Büro Pfeiffer [...] Because the bridge was built according to the Maillart system, the Maillart engineering office in Geneva was consulted as testing authority [...] Accordingly, I find the constant designation of "Maillart-Steg" (Maillart footbridge) to be unjust." – Nevertheless, without Maillart's technical and aesthetic model, this bridge would be unthinkable.

50 The double page – each with a left and a right side – is a design unit in the field of book design, even if the proportions of the book and the format specifications proceed from the single page.

51 This and the following quotation are from Max Bill in *Du,* special issue devoted to Bill, June 1976, p. 68.

52 Bill wrote in the "Foreword and Acknowledgment" of his book FORM, *eine Bilanz über die Formentwicklung um die Mitte des XX. Jahrhunderts,* Basle, Karl Werner, 1952, p. 4: **"Lecture and exhibition have stirred up dust, both within and beyond the Werkbund. The waves could only be appeased by the thoroughly positive opinion to my thesis expressed by my revered master and friend, Henry van de Velde, and by the diplomatic skill of the chairman of the SWB, Hans Finsler, as by my friends Alfred Roth and Georg Schmidt."**

53 Max Bill: "Schönheit aus Funktion und als Funktion", in *Werk,* no. 8, 1949, pp. 272–275.

54 The last illustration in the book FORM, not referred to in the book as an integral part of the contents, is a sketch of Bill's from the project planning that was begun in 1950 for the construction of the College of Design in Ulm, whose president he was until 1956 and which he left in 1957 due to "deeply grounded differences of opinion with the geschwister-scholl-stiftung and the president's committee" (Eduard Hüttinger: *max bill,* Zurich, ABC, 1977). Bill wrote in FORM (p. 164): **"There was no school during the Weimar Republic that had such an enduring influence, because its goal was totally oriented toward the present life and the future, and – as was later seen – the leading artists of their time played a part in the Bauhaus and participated in the designing of the things of everyday life."** – What Bill criticized in his 1948 Basle lecture and explained in the appendix of the book FORM, he put into action in reality, even if he had not fully intended to do so. A further experiment in Zurich was to fail because of the radical attempt at a solution – he suggested the abolishment of the existing applied arts school (*Gründung und Entwicklung. 1878–1978: 100 Jahre Kunstgewerbeschule der Stadt Zürich, Schule für Gestaltung,* catalogue, 1978, p. 165).

55 In the book *Eine Stunde Druckgestaltung,* Stuttgart, Akademischer Verlag Dr. Fritz Wedekind & Co., 1930, which likewise has an A4 format, Jan Tschichold wrote on page 10: "A precondition of the designing of modern printed material is the application of the standard, or DIN (German Industrial Standard), formats, according to DIN 476. The DIN formats have many advantages for the user; they make the work easier and cheaper for the printer, the paper merchants and the paper manufacturers! [...] This book has been produced in the primary size of A4 format (210 × 297 mm)." In a table called "Application of the Standard Formats" (p. 13), he favors the size range A4 to A8 for book formats and A5 to A7 for paperback book formats. Tschichold, who could later have let himself be drawn and quartered for making such statements, even recommended that wallets and skirt pockets be adjusted to the DIN formats. But he wrote once again in the inroduction on page 8 that he had "nothing to add, except that the "golden section", like other exact proportional measurements, is often more memorable than random proportions and should therefore not be invariably dismissed." – In 1967, he wrote the essay entitled "Willkürfreie Massverhältnisse der Buchseite und des Satzspiegels," which appeared in his book *Ausgewählte Aufsätze über Fragen der Gestalt des Buches und der Typographie,* Basle, Birkhäuser, 1975, in which the DIN formats, although they are among the "memorable", play no significant role.

56 That the number of the modules with fractures can be given so precisely is pure coincidence and is surely not a result of Bill's concept.

57 Had Bill proceeded in this way, he would have chosen a paper format of 6 to 8 modules, or 216 × 288 mm (and would have ended up with a somewhat truncated format with a proportion of 3 : 4, or 1 : 1.333), or a format of 5 to 8 modules, or 180 × 288 mm (and come up with a slender format with a proportion of 1 : 1.6, an approximate to the Golden Section; see endnote 6). But here, he is following Tschichold's thesis by using the A4 format, which has a proportion of 1 : 1.414.

Richard Wright: *Wir Neger in Amerika*, 1948,
gestaltet von Richard Paul Lohse.

47 Bill war ab 1942 als Herausgeber beteiligt. Es ist jedoch wahrscheinlich, daß das typografische Konzept schon von Beginn der Arbeit an von ihm stammt und somit ins Jahr 1938 zurückgeht. Weder das Vorwort noch der Druckvermerk von 1949 geben zwar darüber Auskunft (vergleiche Anmerkung 38), aber aufgrund der Typografie der Verlagsprospekte, von denen nur der wohl früheste, für die erste Lieferung viersprachig und in Bodoni gesetzte, einen Gestaltervermerk trägt, ist diese Annahme berechtigt.

48 1 Cicero beträgt 4,513 mm, somit ergibt die Berechnung der Satzspiegelhöhe: $60 \times 4,513 = 270,78$ mm; siehe die Abbildung bei Anmerkung 40.

49 Max Bill: *Robert Maillart,* Erlenbach-Zürich, Verlag für Architektur, 1949, S. 106f. Bill deklarierte die Urheberschaft der Brücke folgendermaßen: «Projektverfasser Ing. W. Pfeiffer, Winterthur, und Ingenieurbüro Maillart, Zürich.» Peter Pfeiffer, Sohn des Ingenieurs, schrieb im Winterthurer *Landboten* vom 18. 3. 1997: «Immer wieder wird der Fussgängersteg über die Töss im Schlosstal dem Brückenbauingenieur Robert Maillart zugeschrieben. [...] Projektverfasser und verantwortlicher Ingenieur des eleganten Bauwerks ist aber eindeutig das Büro Pfeiffer [...] Da die Brücke nach dem System Maillart gebaut ist, wurde das Ingenieurbüro Maillart in Genf als Prüfinstanz beigezogen [...] Demgemäss finde ich die immer wieder anzutreffende Bezeichnung ‹Maillart-Steg› als unrichtig.» – Trotzdem: diese Brücke ist ohne Maillarts technisches und ästhetisches Vorbild nicht denkbar.

50 Die Doppelseite – je eine linke und eine rechte Seite – ist gestalterische Einheit in der Buchgestaltung, auch wenn die Proportionierung des Buches und die Formatangaben von der Einzelseite ausgehen.

51 Dieses und das folgende Zitat: max bill, in: *Du,* Bill-Sonderheft Juni 1976, S. 68.

52 Bill schreibt unter ‹Vorwort und Dank› in: Max Bill: FORM, *eine Bilanz über die Formentwicklung um die Mitte des XX. Jahrhunderts,* Basel, Karl Werner, 1952, S. 4: **«Vortrag und Ausstellung haben, im und über den Werkbund hinaus, Staub aufgewirbelt. Die Wellen konnten nur besänftigt werden durch die überaus positive Stellungnahme zu meinen Thesen von Seiten meines verehrten Meisters und Freundes Henry van de Velde und durch das diplomatische Geschick des Vorsitzenden des SWB, Hans Finsler, wie durch meine Freunde Alfred Roth und Georg Schmidt.»**

53 Max Bill: ‹Schönheit aus Funktion und als Funktion›, in: *Werk,* Heft 8, 1949, S. 272–275.

54 Die letzte Abbildung im Buch FORM, nicht integraler Bestandteil des referierten Inhalts, ist eine Skizze Bills zur 1950 begonnenen Projektierung der Bauten für die Hochschule für Gestaltung in Ulm, deren Rektor er bis 1956 war und die er 1957 wegen «tiefgreifender meinungsverschiedenheiten mit geschwister-scholl-stiftung und rektoratskollegium» (Eduard Hüttinger: *max bill,* Zürich, ABC, 1977, S. 38) verließ. Bill schrieb in FORM (S. 164): **«Wohl keine Schule während der Weimarer Republik war von solch nachhaltendem Einfluß, denn ihr Ziel war ganz auf das gegenwärtige Leben und in die Zukunft gerichtet und – wie es sich nachher erwiesen hat –, haben die führenden Künstler ihrer Zeit am Bauhaus mitgewirkt, und sich an der Gestaltung der Dinge des täglichen Lebens beteiligt.»** – Was Bill in seinem Basler Vortrag 1948 bemängelte und im Buch FORM in einem Anhang explizierte, setzte er dann in Ulm, wenn auch nicht vollständig seinen Intentionen gemäß, in die Wirklichkeit um. Ein weiterer Versuch in Zürich sollte wegen des radikalen Lösungsversuchs – er schlug die Aufhebung der bestehenden Kunstgewerbeschule vor – scheitern (siehe: *Gründung und Entwicklung. 1878–1978: 100 Jahre Kunstgewerbeschule der Stadt Zürich, Schule für Gestaltung*, Katalog, 1978, S. 165).

55 Im Buch *Eine Stunde Druckgestaltung,* Stuttgart, Akademischer Verlag Dr. Fritz Wedekind & Co., 1930, das ebenfalls A4-Format hat, schrieb Jan Tschichold (S. 10): «Voraussetzung einer zeitgemäßen Drucksachengestaltung ist die Anwendung der Norm- oder Dinformate nach DIN 476. Die Dinformate bringen dem Verbraucher viele Vorteile; sie erleichtern und verbilligen die Arbeit des Druckers, des Papierhändlers und des Papiererzeugers! [...] Dieses Buch wurde in der Hauptgröße A4 (210×297 mm) hergestellt.» In einer Tabelle ‹Anwendung der Normformate› (S. 13) favorisierte er A4 bis A8 als Buchformate und A5 bis A7 als Taschenbuchformate. Tschichold, der sich später für solche Äußerungen hätte vierteilen lassen, empfahl sogar, Brieftaschen und Rocktaschen auf Dinformate einzurichten, schrieb aber hinwiederum in der Einleitung (S. 8), er hätte «nichts hinzuzufügen, außer, daß der ‹goldene Schnitt› wie andere exakte Maßverhältnisse auch, oft einprägsamer ist als zufällige Verhältnisse und daher nicht grundsätzlich ausgeschaltet werden sollte.» – 1967 schrieb er den Aufsatz ‹Willkürfreie Maßverhältnisse der Buchseite und des Satzspiegels›, abgedruckt in: Jan Tschichold: *Ausgewählte Aufsätze über Fragen der Gestalt des Buches und der Typographie,* Basel, Birkhäuser, 1975, in dem die Dinformate kaum mehr eine Rolle spielen.

56 Daß die Anzahl der Module mit Brüchen präzis ausgedrückt werden kann, ist reiner Zufall und lag mit Sicherheit nicht in Bills Konzept.

57 Wäre Bill auf diese Weise vorgegangen, hätte er ein Papierformat von 6 auf 8 Modulen oder 216×288 mm gewählt (und hätte ein etwas stumpfes Format mit der Proportion 3:4 oder 1:1,333 erhalten), oder ein solches von 5 auf 8 Modulen oder 180×288 mm (und hätte ein schlankes Format mit der Proportion 1:1,6, einer Näherung an den Goldenen Schnitt, erhalten; vergleiche Anmerkung 6). Aber hier folgte er mit dem Format A4, das die Proportion 1:1,414 hat, den Thesen Tschicholds.

58 Richard Wright: *Wir Neger in Amerika,* Zürich, Büchergilde Gutenberg, 1948.

58 Richard Wright: *Wir Neger in Amerika,* Zurich, Büchergilde Gutenberg, 1948.

59 The choice of typefaces could for obvious reasons not been made independently of the supply of hand-set type and mechanical typesetting matrices in the print shop. The Akzidenzgrotesk, epitome of the sans-serif typeface that had been cut for hand composition shortly before 1900, would gladly have been used as a standard typeface – at least in Switzerland. But it was only available for hand composition and was therefore not usable for longer texts. The English Monotype Corporation was not only technically very innovative; it was also a leader in typeface design. It, however, could not offer this typeface for mechanical composition, most likely for legal reasons. Monogrotesk, not one of the company's best types, came the closest to Akzidenzgrotesk and therefore to the taste of the Swiss graphic artists and typographers.

60 On the whole, this had to do with age and diminishing visual acuity, but also with an eye disorder that affected Bill in his later years. Roman types have small horizontal or slightly diagonal strokes at the ends of the mainstrokes, called serifs, which the sans-serif letters do not have. – Legibility also depends on a few other factors, however. For literature, see Hans Rudolf Bosshard: *Typografie Schrift Lesbarkeit, sechs Essays,* Sulgen, Niggli, 1996.

61 A print of the letterhead designed in 1925 by Herbert Bayer for the "kreis der freunde des bauhauses" (circle of the friends of the bauhaus) is depicted in Hans M. Wingler (ed.): *Herbert Bayer, Das künstlerische Werk 1918–1938,* catalogue, Bauhaus Archiv Berlin, 1982, p. 42. There is additionally a loose sheet in the book by Franz Roh and Jan Tschichold: *foto-auge, 76 fotos der zeit,* Stuttgart, Akademischer Verlag Dr. Fritz Wedekind & Co, 1929, designed by Jan Tschichold: "why 4 alphabets, when they are all pronounced the same [...]", signed: "franz roh".

62 Normally, when emphasizing texts, typographers use types with greater contrast in the strokes.

63 I am referring here to Bill's essay "Kataloge für Kunstausstellungen 1936–1958", in *Neue Grafik,* no. 2, 1959, pp. 13–20. This contribution, designed by himself (see ill., pp. 168–174), demonstrates that he was very basically, and not only occasionally, occupied with the design of exhibition catalogues.

64 "The entire intellectual history of mankind is a history of thievery. Alexander [the Great] stole from Philip [of Macedonia], Augustine stole from Paul, Giotto stole from Cimabue, Schiller stole from Shakespeare, Schopenhauer stole from Kant. And if there was ever a period of stagnation, the reason was always that too little was being stolen. In the Middle Ages, only the church fathers and Aristotle were stolen from: that was not enough. In the Renaissance, everything that existed in literature was stolen and brought together: the result was that an immense intellectual stimulus seized European mankind." (From Egon Friedell: *Kulturgeschichte der Neuzeit,* Munich, dtv, Volume 1, 3rd edition 1980, pp. 52–53.)

65 The catalogue covers by Tschichold and Lohse are pictured in Josef Müller-Brockmann: *Geschichte der visuellen Kommunikation,* Teufen, Arthur Niggli, 1971, pp. 256 and 292, and falsely attributed to Bill. The catalogue from 1935 is pictured, as a work of Tschichold, in Werner Klemke (ed.): *Leben und Werk des Typographen Jan Tschichold,* Dresden, VEB Verlag der Kunst, 1997. Tschichold designed another similar catalogue cover with the title *neue kunst in der schweiz* in 1938 for the Kunsthalle Basle. – Concerning the "Allianz" catalogue of 1954, there is no reference made as to the designing. In the archives of the Richard Paul Lohse Foundation, Zurich, however, there is correspondence that points to Lohse as the designer. The typography of the cover argues for this, as does the content; moreover, Lohse created the poster for this exhibition.

66 Lohse's cover represents in a pure form what was generally to be known (at first with admiration, and later – fully unjustified – rather sneeringly) as "Swiss typography". In the *Almanach neuer Kunst in der Schweiz* (with Bill's essay "Die Beherrschung des Raumes"), published in 1940 and likewise designed by Lohse, only the cover is set in Akzidenzgrotesk. The contents, on the other hand, are set in a coarse, unattractive sans-serif set on the Linotype machine (see endnote 59).

67 Emil Ruder: *Typographie,* Teufen, Arthur Niggli, 1967, p. 214: "The closest possible intertwining of all the parts of one single, multi-paged printed work is a given in contemporary typography. A book is consistently designed to the last detail in all its parts, including its preliminary pages and, if possible, the cover title. Working out from the title page, all following pages are incorporated into a unified design; this means the typeface, type size, interlinear space, indentations, text area, chapter drop, etc. [...] This thoroughly detailed designing of commercial printed matter is a further demand of our time. The goal is the typographically united image of a firm, starting with the letterhead, and is consistently carried through all printed material and advertising for the firm."

68 The jacket (in Tschichold's purist opinion) is only meant for the show window; it loses its function in the private library. What a shame about those lost jackets! At the antiquarian book store, a missing jacket is reason enough not to purchase a book.

69 Once again, Lohse's "Allianz" catalogue of 1954: It is the example of a perfectly designed typographical work, down to the last detail. The term Durchgestaltung was certainly coined by typographer Emil Ruder.

70 Hand-drawn scripts, those patterned for word marks primarily in the thirties, for example, should not be taken into account here.

Franz Roh: Werbeblatt für radikale Klein-
schreibung, Beilage zum Buch Franz Roh und
Jan Tschichold: *foto-auge*, 1929.
Katalog *neue kunst in der schweiz*, Kunsthalle
Basel, 1938, Umschlag, von Jan Tschichold
gestaltet.
Richard Paul Lohse, Plakat *allianz*, 1954.

59 Die Schriftwahl konnte aus naheliegenden Gründen nicht unabhängig vom Bestand an Handsatzschriften und Setzmaschinenmatrizen in den Druckereien getroffen werden. Die Akzidenzgrotesk, Inbegriff des Grotesktypus, die kurz vor 1900 für den Handsatz geschnitten wurde, hätte man – dies gilt zumindest für die Schweiz – gern als Standardschrift verwendet. Sie war jedoch nur im Handsatz erhältlich und für größere Textmengen deshalb nicht einsetzbar. Die englische Monotype Corporation war nicht nur technisch sehr innovativ, sondern auch in Schriftästhetik führend, konnte aber, wahrscheinlich aus rechtlichen Gründen, diese Schrift auf ihrer Setzmaschine nicht anbieten. Die Monogrotesk andererseits, nicht gerade eine der besten Schriften dieser Gesellschaft, kam der Akzidenzgrotesk und damit dem Geschmack der Schweizer Grafiker und Typografen am nächsten.

60 Dies hat allgemein mit dem Alter und dem Nachlassen der Sehkraft, aber auch mit einem Augenleiden, dem Bill in späteren Jahren unterworfen war, zu tun. Die Antiquaschriften haben kleine waagrechte oder leicht schräggestellte An- und Endstriche sowie Serifen (der Volksmund spricht von ‹Füßchen›), die die Groteskschriften nicht aufweisen. – Lesbarkeit hängt aber noch von einigen anderen Faktoren ab. Literatur: Hans Rudolf Bosshard: *Typografie Schrift Lesbarkeit, sechs Essays*, Sulgen, Niggli, 1996.

61 Aufdruck auf dem von Herbert Bayer gestalteten Briefblatt für den ‹kreis der freunde des bauhauses›, 1925, abgebildet in: Hans M. Wingler (Hrsg.): *Herbert Bayer, Das künstlerische Werk 1918–1938*, Katalog, Bauhaus-Archiv Berlin, 1982, S. 42. Dem Buch von Franz Roh und Jan Tschichold: *foto-auge, 76 fotos der zeit*, Stuttgart, Akademischer Verlag Dr. Fritz Wedekind & Co, 1929, gestaltet von Jan Tschichold, lag ein Blatt bei: «warum 4 alphabete, wenn sie alle gleich ausgesprochen werden [...]», unterzeichnet: «franz roh».

62 Normalerweise gehen Typografen beim Hervorheben von Texten davon aus, daß die Strichstärken einen größeren Kontrast haben.

63 Ich verweise auf Bills Aufsatz ‹Kataloge für Kunstausstellungen 1936–1958›, in: *Neue Grafik*, Heft 2, 1959, S. 13–20. Der von ihm selber gestaltete Beitrag (siehe Abb. S. 168–174) zeigt, daß er sich nicht nur von Fall zu Fall, sondern grundsätzlich mit der Gestaltung von Ausstellungskatalogen befaßte.

64 «Die ganze Geistesgeschichte der Menschheit ist eine Geschichte von Diebstählen. Alexander [der Große] bestiehlt Philipp [von Makedonien], Augustinus bestiehlt Paulus, Giotto bestiehlt Cimabue, Schiller bestiehlt Shakespeare, Schopenhauer bestiehlt Kant. Und wenn einmal eine Stagnation eintritt, so liegt der Grund immer darin, daß zu wenig gestohlen wird. Im Mittelalter wurden nur die Kirchenväter und Aristoteles bestohlen: das war zu wenig. In der Renaissance wurde alles zusammengestohlen, was an Literaturresten vorhanden war: daher der ungeheure geistige Auftrieb, der damals die europäische Menschheit erfaßte.» (Aus: Egon Friedell: *Kulturgeschichte der Neuzeit*, München, dtv, Band 1, 3. Aufl. 1980, S. 52f.)

65 Die Katalogumschläge von Tschichold und Lohse sind abgebildet in: Josef Müller-Brockmann: *Geschichte der visuellen Kommunikation*, Teufen, Arthur Niggli, 1971, S. 256 und 292, und dort fälschlicherweise Bill zugeschrieben. Der Katalog von 1935 ist, als Arbeit von Tschichold, abgebildet in: Werner Klemke (Hrsg.): *Leben und Werk des Typographen Jan Tschichold*, Dresden, VEB Verlag der Kunst, 1977. Einen weiteren Katalog mit dem Titel *neue kunst in der schweiz* hat Tschichold 1938 für die Kunsthalle Basel nahe bei Bills Katalog von 1936 (und mit der Akzidenzgrotesk) gestaltet. – Was den Katalog ‹Allianz› von 1954 betrifft, ist kein Hinweis auf die Gestaltung angebracht, jedoch findet sich im Archiv der Richard Paul Lohse-Stiftung Zürich Korrespondenz, die Lohse als Gestalter ausweist. Dafür spricht auch die Typografie des Umschlags wie des Inhalts; zudem hat Lohse für diese Ausstellung das Plakat geschaffen.

66 Lohses Umschlag repräsentiert in reiner Form, was man gemeinhin (zuerst bewundernd, später – völlig ungerechtfertigt – eher spöttisch) ‹Schweizer Typographie› nennen sollte. Im *Almanach neuer Kunst in der Schweiz* (mit Bills Aufsatz ‹Die Beherrschung des Raumes›), 1940 erschienen und ebenfalls von Lohse gestaltet, ist nur der Umschlag in der Akzidenzgrotesk gesetzt, der Inhalt hingegen in einer unschönen, groben, auf der Linotype-Zeilensetzmaschine gesetzten Grotesk (vergleiche Anmerkung 59).

67 Emil Ruder: *Typographie*, Teufen, Arthur Niggli, 1967, S. 214: «Die möglichst enge Verflechtung aller Teile eines einzelnen, mehrseitigen Druckwerkes ist in der zeitgemäßen Typographie selbstverständlich. Ein Buch wird in allen Teilen, samt Titelbogen und, wenn möglich, Außentitel, konsequent durchgestaltet. Von der Titelseite ausgehend werden alle übrigen Seiten in die einheitliche Gestaltung mit einbezogen, und zwar in bezug auf Schriftart, Schriftgrad, Durchschuß, Einzüge, Satzspiegel, Vorschlaghöhen usw. [...] Die Durchgestaltung von Geschäftsdrucksachen ist eine weitere Forderung unserer Zeit. Vom Briefbogen ausgehend wird das typographisch einheitliche Bild einer Firma angestrebt und konsequent auf sämtliche Drucksachen und Werbemittel der Firma übertragen.»

68 Der Schutzumschlag ist (nach der puristischen Meinung Tschicholds) nur für das Schaufenster bestimmt; er verliert seine Funktion in der Privatbibliothek. Schade um die verlorengegangenen Schutzumschläge! Im Antiquariatshandel ist ein fehlender Schutzumschlag Grund genug, ein Buch nicht zu erwerben.

69 Noch einmal zu Lohses Allianz-Katalog von 1954: Er ist *das* Musterbeispiel einer perfekt durchgestalteten typografischen Arbeit. Den Begriff ‹Durchgestaltung› hat wohl der Typograf Emil Ruder geprägt.

70 Die beispielsweise für Wortmarken gezeichneten Schriften vor allem aus den dreißiger Jahren sollen hier unberücksichtigt bleiben.

71 Small, everyday printing jobs, from business cards to stationery and brochures to posters – as opposed to books and periodicals – are known as "Akzidenzarbeit", or "jobbing printing".

72 Max Bill: "funktionelle grafik und typografie", in *Werbestil 1930–1940,* 1981, p. 67.

73 During the iris process (see ill. pp. 217, 223), various colors are fed across the ink rollers and, as they run into each other with the sideways rotation of the rollers, create countless color nuances. This technique only makes sense with large formats, especially with posters, where the color mixing, which is difficult to control, can be used to great effect.

74 Theo van Doesburg wrote in an essay of 1929: "Das Buch und seine Gestaltung", here quoted from the 1969 catalogue of the Kunsthalle Basle, p. 62: "It [the book] drops on your table like a bomb, and its colors, stripes, points and bars are aggressive to such a degree that you have the feeling the author has a gun under your nose [...] You open it and a fight immediately begins between text and eye. [...] It is obvious that this liberal use of beams, stripes, bars and points is basically as kitschy as the earlier flowers, birdies and typographical ornamentation." – Georg Schmidt, in his paper "Funktion und Form im Bauen und Drucken", in *imprimatur, ein Jahrbuch für Bücherfreunde,* 2nd year, 1931, p. 59: "The first "cubist" houses and furniture already look quite funny to us today, historically speaking. And those who listen very closely can even ascertain in the development just since "Stuttgart", that is, since 1927, a clear step forward in the defeat of formalism. This development is the most detectable in typography, however: the "bar and eye-catching typography", still a strong – because unused – medium of typographical effect just a few years ago, is already today, without envy, a privilege of the provinces."

75 El Lissitzky and Hans Arp wrote – in just one sentence – about Expressionism in *Die Kunstismen,* Erlenbach-Zurich, Eugen Rentsch, 1925, p. VIII: "From Cubism and Futurism, this meatloaf, this metaphysical German beefsteak, this Expressionism was hacked." This is indeed concise and sarcastic – except that, in the design of their book, the two authors themselves hacked a typographical beefsteak with an extreme number of heavy black bars.

76 Paul Renner: *mechanisierte grafik – Schrift, Typo, Foto, Film, Farbe,* Berlin, Hermann Reckendorf, 1931, p. 21: "The print shop is not a costume rental shop. It is not our task to dress every literary content in a contemporary costume; we only have to make sure that it receives a fitting dress in the style of OUR time, because we want typographical life, not typographical theater or masked ball."

77 There are crossed-through illustrations, for example, in the newspaper published by Hans Schmidt and Mart Stam, *ABC, Beiträge zum Bauen,* series 2, no. 1, 1926, pp. 1, 2 and 8, and no. 4, 1927/8, pp. 1 and 2; and again in the newspaper CA, *Ssowremannaja Architektura [SA, Architecture of the Present],* published by M. J. Ginsburg and A. A. Wesnin, no. 5–6, 1926, p. 113, and no. 2, 1928, pp. 41 and 45. – Jan Tschichold himself crossed through an illustration in his book *Die Neue Typographie,* p. 214, and added the comment, "Plan for the arrangement of clichés in newspapers up till now. Schematic, now pointless center-axis grouping. "Decorative", impractical and uneconomical (= unsightly)." – See also the mixed typefaces on the book jacket *sozialismus und katholizismus* (see Ill. p. 240).

78 Mart Stam and El Lissitzky: "Die Reklame", in *sonderheft elementare typographie, typographische mitteilungen,* newspaper of the Educational Association of German Book Printers, Leipzig, 1925, p. 207.

79 Kurt Schwitters: "Thesen über Typographie", first published in *Merz 11,* typographical advertisment, 1924, p. 91. *Merz 11* was an advertising magazine for products by the company Günther Wagner, Hannover.

80 Jan Tschichold: *Typographische Gestaltung,* Basle, Benno Schwabe, 1935, p. 92. Tschichold speaks of "concrete art" at a time when barely a handful of painters used this term. He was an authority on and collector of modern art and owned works by Mondrian, Sophie Taeuber and Vordemberge-Gildewart, among others. – Bill's cover for the catalogue *Schulthess & Co.* of 1934 can be seen in a full-page illustration on page 79. Tschichold at that time had an untroubled relationship with Bill, and he acknowledged Bill's work as a good example of the new typography. "Bill's typographical work today is, exactly as my own work was between 1924 and around 1935, characterized by a naïve overestimation of so-called technological progress. [...] All Bill's books display a great degree of feeling for form and confident taste; in their own way, they are exemplary. [...] Thus Bill's typographical style is indeed fascinating in its unusualness, but in no way universally applicable and exemplary." (From Tschichold's answer [to Bill's essay "über typografie"] under the title "Glaube und Wirklichkeit".)

81 Max Bill: *Robert Maillart,* Erlenbach-Zurich, Verlag für Architektur, 1949, pp. 27–28.

El Lissitzky und Hans Arp: *Die Kunstismen.*
Dicke Balken als ‹expressionistische Gebärde›.

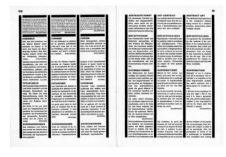

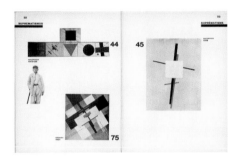

71 Akzidenzarbeiten, ‹Gelegenheitsdrucksachen›, nennt man die täglich anfallenden Druckaufträge von der Visitenkarte über Briefpapiere und Prospekte bis zum Plakat – hingegen nicht Bücher und Periodika.

72 Max Bill: ‹funktionelle grafik und typografie›, in: *Werbestil 1930–1940,* 1981, S. 67.

73 Beim Irisdruck (Abb. S. 217, 223) werden auf den Farbwalzen verschiedene Buntfarben geführt, die durch die Umdrehungen seitlich verrieben werden und ineinander verlaufen, so daß zahllose Farbnuancen entstehen. Sinn macht diese Technik nur bei großen Formaten, besonders bei Plakaten, wo sich die Farbmischungen, die schwer zu steuern sind, auch auswirken können.

74 Theo van Doesburg schreibt 1929 im Aufsatz: ‹Das Buch und seine Gestaltung›, zitiert nach dem Katalog der Kunsthalle Basel, 1969, S. 62: «Es [das Buch] fällt wie eine Bombe auf Ihren Tisch und wirkt durch Farben, Streifen, Punkte und Stäbe dermaßen aggressiv, daß Sie das Gefühl haben, der Autor hält Ihnen eine Pistole unter die Nase [...] Öffnet man es, so beginnt erst recht ein Kampf zwischen Satz und Auge. [...] Es liegt auf der Hand, daß diese reichliche Verwendung von Balken, Streifen, Stäben und Punkten im Grunde genau so kitschig ist wie die früher üblichen Blümchen, Vöglein und typografischen Verzierungen.» – Georg Schmidt meint in seinem Aufsatz ‹Funktion und Form im Bauen und Drucken›, in: *imprimatur, ein Jahrbuch für Bücherfreunde,* 2. Jahrgang, 1931, S. 59: «Die ersten ‹kubischen› Häuser und Möbel schauen uns heute schon durchaus komisch, d. h. historisch an. Und der feiner Hinhorchende kann sogar in der Entwicklung nur schon seit ‹Stuttgart›, d. h. seit 1927, einen deutlichen Schritt vorwärts in der Überwindung des Formalismus feststellen. Am spürbarsten aber ist diese Entwicklung in der Typographie: die ‹Balken- und Blickfangtypographie›, vor wenigen Jahren noch ein starkes, weil unverbrauchtes Mittel typographischer Wirkung, ist heute bereits neidlos Privileg der Provinz.»

75 El Lissitzky und Hans Arp schreiben – in nur einem Satz – über den Expressionismus in: *Die Kunstismen,* Erlenbach-Zürich, Eugen Rentsch, 1925, S. VIII: «Aus Kubismus und Futurismus wurde der falsche Hase, das metaphysische deutsche Beefsteak, der Expressionismus gehackt.» Dies ist zwar prägnant und sarkastisch – nur, in der Gestaltung ihres Buches hackten die beiden Autoren selber ein typografisches Beefsteak mit übertrieben vielen und schweren schwarzen Balken.

76 Paul Renner: *mechanisierte grafik – Schrift, Typo, Foto, Film, Farbe,* Berlin, Hermann Reckendorf, 1931, S. 21: «Die Druckerei ist keine Masken-Verleihanstalt. Es ist nicht unsere Aufgabe, jedem literarischen Inhalt ein zeitgemäßes Kostüm anzuziehen; wir haben nur dafür zu sorgen, daß er im Stile UNSERER Zeit ein passendes Kleid bekommt. Denn wir wollen typografisches Leben, kein typografisches Theater oder Maskenfest.»

77 Durchkreuzte Abbildungen gibt es zum Beispiel in der von Hans Schmidt und Mart Stam herausgegebenen Zeitschrift ABC, Beiträge zum Bauen: Serie 2, Heft 1, 1926, S. 1, 2 und 8, Heft 4, 1927/28, S. 1 und 2; sodann in der Zeitschrift CA, Ssowremennaja Architektura [SA, Architektur der Gegenwart], herausgegeben von M. J. Ginsburg und A. A. Wesnin: Heft 5-6, 1926, S. 113, und Heft 2, 1928, S. 41 und 45. – Selbst Tschichold kreuzte in seinem Buch *Die Neue Typographie,* S. 214, eine Abbildung durch und kommentierte: «Schema der bisherigen Anordnung von Klischees in Zeitschriften. Schematische, sinnlos gewordene Mittelachsengruppierung. 'Dekorativ', unpraktisch und unökonomisch (= unschön).» – Siehe auch die Schriftmischung beim Buchumschlag *sozialismus und katholizismus* (Abb. S. 240).

78 Mart Stam und El Lissitzky: ‹Die Reklame›, in: *sonderheft elementare typographie, typographische mitteilungen,* Zeitschrift des Bildungsverbandes der deutschen Buchdrucker, Leipzig, 1925, S. 207.

79 Kurt Schwitters: ‹Thesen über Typographie›, erstmals veröffentlicht in: *Merz 11,* Typoreklame, 1924, S. 91. *Merz 11* war ein Werbeheft für die Produkte der Firma Günther Wagner, Hannover.

80 Jan Tschichold: *Typographische Gestaltung,* Basel, Benno Schwabe, 1935, S. 92. Tschichold spricht zu einer Zeit von «konkreter Kunst», als kaum eine Handvoll Maler diesen Begriff gebrauchten. Er war ein Kenner und Sammler moderner Kunst und besaß unter anderem Werke von Mondrian, Sophie Taeuber und Vordemberge-Gildewart. – Auf Seite 79 ist Bills Umschlag des Katalogs *Schulthess & Co.* von 1934 ganzseitig abgebildet. Tschichold hatte damals also noch ein ungetrübtes Verhältnis zu Bill, ja er anerkannte seine Arbeiten als gute Beispiele der neuen Typografie: «Bills heutige typographische Arbeit ist, genau so wie meine eigene Arbeit zwischen 1924 und etwa 1935, gekennzeichnet durch eine naive Überschätzung des sogenannten technischen Fortschrittes. [...] Alle Bücher Bills zeugen von großem Formgefühl und sicherem Geschmack; sie sind in ihrer Art vorbildlich gemacht. [...] So ist die Satzweise des Billschen Aufsatzes zwar reizvoll, weil ungewöhnlich, keineswegs aber allgemeingültig und vorbildlich.» (Aus Tschicholds Antwort [auf Bills Aufsatz ‹über typografie›] unter dem Titel ‹Glaube und Wirklichkeit›.)

81 Max Bill: *Robert Maillart,* Erlenbach-Zürich, Verlag für Architektur, 1949, S. 27f.

Zett-Haus, Badenerstraße 16, Zürich.
Großes metallenes ‹Z› an der Dachkante und Schrift
über dem Kinoeingang, 1931/32, beides von Max Bill
gestaltet, Foto um 1935.
Schrift am Wohn- und Restaurant-Trakt, Foto 1946.
Baugeschichtliches Archiv der Stadt Zürich.

Verbotene Früchte in der Werbung

Zett-Haus: die erste Anzeigenkampagne der schweizerischen Avantgarde

Die historische Avantgarde war allein schon wegen ihres hohen Ziels, die Welt neu, besser und humaner zu gestalten, auf publizistische Methoden angewiesen. Wie hätte sich ihre Botschaft einer umfassenden Lebensreform anders an die Öffentlichkeit tragen lassen, wenn nicht mit Ausstellungen, Typografie und Reklame? Damalige Kritiker des avantgardistischen Unterfangens sprachen entrüstet von «Reklamehelden»[1]*, den «Propagandamethoden einer Sekte»[2] und deren allzu «großer Werbetrommel»[3]. Sicher verkannten die Kritiker, daß vor allem eine gezielte Werbung Neuem zu einer schnelleren Breitenwirkung verhelfen kann. Max Bill nahm in allen gestalterischen Disziplinen an diesem avantgardistischen Kampf für eine «progressive kultur», so der Name eines von ihm später gegründeten Instituts, teil. Wie im Folgenden noch zu zeigen sein wird, war er wie kaum ein anderer seiner Mitstreiter dabei stets darauf bedacht, buchstäblich «die gute Form» zu wahren. Als ständige Wegleitung scheint ihm Sigfried Giedions Devise gedient zu haben, wonach es damals keinen schöpferischen Gestalter mehr geben konnte, der nicht durch das Nadelöhr der modernen Kunst gegangen war.[4]

Max Bill passierte dieses Nadelöhr erstmals dezidiert, als er in den Jahren 1931/32 die umfangreiche Anzeigenkampagne für das aus dem Kreis der schweizerischen Architektenavantgarde hervorgegangene, sogenannte Zett-Haus in Zürich gestaltete. Diese Kampagne läßt erst hinterher so richtig die große Bedeutung erkennen, welche die Avantgarde dem Zett-Haus als Flaggschiff einer neuen, von der Industrialisierung geprägten Kultur beigemessen hatte. Bill entwarf auch dessen heute leider nicht mehr erhaltene Außenbeschriftung. Die grafischen Konzepte aller übrigen großen Auftritte der Zürcher Avantgarde, wie die Werkbund-Siedlung Neubühl[5], die von Sigfried Giedion, Werner M. Moser und Rudolf Graber gegründete Produktions- und Verkaufsstelle der Wohnbedarf AG[6] und das Varietétheater Corso[7] entstammten ebenfalls dem Atelier «bill-reklame».[8] Die avantgardistische Wohnreform verlangte mehr Licht, Luft und Sonne. Folglich ist ihre Architektur klar, leicht, transparent und weiß. In der avantgardistischen Gebrauchsgrafik spiegeln sich diese Eigenschaften weitgehend. Sie ist kompositorisch streng geordnet und ihre Text- und Bildbotschaften scheinen nicht selten vor den großzügig weißen Hintergründen zu schweben. Der folgende Exkurs über die Wechselwirkung von hoher und angewandter Kunst ist für das Verständnis von Bills Gebrauchsgrafik und insbesondere für dasjenige seiner Zett-Haus-Kampagne eine Voraussetzung.

Zur Wechselwirkung von Kunst und Gebrauchsgrafik

Die Industriekultur[9] und ihre Ästhetik waren von Gegensätzen und zahlreichen Versuchen zu deren Überwindung geprägt. Marxisten konstatierten eine Kluft zwischen Basis und Überbau. Künstler wie Kandinsky und Mondrian suchten im Geistigen eine Antwort auf die von ihnen verspürte materialistische Versuchung. Die Gegensätze hatten jeweils andere Namen, aber das Bestreben, sie zu überwinden, war in fortschrittlich gesinnten Kreisen das gleiche. Walter Gropius konstatierte einen Gegensatz

* Anmerkungen Seite 138

Forbidden Fruit in Advertising

Zett-Haus: the Swiss Avant-garde's first advertising campaign

The historic Avant-garde was aiming high, at the creation of a new, better and more humane world, and was dependent, if for this reason alone, on the means offered by publication. How better to convey its message of sweeping reforms to the public than by way of exhibitions, typography and advertisements? Contemporary critics of the avant-garde undertaking spoke indignantly of the "heroes of advertising"[1]*, the "propaganda methods of a sect"[2] and its excessive "beating of the drum"[3]. Surely the critics failed to appreciate that nothing can assist in accelerating the broad appeal of the new like a well-aimed advertisement. Max Bill called every design discipline into play in this avant-garde fight for a "progressive culture", the name he was to give one of the institutes he later founded. It will be seen that he was unlike most of his fellow combatants in this constant intent to preserve, literally, "the good form". He seems to have taken as his guide Sigfried Giedion's maxim that the only creative designers in existence at that time were those who had passed through the eye of the Modern Art needle.[4]

Max Bill first passed decidedly through the eye of that needle in 1931/32, when he designed the extensive advertising campaign for the so-called Zett-Haus in Zurich, a house emerging from the circle of the Swiss architectural Avant-garde. This campaign revealed only afterwards the great importance the Avant-garde had attached to the Zett-Haus as the flagship of a new, industrialized culture. Bill also designed the lettering on the outside of the building, which unfortunately has not survived the years. The design concepts underlying the rest of the Zurich Avant-garde's considerable showing – the Werkbund-Siedlung Neubühl[5], the production and sales organisation of modern furniture, Wohnbedarf AG[6], founded by Sigfried Giedion, Werner M. Moser and Rudolf Graber, and the Corso theater[7] – likewise all stemmed from the atelier "bill-reklame"[8]. The Avant-garde call for "living reform" demanded more light, air and sun, and their architecture is correspondingly clear, light, transparent and white. These are characteristics which are also reflected to a great extent in avant-garde commercial art; its composition is austerely ordered, and its texts and images often appear to float before a spacious white background. The following discourse on the interaction between fine and applied arts lays the basis for an understanding of Max Bill's commercial art and, in particular, his Zett-Haus campaign.

The interaction of art and commercial art

The industry culture[9] and its aesthetic was characterized by opposites and the countless attempts to overcome them. Marxists established a chasm between "Basis und Überbau". Artists like Kandinsky and Mondrian were searching spiritually for an answer to what they perceived as a materialistic temptation. Opposites may have had different names, but the attempt to overcome them was, in progressively-minded circles, the same. Walter Gropius set up an opposition of art and technique, Le Corbusier of architecture and engineering, Sigfried Giedion of thought and feeling, Max Bill of imagination and legitimacy. For the Werkbunds, it was a contrast between what they considered to be outmoded

* See endnotes page 138

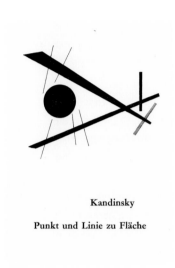

Kandinsky

Punkt und Linie zu Fläche

Wassily Kandinsky: *Punkt und Linie zu Fläche*,
Einband; das 1926 erstmals erschienene
Buch wurde von Max Bill 1955 neu gestaltet.

zwischen Kunst und Technik, Le Corbusier zwischen Architekt und Ingenieur, Sigfried Giedion zwischen Fühlen und Denken, Max Bill zwischen Phantasie und Gesetzmäßigkeit. Die Werkbünde hielten der ihrer Meinung nach überholten handwerklichen Luxusproduktion eine industrielle Bedarfsproduktion entgegen. Als die Avantgarde ganz allgemein gegen die Trennung von Kunst und Leben antrat, war das antagonistische Begriffspaar Chaos und Ordnung in vieler Munde. Wie Max Bill die industriekulturellen Widersprüche zu glätten versuchte, hatte Will Grohmann als einer der ersten genauer beobachtet: «in allem, was bill tut, ist sauberkeit und ordnung [...] und trotzdem auch herz».[10] Und, um noch ein letztes auf Bills gestalterisches Werk gemünztes, thermisches Gegensatzpaar aufzugreifen: Karl Gerstners «kalte Kunst»[11] und Stanislaus von Moos' «warme Wissenschaft»[12].

Die Reklame, wie die Werbung damals hieß, ist schon von ihrer Aufgabe als Vermittlerin zwischen Produzent und Konsument stets auch ein Bindeglied der angeblich bipolaren Industriekultur gewesen. Werbung, die ihr Publikum erreichen will, muß nämlich immer auch Fühlen und Denken gleichzeitig anregen. Bills Erklärung aus dem Jahr 1936, daß konkrete Gestaltung den Betrachter optisch nur erfreuen könne, wenn sie Phantasie und Kalkül vereine,[13] gilt allgemein auch für die Gebrauchsgrafik.

In jüngerer Zeit hatten zwei größere Projekte versucht, unter den Namen ‹High & Low›[14] und ‹Art & Pub›[15] die Rolle der Werbung im kulturellen Ganzen umfassender aufzuzeigen. Gegenstand dieser Untersuchungen waren etwa die Künstlerplakate von Toulouse-Lautrec, die kubistischen, futuristischen und dadaistischen Collagen, die bekanntlich mit Reklamen durchsetzt sind sowie auch Fernand Légers Malerei und diejenige der Pop Art. Erstaunlicherweise fehlte in diesen beiden Projekten ausgerechnet die konkrete Kunst. Dies, so ist anzunehmen, nur deshalb, weil die figürliche Ikonographie Lautrecs, Légers und der Pop Art die Wechselwirkung von sogenannt hoher und niedrigerer Kunst augenfälliger als die konkrete Malerei darzustellen vermag. Unübersehbar ist jedoch, daß die «mathematische Denkweise», wie sie Max Bill für seine Kunst geltend machte,[16] auch der «Schweizer Industrie Grafik»,[17] alias «konstruktiven Grafik»,[18] zugrunde liegt. Bei beiden geht es letztlich um das Ordnen konkreter Elemente auf der Fläche. Kandinsky meinte, daß die «Möglichkeit, die Formen zu verschieben, [...] eine der Quellen einer unendlichen Reihe rein künstlerischer Schöpfungen» sei.[19]

Es gibt keine zweite Künstlergruppe, die ebenso viele Gebrauchsgrafiker in ihren Reihen hat, wie die Konkreten. Diese doppelte Betätigung widerlegt denn auch den von ‹linken› und ‹bürgerlichen› Kritikern wie Konrad Farner und Peter Meyer erhobenen Vorwurf, wonach die konkrete Kunst eine Flucht aus der gesellschaftlichen Wirklichkeit sei.[20] Die Konkreten ließen nicht lange auf sich warten und konterten zu Recht mit dem Argument, ihre Kunst habe sich wie kaum eine andere im Neuen Bauen und der Neuen Typografie niedergeschlagen.[21] In Bills Œuvre ist die Konkretion geradezu eine «Transversale»,[22] die alle seine gestalterischen Disziplinen, die sogenannt freien-hohen wie auch die angewandten-niedrigeren zusammenhält.

Doch diese Transversale ergab sich nicht von selbst. Ausgerechnet am Dessauer Bauhaus, wo die einstige Hierarchie unter den verschiedenen künstlerischen Disziplinen als überwunden galt, mußte der Student Max Bill bei sich und anderen entdecken, daß das Gefälle in der Wertschätzung der Gattungen hartnäckig weiter existierte. Er beobachtete nämlich, daß am Bauhaus trotz aller offiziellen Ablehnung gemalt wurde. Obwohl dort, wie er schreibt, «praktische Ergebnisse, Sozialprodukte» gefordert waren, gab es eine «maladie de la peinture», eine Art Sucht nach «verbotenen Früchten».[23] So kam es, daß Max Bill in die freien Malklassen von Kandinsky und Klee eintrat. Erst nachdem sich später in der konsum- und erlebnisorientierten Postmoderne herausstellte, daß das avantgardistische Unterfan-

handicraft luxury production, on the one hand, and industrialized demand production on the other. While the Avant-garde challenged the separation of art and life in general, that antagonistic concept pair – chaos and order – was a prime topic of discussion. When Max Bill attempted to smooth out the contradictions within industry culture, Will Grohmann was one of the first to observe that "there is integrity and order in everything bill does [...], and still there is heart."[10] And, to bring up one last pair of opposites, a thermal pair, one seemingly minted for Bill's design work: Karl Gerstner's "cold art"[11] and Stanislaus von Moos' "warm science"[12].

In its role as intermediary between the manufacturer and the consumer, advertising had certainly always also been a connecting link for the ostensibly bipolar industrial culture. Advertising that wishes to reach its public must simultaneously stimulate both feeling and thought. Bill's 1936 statement that concrete design can please the viewer optically only when it brings together imagination and calculation[13] is also valid, on the whole, for commercial art.

In more recent times, two major projects – "High & Low"[14] and "Art & Pub"[15] – have sought to demonstrate more comprehensively the role of advertising within its cultural context. These studies concentrated on the artistic posters of Toulouse-Lautrec, for example, or the Cubist, Futurist and Dada collages, which are well-known to be studded with advertising, as well as Fernand Léger's painting and those of Pop Art. Astonishingly, both of these projects unaccountably omit Concrete Art. It can only be assumed that this was because the figurative iconography of Lautrec, Léger and Pop Art depicted the interaction between so-called higher and lower art more strikingly than concrete painting was able to do. It is clear, though, that at the root lie both the "mathematical mentality" Max Bill set forth in his own art[16] and "Swiss Industry Graphics"[17], also known as "constructive graphics"[18]. In the end, both are concerned with the ordering of concrete elements on the surface, an aim Kandinsky qualified by saying that following the "principle of inner need" in art would then lead to the "possibility to move forms around, [...] one of the sources of an endless series of pure artistic creativity".[19]

No other artists' group had so many commercial designers among its ranks as did the Concretists. It is exactly this two-fold activity that refutes the accusation raised by "leftist" and "bourgeois" critics like Konrad Farner and Peter Meyer that Concrete Art was a flight from social reality.[20] The Concretists were not long in countering with the argument, and rightly so, that their art was manifested in the "Neues Bauen" and "Neue Typografie" as was almost no other art.[21] In Bill's œuvre, the concreteness is actually a "transversal"[22] that holds together all of his creative disciplines, the so-called fine, or high, as well as the applied, or low.

But this transversal did not happen by itself. It was at the Dessau Bauhaus, of all places, where the hierarchy once existing between the various artistic disciplines was considered to have been overcome, that the student Max Bill had to discover, for himself and from others, that the drop in esteem for these genres stubbornly persisted. He specifically observed that, despite all official denials, painting was still going on at the Bauhaus. Although, as he wrote, "practical results, 'products for the people'" were demanded, there existed a "maladie de la peinture", a kind of addiction to "forbidden fruit".[23] And so it happened that Max Bill attended the free painting classes of Kandinsky and Klee. Only later, in the consumer-oriented, enjoyment-oriented Postmodern, did it become clear that the avant-garde plan to provide serviceable, well-designed and reasonably-priced "products for the people" had been unsuccessful, and it was then that Bill abandoned the idea of a synthesis of the arts and turned again, for the most part, to the "forbidden fruit".[24] There were overtones of resignation in his 1988 comment that all that was left was a gimmicky "design mill"

gen, zweckmäßige, formschöne und preiswerte «Sozialprodukte» für breite Bevölkerungs-schichten bereitzustellen, gescheitert war, wandte sich Bill von der Idee einer Synthese der Künste ab und vorwiegend wieder den «verbotenen Früchten» zu.[24] Resignation schwang mit, als er 1988 meinte, es gebe nur noch eine «gestalterei», die Spielerei sei und der Verkaufsförderung diene.[25] Die «Methodengleiche, eines der wenigen Hoffnungszeichen un-serer Zeit», hatte sich unter den hohen und angewandten Künsten nicht im Sinne der Avant-garde durchgesetzt, wie dies Sigfried Giedion noch 1948 glaubte.[26]

Zuvor unternahm aber die «bill-reklame» das, was die Pop Art später in umgekehrter Richtung erfolgreicher angehen sollte. Sie holte die «hohe» Kunst in den Bereich der Ge-brauchsgrafik «hinunter». Die Pop Art hingegen «hob» diese in die Domäne der Kunst hin-auf. Zwei Varianten, «High & Low» zu paaren. Doch das anspruchsvollere Prinzip der Avant-garde, die Sozialprodukte und Reklame künstlerisch zu veredeln, hatte im Gegensatz zum volksnaheren Prinzip «Pop» kaum je eine Breitenwirkung erzielen können. Das eine ver-suchte den Graben zwischen Kunst und Leben mit Kunst zu schließen, das andere hingegen mit Leben.[27] «Leben» meint in diesem Falle all das, was dem Geschmack breiter Bevölke-rungsschichten entgegenkommt.

Das offizielle «Adreßbuch der Stadt Zürich» hält den Billschen Versuch, «hoch» und «niedrig» zu kreuzen, eindrücklich fest, indem es ihn 1930 als Architekt, 1932 als Kunstmaler, 1934 als Maler und Grafiker, und erst 1938 wieder als Architekt alleine aufführt. Die Produkt-gestaltung kam 1944 noch hinzu, so daß mit Architektur, Malerei, Plastik, Design und Ge-brauchsgrafik nun die Disziplinen des modernen Fünfkampfes komplett waren. Dieser galt, so Sigfried Giedion, dem als schlecht empfundenen «herrschenden Geschmack»[28]. Denjeni-gen, die angesichts der Billschen Vielfalt riskierten, die Orientierung zu verlieren, wurde, wie aus einer Publikation aus dem Jahr 1949 zu entnehmen ist, unter die Arme gegriffen: Man «könnte [...] meinen, es gäbe mehrere max bill. aber es ist immer derselbe. immer derselbe max bill aus zürich».[29] So ist es nur selbstverständlich, wenn fortan vom «Vorläufer des tota-len Menschen»[30] und «universalen Gestalter»[31] die Rede war, dessen Werk eine technisch-künstlerische Synthese,[32] eine Art «Einheit von Seele und Wirtschaft»[33] darstelle.

Max Bill teilte mit Kandinsky und Le Corbusier die Ansicht, daß vom geordneten Zu-sammenspiel einfacher Formen und reiner Farben Kräfte ausgehen können, die auf den Geist der Betrachter positiv einwirken.[34] Vor allem Kunst und Architektur, aber auch Gebrauchs-grafik werden so zu Gütern für den geistigen Gebrauch. Mancher Vertreter der Avantgarde ging davon aus, daß die Industrie diejenige Institution ist, die als eine Art von Purgatorium die Formen der alltäglichen Bedarfsgüter reinige und läutere. Unter den Vertretern der Neuen Typografie gehörte Jan Tschichold zu denjenigen, welche die klärende Wirkung der Technik auf die Gestaltung besonders heraushoben.[35] In Bills Werk läßt sich verfolgen, wie Formen zunehmend reiner werden und wie sie sich in all seinen Disziplinen ausbreiten und so die Grenzen zwischen freier und angewandter Kunst verwischen. Kandinsky und Le Corbu-sier haben diesen Vorgang als Durchdringung von Geist und Materie beschrieben.

Die Gebrauchsgrafik ist bekanntlich eine Domäne der Massenkultur. Wenn sie sich formal an der konkreten Kunst orientiert, vermittelt sie zwischen den beiden kulturellen Niveaus. Böse Zungen behaupteten, die Massenkultur verhalte sich zur «hohen» Kultur wie die «Raupe zum Blatt».[36] Der Schweizerische Werkbund sanktionierte dieses usurpatorische Verhalten bereits 1934 mit der Erlaubnis: «Die Formenwelt eines bestimmten Künstlers kann in den Dienst der Werbung [...] gestellt werden».[37] Die aus dem Bauhaus hervorgegangenen grafischen Gestalter[38] handelten in der Regel nach diesem Rezept. Die Frage, warum Max Bill und Richard Paul Lohse, die beiden Protagonisten der sogenannten Zürcher Konkreten, bis ins fortgeschrittene Alter konkrete Gebrauchsgrafik entwarfen, beantwortete Lohse einmal

that served the promotion of sales.[25] The "similarity of method, one of the few signs of hope in our time", had not prevailed within the fine and applied arts, not in the avant-garde sense that Sigfried Giedion had still believed in 1948 that it would.[26]

First, however, "bill-reklame" undertook what Pop Art was later to successfully tackle in the opposite direction. Bill's advertising downplayed "fine" art in the realm of commercial art, while Pop Art, on the other hand, "raised" advertising to the domain of art, two variations in combination, "High & Low". In contrast to the grass-roots principle of "Pop", the demanding principle of the Avant-garde – to artistically ennoble both "products for the people" and advertising – could hardly hope to be widely received. One sought to close the rift between art and life with art, the other with life.[27] And in this case, "life" referred to everything that ran counter to the popular taste.

The official "Address Book of the City of Zurich" offers an impressive record of the young Bill's attempts to intersect "high" and "low"; it lists him in 1930 as an architect, in 1932 as a painter, in 1934 as a painter and graphic designer, and only in 1938 once again as an architect. Product design is added to the list in 1944, so that with architecture, painting, sculpture, design and commercial art, the modern pentathlon of creative disciplines was complete. This was regarded by Sigfried Giedion as the poorly perceived "prevailing taste"[28]. But Bill embraced exactly that variety which threatened the loss of orientation, as can be inferred from a 1949 publication: one "would [...] think there was more than one max bill. but it's always the same one. always the same max bill from zurich."[29] So it is only understandable if the talk from that time on was of the "forerunner of the whole human being"[30] and the "universal designer"[31] whose work represented a synthesis of art and technology[32], a kind of "unity of soul and economy"[33].

Max Bill shared with Kandinsky and Le Corbusier the view that, from the systematic interplay of simple forms and pure colors, forces could ensue which would have a positive effect on the spirit of the observer.[34] Art and architecture, above all, but also commercial design, would thus become material for spiritual use. Some advocates of the Avant-garde proceeded on the assumption that industry was the only institution that could function as a kind of purgatory to clean and purify the forms of everyday consumer goods. Jan Tschichold was among the supporters of the "Neue Typografie" who particularly emphasized the purifying effect of technology on design.[35] It can be observed in Bill's work that forms become increasingly pure and spread to all his other disciplines, blurring the borders between fine and applied art. Kandinsky and Le Corbusier have described this process as the interpenetration of spirit and material.

Commercial art is familiar as a domain of mass culture. When it models itself on concrete art, it acts as mediator between the two levels of culture. Malicious tongues of the time declared that mass culture was to "high" culture as a "grub to a leaf".[36] The Swiss Werkbund already sanctioned this usurpatory behavior in 1934 with this permissive declaration: "A specific artist's world of form can be placed at the service of advertising [...]".[37] As a rule, the graphic designers issuing from the Bauhaus[38] proceeded according to this formula. The question as to why Max Bill and Richard Paul Lohse, the two protagonists of the so-called "Zurich Concretists", designed concrete commercial art well into an advanced age was once answered by Lohse in such a way as to shed new light on concrete design. The method of "controllable graphic organization"[39], he said, has simply become "accepted into the usable form which is advertising"[40] – the implication being that mass culture was, against all expectations, much more receptive to new visual codes than was the elite.

The trial of strength between the "products for the people" and the forbidden fruit also gave rise to interesting sideshows. In 1936, the Zurich Kunsthaus produced the first compre-

Das Auge sieht im allgemeinen die kleinen Punkte nicht aus welchen eine fotografische Reproduktion in der Zeitung besteht. Stark vergrößert wird der Raster deutlich und man erkennt, daß die Größe der Punkte die Tonstufung des Bildes bestimmt. Um für seine Verwendungsart das richtige Cliché herzustellen, braucht es Erfahrung und sorgfältige Arbeit.
Wir besitzen diese Erfahrung und sind sorgfältiges Arbeiten gewöhnt: **Wetter & Co., Cliché-Anstalt, Zürich 6, Tel. 61.737**

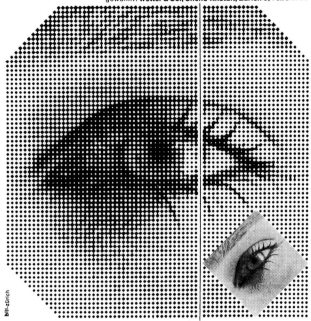

Kunsthaus   Zürich

13. Juni — 22. Juli 1936

Zeitprobleme in der
Schweizer   Malerei und **Plastik**

29 Abbildungen

Katalog *Zeitprobleme in der Schweizer Malerei und Plastik*,
Kunsthaus Zürich, 1936, Umschlag Vorder- und Rückseite
mit der Anzeige ‹Wetter & Co., Cliché-Anstalt›.

hensive exhibition of Concrete Art and its application under the title "Zeitprobleme in der Schweizer Malerei und Plastik". Among the 41 artists selected by Sigfried Giedion and others were such figures as Arp, Bill, Lohse and Le Corbusier. Best represented in the exhibition was the former Bauhaus faction, namely Paul Klee, Hans Fischli and Max Bill. Bill designed the catalogue[41] and composed for it his first theory of "concrete design".[42] If the catalogue is opened so that its front and back covers are both visible, one discovers that the name of the typographical designer appears twice and, moreover, at approximately the same size: on the front among the artists and on the back, with the denotation "bill-zürich", as the graphic designer of an advertisement. It was "Art & Pub" on the same level, if you will! Art historian Erwin Panofsky, in his Solomonic assessment of 1934, put his finger on the dilemma of the Avant-garde as against mass culture: "Commercial art is surely in constant danger of ending up a whore, but non-commercial art is in just as much danger of ending up an old maid."[43]

The typography of the 1936 catalogue title is, for the rest, a preliminary stage for what Max Bill would call in ten years time a "functional typography"[44] that intended to create a "logical guidance of the eye", to be accomplished without the additional typographical devices of points, lines, rules or arrows. In so doing, it would also break with the typography of the Bauhaus, with its "typosignals" in the style of László Moholy-Nagy. Bill's advertisement on the back cover of the 1936 catalogue for a company that manufactured printing blocks loses somewhat in comparison with his title typography, although it seems to anticipate Roy Lichtenstein's grid-based images. There is yet another footnote to this review of the Avant-garde's struggle to bring about a synthesis of art and life. As should have been expected, despite all efforts of both artistic domains, genre-specific remainders of each survived. Thus the Concretists never signed their paintings on the front, for instance, for obvious compositional reasons. However, the advertisements issuing from their studios, no matter how small they may have been, always conspicuously carried the name of the designer. The undefeated pre-eminence of life as opposed to art engagingly manifests itself as well on a smallscale.

"bill-reklame" for the Zett-Haus

The Zett-Haus, built between the years 1930 and 1932, is the first major multipurpose building of the "Neues Bauen" in Switzerland.[45] Despite the worldwide economic crisis, city planning for Zurich, the city on the Limmat – under social democratic government for the first time in its history – was leading to the development of a "Gross-Zürich", a Greater Zurich. The multifunctional Zett-Haus by architects Carl Hubacher and Rudolf Steiger was conceived as a "city" within the city, with its cinema[46] that boasted a sliding roof for performances under the summer skies, with the restaurant, the office floors, shop premises, attic apartments, the flat roof with swimming pool, and the underground parking garage. Max Bill designed the no longer extant façade inscriptions: an electrified "zett-haus" above the entrance to the cinema, a large, towering metal "Z", strikingly visible through the flow of traffic, and the inscription "roxy bar – zett Restaurant" painted directly on the façade of the rear wing.[47] Architect Robert Winkler, whom Bill would later consult regarding the construction of the building that was to contain his own studio[48] in Zurich-Höngg, also contributed to this multipurpose building. Hubacher and Steiger were members of the avant-garde "Congrès Internationaux d'Architecture Moderne". Also, incidentally, from the "bill-reklame" studio were the typographical models for the stationery used by the Zett-Haus architects.

"Zett" was a reference to Zurich, and certainly as well to the "non plus ultra" of the technical standard applied to the building's finishing touches. In the underground garage, a turntable assisted with parking. A system developed by American ventilation pioneer Carrier

in einer Weise, die ein neues Licht auf die konkrete Gestaltung wirft. Die Methode der «kontrollierbaren bildnerischen Organisation»[39] sei eben, so Lohse, «nur in der Nutzform der Reklame akzeptiert»[40] worden. Die Massenkultur wäre demnach für neue visuelle Kodes – wider Erwarten – viel empfänglicher als die Elitekultur.

Es gab im Kräftemessen zwischen Sozialprodukten und verbotenen Früchten auch interessante Nebenschauplätze. Unter dem Titel ‹Zeitprobleme in der Schweizer Malerei und Plastik› stellte das Kunsthaus Zürich 1936 erstmals umfassend konkrete und ihr anverwandte Kunst aus. Unter den von Sigfried Giedion und anderen ausgewählten Exponaten von 41 Künstlern figurierten auch solche von Arp, Bill, Lohse und Le Corbusier. Die Fraktion des ehemaligen Bauhauses war in der Ausstellung am besten vertreten. Am meisten Exponate stellten nämlich Paul Klee, Hans Fischli und Max Bill. Letzterer gestaltete den Katalog[41] und verfaßte dazu seine erste Theorie über «konkrete gestaltung».[42] Öffnet man diesen Katalog nun so, daß dessen Vorder- und Rückseite gleichzeitig sichtbar sind, dann entdeckt man, daß der Name des typografischen Gestalters zweimal und erst noch annähernd gleich groß erscheint: vorne unter den Künstlern und hinten mit «bill-zürich» als Grafiker einer Werbeanzeige. Wenn man so will: ‹Art & Pub› auf gleichem Niveau! Der Kunsthistoriker Erwin Panofsky hatte mit seinem salomonischen Urteil Recht gehabt, als er 1934 das Dilemma der Avantgarde gegenüber der aufkommenden Massenkultur folgendermaßen zuspitzte: «Sicher ist kommerzielle Kunst stets in Gefahr, als Hure zu enden, aber ebenso sicher ist nicht-kommerzielle Kunst in Gefahr, als alte Jungfer zu enden.»[43]

Die Typografie des Katalogtitels von 1936 ist im Übrigen eine Vorstufe dessen, was Max Bill zehn Jahre später «funktionelle typografie» nennen sollte.[44] Diese beabsichtigt eine «logische augenführung», die ohne zusätzliche typografische Hilfsmittel wie Punkte, Linien, Balken und Pfeile auskommt. Es handelt sich hierbei also um eine Abkehr von der Typografie des Bauhauses mit ihren Typosignalen nach der Art von László Moholy-Nagy. Bills Anzeige für eine Klischeefirma auf der besagten Katalogrückseite fällt gegenüber seiner Titeltypografie gestalterisch etwas ab, obwohl sie Roy Lichtensteins Rasterbilder vorwegzunehmen scheint. Eine Marginalie ist an dieser Stelle dem Rückblick auf das Ringen der Avantgarde um eine Synthese von Kunst und Leben noch anzubringen. Wie nicht anders zu erwarten war, sind trotz aller Bestrebungen den beiden Domänen gattungseigene Reste erhalten geblieben. So signierten etwa die Konkreten ihre Gemälde aus einleuchtenden Gründen der Komposition niemals vorne. Hingegen die Reklamen aus ihren Ateliers, so klein sie mitunter auch sind, tragen die Namen ihrer Gestalter stets unübersehbar. Der unüberwindbare Vorrang des Lebens gegenüber der Kunst manifestiert sich sympathischerweise eben auch im Kleinen.

«bill-reklame» für das Zett-Haus

Das zwischen 1930 und 1932 entstandene Zett-Haus ist das erste große Mehrzweckgebäude des Neuen Bauens in der Schweiz.[45] Die damals erstmals in ihrer Geschichte sozialdemokratisch regierte Limmatstadt war trotz Weltwirtschaftskrise städtebaulich im Begriff, ‹Groß-Zürich› zu werden. Das multifunktionale Zett-Haus ist mit seinem Kino,[46] das ein Schiebedach für Aufführungen unter Sommerhimmeln aufweist, dem Restaurant, den Bürogeschossen, Ladenlokalen, Dachwohnungen, dem Flachdach mit Schwimmbecken und der Tiefgarage der Architekten Carl Hubacher und Rudolf Steiger als ‹Stadt› in der Stadt konzipiert worden. Max Bill entwarf die heute nicht mehr vorhandenen Fassadenbeschriftungen: ein elektrifiziertes «zett-haus» über dem Kinoeingang, ein großes, auffällig in den Verkehrsstrom ragendes metallenes «Z» am Giebel der Hauptfassade und das direkt auf die Fassade des hinteren Traktes gemalte «roxy Bar – zett Restaurant».[47] Der Architekt Robert Winkler, den Bill wenig später für den Bau seines eigenen Atelierhauses[48] in Zürich-Höngg beiziehen sollte, war an diesem Mehrzweckgebäude mitbeteiligt. Hubacher und Stei-

Zett-Haus, ganzseitige Anzeige Nr. 1,
Neue Zürcher Zeitung, 18. Dezember 1931.

Zett-Haus, ganzseitige Anzeige Nr. 2,
Neue Zürcher Zeitung, 15. Januar 1932.

ger gehörten der avantgardistischen Vereinigung ‹Congrès Internationaux d'Architecture Moderne› an. Die typografischen Entwürfe für die Briefpapiere der Zett-Haus-Architekten kamen, nebenbei bemerkt, ebenfalls aus dem Atelier «bill-reklame».

«Zett» verweist auf Zürich und wohl auch auf das ‹non plus ultra› des technischen Ausbaustandards dieses Gebäudes. In der Tiefgarage diente eine Drehscheibe als Parkhilfe. Eine Anlage des amerikanischen Lüftungspioniers Carrier sorgte hierzulande erstmals für die vollautomatische Klimatisierung eines Kinos. Mit Kopfhörern ausgestattete Sitzreihen machten Schwerhörigen den Kinobesuch angenehmer. Stapel- oder klappbare Patent-Möbel aus Stahl waren eigens für das Kino und das Restaurant entworfen worden, letztere von Flora Steiger-Crawford, der Frau von Rudolf. Die Bürogeschosse ließen sich mit mobilen Trennwänden den Bedürfnissen der Mieter anpassen. Und die an Erich Mendelsohns Chemnitzer Kaufhaus Schocken erinnernde Hauptfassade war mit horizontalen Schiebefenstern, einer damals neueren Errungenschaft, ausgestattet. Das Zett-Haus ist ein gelungener Versuch, Le Corbusiers Vision vom Haus als Maschine in Zürich zu verwirklichen. Carl Hubacher war der Bauherr. Die Verwaltung und Vermietung besorgte eine Firma namens Verbag, Verwaltungs- und Bau-AG. Bill war nach seinen eigenen Worten ihr Reklameberater.

Die mit sechs ganzseitigen und einigen kleinformatigen Anzeigen für damalige Verhältnisse außergewöhnlich umfangreiche Kampagne, die er für das Zett-Haus entwarf, übertrifft bei weitem das, was gemeinhin für die Vermietung eines Neubaus erforderlich ist. Die vielschichtigen Bild- und Textmontagen sowie die Tatsache, daß diese in der auch über die Landesgrenzen hinaus viel beachteten Neuen Zürcher Zeitung erschienen sind, belegen, daß es den Zürcher Vertretern der internationalen Architektenavantgarde um ihren ersten großen Auftritt ging. Die Anzeigen nehmen in aller Öffentlichkeit einen Schnitt durch einen großstädtischen Zeugen fortschrittlichster Industriekultur vor. In seiner Intention ist er durchaus mit demjenigen vergleichbar, den Hannah Höch mit ihrer berühmten dadaistischen Text- und Bildmontage «Schnitt mit dem Küchenmesser Dada durch die letzte Weimarer Bierbauch-Kulturepoche» 1919 vorgenommen hatte. Auch in Höchs Fotomontage findet sich moderne Architektur, viel Technik und Verweise auf die Avantgarde der Kunst.

Als Max Bill 1931 diesen Auftrag übernahm, stand er zeitlich dem Bauhaus und De Stijl noch viel näher als seiner eigenständigen Theorie einer mathematisch fundierten elementaren Gestaltung. Den Grundstein zu dieser legte er 1936 mit seiner bereits erwähnten Ausführung über ‹konkrete gestaltung›. Die Anzeigenserie gehört also in Bills formative Jahre. Dies macht sie aus heutiger Sicht besonders spannend. Die Routine späterer Werke ist ihr noch fremd. Als wäre es darum gegangen, mit einem sechsblättrigen grafischen Mappenwerk einige Formprobleme der Kunst der zwanziger Jahre zu ergründen, experimentierte Bill im Namen des Zett-Hauses auf den Inseratenseiten einer großen Tageszeitung mit den formalen Erfindungen Kandinskys, Klees, van Doesburgs, Mondrians und anderer. Diese ideale Plattform für eine erste Kundgebung seines Könnens hatte sich der aufstrebende Künstler nicht entgehen lassen. Die Anzeigen wirken denn auch heute noch so undogmatisch frisch und dicht, als wären sie soeben aus einem Computer-Printer als Layout für ein Jugend-Magazin geglitten. Daß Bills Reklame eigentlich nie in den Bereich der «militärischen Schweizer Grafik», so Hans Neuburg über die mitunter allzu strenge hiesige Industriewerbung,[49] geriet, verdankte er seiner visuellen Neugier.

Eine gestalterische Einheit im Sinne des heutigen Corporate Design ist bei der Zett-Haus-Kampagne erst ansatzweise vorhanden. Die ersten drei Großanzeigen wirken formal etwas ungelenker und untereinander uneinheitlicher als die zweiten drei, welche den vierspaltigen Satzspiegel der Neuen Zürcher Zeitung übernehmen. Trotzdem steckt in der Bildfolge der sechsteiligen Kampagne Planmäßiges. Die erste Großanzeige zeigt den fertig-

provided the first fully-automated air conditioning of a Swiss cinema. Seats in the theater were equipped with headphones for the hard of hearing. Patented stackable or foldable steel furniture was designed specifically for the cinema and the restaurant, the latter by Flora Steiger-Crawford, wife of Rudolf. Mobile partitions on the office floors could be adjusted to accommodate the needs of the tenants. And the main façades, reminiscent of Erich Mendelsohn's department store, Kaufhaus Schocken, in Chemnitz, were fitted with horizontal sliding windows, a new achievement for the time. The Zett-Haus is a successful attempt to actualize, in Zurich, Le Corbusier's vision of the house as machine. Carl Hubacher was the client, and the administration and leasing was handled by the firm Verbag, Verwaltungs- und Bau-AG, whose advertising consultant, according to himself, was Bill.

Six full-page and several small-format adverts were designed for the Zett-Haus campaign, an unusually extensive one considering the conditions of the time. It far surpassed the advertising normally necessary for the renting out of space in a new building. The complex picture-and-text montages, and the fact that they were to appear in the Neue Zürcher Zeitung, a newspaper read and regarded far beyond the borders of its own land, are evidence that the Zurich representatives of the international architectural Avant-garde considered this event to be their first major appearance on the scene. Bill's advertisements cut like a knife through this big city testimonial to the most advanced stages of industry culture. The intention behind them is practically identical to that of Hannah Höch's 1919 Dadaist picture-and-text montage, "a Cut with the Kitchen Knife of Dada through the Last Cultural Epoch of the Weimar Beer Belly". Modern architecture, technology and references to the artistic Avant-garde are found in her photomontage as well.

When Bill undertook this job in 1931, he was much closer in time to the Bauhaus and De Stijl than to his own independent theory of a mathematically-based elemental design, for which he laid the cornerstone theory in 1936 with his formulation of "concrete design" already alluded to. The advertising series for the Zett-Haus also belonged to Bill's formative years, which makes it especially interesting today. The routine of his later works is not yet to be detected in this earlier series. Working as if he were trying to solve the formal problems of the 1920's in one 6-page graphic portfolio, Bill experimented on the advertising pages of a major daily newspaper, in the name of the Zett-Haus, with the formal inventions of Kandinsky, Klee, van Doesburg, Mondrian and others. This was the ideal platform for a first demonstration of the ability of this aspiring artist, and he did it justice. The advertisements are still as undogmatically fresh and tight today as if they had just been turned out by a laser printer for the layout of a youth magazine. The fact that his designs never ended up in the realm of "Swiss military graphics", as Hans Neuburg referred to the occasionally far too rigid industrial advertising of the region,[49] Bill owes to his visual inquisitiveness.

In the Zett-Haus campaign can be seen the beginnings of a unity of design, much in the sense of today's concept of corporate design. The first three large adverts give the impression, formally speaking, of being somewhat more awkward and less of a piece with one another than the second three, which occupy four columns of type space in the Neue Zürcher Zeitung. Still, there is something systematic in the sequence of images in this six-part campaign. The first large advertisement shows a bird's eye view of the completed building in the context of the then expanding city of Zurich. The second advertisement guides the viewer closer to the building as object through a Mondrian-like grid structure. The slenderness of the bars in this case rule out Kasimir Malevich's legendary black cross as a model.

The three large advertisements illustrate how easy it is to reach the Zett-Haus from the city center by foot. Here, Bill set a white linear representation of the building in a black "central complex of free points", as described and depicted in Kandinsky's 1926 Bauhaus book,

Wassily Kandinsky:
«Zentraler Komplex freier Punkte»,
aus: *Punkt und Linie zu Fläche.*

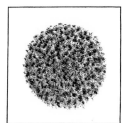

sie muß dem Kompositionsgedanken (Zweck) ebenso dienen
wie jedes andere Element (Mittel). Sonst entsteht eine innere Dis-
harmonie, bei der das Mittel den Zweck übertönt. Das Äußere
ist über den Kopf des Inneren gewachsen – Manier.
In diesem Falle ist einer der Unterschiede zwischen «gegenständl-
licher» und abstrakter Kunst zu sehen. In der ersten wird der

34

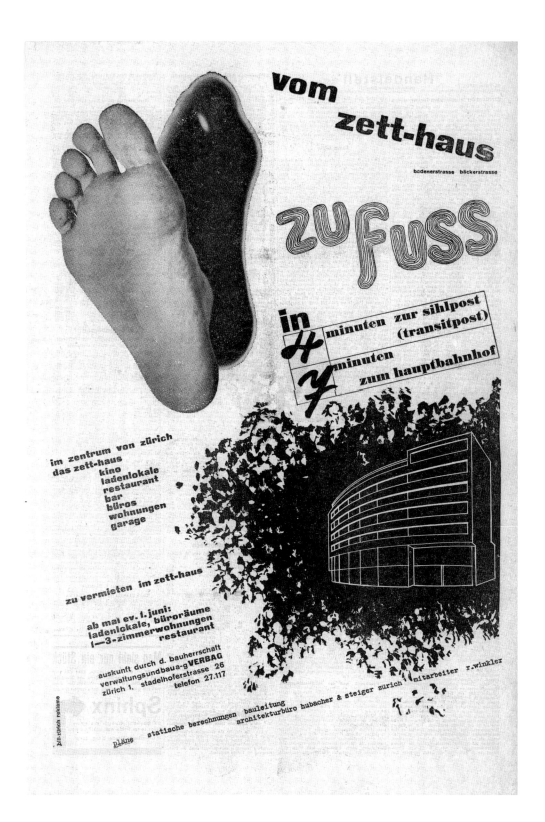

Zett-Haus, ganzseitige Anzeige Nr. 3,
Neue Zürcher Zeitung, 11. Februar 1932.

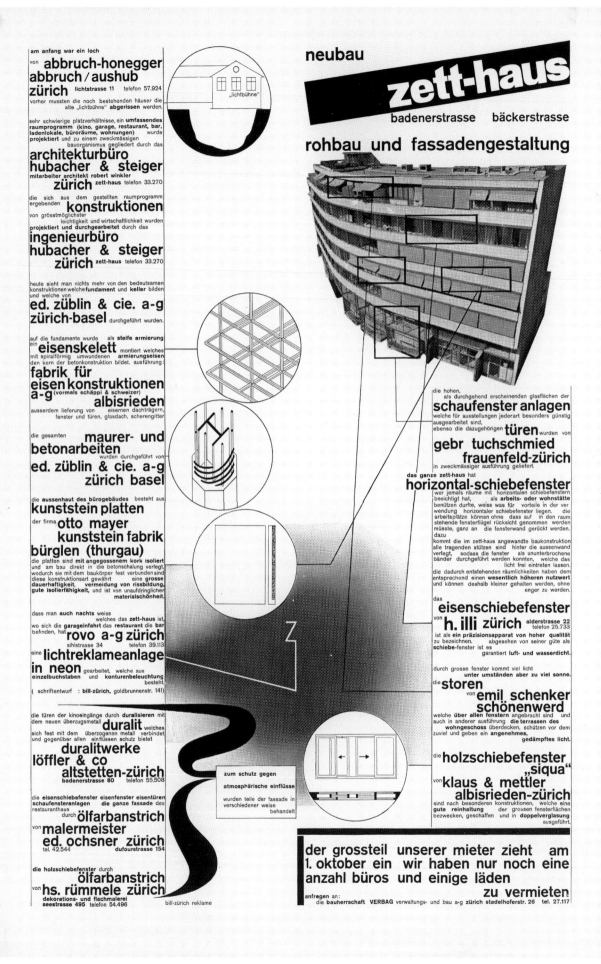

am anfang war ein loch
von **abbruch-honegger**
abbruch / aushub
zürich lichtstrasse 11 telefon 57.924
vorher mussten die noch bestehenden häuser die
alte „lichtbühne" **abgerissen** werden.

sehr schwierige platzverhältnisse, ein **umfassendes**
raumprogramm (kino, garage, restaurant, bar,
ladenlokale, büroräume, wohnungen) wurde
projektiert und zu einem zweckmässigen
bauorganismus gegliedert durch das
architekturbüro
hubacher & steiger
mitarbeiter architekt robert winkler
zürich zett-haus telefon 33.270

die sich aus dem gestellten raumprogramm
ergebenden **konstruktionen**
von grösstmöglichster
leichtigkeit und wirtschaftlichkeit wurden
projektiert und durchgearbeitet durch das
ingenieurbüro
hubacher & steiger
zürich zett-haus telefon 33.270

heute sieht man nichts mehr von den bedeutsamen
konstruktionen welche **fundament** und **keller** bilden
und welche von
ed. züblin & cie. a-g
zürich-basel durchgeführt wurden.

auf die fundamente wurde als **steife armierung**
ein **eisenskelett** montiert welches
mit spiralförmig umwundenen **armierungseisen**
den kern der betonkonstruktion bildet. ausführung
fabrik für
eisenkonstruktionen
a-g (vormals schäppi & schweizer)
albisrieden
ausserdem lieferung von eisernen dachträgern,
fenster und türen, glasdach, scherengitter

die gesamten **maurer- und**
betonarbeiten
wurden durchgeführt von
ed. züblin & cie. a-g
zürich basel

die aussenhaut des bürogebäudes besteht aus
kunststein platten
der firma **otto mayer**
kunststein fabrik
bürglen (thurgau)
die platten sind mit angegossenem kork isoliert
und am bau direkt in die betonschalung verlegt.
wodurch sie mit dem baukörper fest verbunden sind
diese konstruktionsart gewährt eine **grosse**
dauerhaftigkeit, vermeidung von rissbildung,
gute isolierfähigkeit, und ist von unaufdringlicher
materialschönheit.

dass man **auch nachts** weiss
welches das zett-haus ist,
wo sich die **garageeinfahrt** das **restaurant** die **bar**
befinden, hat **rovo a-g zürich**
sihlstrasse 34 telefon 39.113
eine **lichtreklameanlage**
in neon gearbeitet, welche aus
einzelbuchstaben und **konturenbeleuchtung**
besteht.
(schriftentwurf : **bill-zürich,** goldbrunnerstr. 141)

die türen der kinoeingänge durch **duralisieren** mit
dem neuen überzugsmetall **duralit** welches
sich fest mit dem überzogenen metall verbindet
und gegenüber allen einflüssen schutz bietet
duralitwerke
löffler & co
altstetten-zürich
badenerstrasse 80 telefon 55.508

die eisenschiebefenster eisenfenster eisentüren
schaufensteranlagen **die ganze fassade des**
restauranthaus
durch **ölfarbanstrich**
von **malermeister**
ed. ochsner zürich
tel. 42.544 dufourstrasse 154

die holzschiebefenster durch
ölfarbanstrich
von **hs. rümmele zürich**
dekorations- und flachmalerei
seestrasse 495 telefon 54.496

bill-zürich reklame

zum schutz gegen
atmosphärische einflüsse
wurden teile der fassade in
verschiedener weise
behandelt

neubau
zett-haus
badenerstrasse bäckerstrasse

rohbau und fassadengestaltung

die hohen,
als durchgehend erscheinenden glasflächen der
schaufenster anlagen
welche für ausstellungen jederart besonders günstig
ausgearbeitet sind,
ebenso die dazugehörigen **türen** wurden von
gebr tuchschmied
frauenfeld-zürich
in zweckmässiger ausführung geliefert.

das ganze zett-haus hat
horizontal-schiebefenster
wer jemals räume mit horizontalen schiebefenstern
besichtigt hat, als **arbeits- oder wohnstätte**
benützen durfte, weiss was für vorteile in der ver
wendung horizontaler schiebefenster liegen. die
arbeitsplätze können ohne dass auf in den raum
stehende fensterflügel rücksicht genommen werden
müsste, ganz an die fensterwand gerückt werden.
dazu
kommt die im zett-haus angewandte baukonstruktion
alle tragenden stützen sind hinter die aussenwand
verlegt, sodass die fenster als ununterbrochene
bänder durchgeführt werden konnten, welche das
licht frei eintreten lassen.
die dadurch entstehenden räumlichkeiten haben dem
entsprechend einen **wesentlich höheren nutzwert**
und können deshalb kleiner gehalten werden, ohne
enger zu werden.

das
eisenschiebefenster
von **h. illi** zürich aldersstrasse 22
telefon 25.733
ist als ein **präzisionsapparat von hoher qualität**
zu bezeichnen. abgesehen von seiner güte als
schiebe-fenster ist es
garantiert luft- und wasserdicht.

durch grosse fenster kommt viel licht
unter umständen aber zu viel sonne.
die **storen**
von **emil schenker**
schönenwerd
welche **über allen fenstern** angebracht sind und
auch in anderer ausführung **die terrassen des**
wohngeschoss überdecken, schützen vor dem
zuviel und geben ein angenehmes,
gedämpftes licht.

die **holzschiebefenster**
„siqua"
von **klaus & mettler**
albisrieden-zürich
sind nach besonderen konstruktionen, welche eine
gute reinhaltung der grossen fensterflächen
bezwecken, geschaffen und in **doppelverglasung**
ausgeführt.

der grossteil unserer mieter zieht am
1. oktober ein wir haben nur noch eine
anzahl büros und einige läden
zu vermieten
anfragen an:
die bauherrschaft VERBAG verwaltungs- und bau a-g zürich stadelhoferstr. 26 tel. 27.117

erstellten Bau aus der Vogelperspektive im Kontext der damals expandierenden Zürcher City. Die zweite Anzeige führt den Betrachter durch eine Mondriansche Gitterstruktur hindurch näher an das Objekt heran. Kasimir Malewitschs legendäres schwarzes Kreuz kommt hier als Vorbild nicht in Frage, weil es nicht so schlanke Balken aufweist.

Die dritte Großanzeige illustriert, wie einfach das Zett-Haus vom Stadtzentrum zu Fuß zu erreichen ist. Bill setzte hier die weiße, lineare Darstellung des Gebäudes in einen schwarzen, «zentralen Komplex freier Punkte», so wie er in Kandinskys Bauhausbuch *Punkt und Linie zu Fläche* von 1926 beschrieben und abgebildet ist. Beide tupften die Punkte mit dem schwarz eingefärbten Pinsel auf den weißen Grund zu «Komplexen» auf. Neben einem solchen montierte Bill eine fotografierte, übergroße Fußsohle, die unweigerlich an eine dadaistische Arbeit Marcel Duchamps erinnert. Daß es noch zu anderen Werken des geistreichen Erfinders des Ready-made formale Ähnlichkeiten gibt, erfuhr Bill erst, als er Duchamp 1938 persönlich in Paris traf.[50] Einflüsse anderer Vorbilder sind im Anzeigenhinweis «zu fuß» auszumachen. Dieser Text ist von Hand gezeichnet und zwar bewußt in einer kindlich-naiven Weise, wie sie in Klees Zeichnungen und dann auch in Bills frühen Radierungen und Aquarellen zu finden ist. Ganz im Gegensatz zu den Arbeiten der Neuen Typografen tauchen in Bills Gebrauchsgrafik immer wieder handschriftliche Einschübe auf. Seine große Lust an Lettern, die in keinem Setzkasten zu finden waren, führte ihn nicht selten zu zeitlos schönen Eigenkreationen. Die Handarbeit widersetzt sich in diesen Kreationen erfolgreich der ansonsten von der Avantgarde so sehr gepriesenen (Setz-)Maschine. Bills gezeichnete Schriften sind alles andere als «mechanisierte Grafik», wie der Titel des Buches von Paul Renner,[51] dem Schöpfer des «Futura» genannten Schriftschnittes, lautet.

Die formal einheitlicher gestaltete zweite Dreierserie von Großanzeigen stellt das Zett-Haus als eine hochtechnisierte Anlage vor. Die Leistungen der am Bau beteiligten Firmen

Abbildung 17 [Linie]
Dieselbe Wellenartige mit Begleitung von Geometrischen

191

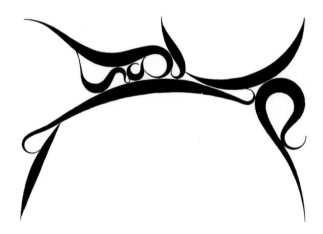

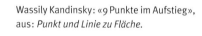

Wassily Kandinsky: «9 Punkte im Aufstieg», aus: *Punkt und Linie zu Fläche.*

Wassily Kandinsky: «Dieselbe Wellenartige mit Begleitung von Geometrischen», aus: *Punkt und Linie zu Fläche.*

Max Bill: *konstruktion mit acht ähnlichen betonungen,* 1944, Tempera auf Karton, aus: max bill: *die mathematische Denkweise in der Kunst unserer zeit,* Kunstgewerbeschule Zürich, 1954.

Zett-Haus, ganzseitige Anzeige Nr. 4, *Neue Zürcher Zeitung,* 16. September 1932.

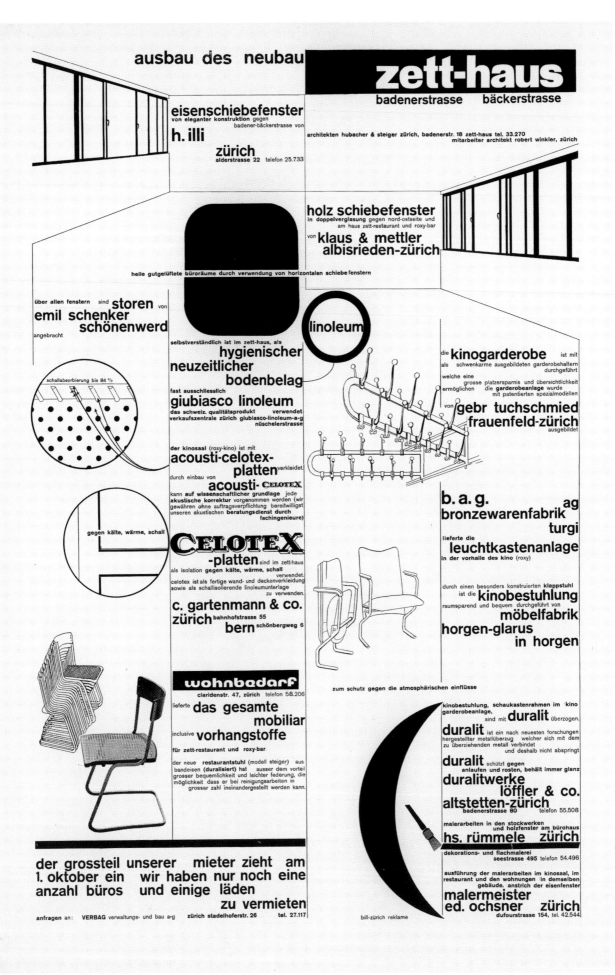

ausbau des neubau

zett-haus
badenerstrasse   bäckerstrasse

eisenschiebefenster
von eleganter konstruktion gegen
badener-bäckerstrasse von
h. illi
zürich
alderstrasse 22   telefon 25.733

architekten hubacher & steiger zürich, badenerstr. 18 zett-haus tel. 33.270
mitarbeiter architekt robert winkler, zürich

holz schiebefenster
in doppelverglasung gegen nord-ostseite und
am haus zett-restaurant und roxy-bar
von **klaus & mettler**
albisrieden-zürich

helle gutgelüftete büroräume durch verwendung von horizontalen schiebe fenstern

über allen fenstern sind **storen** von
emil schenker
schönenwerd
angebracht

linoleum

selbstverständlich ist im zett-haus, als
hygienischer
neuzeitlicher
bodenbelag
fast ausschliesslich
giubiasco linoleum
das schweiz. qualitätsprodukt   verwendet
verkaufszentrale zürich giubiasco-linoleum-a-g
nüschelerstrasse

der kinosaal (roxy-kino) ist mit
acousti-celotex-
platten verkleidet.
durch einbau von
acousti- CELOTEX
kann **auf** wissenschaftlicher grundlage jede
akustische korrektur vorgenommen werden (wir
gewähren ohne auftragsverpflichtung bereitwilligst
unseren akustischen beratungsdienst durch
fachingenieure)

schallabsorbierung bis 84 %

gegen kälte, wärme, schall

CELOTEX
-platten sind im zett-haus
als isolation **gegen kälte, wärme, schall**
verwendet.
celotex ist als fertige wand- und deckenverkleidung
sowie als schallisolierende linoleumunterlage
zu verwenden.
c. gartenmann & co.
zürich bahnhofstrasse 55
bern schönbergweg 6

die **kinogarderobe**   ist mit
als   schwenkarme ausgebildeten garderobehaltern
durchgeführt
welche eine
grosse platzersparnis und übersichtlichkeit
ermöglichen   die **garderobeanlage** wurde
mit patentierten spezialmodellen
von **gebr tuchschmied**
frauenfeld-zürich
ausgebildet

b. a. g. ag
bronzewarenfabrik
turgi
lieferte die
leuchtkastenanlage
in der vorhalle des kino (roxy)

durch einen besonders konstruierten **klappstuhl**
ist die **kinobestuhlung**
raumsparend und bequem durchgeführt von
möbelfabrik
horgen-glarus
in horgen

zum schutz gegen die atmosphärischen einflüsse

wohnbedarf
claridenstr. 47, zürich   telefon 58.206
lieferte
das gesamte
mobiliar
inclusive **vorhangstoffe**
für zett-restaurant und roxy-bar.

der neue restaurantstuhl (modell steiger) aus
bandeisen (**duralisiert**) hat   ausser dem vorteil
grosser bequemlichkeit und leichter federung, die
möglichkeit dass er bei reinigungsarbeiten in
grosser zahl ineinandergestellt werden kann.

kinobestuhlung, schaukastenrahmen im kino
garderobeanlage,   sind mit **duralit** überzogen.
duralit ist ein nach neuesten forschungen
hergestellter metallüberzug   welcher sich mit dem
zu überziehenden metall verbindet
und deshalb nicht abspringt
duralit schützt gegen
anlaufen und rosten, behält immer glanz
duralitwerke
löffler & co.
altstetten-zürich
badenerstrasse 80   telefon 55.508

malerarbeiten in den stockwerken
und holzfenster am bürohaus
hs. rümmele **zürich**
dekorations- und flachmalerei
seestrasse 495   telefon 54.496

ausführung der malerarbeiten im kinosaal, im
restaurant und den wohnungen in demselben
gebäude. anstrich der eisenfenster
malermeister
ed. ochsner **zürich**
dufourstrasse 154, tel. 42.544

der grossteil unserer   mieter zieht am
1. oktober ein   wir haben nur noch eine
anzahl büros   und einige läden
zu vermieten

anfragen an: VERBAG verwaltungs- und bau a-g   zürich stadelhoferstr. 26   tel. 27.117

bill-zürich reklame

werden bildlich und sprachlich erläutert und gewürdigt. Die in diesen Reklamen häufiger auftretenden grafischen Zeichen wie Kreis, Wolke, Mondsichel, Zickzacklinie und Pfeil gehen wiederum auf Kandinskys und Klees Kunst zurück. Die gleichen Zeichen tauchen dann in Bills späterer Kunst wieder auf.[52] Indem sie dies tun, vollbringen sie zwischen den beiden Kulturniveaus verblüffende Bocksprünge: high – low – high! Auch Bildwitz, der ansonsten in der konstruktiven Schweizer Gebrauchsgrafik eher einen schweren Stand hatte, ist in Bills Anzeigenserie auszumachen. Etwa dort, wo am Ende eines dicken Balkens aus dem Setzkasten unerwartet ein breiter Pinsel steht. Die formalen Überraschungen in Picassos kubistischen Collagen sind einmal als «Joker» bezeichnet worden.[53] Bill verstand es ebenfalls, diesen im richtigen Moment auszuspielen. Etwa dort, wo er überraschende Rhythmuswechsel in seine Schriftentwürfe einführt, oder wo er mit zwei identischen Metallkelchen eine Bestrahlungslampe baut, oder wo er wie bei seinem Höngger Atelierhaus ein unmodernes Satteldach auf ein modernes Gebäude setzt. Als typisches «Joker»-Objekt ist sein quadratisches Tischmodell, das sich zu einem Kreis aufklappen läßt, noch zu erwähnen.

Die Anzeigenfolge ist auch sprachlich von Interesse. Bekannt ist, daß Le Corbusier gelegentlich die Texte für die Inserate der von ihm mitherausgegebenen Zeitschrift *L'Esprit Nouveau* selber schrieb. Diejenigen für das Zett-Haus dürften mit großer Wahrscheinlichkeit von Max Bill, dem deklarierten Reklameberater der Verbag, stammen. Für das Verständnis der avantgardistischen Kultur sind sie ohnehin aufschlußreich, weil sie die angeblichen Vorzüge des Neuen Bauens beispielhaft hervorheben. Für einen Teil der in der Zett-Haus-Reklame erwähnten Firmen wie BAG Turgi, Delva, Heinrich Illi und Wohnbedarf AG konnte Max Bill in der Folge weitere, zum Teil wiederum umfangreiche gebrauchsgrafische Aufträge ausführen.

Wassily Kandinsky: «Das Langformat begünstigt die Gesamtspannung der wenig gespannten Einzelformen», aus: *Punkt und Linie zu Fläche.*

Max Bill: *betonungen aus dem gelben,* 1946, Öl auf Leinwand, aus: *Max Bill,* Katalog Albright-Knox Art Gallery, Buffalo, 1974.

Zett-Haus, ganzseitige Anzeige Nr. 5, *Neue Zürcher Zeitung,* 18. September 1932.

Punkt und Linie zu Fläche. Both used a brush dipped in black to dab a "complex" of points onto a white ground. Next to this, he mounted an enlarged photograph of a foot sole that inevitably reminds one of a Dadaist piece by Marcel Duchamp. Bill discovered that there were other similarities to the work of the witty inventor of the ready-made only when he met Duchamp in person in Paris in 1938.[50] Influences of the works of other artists can be made out in the advertising reference "zu fuss". This text was drawn by hand with a very deliberate childlike naiveté, as seen in drawings by Klee and in Bill's earlier etchings and watercolors. In total contrast to the work of the "Neue Typografie", handwritten insertions surface time and again in Bill's commercial art. The great pleasure he took in letters that were not to be found in any typecase often led him to timelessly beautiful creations of his own, where the handicraft successfully resisted the (typesetting) machine so extolled in every circle but that of the Avant-garde. Bill's hand-drawn script is anything but the "mechanized graphics" referred to in the title of the book by Paul Renner[51], creator of the "Futura" type.

The second series of three large advertisements, rather more united by their formal design than the first three, introduce the Zett-Haus as a highly mechanized complex. The services of the companies taking part in the building are illustrated and acknowledged in pictures and text. The graphic symbols that begin appearing more often in these advertisements – circle, cloud, crescent moon, zig-zag line and arrow – are references once more to the art of Kandinsky and Klee. The same symbols surface again in Bill's later work[52], performing amazing leaps between the two cultural levels: high – low – high! Pictorial wit, which otherwise had a rather hard time of it in Swiss constructive commercial art, can also be detected in Bill's advertising series. There, for instance, where there is an unexpected wide brush at the end of a thick rule from the typecase. The formal surprises in Picasso's Cubist collages were at one time referred to as "jokers".[53] Bill understood too, though, how to play these cards at exactly the right moment. There, where he introduces surprising changes of rhythm in his script design, or there, where he forms a radiation lamp from two identical metal cups, or where he sets an outmoded saddleback roof atop the modern building of his own studio in Höngg. A typical "joker" item not to be forgotten is his square table model, which unfolds into a circle.

This particular series of advertisements is interesting from the point of view of language as well. It is known that Le Corbusier himself occasionally wrote the texts for the advertising of the periodical *L'Esprit Nouveau,* of which he was co-editor. The texts for the Zett-Haus advertisements were most likely written by Max Bill, Verbag's self-proclaimed advertising consultant. In any case, they illuminate our understanding of Avant-garde culture because they underline the alleged merits of the "Neues Bauen". Bill went on to design further commercial works for a number of the companies, engaged in the construction of the Zett-Haus, such as BAG Turgi, Delva, Heinrich Illi and Wohnbedarf AG – again, in some cases, carrying out extensive campaigns.

"Max Dalang Reklame" and "bill-reklame"

The largest "output" of Avant-garde commercial art in Switzerland in the year 1930 issued from these two Zurich studios. Their relative sizes were unintentionally reflected in the respective use of capitalization, as Bill's one-man business was confronted with Dalang's large-scale agency of around 30 employees. If, in 1910, the Berlin office of Peter Behrens – architect, graphic designer and product designer for the electric company, the Allgemeine Elektrizitäts-Gesellschaft – was the most influential laboratory for the modern industrial aesthetic, then Max Dalang Reklame AG is the original catalyst of Swiss industry graphics. Alois Carigiet, Richard Paul Lohse, Hans Neuburg, Hans Trommer and Anton Stankowski were all employed at this first great Swiss advertising agency be-

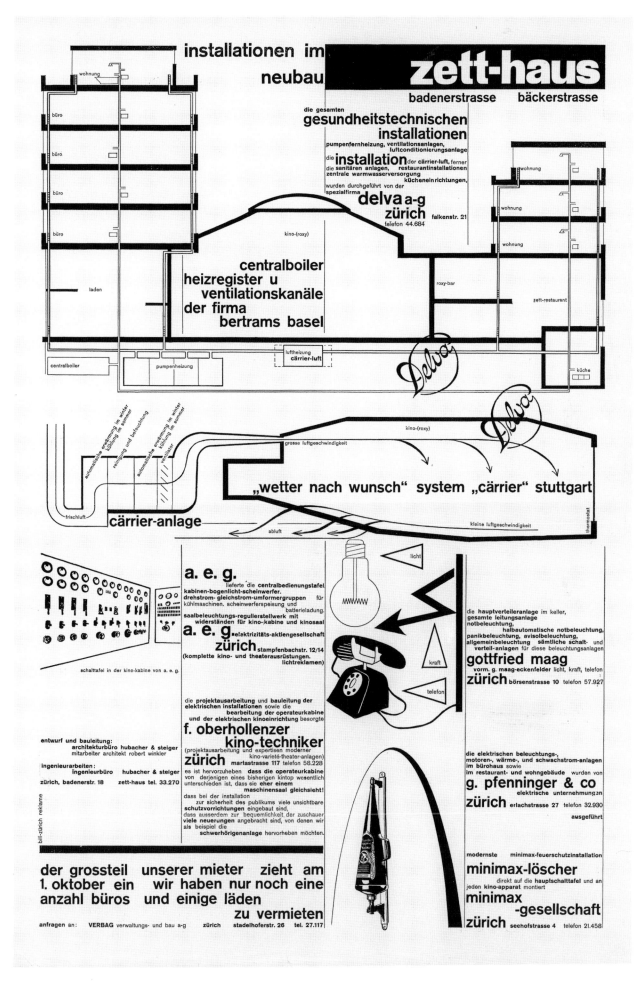

BAG Turgi, Anzeige für die von Hin Bredendieck und Sigfried Giedion entworfene ‹indi-leuchte›, *Das ideale Heim*, 1933.

tween 1918 and 1933.[54] All were later to gain fame, Neuburg as the graphic designer and chronicler of the new graphic art, Swiss-style.

Both Dadaism and Dalang's first "studio for artistic advertising"[55] share the year 1916 and the city of Zurich as their time and place of founding. Dada formed a part of the breeding ground of Constructive Art. In 1929 Max Dalang brought the young graphic designer Anton Stankowski from Germany to Zurich, where Max Bill had just returned from Dessau.[56] That same year Bill, Stankowski and others formed "Die Augen", an artists' group that, according to Bill, would "bore through the impenetrable wall of Zurich culture".[57] The name suggests that the group was primarily concerned with the visual. Max Burchartz, who first educated Stankowski in the field of graphic design, had earlier transferred this concern to typography when he wrote: "Printed matter should present a feast for the eyes."[58] Max Bill shared this approach to design, as witnessed by his employment of clear form and pure color as key stimulators of pleasure.[59]

There were already many channels at that time through which this aesthetic, carried along by optimism, could be spread. One such channel led from Burchartz via Stankowski to Zurich. Burchartz's contact with De Stijl was to thank for his landing the job of translating the two Bauhaus books by Theo van Doesburg and Piet Mondrian into German. Laszlo Moholy-Nagy provided the design for both books, a design characterized by sans-serif titling, rhythmically-arranged rules, asymmetry and a relative preponderance of white space. In his book, van Doesburg presents the rules for mathematically exact design. Stankowski, one of the pioneers of the "Foto-Grafik", applied these rules in the work he did for Dalang.[60] Years later, Richard Paul Lohse and Hans Neuburg confirmed the great influx that traveled by way of the Dutch canal into the constructive commercial art of Switzerland, when they saw its main characteristic as "its almost measurable clarity".[61]

Max Bill: *variationen*, 1934, Öl auf Hartplatte, aus:
Dreißiger Jahre Schweiz. Ein Jahrzehnt im Widerspruch,
Katalog Kunsthaus Zürich, 1982.

«Max Dalang Reklame» und «bill-reklame»

Diese beiden Zürcher Ateliers hatten in der Schweiz der Jahre um 1930 den größten ‹Output› an avantgardistischer Gebrauchsgrafik. In der Groß- und Kleinschreibung spiegelt sich ungewollt ihr Größenverhältnis. Dem Einmannbetrieb Bills stand Dalangs Großagentur mit einer rund 30-köpfigen Belegschaft gegenüber. Wenn das Berliner Büro von Peter Behrens, des Architekten, Grafikers und Produktgestalters der Allgemeinen Elektrizitäts-Gesellschaft, um 1910 das einflußreichste Laboratorium moderner Industrieästhetik war, weil dort Gropius, Le Corbusier und Mies van der Rohe ihre ersten Berufserfahrungen sammelten, dann ist die Max Dalang Reklame AG der eigentliche Katalysator der Schweizer Industrie-Grafik. In dieser ersten großen hiesigen Werbeagentur waren zwischen 1918 und 1933 Alois Carigiet, Richard Paul Lohse, Hans Neuburg, Hans Trommer und Anton Stankowski tätig.[54] Alle sollten später bekannt werden. Neuburg als Grafiker und Chronist der Neuen Grafik schweizerischer Prägung.

Mit Zürich und dem Jahr 1916 teilen sich der Dadaismus und Dalangs erstes «Atelier für künstlerische Reklame»[55] den Ort und den Zeitpunkt ihrer Gründung. Dada gehört zum Nährboden, aus dem die konstruktive Kunst hervorging. 1929 holte Max Dalang den jungen Grafiker Anton Stankowski aus Deutschland in die Limmatstadt, wo Max Bill aus Dessau zurückgekehrt war.[56] Noch im gleichen Jahr formierten Bill, Stankowski und andere ‹Die Augen›, eine Künstlergruppe, die, so Bill: «die verschlossene Zürcher Kulturwand durchbohren» wollte.[57] Der Name suggeriert, daß der Gruppe in erster Linie am Visuellen gelegen war. Max Burchartz, bei dem Stankowski seine erste grafische Ausbildung erhielt, hatte dieses Anliegen bereits früher auf die Typografie übertragen, wenn er schreibt: «Den Drucksatz anzusehen soll ein Fest sein für die Augen».[58] Max Bill teilte diesen gestalterischen Ansatz, indem er klare Formen und reine Farben als entscheidende Stimulatoren der Freude einsetzte.[59]

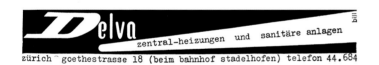

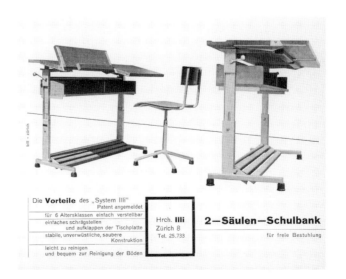

Delva, Anzeige, *Das ideale Heim*, 1934.
Heinrich Illi, Anzeige, *Das Werk*, Heft 11, 1934.

The Dalang agency was, moreover, a place where American methods of economic effi-
ciency were paired with European avant-garde design. Dalang had traveled to the New World
on a study tour in 1919 and had read the books of the great industrial organizer, Henry Ford,
and later published a novel about both.[62] Upon his return, he implemented what many study
travelers of the time had likewise observed in American advertising, namely its practical,
functional expression.[63] Guidelines which were similar, although not explicitly declared to be
American, were in force at the newly opened studio, "bill-reklame": "the conditions of life
today require the greatest possible economy in each design. for the most part, clarity is the
most efficient. designing for printing is the organization of typeset images".[64] Bill held to this
when, in 1932, he designed a purely typeset advertisement for a local Ford dealership. Contrary to automobile industry custom, his advertisement is devoid of any visual allusions to
driving comfort or motor power. The "joker" in this one is obviously that this ad, which pro-
motes the brand named after the American inventor of mass production and the low-priced
popular car, is typographically as elegant as the announcement of a high-society event. The
information is primary. Seductive iconography was never the concern of constructive commercial art.

Another American-European transfer of ideas is encapsulated in the term of "systematic", a key concept for the Modern in general. Systematic – no longer arbitrary – manufactu-
re, building and design was seen by the Avant-garde as a guarantor of renewal. It was no ac-
cident that Max Dalang had discovered the "systematic advertisement" in America[65], the
most streamlined economic force of the day, where advertising was being designed to function more efficiently on the basis of marketing and consumer analyses, even in the sense of
today's corporate design. In the previous thirty years, the Swiss Werkbund had adapted this
concept by applying it to functional graphics.[66] Independently of the Swiss Werkbund, Max
Bill shortly thereafter declared the systematic process to be one of the basic preconditions
of concrete design.[67] Whether or not there was ever any collaboration between Dalang and
Bill can no longer be verified. At any rate, each designed on a temporary basis for the metal
lamp factory BAG Turgi, and for the automobile garage Orion.

Ways to artistic success
Max Bill's rapid climb to become one of Switzerland's most influential
spokesmen and co-designer of the visual culture of the 20th century can lead, incidentally,
to the question as to where there was anything systematic about his career itself. When
someone claims the title of "advertising consultant", as Bill did in one of his very first letterheads, he is, in any case, displaying competency in success management. A future sociologi-
cal study on the historical Avant-garde would have to present exactly this aspect of Bill as
being exemplary among his peers. Not all of his colleagues were able to say as he was, and
already by middle-age, that he had experienced happiness and success.[68] The fragments
that follow are intended as a contribution to a theory of success that already begins to emerge
in earlier art historical writings.[69] In addition to the many lines of development running
through the institution of "Art", a line of mass media can also be made out, whose development reveals an increasing amount of care taken, on the part of the artists and architects
themselves, with the public presentation and reception of design works appearing in the
media. And those who said that Bill would be his own best propagandist were right.[70]

One first step in the direction of success was the decision to set aside the idea of com-
pleting his training at the Dessau Bauhaus. Another was his inclusion in the index of avant-
garde commercial design from Germany, Holland, Russia, Switzerland and Hungary which
appeared in 1930 under the title *Gefesselter Blick*.[71] Heinz and Bodo Rasch published it, the
Swiss Werkbund financed it, and Basle architect Hans Schmidt was extensively involved in it.

Es gab damals bereits viele Kanäle, in denen sich diese von Optimismus getragene Ästhetik ausbreiten konnte. Einer davon führte von Burchartz über Stankowski nach Zürich. Burchartz hatte dank seiner Kontakte zu De Stijl den Auftrag erhalten, die beiden Bauhausbücher Theo van Doesburgs und Piet Mondrian ins Deutsche zu übersetzen. László Moholy-Nagy besorgte deren Ausstattung. Ihre formalen Merkmale sind: serifenlose Titelschriften, rhythmisierende Balken, Asymmetrie und relativ viel weißer Raum. Van Doesburg legt in seinem Bauhausbuch die Regeln der mathematisch exakten Gestaltung dar. Stankowski, einer der Pioniere der Foto-Grafik, wandte diese in den Arbeiten an, die er für Dalang ausführte.[60] Richard Paul Lohse und Hans Neuburg bestätigten noch Jahre später den großen Zufluß, der über den holländischen Kanal in die konstruktive Gebrauchsgrafik der Schweiz gelangte, wenn sie deren Hauptmerkmal in «ihrer fast meßbaren Klarheit» sehen.[61]

Die Agentur Dalang war zudem ein Ort, wo sich amerikanische Methoden wirtschaftlicher Effizienz mit europäischer Avantgardegestaltung paarten. Dalang hatte 1919 eine Studienreise durch die Neue Welt unternommen, die Bücher des großen industriellen Organisators Henry Ford gelesen und über beides später einen Roman veröffentlicht.[62] Nach seiner Rückkehr setzte er das um, was viele damalige Studienreisende an der amerikanischen Werbung ebenfalls beobachtet hatten, nämlich ihren zweckmäßig sachlichen Ausdruck.[63] Ähnliche – wenn auch nicht ausdrücklich als amerikanisch deklarierte – Richtlinien galten im neueröffneten Atelier «bill-reklame»: «jede gestaltung im sinne unserer heutigen lebensbedingungen erfordert größtmöglichste wirtschaftlichkeit. größtenteils ist klarheit das wirtschaftlichste. druckgestaltung ist organisation von satzbildern».[64] Bill hielt sich daran, als er 1932 ein reines Typo-Inserat für eine lokale Ford-Vertretung entwarf. Entgegen den Gewohnheiten der Reklame dieser Branche kommt seine Anzeige ohne jegliche Visualisierung von Fahrkomfort und Motorenstärke aus. Der «Joker» liegt hier offensichtlich darin, daß das

Max Dalang AG Reklame, Eigenanzeige, Entwurf Anton Stankowski, *Neue Zürcher Zeitung*, 29. Dezember 1931.
Tip-Top-Garage, Anzeige, Entwurf Max Bill, *Neue Zürcher Zeitung*, 5. Mai 1932.

Schmidt belonged at that time to the design collective of the Zurich Werkbund settlement Neubühl, for which Bill designed the advertising. Together, they were responsible for the formal concept behind the special show "Städtebau und Landesplanung" at the Swiss national exhibition in 1939. The formal language of Hans Schmidt, characterized by austere geometric regularity and systematic prefabrication, is, for its part, to be found once again in Bill's own architectural designs.[72]

In any balance sheet of success, the ability to arouse others' interest in your own concerns has to be booked in the credit column. Without it, neither movements for change and renewal, such as that of the Avant-garde, nor pedagogues, such as Bill himself in Ulm and Zurich, will be successful. Bill must have possessed this ability to a great degree, if we are to take as a measure the frequently recurring names of authors and photographers that show up in the (primarily older) publications by him and about him. One thing is certain – for a period of time these names accompanied Bill's work with all the possibilities the media offers, shed a favorable light on it, and thus enhanced and consolidated its notoriety. These names included photographer Binia Bill-Spoerri; graduate of the Ulm College of Design and future art critic Margit Staber; art historian, poet and secretary to Bill in Ulm, Eugen Gomringer; art historian and authority on Klee and Kandinsky, Will Grohmann; photographer and filmmaker Ernst Scheidegger, who had studied with Bill; and later, art historian Angela Thomas Schmid.

The recipient of these tributes, for his part, was no less generous with his friends, most of whom were at that time better known: painters and architects Albers, Arp, Duchamp, Kandinksy, Klee, Le Corbusier, Maillart, Mondrian, Vantongerloo and others. He exhibited their work, provided commentary for it, reviewed it and published it. Like Le Corbusier, Bill belongs to that rather rare species of visual designer well-versed in language, a faculty that surely presents no obstacle to the seemly positioning of one's own work in history.

Robert Maillart, to single out one example within the tight network of the Avant-garde, came to know Max Bill in his function as a graphic designer when the 1934 crisis in the building trade made it necessary to propagandize "Swiss cement". To this purpose, Bill designed a strikingly effective double-page advertisement for the Neue Zürcher Zeitung. In addition to Karl Moser's well-known concrete church St. Anton, erected in Basle in 1927, the ad also depicted a bridge by Maillart. Sigfried Giedion, who most likely composed the text, had initiated the contact between the young graphic designer and the pioneer of bridge construction.[73] The advertisement is of interest because it is once again traceable to Kandinsky's system of composition as laid out in his *Punkt und Linie zu Fläche*. There is something dance-like in its rhythmical arrangement of text and image. An oversize depiction of a concrete mast cleverly holds the composition together with the lines of its wires. The model for the formal aspects could have been the "Schema eines Segelschiffes", which Kandinsky used as an example in "line composition aimed at movement" – totally apart from the fact that a photograph of a "Mast Forest" also appears in Kandinsky's book.

The unexpected developmental possibilities in this graphic designer's career are demonstrated by the stages succeeding his first contact with Maillart. In 1949, a monograph on Maillart, written and typographically designed by Bill, was published. As a result of this work, he was awarded recognition in matters of engineering aesthetics, the hobby-horse of the Modern, and this in turn led to his being consulted in 1967 as a stylist for the construction of a concrete bridge in Tamins. The commercial artist as bridge-builder – no longer only building bridges between manufacturer and consumer.

Bill's long-term membership in the Parliament also afforded him a special position in the realm of design.[74] He took part, in addition, in the most influential organizations of mod-

Inserat für die Marke des amerikanischen Erfinders der Massenproduktion und des preis-
günstigen Volksmodells typografisch so elegant daherkommt, als hätte es gegolten, damit
einen elitekulturellen Anlaß anzukündigen. Die Information steht im Vordergrund. Eine ver-
führerische Ikonographie war nie Sache der konstruktiven Gebrauchsgrafik.

Ein anderer amerikanisch-europäischer Ideentransfer hält der Begriff «planmäßig»,
ein Schlüsselbegriff der Moderne überhaupt, fest. Planmäßiges – nicht mehr willkürliches –
Produzieren, Bauen und Gestalten galt der Avantgarde als Garant der Erneuerung. Max
Dalang hatte nicht zufällig in Amerika, der damals rationalisiertesten Wirtschaftsmacht, die
«planmäßige Reklame» entdeckt.[65] Gemeint war eine Werbung, die auf Grund von Markt-
und Konsumentenanalysen effizienter, auch im Sinne des heutigen Corporate Design, betrie-
ben wird. Der Schweizerische Werkbund adaptierte in den frühen dreißiger Jahren diesen
Begriff, indem er ihn auf die funktionelle Grafik übertrug.[66] Unabhängig davon erklärte Max
Bill kurz darauf das planmäßige Vorgehen zu einer der Grundvoraussetzungen konkreter
Gestaltung[67]. Ob es je zu einer Zusammenarbeit zwischen Dalang und Bill kam, läßt sich
heute nicht mehr feststellen. Jedenfalls gestalteten beide temporär für die Metalllampen-
Fabrik BAG Turgi und die Automobilwerkstätte Orion.

Wege zum künstlerischen Erfolg

Max Bills rascher Aufstieg zu einem der hierzulande einflußreich-
sten Wortführer und Mitgestalter der visuellen Kultur des 20. Jahrhunderts kann nebenbei
zur Frage verleiten, wo in dieser Karriere selbst Planmäßiges steckt. Einer, der wie Bill auf
einem seiner ersten Briefbogen die Bezeichnung «werbeberatung» führte, macht jedenfalls Kompetenzen in Erfolgsplanung geltend. Eine zukünftige soziologische Studie über die
historische Avantgarde müßte gerade am Beispiel Bills diesen Aspekt bei ihren Mitgliedern
exemplarisch darlegen. Nicht alle seiner Mitstreiter hatten wie er Anlaß, schon in mittleren
Jahren zu verkünden, sie hätten Glück und Erfolg gehabt.[68] Die folgenden Bruchstücke sind
als Beitrag zu einer Theorie des Erfolgs gedacht, so wie sie sich in der jüngeren Kunst-
geschichtsschreibung bereits abzuzeichnen beginnt.[69] Neben den vielen formalen Entwick-
lungslinien, die durch die Institution ‹Kunst› führen, ist auch eine Linie massenmedialer Art
sichtbar. Sie folgt einer Entwicklung zu einer zunehmend sorgfältigeren Betreuung der
öffentlichen Präsentation und Rezeption des gestalterischen Werks in den Medien seitens
der Künstler und Architekten selbst. So hieß es etwa schon zu Recht, daß Bill sich selbst der
beste Propagandist gewesen sei.[70]

Ein erster Schritt in Richtung Erfolg war mit der Entscheidung, eine Ausbildung am
Dessauer Bauhaus zu absolvieren, zurückgelegt. Ein anderer war die Aufnahme in das unter
dem Titel *Gefesselter Blick* 1930 erschienene Verzeichnis avantgardistischer Gebrauchsgrafik
aus Deutschland, Holland, Rußland, der Schweiz und Ungarn.[71] Heinz und Bodo Rasch gaben
es heraus, der Schweizerische Werkbund unterstützte es und der Basler Architekt Hans
Schmidt war maßgeblich daran beteiligt. Schmidt gehörte damals zum Entwurfskollektiv
der Zürcher Werkbundsiedlung Neubühl, für die Bill die Reklamen gestaltete. Die beiden
zeichneten dann 1939 für das formale Konzept der Sonderschau ‹Städtebau und Landesplanung› auf der Schweizerischen Landesausstellung gemeinsam verantwortlich. Hans
Schmidts von strenger geometrischer Gesetzmäßigkeit und planmäßiger Vorfabrikation ge-
prägte architektonische Formensprache ist ihrerseits in Bills eigenen Architekturentwürfen
wieder zu finden.[72]

In jeder Erfolgsbilanz schlägt zudem die Fähigkeit, die Interessen anderer für die eigene Sache zu wecken, positiv zu Buche. Ohne sie gelangen weder Erneuerungsbewegun-
gen, wie die avantgardistische, noch Pädagogen, zu denen Bill in Ulm und Zürich ja auch
zählte, zum Erfolg. Bill muß diese Fähigkeit in hohem Maße besessen haben, wenn öfters

ern design, such as the "Congrès Internationaux d'Architecture Moderne" and the Swiss Werkbund. As Adolf Max Vogt said in reference to Bill's involvement in public life,[75] "his sense for power" is – in another form, of course – still faintly detectable in the publications that have been written about him, namely the two comprehensive presentations by Eduard Hüttinger and Valentina Anker.[76] Bill did the typographical design for both and, as the subject, shaped it himself into a fitting form. The book by Hüttinger even avoided the use of capitals, a style to which Bill had remained true, whenever the occasion allowed, since his time at the Bauhaus. In the language of today's marketing, the similarly circumspect homogenizing of external content with one's own form would be known as "Corporate Identity". The careful melding of what is already there with what is one's own is, on the whole, the most general of Bill's design principles. While this may sound deprecative at first hearing, it is actually, as many of his results show, more than simple concrete eclecticism.

One important medium of the era's culture war was the exhibition. Bill shaped it into one of his sharpest weapons.[77] When he himself initiated the idea for an exhibition, he would also provide its architectural and typographical trappings. Not infrequently, he would arm these with his own work in a central position, in addition to designing the placard and the catalogue, for which he would normally write the foreword and the theoretical essay. So it was for the exhibition "pevsner, vantongerloo, bill", in which connection "Die mathematische Denkweise in der Kunst unserer Zeit"[78] was published. And for the long-standing event by the Swiss Werkbund, "Die gute Form"[79], which he initiated and designed and for which he wrote the piece "Schönheit aus Funktion und als Funktion"[80] and the book *FORM: eine Bilanz über die Formentwicklung um die Mitte des XX. Jahrhunderts*[81]. The systematic orchestration of Bill's attack is brilliant. His broad view of the cultural whole belongs indisputably to the collectivist-orientation of the Modern. On the other hand, one is inclined to expose and

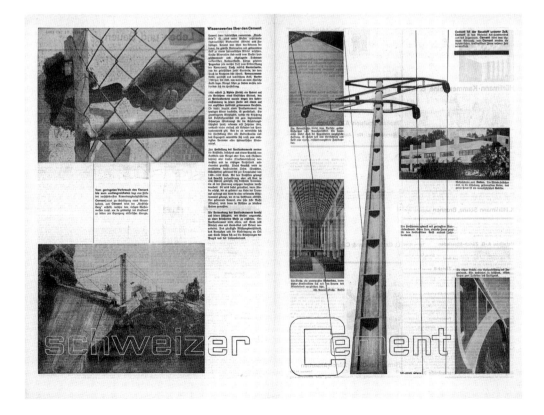

Schweizer Cement, zweiseitige Anzeige, *Neue Zürcher Zeitung*, 24. Juni 1934.

wiederkehrende Namen der gleichen Autorinnen und Autoren, Fotografinnen und Fotografen in den (vor allem älteren) Publikationen von ihm und über ihn dafür ein Maßstab sind. Sicher ist, daß diese Namen mit den Möglichkeiten der betreffenden Medien Bills Wirken eine Zeit lang begleiteten, es ins richtige Licht rückten und so auch zur Steigerung und Festigung von dessen Bekanntheit ihren Beitrag leisteten. Gemeint sind unter anderen die Fotografin Binia Bill-Spoerri; die Absolventin der Ulmer Hochschule für Gestaltung und spätere Kunstkritikerin Margit Staber; der Kunsthistoriker, Poet und Bills Ulmer Sekretär Eugen Gomringer; der Kunsthistoriker, Klee- und Kandinsky-Kenner Will Grohmann; der Fotograf und Filmemacher Ernst Scheidegger, der bei Bill studiert hatte; sowie später die Kunsthistorikerin Angela Thomas Schmid.

Der Gehuldigte ging aber seinerseits nicht minder generös mit seinen damals meistens noch namhafteren Maler- und Architektenfreunden Albers, Arp, Duchamp, Kandinsky, Klee, Le Corbusier, Maillart, Mondrian, Vantongerloo und anderen um. Er stellte deren Arbeiten aus, kommentierte, rezensierte und publizierte sie. Bill gehört wie Le Corbusier zu der eher raren Spezies der sprachlich sehr versierten visuellen Gestalter, was einer gebührenden Positionierung des eigenen Werkes in der Geschichte sicher nicht hinderlich ist.

Robert Maillart, um nur ihn an dieser Stelle als Beispiel für die dicht vernetzte Avantgarde herauszugreifen, lernte Max Bill in seiner Funktion als Grafiker kennen. Als Maßnahme gegen die Krise im Baugewerbe galt es 1934 den «Schweizer Cement» zu propagieren. Bill gestaltete zu diesem Zweck eine auffallend gelungene doppelseitige Anzeige in der Neuen Zürcher Zeitung. Sie zeigt neben Karl Mosers berühmter, 1927 errichteter Basler Beton-Kirche St. Anton auch eine Brücke von Maillart. Sigfried Giedion, der wahrscheinlich den Anzeigentext schrieb, hatte zwischen dem jungen Grafiker und dem Pionier des Brückenbaus eigens dazu den Kontakt hergestellt.[73] Interessant ist die Anzeige, weil sie formal wiederum auf Kandinskys Kompositionslehre, so wie er sie in *Punkt und Linie zu Fläche* dargelegt hatte, zurückzuführen ist. Tänzerisches findet sich in der rhythmisierten Bild- und Textanordnung. Ein übergroß abgebildeter Betonmast hält mit seinen Drähten die Komposition der Anzeige raffiniert zusammen. Sein formales Vorbild könnte das «Schema eines Segelschiffes» sein, das Kandinsky als Beispiel für den «Linienaufbau zum Zweck der Bewegung» abbildet. Ganz abgesehen davon, daß es in Kandinskys Buch auch eine Fotografie eines «Mastenwaldes» gibt.

Welche ungeahnten Entwicklungsmöglichkeiten im Beruf des visuellen Gestalters stecken, belegen die weiteren Etappen, die auf den ersten Kontakt mit Maillart folgten. 1949 erschien die von Bill verfaßte und typografisch gestaltete Monographie über Maillart. Die dabei gewonnenen Erkenntnisse in Sachen Ingenieur-Ästhetik, dem Steckenpferd der Moderne, führten dann dazu, daß Bill 1967 für den Bau einer Betonbrücke in Tamins als Formgeber beigezogen wurde. Der Gebrauchsgrafiker als Brückenbauer, aber nicht mehr nur zwischen Produzent und Konsument.

Eine Sonderstellung in der Domäne der Gestaltung nimmt Bill auch mit seiner mehrjährigen Mitgliedschaft in Parlamenten ein.[74] Hinzu kommt seine Beteiligung an den maßgebenden Organisationen moderner Formgebung wie den 'Congrès Internationaux d'Architecture Moderne' und dem Schweizerischen Werkbund. «Sein Sinn für Macht», so Adolf Max Vogt über Bills Engagement in der Öffentlichkeit,[75] ist – in anderer Form freilich – bis in die Publikationen, die über ihn verfaßt worden sind, sanft noch spürbar. Gemeint sind etwa die zwei umfangreicheren Darstellungen von Eduard Hüttinger und Valentina Anker.[76] Für beide besorgte Bill die typografische Gestaltung. Der Dargestellte brachte seine Darstellung selber in die ihm passende gute Form. Das Buch von Hüttinger erschien sogar in Kleinschreibung, der Bill seit seiner Zeit am Bauhaus, wo immer die Umstände es zuließen, die Treue hielt. Die

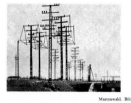

rechnen. Die energische Verwendung und die starke Betonung der Linie mit dem Punktknoten sind in diesen Werken auffallend (Bild 70).
Die Verwendung der Linie in der *Natur* ist eine überaus zahlreiche. Dieses speziellen Untersuchung würdige Thema könnte nur ein synthetischer Naturforscher bewältigen. Für den Künstler wäre es besonders wichtig, zu sehen, wie das selbständige Reich der Natur die Grundelemente verwendet: welche Elemente in Betracht kommen, welche Eigenschaften sie besitzen und auf

Mastenwald. Bild 69

115

Wassily Kandinsky: «Mastenwald», aus: *Punkt und Linie zu Fläche.*

assess his method – and, ideally, the man himself and his work – as the precursor of the individualistically-oriented Postmodern.

Peter Meyer, art historian and then champion of a temperate Modern, had been the first to observe the two facets of Bill's art of exposure.[82] If one takes Meyer's cue and reads a bit more closely the long text for the fourth large advertisement for the Zett-Haus, which appeared on September 16, 1932, signed with the name of its designer, one comes across, smack in the middle, the following self-advertisement, so atypical of the industry: "so it is also clear at night which building is the zett-haus, [there is] a lighted advertisement in neon: lettering design bill-zürich, goldbrunnenstr. 141". It could in fact be, then, that, in addition to his creativity and enterprise, this great intermediary between "products for the people" and forbidden fruit also owed his fame to the signature brevity of his name and its own successful increasingly frequent appearance.[83]

Sprache des heutigen Marketings nennt ähnlich umsichtige Homogenisierungen externer Inhalte mit eigener Form «Corporate Identity». Das sorgfältige Umschmelzen von Vorgefundenem zu etwas Eigenem ist das allgemeinste Billsche Gestaltungsprinzip überhaupt. Dies mag auf den ersten Anhieb abwertend klingen, ist aber, wie viele seiner Resultate zeigen, mehr als nur konkreter Eklektizismus.

Ein wichtiges Medium im damaligen Kulturkampf war dasjenige der Ausstellung. Bill entwickelte es zu einer seiner spitzesten Waffen.[77] Wenn der Anstoß zu einer Ausstellung von ihm ausging, dann besorgte er auch deren architektonische und typografische Ausstattung. Nicht selten bestückte er diese an zentraler Stelle mit eigenen Werken, gestaltete das Plakat sowie den Katalog und schrieb in der Regel auch dessen Vorwort und den theoretischen Aufsatz noch dazu. So geschehen für die Ausstellung ‹pevsner, vantongerloo, bill›, in deren Zusammenhang ‹Die mathematische Denkweise in der Kunst unserer Zeit›[78] erschien. Oder für die langjährige, von ihm angeregte und gestaltete Aktion des Schweizerischen Werkbundes «Die gute Form»[79], zu der er den Aufsatz ‹Schönheit aus Funktion und als Funktion›[80] und das Buch *FORM, eine Bilanz über die Formentwicklung um die Mitte des xx. Jahrhunderts*[81] verfaßte. In ihrer planmäßigen Orchestrierung sind Bills Vorstöße einmalig. Sein weiter Blick auf das kulturelle Ganze gehört unbestritten der kollektivistisch orientierten Moderne an. Hingegen ist man geneigt, seine Art, dabei stets auch optimal die eigene Person und deren Werk zu exponieren, als Vorzeichen der individualistisch ausgerichteten Postmoderne zu werten.

Peter Meyer, der Kunsthistoriker und damaliger Verfechter einer gemäßigten Moderne, hatte in den dreißiger Jahren als erster die beiden Facetten der Billschen Kunst des Exponierens beobachtet.[82] Liest man auf seinen Fingerzeig hin den langen Text der mit dem Namen ihres Gestalters signierten vierten, am 16. September 1932 erschienenen Großanzeige für das Zett-Haus aufmerksamer, dann stößt man mittendrin auf folgende, branchenunübliche Eigenwerbung: «daß man auch nachts weiß, welches das zett-haus ist, [gibt es] eine lichtreklameanlage in neon: schriftentwurf bill-zürich, goldbrunnenstr. 141». Es könnte also tatsächlich sein, daß der große Vermittler zwischen Sozialprodukten und verbotenen Früchten zusätzlich zu seiner Kreativität und Tatkraft auch der signalhaften Kürze seines Namens und dessen selber erwirkten Häufung seinen Ruhm verdankt.[83]

1 (Anonymous): "Le Corbusier und Pierre Jeanneret. Ihr gesamtes Werk", in *Stein Holz Eisen*, no. 3, 1930, pp. 70–71.

2 Alexander von Senger: *Krisis der Architektur*, Zurich, Rascher, 1928, p. 5.

3 Peter Meyer: "Vom Bauhaus Dessau", in *Schweizerische Bauzeitung*, no. 25, 1927, pp. 331–334.

4 Sigfried Giedion: "Malerei und Architektur", in *Werk*, no. 2, 1949, pp. 36–42.

5 Ueli Marbach and Arthur Rüegg: *Werkbundsiedlung Neubühl in Zürich-Wollishofen 1928–1932. Ihre Entstehung und Erneuerung*, Zurich, gta, 1990.

6 Rudolf Graber: "Die Geschichte der 'Wohnbedarf' Werbung", in *Intérieur*, no. 4, 1963, unpaginated; and: Stanislaus von Moos, "Eine Avantgarde geht in die Produktion. Die Zürcher CIAM-Gruppe und der Wohnbedarf", in Helmuth Gsöllpointner, Angela Hareiter and Laurids Ortner: *Design ist unsichtbar*, Vienna, Löcker, 1981, pp. 195–208; and: Friedericke Mehlau-Wiebking, Arthur Rüegg and Ruggero Tropeano: *Schweizer Typenmöbel 1925–1935. Sigfried Giedion und die Wohnbedarf AG*, Zurich, gta, 1989; and: Stanislaus von Moos: "Lebensform und Wohnbedarf", in Arthur Rüegg and Ruggero Tropeano (ed.): *Wege zur "Guten Form". Neun Beiträge zur Geschichte der Schweizer Produktgestaltung*, Basle, Birkhäuser, 1995, pp. 12–19.

7 Christoph Bignens: *Corso – ein Zürcher Theaterbau 1900 und 1934*, Niederteufen, Arthur Niggli, 1985.

8 Compare the reference in Max Bill: "meine 30er jahre", in Margit Staber and Otti Gmür: *Um 1930 in Zürich. Neues Denken, Neues Wohnen, Neues Bauen*, Catalogue, Kunstgewerbemuseum Zurich, 1977, pp. 186–188; and Bill: "funktionelle grafik und typografie", in Margit Weinberg-Staber: *Werbestil 1930–1940. Die alltägliche Bildersprache eines Jahrzehnts*, Catalogue, Kunstgewerbemuseum Zurich, 1981, pp. 67–69.

9 Regarding industry and aesthetics, compare Sigfried Giedion: *Mechanization Takes Command*, Oxford University Press, 1948, and for reference to Switzerland, compare Stanislaus von Moos: *Industrieästhetik*, Disentis, Desertina, 1992. The author also covers "bill-reklame". Bill himself also comments on industry aesthetics; compare Bill: "Grundlage und Ziel der Ästhetik im Maschinenzeitalter", in *Baukunst und Werkform*, no. 9, 1955, pp. 558–561.

10 Will Grohmann: *max bill*, Catalogue, Museum der Stadt Ulm, 1956, p. 10.

11 Karl Gerstner: *Kalte Kunst? – Zum Standort der heutigen Malerei*, Teufen, Arthur Niggli, 1957.

12 Stanislaus von Moos: "Vom Technischen ins Visionäre", in *Faces*, no. 15, 1990, pp. 1–2.

13 Max Bill: "konkrete gestaltung", in *Zeitprobleme in der Schweizer Malerei und Plastik*, Catalogue, Kunsthaus Zurich, p. 9. Sigfried Giedion was among those who took part in the selection of artists and pictures.

14 Kirk Varnedoe and Adam Gopnik: *High & Low. Modern Art & Popular Culture*, Catalogue, The Museum of Modern Art New York, 1990.

15 *Art & Pub. Art & Publicité 1890–1990*, Catalogue, Centre Georges Pompidou Paris, 1991. Once again, Zurich is mentioned as the center of concrete art and functional graphics, along with Bill, Lohse, Neuburg and Stankowski; compare p. 336. In an excellent 1958 essay, Richard Paul Lohse deals with this theme in more depth; see Lohse: "Der Einfluss der modernen Kunst auf die zeitgenössische Grafik", in *Neue Grafik*, no. 1, 1958, pp. 6–34.

16 Max Bill: "Die mathematische Denkweise in der Kunst unserer Zeit", in *Werk*, no. 3, 1949, pp. 86–90.

17 Hans Neuburg: *Schweizer Industrie Grafik. Das Standardwerk der erfolgreichen Industriewerbung*, [Graphic Design in Swiss Industry. The Standard Work on Successful Industrial Publicity], Zurich, ABC, 1965.

18 Hans Fischli and Willy Rotzler (eds.): *Konstruktive Grafik: Arbeiten von Richard P. Lohse, Hans Neuburg, Carlo L. Vivarelli*, Catalogue, Kunstgewerbemuseum Zurich, 1958; compare also: Hans Neuburg: "Industriewerbung und konstruktive Grafik 1930–1940. Neue Aufgaben, neue Lösungen", in Weinberg-Staber: *Werbestil 1930–1940*, op. cit., pp. 63–67.

19 Wassily Kandinsky: *Über das Geistige in der Kunst*, edited and designed by Max Bill, Berne-Bümpliz, Benteli, 1952, 1973 edition, p. 78. First edition Munich, Piper, 1912.

20 For a Marxist critique, see: Konrad Farner: *Der Aufstand der Abstrakt-Konkreten. Zur Kunstgeschichte der spätbürgerlichen Zeit*, Munich, Piper, 1960; compare Farner: "Max Bill oder die Gerade in der Spirale", in *tendenzen*, August 1966; or in *Vorwärts*, January 26, 1984, p. 12; and for a "bourgeois" critique, see: Peter Meyer: "XIX. Nationale Kunstausstellung Bern 1936", in *Das Werk*, no. 8, 1936, pp. 229–242; and Meyer: "Moderne Kunst in der Schweiz", in *Das Werk*, no. 3, 1938, pp. 74–78. The rather left-oriented concrete artists, such as Bill and Lohse, had trouble with the fact that even the leftist art critics assessed concrete art as a flight from social reality; compare Richard Paul Lohse: "Zetthaus", in *Dreissiger Jahre Schweiz – ein Jahrzent im Widerspruch*, Catalogue, Kunsthaus Zurich, 1982, pp. 89–98.

21 O. Müller: "Moderne Kunst in der Schweiz – Ein Protest", in *Das Werk*, no. 5, 1938, pp. 159–160. The protest is directed at Peter Meyer's essay, "Moderne Kunst in der Schweiz", in *Das Werk*, no. 3, 1938. The protest declares to be signed by numerous friends of art, artists, graphic designers, photographers and architects. Max Bill's name appears among the artists and the name of his wife Binia among the graphic designers and photographers.

1 (anonym): ‹Le Corbusier und Pierre Jeanneret. Ihr gesamtes Werk›, in: *Stein Holz Eisen,* Heft 3, 1930, S. 70–71.

2 Alexander von Senger: *Krisis der Architektur,* Zürich, Rascher, 1928, S. 5.

3 Peter Meyer: ‹Vom Bauhaus Dessau›, in: *Schweizerische Bauzeitung,* Heft 25, 1927, S. 331–334.

4 Sigfried Giedion: ‹Malerei und Architektur›, in: *Werk,* Heft 2, 1949, S. 36–42.

5 Ueli Marbach und Arthur Rüegg: *Werkbundsiedlung Neubühl in Zürich-Wollishofen 1928–1932. Ihre Entstehung und Erneuerung,* Zürich, gta, 1990.

6 Rudolf Graber: ‹Die Geschichte der 'Wohnbedarf' Werbung›, in: *Intérieur,* Heft 4, 1963, unpaginiert; und: Stanislaus von Moos: ‹Eine Avantgarde geht in die Produktion. Die Zürcher CIAM-Gruppe und der Wohnbedarf›, in: Helmuth Gsöllpointner, Angela Hareiter und Laurids Ortner: *Design ist unsichtbar,* Wien, Löcker, 1981, S. 195–208; und: Friedericke Mehlau-Wiebking, Arthur Rüegg und Ruggero Tropeano: *Schweizer Typenmöbel 1925–1935. Sigfried Giedion und die Wohnbedarf AG,* Zürich, gta, 1989; und: Stanislaus von Moos: ‹Lebensform und Wohnbedarf›, in: Arthur Rüegg, Ruggero Tropeano (Hrsg.): *Wege zur ‹Guten Form›. Neun Beiträge zur Geschichte der Schweizer Produktgestaltung,* Basel, Birkhäuser, 1995, S. 12–19.

7 Christoph Bignens: *Corso – ein Zürcher Theaterbau 1900 und 1934,* Niederteufen, Arthur Niggli, 1985.

8 Vgl. die Hinweise dazu von Max Bill: ‹meine 30er jahre›, in: Margit Staber und Otti Gmür: *Um 1930 in Zürich – Neues Denken Neues Wohnen Neues Bauen,* Katalog, Kunstgewerbemuseum Zürich, 1977, S. 186–188; und ders.: ‹funktionelle grafik und typografie›, in: Margit Weinberg-Staber, *Werbestil 1930–1940. Die alltägliche Bildersprache eines Jahrzehnts,* Katalog, Kunstgewerbemuseum Zürich, 1981, S. 67–69.

9 Zu Industrie und Ästhetik vgl. Sigfried Giedion: *Die Herrschaft der Mechanisierung. Ein Beitrag zur anonymen Geschichte* (amerik. Originalausgabe: *Mechanization Takes Command,* 1948), Frankfurt a. M., Europäische Verlagsanstalt, 1982; und bezüglich der Schweiz vgl.: Stanislaus von Moos: *Industrieästhetik,* Disentis, Desertina, 1992. Der Autor geht u. a. auch auf die ‹bill-reklame› ein. Bill selber hat sich zur Industrieästhetik ebenfalls geäußert, vgl. ders.: ‹Grundlage und Ziel der Ästhetik im Maschinenzeitalter›, in: *Baukunst und Werkform,* Heft 9, 1955, S. 558–561.

10 Will Grohmann, in: *max bill,* Katalog, Museum der Stadt Ulm, 1956, S. 10.

11 Karl Gerstner: *Kalte Kunst? – Zum Standort der heutigen Malerei,* Teufen, Arthur Niggli, 1957.

12 Stanislaus von Moos: ‹Vom Technischen ins Visionäre›, in: *Faces,* Heft 15, 1990, S. 1f.

13 Max Bill: ‹konkrete gestaltung›, in: *Zeitprobleme in der Schweizer Malerei und Plastik,* Katalog, Kunsthaus Zürich, S. 9. Sigfried Giedion war unter anderen an der Auswahl der Künstler und Bilder beteiligt.

14 Kirk Varnedoe und Adam Gopnik: *High & Low. Modern Art & Popular Culture,* Katalog, The Museum of Modern Art New York, 1990.

15 *Art & Pub. Art & Publicité 1890–1990,* Katalog, Centre Georges Pompidou Paris, 1991. Immerhin wird hier Zürich mit Bill, Lohse, Neuburg und Stankowski als Zentrum der konkreten Kunst und funktionalen Grafik erwähnt, vgl. S. 336. In einem lesenswerten Aufsatz befaßte sich Richard Paul Lohse 1958 mit diesem Thema ausführlicher, vgl. ders.: ‹Der Einfluß der modernen Kunst auf die zeitgenössische Grafik›, in: *Neue Grafik,* Heft 1, 1958, S. 6–34.

16 Max Bill: ‹Die mathematische Denkweise in der Kunst unserer Zeit›, in: *Werk,* Heft 3, 1949, S. 86–90.

17 Hans Neuburg: *Schweizer Industrie Grafik. Das Standardwerk der erfolgreichen Industriewerbung,* Zürich, ABC, 1965.

18 Hans Fischli und Willy Rotzler (Hrsg.): *Konstruktive Grafik: Arbeiten von Richard P. Lohse, Hans Neuburg, Carlo L. Vivarelli,* Katalog, Kunstgewerbemuseum Zürich, 1958, vgl. auch: Hans Neuburg, ‹Industriewerbung und konstruktive Grafik 1930–1940. Neue Aufgaben, neue Lösungen›, in: Weinberg-Staber, *Werbestil 1930–1940,* op. cit., S. 63–67.

19 Wassily Kandinsky: *Über das Geistige in der Kunst,* herausgegeben und gestaltet von Max Bill, Bern-Bümpliz, Benteli, 1952, Ausgabe 1973, S. 78. Erstausgabe München, Piper, 1912.

20 Zur marxistischen Kritik: Konrad Farner: *Der Aufstand der Abstrakt-Konkreten. Zur Kunstgeschichte der spätbürgerlichen Zeit,* München, Piper, 1960; vgl. ders.: ‹Max Bill oder die Gerade in der Spirale›, in: *tendenzen,* August 1966; oder in: *Vorwärts,* 26. Januar 1984, S. 12; und zur ‹bürgerlichen› Kritik: Peter Meyer, ‹XIX. Nationale Kunstausstellung Bern 1936›, in: *Das Werk,* Heft 8, 1936, S. 229–242; und ders.: ‹Moderne Kunst in der Schweiz›, in: *Das Werk,* Heft 3, 1938, S. 74–78. Die eher linksorientierten Konkreten wie Bill und Lohse bekundeten Mühe mit der Tatsache, daß ausgerechnet die linken Kunstkritiker die konkrete Kunst als Flucht aus der sozialen Realität taxierten. Vgl. dazu: Richard Paul Lohse, ‹Zetthaus›, in: *Dreißiger Jahre Schweiz – ein Jahrzehnt im Widerspruch,* Katalog, Kunsthaus Zürich, 1982, S. 89–98.

21 O. Müller, ‹Moderne Kunst in der Schweiz – Ein Protest›, in: *Das Werk,* Heft 5, 1938, S. 159f. Der Protest richtet sich gegen Peter Meyers Aufsatz ‹Moderne Kunst in der Schweiz›, in: *Das Werk,* Heft 3, 1938. Der Protest ist von zahlreichen, wie es heißt, Kunstfreunden, Künstlern, Grafikern, Fotografen und Architekten unterzeichnet. Max Bills Name figuriert unter den Künstlern, derjenige seiner Frau Binia unter den Grafikern und Fotografen.

22 The concept of "transversal" in this context comes from Hans Frei; compare Frei: *Konkrete Architektur? Über Max Bill als Architekt,* Baden, Lars Müller, 1991, pp. 193 ff.

23 Max Bill: "Einführung", in Wassily Kandinsky, *Essays über Kunst und Künstler,* ed. M. Bill, Berne-Bümpliz, Benteli, 1955, 1973 edition, pp. 10–11. Kandinsky himself dealt with the theme of the "painting disease" at the Bauhaus; compare W. Kandinsky: "Die kahle Wand", 1929, in the same volume, pp. 129–132.

24 Concerning this change, see also Stanislaus von Moos: "Recycling Max Bill", in *minimal tradition: Max Bill und die "einfache Architektur 1942–1996",* Bundesamt für Kultur (ed.), Baden, Lars Müller, 1996, p. 28.

25 Max Bill: "die funktion der gestalteten objekte", in *Zeitschrift für Schweizerische Archäologie und Kunstgeschichte,* no. 1, 1988, p. 50.

26 Giedion: *Mechanization Takes Command,* op. cit., p. 531.

27 Beat Wyss: *Die Welt als T-Shirt. Zur Ästhetik und Geschichte der Medien,* Cologne, DuMont, 1997, p. 124.

28 The Avant-garde's advance against the "prevailing taste" is the theme of Giedion's book, *Mechanization Takes Command,* op. cit., compare pp. 336 ff. and others.

29 *max bill,* Catalogue, Museum der Stadt Ulm, 1956, pp. 12–13. The text was ostensibly taken from a calendar published by the Adult Education Program of Ulm in 1949.

30 Tomás Maldonado: *Max Bill,* Buenos Aires, Nueva Visión, 1955, p. 19. The first text, in which Bill writes about "bill-reklame", the topic is already the goal of the "total human"; compare "bill-zürich", in *Gefesselter Blick. 25 kurze Monografien und Beiträge über neue Werbegestaltung,* ed. Heinz and Bodo Rasch, Stuttgart, Zaugg, 1930; reprint: Baden, Lars Müller, 1996, pp. 23–25.

31 Eugen Gomringer: "max bill – der universale gestalter", in *max bill,* Catalogue, Städtisches Museum Leverkusen, Schloss Morsbroich, 1959, pp. 4–7; compare also Gomringer: "Max Bill: Vielfalt und Einheit der gestalteten Welt", in *Werk,* no. 8, 1960, pp. 289–291. Gomringer was Bill's secretary at the College of Design in Ulm between 1954 and 1957.

32 Will Grohmann: "Max Bill und die Synthese", in *Werk,* no. 7, 1957, pp. 247–249.

33 Stanislaus von Moos: "Schweizer Architektur: Von der Utopie zur Realität und zurück", in *Schweizer Journal,* no. 1/2, 1985, p. 74. To outline the artistic intentions of Le Corbusier and Bill, the author borrows "Einheit von Seele und Wirtschaft" from Robert Musil's *Mann ohne Eigenschaften.*

34 "max bill beantwortet fragen von margit staber", in *max bill – neue werke/recent works,* Catalogue, Marlborough Gallery, Zurich, 1972, unpaginated.

35 Jan Tschichold: *Die Neue Typographie. Ein Handbuch für zeitgemäss Schaffende,* Berlin, Verlag des Bildungsverbandes der Deutschen Buchdrucker, 1928; reprint: Berlin, Brinkmann & Bose, 1987. The Swiss Werkbund invited Tschichold to a lecture in Zurich on December 17, 1928; compare "Die Neue Typographie", in *Das Werk,* no. 1, 1929, p. XV.

36 Dwight MacDonald: "A Theory of Mass Culture", in *Mass Culture: The popular Arts in America,* Bernard Rosenberg and David Manning White (ed.), Glencoe, Illinois, 1957, p. 60.

37 Jan Tschichold: "Die Gestaltung der Werbemittel", in *planvolles werben – vom briefkopf bis zum werbefilm,* Catalogue, Gewerbemuseum Basel, 1934, p. 19. The Swiss Werkbund contributed substantially to the show. Bill was represented by his commercial art for Wohnbedarf AG and Trudi Stössel's gymnastics school.

38 Ute Brüning (ed.): *Das A und O des Bauhauses. Bauhauswerbung: Schriftbilder, Drucksachen, Ausstellungsdesign,* Leipzig, Bauhaus-Archiv, Edition Leipzig, 1995; and: Gerd Fleischmann: *bauhaus. drucksachen, typographie, reklame,* Düsseldorf, Marzona, 1984.

39 Margit Staber: "Die Anfänge der Konkreten Kunst", in *Werk,* no. 10, 1960, pp. 367–374.

40 Richard Paul Lohse: "Zur soziologischen Situation des Grafikers", in *Neue Grafik,* no. 3, 1959, p. 58. Bruno Margadant gathered together a few of the socially-oriented works of commercial art by the two protagonists of Zurich concrete art and wrote a brief commentary; compare B. Margadant: "Inhalt findet Form. Graphische und typographische Arbeiten von Max Bill und Richard P. Lohse", in *Das Neue Bauen in der Ostschweiz. Ein Inventar,* SWB Schweizerischer Werkbund Sektion Ostschweiz (ed.), St. Gallen, SWB, 1989, pp. 55–70.

41 Max Bill: "Kataloge für Kunstausstellungen 1936–1958", in *Neue Grafik,* no. 2, 1959, pp. 13–20. Bill provides commentary on the design of this and other catalogues.

42 Max Bill: "konkrete gestaltung", 1936, op. cit., p. 9; compare also Rudolf Koella: *Dreissiger Jahre Schweiz, Konstruktive Kunst 1915–45,* Catalogue, Kunstmuseum Winterthur, 1981.

43 Erwin Panofsky: "Stil und Stoff im Film", originally published in English as *Style and Medium in the Motion Picture,* 1934, in *Filmkritik,* no. 6, 1967, pp. 343–355.

44 Max Bill: "über typografie", in *Schweizer Graphische Mitteilungen,* no. 4, 1946, pp. 193–200. The concept can also be found in Paul Renner's *mechanisierte grafik – Schrift, Typo, Foto, Film, Farbe,* Berlin, Hermann Reckendorf, 1930, p. 71. For Bill, "functional typography" or "organic typography" is a further development of basic typography. In October of 1925, Jan Tschichold published his "elementare typographie" as a special issue of *typographische mitteilungen.* Theo van Doesburg also makes a strong case for a basic typo-

22 Der Begriff ‹Transversale› stammt in diesem Zusammenhang von Hans Frei; vgl. ders.: *Konkrete Architektur? Über Max Bill als Architekt,* Baden, Lars Müller, 1991, S. 193 ff.

23 Max Bill: ‹Einführung›, in: ders. (Hrsg.): Wassily Kandinsky, *Essays über Kunst und Künstler,* Bern-Bümpliz, Benteli, 1955, Auflage 1973, S. 10 f. Kandinsky selber thematisierte die «Mal-Krankheit» am Bauhaus, vgl. ders.: ‹Die kahle Wand›, 1929, in: ders.: *Essays über Kunst und Künstler,* S. 129–132.

24 Vgl. zu dieser Wende auch Stanislaus von Moos: ‹Recycling Max Bill›, in: Bundesamt für Kultur (Hrsg.): *minimal tradition: Max Bill und die «einfache Architektur 1942–1996»,* Baden, Lars Müller, 1996, S. 28.

25 Max Bill: ‹die funktion der gestalteten objekte›, in: *Zeitschrift für Schweizerische Archäologie und Kunstgeschichte,* Heft 1, 1988, S. 50.

26 Giedion: *Herrschaft der Mechanisierung,* op. cit., S. 531.

27 Beat Wyss: *Die Welt als T-Shirt. Zur Ästhetik und Geschichte der Medien,* Köln, DuMont, 1997, S. 124.

28 Das Vorgehen der Avantgarde gegen den «herrschenden Geschmack» ist das Thema von Giedions *Die Herrschaft der Mechanisierung,* op. cit., vgl. u. a. S. 366 ff.

29 Zitiert aus: *max bill,* Katalog, Museum der Stadt Ulm, 1956, S. 12 f. Der Text stammt angeblich aus einem Kalender, den die Ulmer Volkshochschule 1949 herausgab.

30 Tomás Maldonado: *Max Bill,* Buenos Aires, Nueva Visión, 1955, S. 19. Im ersten Text, den Bill über die ‹bill-reklame› verfaßte, ist schon vom Ziel des «totalen Menschen» die Rede, vgl.: ‹bill-zürich›, in: Heinz und Bodo Rasch (Hrsg.): *Gefesselter Blick. 25 kurze Monografien und Beiträge über neue Werbegestaltung,* Stuttgart, Zaugg, 1930 (Reprint 1996), S. 23–25.

31 Eugen Gomringer: ‹max bill – der universale gestalter›, in: *max bill, Katalog,* Städtisches Museum Leverkusen, Schloß Morsbroich, 1959, S. 4–7; vgl. auch ders.: ‹Max Bill: Vielfalt und Einheit der gestalteten Welt›, in: *Werk,* Heft 8, 1960, S. 289–291. Gomringer war zwischen 1954 und 1957 Bills Sekretär an der Hochschule für Gestaltung Ulm.

32 Will Grohmann: ‹Max Bill und die Synthese›, in: *Werk,* Heft 7, 1957, S. 247–249.

33 Stanislaus von Moos: ‹Schweizer Architektur: Von der Utopie zur Realität und zurück›, in: *Schweizer Journal,* Heft 1/2, 1985, S. 74. «Einheit von Seele und Wirtschaft» entnimmt der Autor Robert Musils *Mann ohne Eigenschaften,* um Le Corbusiers und Bills künstlerische Intentionen zu umreißen.

34 ‹max bill beantwortet fragen von margit staber›, in: *max bill – neue werke/recent works,* Katalog, Marlborough Galerie, Zürich, 1972, unpaginiert.

35 Jan Tschichold: *Die Neue Typographie. Ein Handbuch für zeitgemäß Schaffende,* Berlin, Verlag des Bildungsverbandes der deutschen Buchdrucker, 1928 (Reprint: Berlin, Brinkmann & Bose, 1987). Der Schweizerische Werkbund hatte Tschichold am 17. Dezember 1928 zu einem Vortrag nach Zürich eingeladen, vgl.: ‹Die Neue Typographie›, in: *Das Werk,* Heft 1, 1929, S. XV.

36 Dwight MacDonald: ‹A Theory of Mass Culture›, in: Bernard Rosenberg and David Manning White (Hrsg.): *Mass Culture: The popular Arts in America,* Glencoe, Illinois, 1957, S. 60.

37 Jan Tschichold: ‹Die Gestaltung der Werbemittel›, in: *planvolles werben – vom briefkopf bis zum werbefilm,* Katalog, Gewerbemuseum Basel, 1934, S. 19. Der Schweizerische Werkbund war maßgeblich an der Schau beteiligt. Bill war mit gebrauchsgrafischen Arbeiten für die Wohnbedarf AG und Trudi Stössels Gymnastikschule vertreten.

38 Ute Brüning (Hrsg.): *Das A und O des Bauhauses. Bauhauswerbung: Schriftbilder, Drucksachen, Ausstellungsdesign,* Leipzig, Bauhaus-Archiv, Edition Leipzig, 1995; und: Gerd Fleischmann: *bauhaus. drucksachen, typographie, reklame,* Stuttgart, Oktagon, 1984.

39 Margit Staber: ‹Die Anfänge der Konkreten Kunst›, in: *Werk,* Heft 10, 1960, S. 367–374.

40 Richard Paul Lohse: ‹Zur soziologischen Situation des Grafikers›, in: *Neue Grafik,* Heft 3, 1959, S. 58. Bruno Margadant hat einige der sozial engagierten gebrauchsgrafischen Arbeiten der beiden Protagonisten der Zürcher Konkreten zusammengestellt und knapp kommentiert, vgl. ders.: ‹Inhalt findet Form. Grafische und typografische Arbeiten von Max Bill und Richard P. Lohse›, in: SWB Schweizerischer Werkbund Sektion Ostschweiz (Hrsg.): *Das Neue Bauen in der Ostschweiz. Ein Inventar,* St. Gallen, SWB, 1989, S. 55–70.

41 Max Bill: ‹Kataloge für Kunstausstellungen 1936–1958›, in: *Neue Grafik,* Heft 2, 1959, S. 13–20. Bill kommentiert die Gestaltung dieses und anderer Kataloge.

42 Max Bill: ‹konkrete gestaltung›, 1936, op. cit., S. 9; vgl. auch: Rudolf Koella: *Dreißiger Jahre Schweiz, Konstruktive Kunst 1915–45,* Katalog, Kunstmuseum Winterthur, 1981.

43 Erwin Panofsky: ‹Stil und Stoff im Film› (engl. Originaltitel: *Style and Medium in the Motion Picture,* 1934), in: *Filmkritik,* Heft 6, 1967, S. 343–355.

44 Max Bill: ‹über typografie›, in: *Schweizer Graphische Mitteilungen,* Heft 4, 1946, S. 193–200. Der Begriff ist auch in Paul Renner: *mechanisierte grafik – Schrift, Typo, Foto, Film, Farbe,* Berlin, Hermann Reckendorf, 1930, S. 71, zu finden. Für Bill ist «funktionelle typografie» oder «organische typografie» eine Weiterentwicklung der elementaren Typografie. Im Oktober 1925 hatte Jan Tschichold seine «elementare typographie» als Sonderheft der *typographischen mitteilungen* herausgegeben. Für eine elementare Typografie ohne zusätzliche Typosignale machte sich auch Theo van Doesburg stark, vgl. ders.: ‹Das Buch und

graphy without additional typological signals in his essay, "Das Buch und seine Gestaltung", in *Die Form – Zeitschrift für gestaltende Arbeit,* no. 21, 1929, pp. 566–571. Karl Gerstner offers a somewhat postmodern reply to this position in "Integrale Typographie", in *Typographische Monatsblätter,* no. 6/7, 1959, pp. 340–350.

45 Peter Meyer: "Neuzeitliche Geschäftshäuser", in *Das Werk,* no. 1, 1934, pp. 1–11; and Staber and Gmür: *um 1930 in Zürich,* op. cit. Hubacher & Steiger were not the only ones occupying the Zett-Haus in the 1930s. Graphic designers Richard Paul Lohse, Hans Trommer, Herbert Matter and occasionally even Anton Stankowski all either lived or worked there. Moreover, after 1933 the building was a place of refuge for German emigrants. Compare R. P. Lohse: "Zetthaus", in *Dreissiger Jahre Schweiz – ein Jahrzent im Widerspruch,* Catalogue, Kunsthaus Zurich, 1982, pp. 89–98.

46 Christoph Bignens: *Kinos – Architektur als Marketing,* Zurich, Rohr, 1988.

47 Bill solidified his ideas regarding lettering on buildings; compare Bill: "über gebäudebeschriftungen", in *Schweizer Reklame,* no. 3, 1933, pp. 64–65.

48 Arthur Rüegg (ed.): *Das Atelierhaus Max Bill 1932/33. Ein Wohn- und Atelierhaus in Zürich-Höngg von Max Bill und Robert Winkler,* Sulgen, Niggli, 1997.

49 Neuburg: *Schweizer Industrie Grafik,* op. cit., p. 9.

50 Max Bill: "Zu Marcel Duchamp", in *Dokumentation über Marcel Duchamp,* Catalogue, Kunstgewerbemuseum Zurich, 1960, p. 5. This essay deals with Bill's *15 Variations on a Theme* and Duchamp's *Rotoreliefs.*

51 Paul Renner: *mechanisierte grafik – Schrift, Typo, Foto, Film, Farbe,* Berlin, Reckendorf, 1930.

52 Compare Arturo Carlo Quintavalle (ed.): *Max Bill,* Catalogue, Parma, Università, Centro studi e archivio della communicazione, 1977; and Bill: "Monde", in *lichter rhythmus,* 1945; "Wolken", in *Quadrat im Quadrat,* 1960.

53 André Chastel: 1912, cit. from William Rubin: *Picasso und Braque. Die Geburt des Kubismus,* Catalogue, Kunstmuseum Basel, 1990, p. 32.

54 Lohse worked at Dalang from October 8, 1918 to August 30, 1930; Carigiet from March 26, 1923 to August 31, 1926; Neuburg from October 3, 1927 to June 23, 1928; Trommer from September 17, 1928 to November 30, 1929; Stankowski from February 17, 1930 to May 13, 1933. The author thanks Peter Dalang, son of Max Dalang, for this information.

55 Compare Dalang as advertising pioneer in Markus Kutter: *Werbung in der Schweiz. Geschichte einer unbekannten Branche,* Zofingen, Ringier, 1983; and: Karl Erny: "Die Pioniere der Schweizer Reklameberatung", in *idee – Zeitschrift für angewandte Kreativität,* no. 1, 1981, pp. 18–26.

56 Angela Thomas: "Max Bill: The Early Years. An Interview", in *The Journal of Decorative and Propaganda Arts,* no. 19, 1993, pp. 98–119.

57 Max Bill: "rund um 'die Augen'", in *splitter,* no. 2, 1971, unpaginated, Zurich, Galerie Scheidegger und Maurer.

58 Max Burchartz: "Die Gestaltung des Drucksatzes", published 1925, recently in Burchartz: *Typografische Arbeiten 1924–1931,* reprint, Baden, Lars Müller, 1993, pp. 54–55.

59 Max Bill: "konkrete gestaltung", op. cit.

60 Compare, among other, Hans Neuburg: "30 Jahre Konstruktive Grafik", in *Neue Grafik,* no. 3, 1959, pp. 27–35; and Stephan von Wiese (ed.): *Anton Stankowski. Das Gesamtwerk,* Stuttgart, Hatje, 1983; and: Weinberg-Staber: *Werbestil 1930–1940,* op. cit.

61 Richard Paul Lohse, Josef Müller-Brockmann, Hans Neuburg, Carlo L. Vivarelli: "Einführung", in *Neue Grafik,* no. 1, 1958, p. 2.

62 Under the pseudonym Peter Martin: *Der Kaufmann PB. Ein Schweizer Kaufmannsleben zwischen zwei Weltkriegen,* Zurich, Schweizer Spiegel, 1943.

63 Adolf Behne: "Kultur, Kunst und Reklame", in *Das Neue Frankfurt,* no. 3, 1927, pp. 57–63. The American advertising industry had had its eye on (European) modern art since the mid-twenties and discovered, among other things, the design elements of asymmetry, the diagonal and white space. Compare Roland Marchand: *Advertising the American Dream. Making Way for Modernity 1920–1940,* Berkeley, 1985, chap. "Modern Art and Advertising Dynamics", pp. 140–148. Already from 1924 on, in many of the works advertising the agency itself, Dalang Reklame AG was promoting this method of "Neue Typografie" for the advertising issuing from the agency (compare, among others, *NZZ,* April 20, 1924 and August 16, 1926).

64 Max Bill: "bill-zürich", in *Gefesselter Blick. 25 kurze Monografien und Beiträge über neue Werbegestaltung,* Heinz und Bodo Rasch (ed.), Stuttgart, Zaugg, 1930, pp. 23–25.

65 Compare the self-advertising of Dalang AG Reklame in *NZZ,* May 2, 1922, "Dampf oder Segel?"

66 *planvolles werben – vom briefkopf bis zum werbefilm,* Catalogue, Gewerbemuseum Basle, 1934; see also note 36. Hans Neuburg later pointed out rightly that American advertising was naturalistic and illustrative in comparison to constructive European advertising; compare Neuburg: "Industriewerbung", in Weinberg-Staber, *Werbestil 1930–1940,* op. cit., p. 63.

67 Max Bill: "konkrete gestaltung", op. cit., p. 9.

seine Gestaltung›, in: *Die Form – Zeitschrift für gestaltende Arbeit,* Heft 21, 1929, S. 566–571. Eine – gewissermaßen postmoderne – Antwort auf diese modernen Positionen gibt Karl Gerstners ‹Integrale Typographie›, in: *Typographische Monatsblätter,* Heft 6/7, 1959, S. 340–350.

45 Peter Meyer: ‹Neuzeitliche Geschäftshäuser›, in: *Das Werk,* Heft 1, 1934, S. 1–11; und: Staber und Gmür: *um 1930 in Zürich,* op. cit. Im Zett-Haus der 30er Jahre wohnten oder arbeiteten nicht nur Hubacher & Steiger, sondern auch die Grafiker Richard Paul Lohse, Hans Trommer, Herbert Matter und zeitweise auch Anton Stankowski. Zudem war nach 1933 dieses Haus Zufluchtsort deutscher Emigranten. Vgl. dazu: R. P. Lohse, ‹Zetthaus›, in: *Dreissiger Jahre Schweiz – ein Jahrzehnt im Widerspruch,* Katalog, Kunsthaus Zürich, 1982, S. 89–98.

46 Christoph Bignens: *Kinos – Architektur als Marketing,* Zürich, Rohr, 1988.

47 Bill hat seine Auffassung von Schrift am Bau festgehalten; vgl. ders.: ‹über gebäudebeschriftungen›, in: *Schweizer Reklame,* Heft 3, 1933, S. 64f.

48 Arthur Rüegg (Hrsg.): *Das Atelierhaus Max Bill 1932/33. Ein Wohn- und Atelierhaus in Zürich-Höngg von Max Bill und Robert Winkler,* Sulgen, Niggli, 1997.

49 Neuburg: *Schweizer Industrie Grafik,* op. cit., S. 9.

50 Max Bill: ‹Zu Marcel Duchamp›, in: *Dokumentation über Marcel Duchamp,* Katalog, Kunstgewerbemuseum Zürich, 1960, S. 5. Die Rede ist von Bills *15 Variationen über ein Thema* und Duchamps *Rotoreliefs.*

51 Paul Renner: *mechanisierte grafik – Schrift, Typo, Foto, Film, Farbe,* Berlin, Reckendorf, 1930.

52 Vgl.: Arturo Carlo Quintavalle (Hrsg.): *Max Bill,* Katalog, Parma, Università, Centro studi e archivio della communicazione, 1977; vgl. Bills ‹Monde› in *lichter rhythmus,* 1945; die ‹Wolken› in *Quadrat im Quadrat,* 1960.

53 André Chastel, 1912, zitiert nach: William Rubin: *Picasso und Braque. Die Geburt des Kubismus,* Katalog, Kunstmuseum Basel, 1990, S. 32.

54 Lohse arbeitete bei Dalang vom 8. Oktober 1918 bis 30. August 1930; Carigiet vom 26. März 1923 bis 31. August 1926; Neuburg vom 3. Oktober 1927 bis 23. Juni 1928; Trommer vom 17. September 1928 bis 30. November 1929; Stankowski vom 17. Februar 1930 bis 13. Mai 1933. Der Autor dankt Peter Dalang, dem Sohn Max Dalangs, für diese Angaben.

55 Vgl. zu Dalang als Reklamepionier: Markus Kutter: *Werbung in der Schweiz. Geschichte einer unbekannten Branche,* Zofingen, Ringier, 1983; und: Karl Erny, ‹Die Pioniere der Schweizer Reklameberatung›, in: *idee – Zeitschrift für angewandte Kreativität,* Heft 1, 1981, S. 18–26.

56 Angela Thomas: ‹Max Bill: The Early Years. An Interview›, in: *The Journal of Decorative and Propaganda Arts,* Heft 19, 1993, S. 98–119.

57 Max Bill: ‹rund um 'die Augen'›, in: *splitter,* Heft 2, 1971, unpaginiert, Publikation der Galerie Scheidegger und Maurer Zürich.

58 Max Burchartz: ‹Die Gestaltung des Drucksatzes›, publiziert 1925, neuerdings in: ders.: *Typografische Arbeiten 1924–1931,* Reprint, Baden, Lars Müller, 1993, S. 54f.

59 Max Bill: ‹konkrete gestaltung›, op. cit.

60 Vgl. u. a.: Hans Neuburg: ‹30 Jahre Konstruktive Grafik›, in: *Neue Grafik,* Heft 3, 1959, S. 27–35; und: Stephan von Wiese (Hrsg.): *Anton Stankowski. Das Gesamtwerk,* Stuttgart, Hatje, 1983; und: Weinberg-Staber, *Werbestil 1930–1940,* op. cit.

61 Richard Paul Lohse, Josef Müller-Brockmann, Hans Neuburg, Carlo L. Vivarelli: ‹Einführung›, in: *Neue Grafik,* Heft 1, 1958, S. 2.

62 Unter dem Pseudonym Peter Martin: *Der Kaufmann PB. Ein Schweizer Kaufmannsleben zwischen zwei Weltkriegen,* Zürich, Schweizer Spiegel, 1943.

63 Adolf Behne: ‹Kultur, Kunst und Reklame›, in: *Das Neue Frankfurt,* Heft 3, 1927, S. 57–63. Die amerikanische Werbebranche liebäugelte seit Mitte der zwanziger Jahre mit der Kunst der (europäischen) Moderne und entdeckte dabei unter anderem die Asymmetrie, die Diagonale und den weißen Raum als Gestaltungsmittel. Vgl. dazu: Roland Marchand: *Advertising the American Dream. Making Way for Modernity 1920–1940,* Berkeley, 1985, Kap. ‹Modern Art and Advertising Dynamics›, S. 140–148. Schon ab 1924 machte die Dalang Reklame AG in vielen Eigeninseraten, die sie in der Neuen Zürcher Zeitung plazierte, diese Mittel der neuen Typografie für die von ihr gestaltete Werbung geltend (vgl. u. a. *NZZ,* 20. April 1924 oder 16. August 1926).

64 Max Bill: ‹bill-zürich›, in: Heinz und Bodo Rasch (Hrsg.): *Gefesselter Blick. 25 kurze Monografien und Beiträge über neue Werbegestaltung,* Stuttgart, Zaugg, 1930, S. 23–25.

65 Vgl. die Eigenanzeige der Dalang AG Reklame, in: *NZZ,* 2. Mai 1922, ‹Dampf oder Segel?›.

66 *planvolles werben – vom briefkopf bis zum werbefilm,* Katalog, Gewerbemuseum Basel, 1934 (vgl. auch Anm. 36). Hans Neuburg wies später zu Recht darauf hin, daß die amerikanische Werbung im Gegensatz zur konstruktiven europäischen, naturalistisch-illustrativ war, vgl. ders.: ‹Industriewerbung›, in: Weinberg-Staber, *Werbestil 1930–1940,* op. cit., S. 63.

67 Max Bill: ‹konkrete gestaltung›, op. cit., S. 9.

68 *Max Bill,* Catalogue, Museum der Stadt Ulm, 1956, p. 6.

69 Niels L. Prak: *Architects: the Noted and the Ignored,* Chichester, 1984; and: Beat Wyss: *Die Welt als T-Shirt,* op. cit., pp. 107–108; and: Oskar Bätschmann: *Ausstellungskünstler: Kult und Karriere im modernen Kunstsystem,* Cologne, DuMont, 1997; Unjustly, Bätschmann never mentions Bill. In this connection, Boris Groys explains the calculated innovation strategies; see Groys: *Über das Neue. Versuch einer Kulturökonomie,* Munich, 1992.

70 Eduard Hüttinger: "Max Bill", in *NZZ,* December 29, 1968, p. 49.

71 Rasch: *Gefesselter Blick,* op. cit., compare "bill-zürich", pp. 23–25.

72 Frei: *Konkrete Architektur?,* op. cit., p. 222.

73 Max Bill: "mein bericht zu robert maillart", in *Robert Maillart – Brückenschläge,* Catalogue, Museum für Gestaltung Zurich, 1990, pp. 5–9.

74 Compare Bill's earlier involvement in the "Left": Angela Thomas Jankowski: "Max Bill und seine Konzeption von Konkreter Kunst. Die Anfänge in Zürich", in *Tages-Anzeiger,* Zurich, January 9, 1982, pp. 41–42. Later, as a party member of the "Schweizerische Landesring der Unabhängigen", Bill sat in the parliament of the city of Zurich (1961–1968) and of the Swiss Confederacy in the Berne Federal Parliament buildings (1967–71). The party, which had been in existence since the end of the thirties, initially pursued the goal of a social market economy. Compare Bill's later political position in Jankowski: "Das Behagen im Kleinstaat", in *NZZ,* December 24, 1968, pp. 5–6.

75 Adolf Max Vogt: "über max bill", in *max bill – malerei und plastik 1928–1968,* Catalogue, Kunsthalle Bern, 1968, p. 7.

76 Eduard Hüttinger: *max bill,* Zurich, ABC, 1977; and: Valentina Anker: *Max Bill ou la recherche d'un art logique. Essai d'une analyse structurale de l'œuvre d'art,* Lausanne, l'age d'homme, 1979.

77 Max Bill: "Ausstellungen. Ein Beitrag zur Abklärung von Fragen der Ausstellungs-Gestaltung", in *Werk,* no. 3, 1948, pp. 65–69; and Bill: "Zur Gestaltung von Ausstellungen", in *Neue Grafik,* no. 4, 1959, pp. 2–7.

78 Max Bill: "Die mathematische Denkweise", op. cit.

79 Max Bill: *Die gute Form. Wanderausstellung des Schweizerischen Werkbundes,* Catalogue, Kunstgewerbemuseum Zurich, 1949; and: Peter Erni: *Die gute Form. Eine Aktion des Schweizerischen Werkbundes. Dokumentation und Interpretation,* Baden, Lars Müller, 1983.

80 Max Bill: "Schönheit aus Funktion und als Funktion", in *Werk,* no. 8, 1949, pp. 272–281; compare also Stanislaus von Moos: "Schönheit als Funktion. Anmerkungen zu Max Bill", in Arthur Rüegg, Ruggero Tropeano (ed.): *Wege zur "Guten Form",* Basle, Birkhäuser, 1995, pp. 69–72.

81 Max Bill: *FORM, eine Bilanz über die Formentwicklung um die Mitte des XX. Jahrhunderts,* Basle, Karl Werner, 1952.

82 Peter Meyer: "Notizen von der VI. Triennale Mailand", in *Das Werk,* no. 10, 1936, pp. 312–315. The exhibition architecture is by Bill, as are the abstract sculptures. Meyer writes: "Bill's abstract forms act as functional traffic regulators and provide sculptural accents. One wouldn't have liked to do without them, but they are – especially at the entrance – a bit too wide, and one could perhaps have done with a little less."

83 Stanislaus von Moos: "Eine Name und ein Kopf wie ein Programm", in *Die Weltwoche,* no. 15, December 15, 1994, pp. 61–62. The author sees something of Bill's quintessential economical handling of form in the signature brevity of his name and connects them both with the idea of fame.

68 *Max Bill,* Katalog, Museum der Stadt Ulm, 1956, S. 6.

69 Niels L. Prak: *Architects: the Noted and the Ignored,* Chichester, 1984; und: Beat Wyss: *Die Welt als T-Shirt,* op. cit., S. 107 f; und: Oskar Bätschmann, *Ausstellungskünstler: Kult und Karriere im modernen Kunstsystem,* Köln, DuMont, 1997; Bill kommt bei Bätschmann zu Unrecht nicht zur Sprache. In diesem Zusammenhang legt Boris Groys die kalkulierten Innovationsstrategien dar; vgl. ders.: *Über das Neue. Versuch einer Kulturökonomie,* München, 1992.

70 Eduard Hüttinger: ‹Max Bill›, in: *NZZ,* 29. Dezember 1968, S. 49.

71 Rasch: *Gefesselter Blick,* op. cit., vgl.: ‹bill-zürich›, S. 23–25.

72 Frei: *Konkrete Architektur?,* op. cit., S. 222.

73 Max Bill: ‹mein bericht zu robert maillart›, in: *Robert Maillart – Brückenschläge,* Museum für Gestaltung Zürich, 1990, S. 5–9.

74 Vgl. zu Bills früherem Engagement für die ‹Linke›: Angela Thomas Jankowski: ‹Max Bill und seine Konzeption von Konkreter Kunst. Die Anfänge in Zürich›, in: *Tages-Anzeiger,* Zürich, 9. Januar 1982, S. 41 f. Bill saß in späteren Jahren als Fraktionsmitglied des ‹Schweizerischen Landesrings der Unabhängigen› in den Parlamenten der Stadt Zürich (1961–68) und der Eidgenossenschaft im Berner Bundeshaus (1967–71). Die seit Ende der dreißiger Jahre existierende Partei verfolgte anfänglich das Ziel einer sozialen Marktwirtschaft. Vgl. zu Bills späterer politischen Position ders.: ‹Das Behagen im Kleinstaat›, in: *NZZ,* 24. Dezember 1968, S. 5 f.

75 Adolf Max Vogt: ‹über max bill›, in: *max bill – malerei und plastik 1928-1968,* Katalog, Kunsthalle Bern, 1968, S. 7.

76 Eduard Hüttinger: *max bill,* Zürich, ABC, 1977; und: Valentina Anker: *Max Bill ou la recherche d'un art logique. Essai d'une analyse structurale de l'œuvre d'art,* Lausanne, l'age d'homme, 1979.

77 Max Bill: ‹Ausstellungen. Ein Beitrag zur Abklärung von Fragen der Ausstellungs-Gestaltung›, in: *Werk,* Heft 3, 1948, S. 65–69; und ders.: ‹Zur Gestaltung von Ausstellungen›, in: *Neue Grafik,* Heft 4, 1959, S. 2–7.

78 Max Bill: ‹Die mathematische Denkweise›, op. cit.

79 Max Bill: *Die gute Form. Wanderausstellung des Schweizerischen Werkbundes,* Katalog, Kunstgewerbemuseum Zürich, 1949; und: Peter Erni: *Die gute Form. Eine Aktion des Schweizerischen Werkbundes. Dokumentation und Interpretation,* Baden, Lars Müller, 1983.

80 Max Bill: ‹Schönheit aus Funktion und als Funktion›, in: *Das Werk,* Heft 8, 1949, S. 272–281; vgl. dazu auch: Stanislaus von Moos: ‹Schönheit als Funktion. Anmerkungen zu Max Bill›, in: Arthur Rüegg, Ruggero Tropeano (Hrsg.): *Wege zur 'Guten Form',* Basel, Birkhäuser, 1995, S. 69–72.

81 Max Bill: *FORM, eine Bilanz über die Formentwicklung um die Mitte des XX. Jahrhunderts,* Basel, Karl Werner, 1952.

82 Peter Meyer: ‹Notizen von der VI. Triennale Mailand›, in: *Das Werk,* Heft 10, 1936, S. 312–315. Die Ausstellungsarchitektur stammte von Bill, ebenso die abstrakten Plastiken. Meyer dazu: «Die abstrakten Billschen Formgebilde betätigen sich als nützliche Verkehrsregler und setzten plastische Akzente. Man hätte sie nicht missen mögen, nur machten sie sich – besonders am Eingang – etwas zu breit, und man hätte vielleicht mit weniger auskommen können.»

83 Stanislaus von Moos: ‹Ein Name und ein Kopf wie ein Programm›, in: *Die Weltwoche,* 15. Dezember 1994, S. 61–62. Der Autor sieht in der signalhaften Kürze des Namens so etwas wie die Quintessenz von Bills ökonomischem Umgang mit Form und bringt beides in Verbindung mit Ruhm.

Von Max Bill im Allianz-Verlag herausgegeben:

arp : 11 configurations, Holzschnitte, 1945.
Texte von Jean Arp und Gabrielle Buffet-Picabia, Einführung von Max Bill.

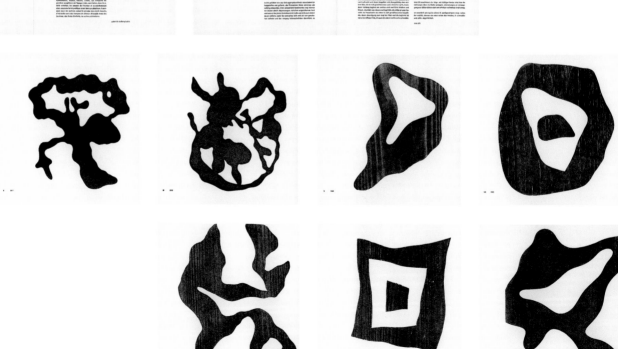

Max Bill, der sich oft zur Kunst und zu Künstlern, zur Gestaltung der Umwelt und zu vielen anderen Themen äußerte, hat nicht gerade viel Schriftliches zur Typografie hinterlassen. Der Aufsatz ‹über typografie› von 1946 ist als der wichtigste Beitrag zum Thema mittlerweile bekannt geworden; er gilt als *das* Dokument zur «funktionellen» oder «organischen» Typografie. Bill konnte sich auf eine fast zwanzigjährige Praxis stützen und typografische Arbeiten anfügen, «die den weg zeigen sollen, den eine funktionelle und organische typografie gehen kann». – *Kann,* aber nicht *muß:* Bill war nicht stur im Beispiel, dagegen hart in der Sache und konnte nicht verstehen, daß man zum achsialen Renaissanceschema in der Typografie zurückkehren kann.

Die beiden kurzen Texte ‹über gebäudebeschriftungen›, 1933, und ‹ausstellungs-reklamebauten›, 1934, sind wohl eher Gelegenheiten gewesen, sich zu Themen zu äußern, die Bill im Zusammenhang mit Aufträgen interessierten. «der ausstellungsstand ist ein räumlich-psychologisches gebilde [...]», hebt unvermittelt einer der Texte an, um nach wenigen Sätzen abzubrechen. Die Abbildungen sollten, neben knappen Bildlegenden, für sich sprechen.

Prononciert Stellung zur Typografie nimmt Bill in dem von nur vier Arbeiten begleiteten Text (ohne Titel) «die typografie ist der grafische ausdruck unserer zeit [...]» von 1937, der in seiner konzisen Ausprägung an den im Jahr zuvor zur Kunst der Gegenwart verfaßten Text ‹konkrete gestaltung› erinnert.

Nicht zu übersehen ist die ziemlich forsche Selbstpräsentation des erst gut einundzwanzigjährigen Bill im Buch *Gefesselter Blick* von 1930. In diesem Kompendium zeitgenössischen typografischen Schaffens befindet er sich mit Baumeister, Burchartz, Canis, Cyliax, Dexel, Domela, Gräff, Heartfield, Lissitzky, Moholy-Nagy, Schuitema, Schwitters, Teige, Tschichold, Vordemberge-Gildewart, Zwart und anderen in einer illustren Gesellschaft. Bill stand damals noch ganz am Anfang seiner Karriere als Typograf.

In diesem Buch sind diejenigen Texte von Bill aufgenommen, die um Typografie, Reklame, Schrift, eingeschlossen Bau- und Standbeschriftungen, kreisen. Die von Bill gestalteten Zeitschriftenbeiträge sowie die Skripte sind abgebildet. Dabei bildet der Beitrag im Buch *Gefesselter Blick,* der nicht von Bill gestaltet ist, eine Ausnahme. Alle Texte in den Abbildungen sind zum leichteren Lesen in einem größeren Schriftgrad nachgesetzt und abgedruckt.

Max Bill, who often spoke about art and artists, about the design of the environment and many other themes, did not exactly leave behind much writing about typography. The essay "über typografie" from 1946 has become the most important contribution to the theme; it is considered to be *the* document about "functional" or "organic" typography. Bill was able to make use of nearly 20 years of practice, citing typographic works, "that should show the direction in which a functional and organic typography can develop". – *Can,* but not *must:* Bill was not stubborn about examples, yet tenacious about the issue itself and could not comprehend that one could return to the axial Renaissance scheme in typography.

Both short texts, "über gebäudebeschriftungen" from 1933 and "ausstellungs-reklamebauten" from 1934, were more opportunities to speak about issues which were of interest to Bill in connection with commissions. "the exhibition stand is a spatial-psychological structure [...]", commences one of the texts, which is then interrupted a few sentences later. The illustrations, besides short text legends, should speak for themselves.

Accompanied by merely four works, Bill takes a pronounced position to typography in the text (without a title) "typography is the graphic expression of our time [...]" from 1937. The concise expression reminds one of the text "konkrete gestaltung" concerning contemporary art, written the year before.

The rather outspoken self-presentation of the barely 21-year old Bill in *Gefesselter Blick* from 1930 can not be overlooked. In this manual of contemporary typographic work, Bill finds himself in the illustrious company of Willi Baumeister, Max Burchartz, Johannes Canis, Walter Cyliax, Walter Dexel, John Heartfield, El Lissitzky, László Moholy-Nagy, Paul Schuitema, Kurt Schwitters, Karel Teige, Jan Tschichold, Friedrich Vordemberge-Gildewart, Piet Zwart and others. At the time Bill stood at the outset of his career as a typographer.

In this book those texts have been incorporated which revolve around typography, advertising, typeface and interior building signage and stand signage. The magazine contributions designed by Bill as well as the scripts have been illustrated. The contribution from the book *Gefesselter Blick,* which was not designed by Bill, forms an exception therein. All of the texts in the illustrations have been reset and printed in a larger font size to facilitate their readability.

‹bill-zürich, bill-reklame›, in: Heinz und Bodo Rasch (Hrsg.):
Gefesselter Blick, 1930.

jede gestaltung, im sinne unserer heutigen lebensbedingungen,
erfordert größtmöglichste wirtschaftlichkeit. größtenteils ist klarheit
das wirtschaftlichste. jedoch kann unter gewissen voraussetzungen
das gegenteil eintreten. druckgestaltung ist organisation von satzbildern, die durch lesbarkeit bedingt sind und erfordert psychologische
gedankengänge. die typisierung einer drucksache ist eine zweck-
mäßigkeitsforderung, die variabilität hingegen eine forderung der art-
verschiedenheit der verbraucher. es entspringt daher derselben logik
einem industrieunternehmen den vorschlag zur kleinschreibung über-
zugehen zu machen, wie einem historisch-antiquarischen verein sein
ihm entsprechendes gesicht zu verleihen. / kleinschreibung ist eines-
teils entsprungen aus einem bedürfnis einer vereinfachung, anderteils
aus einem bedürfnis nach formreichtum (gegenüber der schreibweise,
die ausschließlich die versalien berücksichtigt). / typografie ist nicht
das x und das u einer entwicklung, sondern ist vielmehr wirtschaftlich
bedingt, es handelt sich dabei um die ablösung der handarbeit durch
die industrie und mag in vielen Fällen angebracht sein, obschon nicht
immer durch schönheit oder zweckmäßigkeit bedingt. bill

"bill-zürich, bill-reklame", in *Gefesselter Blick,* Heinz und Bodo
Rasch (Publisher), 1930.

every design, seen within our current living conditions, requires
the largest possible economy. frequently, clarity is the most economic
form. nonetheless, the opposite can occur under certain conditions.
print design is the organization of text images, which are determined
by readability and require psychological thought processes. the standardization of print matter is a requirement based on utility. variability,
on the other hand, is a requirement based on the diversity of the user.
as such, making the suggestion to an industrial enterprise to shift to
lowercase type grows out of the same logic, similar to lending the
appropriate face to an historical association. / on the one hand lowercase type grew out of the need for simplification; on the other hand it
grew out of the need for richness of form (compared to the way of
writing which exclusively uses capital letters). / typography is not just
the x and u [the apex] of a development, rather it is more determined
by economics. it is a case here of the shift from hand-work over to
industry and may well be appropriate in many cases, although not
always determined by beauty or utility. bill

bill-zürich bill-reklame, zürich 1, stadelhoferstr. 27
kunstgewerbeschule zürich (metallabteilung) / bauhaus
dessau / seit ende 1928 in zürich, allerhand studierend,
zeichnend malend etc. studien treiben ist das beste
was ein mensch machen kann, denn es ist heute dringend
notwendig menschen zu haben, die auf allen gebieten
orientiert sind. / man kann dazu am anfang zersplitterung
sagen, das resultat hingegen wird der totale mensch
sein.

23
bill-zürich

faltbrief bei erhalt geöffnet
vereinfachung für normale geschäftsbriefe und rechnungen. der brief dient durch zweckmässige faltung gleichzeitig als hülle. der poststempel gibt als amtliches dokument die abgangszeit des briefes an, was bei rechnungen
möglicherweise wesentlich sein kann. / alles wesentliche
ist in schwarz, übrige angaben in hellgrau gedruckt.

folded letter opened upon reception
simplification of standard business correspondence and
invoices. the letter simultaneously serves as an envelope
by folding it. the post office cancellation indicates the departure time of the letter as an official document, which
is of possible importance with invoices. / everything important is in black; other pieces of information are printed
in light grey.

148

bill-zürich bill-reklame, zurich 1, stadelhoferstr. 27
kunstgewerbeschule zurich (metal-working department) /
bauhaus dessau / in zurich since end of 1928, all manner
of studying, drawing, painting, etc. studying is the best
thing a human being can do; for today it is critically important to have people who are at home in all areas. / at the
outset one can say fragmentation; the result, though, will
be the total human being.

einladungskarte zu einer ausstellung des künstlers.
ein bild aus der ausstellung ist als orientiertes [!] beispiel,
blickfangend in der karte angebracht. / farbgebung: grau
kunstdruckkarton, matt / schrift dunkleres grau.

invitation to an exhibition of the artist.
a picture from the exhibition is mounted on the invitation
as an orienting [!] example to catch one's eye. / color
reproduction: grey print board, matt / text darker grey.

24
bill-zürich

25
bill-zürich

Aus dem Brieftext: «es interessiert mich darum, weil
ich einige arbeiten, die diesbezüglich in frage kämen in
arbeit habe. da ich erst seit ca. einem monat mich wieder intensiv mit der ausführung von reklamearbeiten
befasse, habe ich noch sehr wenig neuere unterlagen,
jedoch würde ich auch irgendetwas anständiges finden
im falle das material raschestens abgeliefert werden
müsste, da ich, als einer der einzigen vertreter der
modernen typografie, sogar von kollegen in der
schweiz möglichst gedrückt werde.»

Text from the letter: *"it interests me because i am
working in this regard on several works which would
come into question. since i have only occupied myself
again with advertising work for about one month,
i still have only very few newer documents; nonetheless,
i would certainly find something suitable should the
material have to be delivered very quickly, since i, as one
of the only adherents of modern typography, am being
quite pressed, even from colleagues in switzerland."*

ausstellungsplakat für eine verkaufsausstellung.
kunstgewerbeausstellungen pflegen im allgemeinen
durch einen nach kunst riechenden nimbus die besucher
vom kauf abzuschrecken. das gegenteil davon wäre
‹ausverkauf›. in diesem falle genügt ‹verkauf› um die
leute anzuspornen und sie auf den gedanken zu bringen.
die näheren textlichen angaben sind in geschlossenen
formen untergebracht die entgegengesetzt dem führenden wort ruhig in der fläche stehen und dadurch das
schlagwort in seiner eigenart stützen.

exhibition poster for a sales exhibition.
exhibitions of applied art tend to intimidate visitors from
buying, because of an aura that smells of art. the opposite would be a "sellout". in this case a "sale" is sufficient
in order to motivate the people and bring them to the
thought. the more detailed text passages are given in
closed forms, standing quietly on the surface in contrast
to the caption, thereby supporting the uniqueness of
the headline.

ausstellungsplakat. das auge erfasst wenig auf ein mal,
daher ist der umfangreiche text in ein geschlossenes
feld gesetzt, das als gesamtform gegenüber dem wort
‹auto› steht, welches wiederum als für die ausstellung
typischer blickfänger gewählt ist. die grundfarben des
plakates halten sich an die schweizerfarben rot weiß,
dem sitz der veranstaltung entsprechend.

exhibition poster. the eye takes in little at one time; this
is why the extensive text is set in a closed field, standing
as a whole form vis-à-vis the word "auto", which, once
again, has been chosen as a typical eye-catcher for the
exhibition. the primary colors of the poster are restricted
to the swiss colors red and white, which correspond
to the location of the event.

Werbebrief an die ‹ausstellungsbesucher der verkaufsausstellung winterthur, gewerbemuseum›, Typoskript vom 23.11.1931.

betrifft: normierte geschäftspapiere / durch die vielartigen korrespondenzen welche heute in grosser zahl im geschäftsleben vorkommen, sind die voraussetzungen zu einer durchgreifenden normierung der geschäftspapiere gegeben. / *normierung des papierformates.* es ist praktischer alles gleichgrosse formate zu haben, registraturen, schubladen etc. können immer dieselben sein, ihre ausmasse werden durch das normalformat bestimmt. / *normierung des satzbildes.* als grundlage dieser normierung spielt die schreibmaschine eine grosse rolle. die anordnung ist davon abhängig gemacht dass man mit der maschine am raschesten und zuverlässigsten darauf schreiben kann, dadurch erzielung der grösstmöglichsten übersichtlichkeit. / ausserhalb dieser normierung ist es immer möglich durch geschickte auswahl der schriften, und besonderer zeichen etc. den briefbogen individuell zu gestalten und dadurch eventuell mehr werbekraft zu haben. / das fensterkuvert ist gegenüber seiner vorzüge gegenüber dem undurchsichtigen, unwesentlich teurer, denn verwechslungen der adressen und derartiges kann nicht nicht mehr vorkommen. / das kleinschreiben ist vor allem beim schreibmaschinenschreiben viel einfacher wie die gemischte schreibweise, es bestehen darüber viele verschiedene meinungen, doch ist meines erachtens das kleinschreiben weit unwesentlicher wie z. b. die normierung von schreibpapier, obschon beide aus derselben praktischen überlegung herauswachsen. bill

Advertising letter for the "exhibition visitors of the winterthur sales exhibition, gewerbemuseum", Typescript from 23.11.1931.

concerns: standardized business documents / by virtue of the diversity of correspondence that occurs in large numbers in current business affairs, the situation calls for a sweeping standardization of business documents. / *standardization of the paper format.* it is more practical to have uniform formats. folders, drawers, etc. can always be the same with their dimensions being determined by the standard format. / *standardization of typeface images.* the typewriter plays an important role as a basis for standardization. the organization depends on the fact that one can write the most quickly and reliably with it, therein reaching the largest possible clarity. / outside of this standardization, it is always possible, by clever selection of the typeface and special characters, etc. to individually design a letterhead and to possibly gain more advertising effect. / compared to the closed envelope the window envelope is more advantageous and hardly more expensive. mixing up addresses and such can no longer occur. / lowercase writing, versus the mixed technique, is above all easier when writing with the typewriter. there are many different opinions; yet lowercase writing is, in my view, significantly less important than, for example, the standardization of correspondence paper, although both grow out of the same practical consideration. bill

Werbebrief ‹betrifft: zett-haus› für die Beteiligung an der Kollektiv-werbung Zett-Haus vom 27.2.1932.

betrifft: zett-haus / nachstehend stelle ich ihnen ein exposee zu betreff einer beteiligung an der propaganda ‹zett-haus›, in der annahme, dass sie in ihrem eigenen interesse sich daran beteiligen werden.

es ist seit einigen jahren mode geworden, dass von seiten der neuen zürcher zeitung, für jeden neubau kollektiv-inserate gemacht wurden. meines erachtens fehlt dieser art schematischer propaganda die möglichkeit sehr aussichtsreich zu sein und deshalb habe ich mich als reklameberater der VERBAG für die zett-haus-propaganda, in übereinstimmung mit derselben und den architekten hubacher & steiger entschlossen, die propaganda zu gunsten der unternehmer und des zett-haus, eindrucksvoller und werbekräftiger zu gestalten. aus diesem grunde ersuche ich sie, mir bitte mitteilen zu wollen mit welchem maximalen budget sie sich an diesem kollektiv-werbezug, der an stelle der bisher durch die zeitung aquirierten inserate treten soll, zu beteiligen wünschen.

grundsätzlich denken wir von seiten der VERBAG aus unserem propagandabudget die entwurfs-, klischee-, und einen teil der insertionskosten zu tragen und den restierenden teil der letzteren, unter die sich beteiligenden firmen entsprechend ihrer platzbeanspruchung zu verteilen. es handelt sich von unserem standpunkt aus also nicht darum, die ganze von ihnen als maximum festgesetzte summe zu verbrauchen, sondern vielmehr den gegebenen möglichkeiten entsprechend einen betrag zur verfügung zu haben.

die inserate werden derart aufgezogen, dass die vorteile des zett-haus hervorgehoben werden unter berücksichtigung der besonderheiten der ausführung und der ausführenden firmen. z.b.: helle büroräume, keine in den raum stehende fensterflügel durch die verwendung von durchgehenden schiebefenstern mit illustration und angabe der lieferfirma. breite sonnenschutzstoren von firma .... etc. in ähnlichem sinne sollen durch den ganzen feldzug alle sich beteiligenden firmen ihren besonderheiten entsprechend mit bild und text einen platz haben. ausserdem ist ein instruktives inserat vorgesehen, welches die leute mit vielen neuerungen von denen viel geredet wird, jedoch wenige eine bestimmte vorstellung über art und wirkung derselben haben, zusammenbringen soll. auf einfache art wird der bauvorgang geschildert: ‹am anfang war ein loch› von abbruch-honegger bis ‹am schluss war das zett-haus›, gehört der VERBAG und wird vermietet. es soll wie in einem bilderbuch einfach dargestellt werden, was z.b. eisenbeton, plattenbeläge, acousti-celotex, benzintankanlage, sanitäre installation etc. sind.

zur einigermassen wirksamen durchführung dieser propaganda habe ich einen mindestbeitrag von fr. 40.– pro firma errechnet, für am bau sehr stark und wichtig beteiligte firmen wäre es wünschenswert ein mehrfaches von diesem betrag zur verfügung zu haben.

der unterzeichnete ist besorgt dafür, dass durch gewissenhafte

Advertising letter "concerns: zett-haus" for participating in the collective Zett-Haus advertising from 27.2.1932.

concerns: zett-haus / i am sending a report concerning participation in the "zett-haus" advertising campaign, in the assuming that it is in your own interest to take part.

it has become popular in the last few years for a collective advertisement to appear in the neue zürcher zeitung for each newly constructed building. in my view this type of undifferentiated publicity does not seem to be very promising. for this reason i have decided, as advertising consultant to VERBAG for the zett-haus advertising campaign, to design the advertising for the benefit of the contractors and the zett-haus. It should be designed for more impressive and stronger publicity – this, with the understanding of VERBAG and the architects hubacher & steiger. for this reason i kindly request you to inform me what the maximum budget is with which you wish to participate in this collective advertising campaign, which should appear in place of the advertisements placed up until now by the newspaper.

basically, we at VERBAG think we will cover the costs out of our advertising budget for design, engraving, and part of the advertisements. the remaining part of the latter-mentioned would be distributed among the participating firms according to their individual space requirements. it is not a question, in our view, of using up the entire sum of money that you have stipulated, but rather to have a sum available that corresponds to the given eventualities.

the advertisements will be so conceived such that the advantages of the zett-haus will be emphasized with regard to the unique aspects of the construction and the construction companies involved; for example: bright office spaces, no window casements in the interior space by using continuous sliding windows, with illustrations and information about the corresponding contractor. wide sun-shading from the firm .... etc. similarly, all participating firms should have space throughout the entire campaign with image and text relating to their specialty. additionally, an instructive advertisement is foreseen which should elucidate the many innovations about which many people are talking, but about which many have no clear notion of the how and why of the innovations. the construction sequence will be described in a simple fashion: "in the beginning there was a hole" from honegger demolition, up to "in the end was the zett-haus", belongs to VERBAG, and will be rented. it should be simply presented like in a picture book, showing what, for example, are reinforced concrete, ceramic tile claddings, acousti-celotex, gasoline tank facility, plumbing installations, etc.

in order to more or less effectively realize this campaign, i have calculated a minimal contribution of fr. 40.– per firm. for firms that are heavily involved in the construction or other important aspects it would be desirable to have several times this amount available.

the writer will take care that each firm will be handled favorably

verwendung und verteilung jede firma ihrer beteiligung entsprechend vorteilhaft behandelt wird. im übrigen muss ich mir in gestalterischer hinsicht unter beachtung obiger voraussetzungen jede freiheit vorbehalten.

untenstehende bestätigung ersuche ich sie, mir umgehend zukommen zu lassen, spätestens aber bis 8. märz. die bezahlung soll jeweils 10 tage nach erscheinen des betreffenden inserates und rechnungstellung erfolgen.

firmen, welche bestimmte eingetragene firmenzeichen und marken haben, bitte ich, mir davon eine anzahl saubere drucke in verschiedenen grössen zukommen zu lassen.

according to their level of participation, by conscientious use and distribution of these monies. beyond this, i must reserve every form of freedom for myself with regard to design under the above-mentioned parameters.

i kindly ask you to immediately send me the confirmation below, by march 8 at the latest. payment should normally follow ten days after the corresponding advertisement has appeared and has been invoiced.

i ask companies that have particular registered trademarks and logos to send a number of clean prints in various sizes.

ernst keller, zürich: beschriftung ‹forster› beim corso zürich. eine gute lösung, welche auf einfügung in die fassade verzichtet, ist diese neon-anlage. die notwendigkeiten: möglichst groß, möglichst eindrucksvoll, größter lichtdurchlaß zu den dahinterliegenden fenstern, sind hier zu einer einheitlichen lösung verarbeitet. die durchgehende neon-linie, mit einem blechband unterlegt, faßt die größe des gebäudes.
nachts: fo (weiss) rst (gelb) er (grün)

ernst keller, zurich: "forster" signage at the corso zurich. this neon system is a good solution, which refrains from fitting into the façade. the requirements: as large as possible, as impressive as possible, largest possible passage of light to the windows lying behind; these have been worked into a uniform solution here. the continuous neon line mounted on a metal band embraces the size of the building.
nighttime: fo (white) rst (yellow) er (green)

bill-zürich: optik am bleicherweg zürich. absolute loslösung von der dahinterliegenden architektur. mit wenigsten mitteln (weiße blechbuchstaben) die erzeugung einer möglichst großen wirkung für einen außerordentlich kleinen laden.

bill-zürich: ‹züga› gartenbauausstellung zürich, arch. egender b.s.a. die angeleuchtete schrift auf dem dach, frei hinaufgestellt, ohne jede bindung mit der architektur, ganz nach der für die wirkung notwendigen richtung, ergibt eine einheitliche, saubere lösung, sobald architektur und schrift ihrem zweck entsprechen.

bill-zürich: wohnbedarf ag. (alter laden) zürich. der ganze Laden ist aus einem häuserblock durch einen andersfarbigen anstrich (schwarz) herausgegriffen, eine einfache blechschrift in weiß, ergibt eine kräftige wirkung.
Fotos linke und rechte Seite: Binia Bill.

bill-zurich: optical store on bleicherweg zurich. absolute separation from the architecture behind. generation of the greatest possible effect for an unusually small store with the least of means (white metal letters).

bill-zurich: "züga" garden exhibition zurich, architect egender b.s.a. the lighted lettering on the roof, freely mounted, lacking any connection with the architecture and mounted solely on the basis of achieving maximum effect. This produces a uniform clean solution as soon as architecture and lettering correspond to their function.

bill-zurich: wohnbedarf ag. (old store) zurich. the entire store is set off from a block of buildings by using a different color of paint (black). simple metal letters in white produce a powerful effect.
Photos left and right page: Binia Bill.

‹über gebäudebeschriftungen›, in: *Schweizer Reklame,* Heft 3, 1933.

"on building signage", in *Schweizer Reklame,* Number 3, 1933.

Von bill-zürich / die beschriftung eines gebäudes oder verkaufs-lokals ist ein wichtiger bestandteil der werbung. beistehende abbildungen sollen einige typen zeigen, welche von der üblichen form abweichen und beweisen sollen, daß auf diesem gebiet noch möglichkeiten bestehen, welche noch wenig oder gar nicht angewendet werden.

für eine beschriftung mag folgendes maßgebend sein: eine schrift ist ein selbständiges element. die beschriftung eines gebäudes soll lediglich dem zwecke dienen, kenntlich zu sein und propagandistisch zu wirken, die ästhetische gestaltung kann nicht sorgfältig genug durchgeführt werden, da die schrift auf grund dieser forderungen ein sehr wichtiges element von dekorativem wert ist. eine beschriftung soll unabhängig von art und formgebung des gebäudes durchgeführt werden.

leider werden konsequente lösungen im allgemeinen abgelehnt, die falsche ehrfurcht vor der ‹architektur› verhindert gewöhnlich lebendige, einzig richtige lösungen. die einordnung von wirkungs- und charakterlosen schriften in alle möglichen Fassaden ergibt eine langweilige gleichmäßigkeit ohne wirkung. es muß mit allem nachdruck festgestellt werden, daß auf diesem gebiet mehr freiheit not tut, daß an einem geschäftshaus außer den fassaden, welche rein technisch und organisatorisch den zweck haben, licht einzulassen und eine gute ausstellungswirkung zu ergeben, nur das schriftelement (eventuell im zusammenhang mit bisher unversuchten lösungen) maßgebend sein kann und jede weitere ‹architektonische› fassadenlösung störend wirken muß. man sollte auf diesem gebiet größere fortschritte machen.

From bill-zurich / the signage of a building or store is an important part of the advertising. the accompanying illustrations should show several types of signage that take leave from the common forms. they should prove that there is still potential in this area which has found little or no use.

for signage the following may be important: a text is an independent element. the writing on a building should simply serve the task of being recognized and having a publicizing effect. the aesthetic design can not be too carefully carried out, since the lettering is a very important decorative element in light of these requirements. the signage should be executed regardless of the type and form of the building.

unfortunately, consistent solutions are generally rejected. false reverence for the "architecture" commonly hinders lively and uniquely appropriate solutions. mounting ineffectual and characterless signs in all possible façades produces a boring uniformity with no effect whatsoever. it must be mentioned with all due emphasis that more freedom is necessary in this area. besides the façades on a commercial building, which have the purely technical and organizational function of letting in light and generating a good exhibition effect, only the sign element (possibly in connection with as yet untried solutions) can be of importance. any further "architectural" façade solution can only be disturbing in effect. one should make greater progress in this area.

voraussetzungen. / der hauptfehler der zusammenschlüsse von spe-
zialgeschäften wie sie z. b. in zürich (detailistenverband, verband zürcher spezialgeschäfte) basel (ringgeschäfte) bestehen, liegt im fehlen
einer einheitlichen regie in wesentlichen details. / es genügt nicht gemeinsame, auf bestimmte zeiten beschränkte werbeaktionen durchzu-
führen. es genügt nicht durch das jahr hindurch eine marke ans fenster
zu kleben, welcher man sonst nirgends begegnet und welche deshalb
nicht genügend populär und bekannt ist. die gesamte aktion muss auf
einen gemeinsamen, totalen standpunkt gestellt werden. / es muss ein
richtiger kampf gegen die auswüchse des warenhauses, den bazar, auf-
gedunsene propaganda etc., für qualität, anständige persönliche bedienung und fachkundige beratung geführt werden. in nachfolgendem
trete ich auf meine vorschläge, in groben zügen, näher ein. / bill-zürich
20.1.34 / bill

aufbau der gemeinsamen aktionen. / die marke. / drei sterne, das
alte, bekannte zeichen für qualität, in markenmässiger form. dieses zeichen bekundet nichts abstraktes oder nebensächliches, sondern das
allein richtige: qualität. / anwendung: die marke soll überall angewandt werden. jedes schaufenster, jeder lieferwagen, jedes ausläufer-
velo, jedes inserat, jedes packpapier, jeder papiersack, alles soll dieses zeichen tragen. jeder ‹papierfetzen› welcher aus der hand eines
mitgliedes geht muss die marke tragen. sie ist der wichtigste faktor,
das fundament, und soll deshalb innert kurzer zeit winterthur und umgebung beherrschen und dem sinne nach bekannt sein. der persönliche name soll keine grössere rolle spielen wie das zeichen der
qualität: das optische merkmal. denn: der mensch sieht hundertmal
mehr wie er hört, und wesentlich mehr wie er liest.

name. / qualitätsbestand. / so unpopulär er im ersten augenblick
scheinen mag, so populär kann er durch richtige propaganda gemacht
werden. er stellt die knappeste verbindung zwischen ‹qualität› und
einem zusammenschluss (verband etc.) dar. in seiner nähe liegen noch
die namen: qualitätsdienst, fachdienst, kundendienst; aber alle weniger umfassend im ausdruck. / anwendung: in der gesamten propaganda, als ein band im zusammenhang mit der marke.

einführungspropaganda. / prospekt I. ein volkstümlicher prospekt
über qualitätsware, über deren vorteile. über die lockvögel nicht ein-
wandfreien geschäftsgebarens: ausverkäufe, ballone, qualitätsunter-
schiede, etc. motto: kauf dir für dein sauer verdientes geld etwas anständiges und keinen schund. / prospekt II. zum versand an die
besseren kreise, welche es sich zur gewohnheit gemacht haben grössere einkäufe in zürich zu tätigen. die gute tradition der winterthurer
spezialfirmen, herauswachsend aus dem gesunden handwerkerstand
und geleitet von zuvorkommenden, sorgfältigen kaufleuten welche ihr
fach kennen. etwas über: das märchen ‹in zürich bekommen wir es
besser und moderner›. antwort: der reisende kommt mit dem nächsten

suppositions. / the main mistake in forming an association of specialty stores, such as exists, for example, in zurich (retail association,
union of zurich specialty stores) and basle (business ring), lies in the
lack of uniform coordination with regard to the most important details. /
it's not enough to execute group-advertising campaigns limited to a
certain duration. it's not enough to just glue a logo on the window for
the year that one otherwise never encounters and which is therefore
insufficiently popular and familiar. the entire campaign must be based
on a common and all-inclusive viewpoint. / it must be lead as a real
struggle against the excesses of the department stores, the bazaar,
turgid propaganda, etc., seeking quality, friendly personal service and
competent advice. following, i will roughly sketch and elaborate upon
my proposals. / bill-zurich 20.1.34 / bill

planning the group campaigns. / the logo. / three stars – the old
well-known sign of quality – in stamp-like form. this sign communi-
cates nothing abstract or irrelevant, but rather the only appropriate
message: quality. / use: the logo should be used everywhere. every
storefront window, every delivery truck, every errand bicycle, every advertisement, every piece of packing paper, every paper bag; everything
should carry this logo. every "scrap of paper" that leaves the hand of a
member must carry the logo. it is the most important factor – the foundation – and should for this reason dominate winterthur and environs
within a short period of time and become familiar. the personal name
should play no larger roll than the sign of quality: the visual attribute.
for, human beings see a hundred times more than they hear, and substantially more than they read.

name. / level of quality. / as unpopular as it may appear at first
glance, it can be made popular through correct advertising. it presents
the tightest connection between "quality" and a combination of interests (association, etc.). the names lie nearby: quality service, specialty
service, customer service – but all less far-reaching in expression. /
use: in the entire publicity campaign, as a band in connection with the
logo.

introductory publicity. / brochure I. a folksy brochure about quality
wares and their advantages, and about the decoys of shady business:
clearance sales, balloons, differences in quality, etc. the motto: buy
something reasonable for yourself with your hard-earned money instead of rubbish. / brochure II. for mailing to the better circles, which
have made it a habit of making larger purchases in zurich. the good
traditions of the winterthur specialty businesses, growing out of the
healthy number of craftsmen, and accompanied by courteous and dili-
gent merchants who know their business. something about: the fairy
tale "in zurich we get it better and more modern". answer: the traveler
comes with the next train from zurich to winterthur, too; he wants to do
business with us as well, etc. / the brochures will be illustrated in an

zug auch von zürich nach winterthur, er will auch mit uns sein geschäft machen etc. / in origineller weise werden die prospekte mit abbildungen illustriert und sollen in der stadt wie auf dem lande verteilt werden. (nachfolgend eine ideenprobe aus einem ev. prospekt)

plakat. / einfach; die hauptsache ist: einprägen und ständiges in erinnerung rufen der marke und des namens. wird periodisch in winterthur und umgebung angeschlagen, und soll wenn möglich an einzelnen stellen ständig hängen.

inserate. / 1. drei sterne stehen über winterthur: sie sind das zeichen für qualität (* gute materialien * gute arbeit * gute bedienung) das ist nichts neues, aber es zeigt sich heute in einer neuen form. die altbekannten winterthurer spezialgeschäfte haben sich unter diesem zeichen zusammengeschlossen. sie bekennen sich dadurch ausdrücklich zu den drei sternen: gute materialien, gute arbeit, gute bedienung, bei mässigen preisen. das band der qualität umschliesst sie: das ‹qualitätsband›. / 2. ein band durchzieht die stadt winterthur: das qualitätsband. sie treffen es an den schaufenstern der guten altbekannten winterthurer spezialfirmen in verbindung mit dem zeichen der qualität. die folgenden firmen sind dem qualitätsband angeschlossen und verbürgen beste ware bei freundlicher fachmännischer bedienung. / 3. warum ich keine seidenstoffe verkaufe? das hat seinen tiefen grund. ich bin nämlich darin kein fachmann, ich bin zigarrenhändler. und weil ich weiss dass der seidenstoffhändler genau soviel versteht von seiner seide wie ich von meinen zigarren, ist es für mich sinnlos in sein fach zu pfuschen. deshalb gehe ich zu ihm wenn ich etwas benötige. überhaupt kaufe ich alles bei den geschäften des ‹qualitätsband› dort bin ich einer guten bedienung und qualitätsware gewiss.

dies sind die ersten 3 inserate in groben zügen. sie sind mit ent-

original way and should be distributed in the city and environs. (a test idea from a possible brochure follows)

poster. / simple; the main thing is: implant the logo and constantly remind one of it and the name. will be periodically put up in winterthur and environs, and should permanently hang at selected places, if possible.

advertisements. / 1. three stars stand over winterthur: they are the sign of quality (* good materials * good work * good service) that's nothing new, but it is being shown today in a new form. the old, well-known specialty businesses in winterthur have joined together under this sign. they align themselves expressly with the three stars: good materials, good work, and good service, at moderate prices. the band of quality surrounds them: the "quality band". / 2. a band drawn through the city of winterthur: the quality band. you encounter it on the storefronts of the good and traditional winterthur specialty businesses in connection with the sign of quality. the following firms are members of the quality band and vouch for the best wares with friendly and competent service. / 3. why don't i buy silk fabric? there's a particular reason. it's because i don't know much about silk. i deal in cigars. and since i know that the silk dealer understands exactly as much about his silk as i understand about my cigars, it makes little sense for me to meddle in his business. that's why i go to him when i need something. actually, i buy everything from the "quality band" stores. there i can be assured of good service and quality wares.

this is a rough sketch of the first three advertisements. they are provided with drawn illustrations corresponding to their contents and have a list below of the stores which are members of the quality band. these advertisements, as well as the ones that periodically appear,

Vermerk auf dem Mappenumschlag (rechts):
‹vorliegende arbeit bleibt in allen teilen mein eigentum und ist mir innert monatsfrist wieder zurückzuerstatten alle darin enthaltenen teile stehen unter dem schutze d. bundesgesetzes betr. das urheberrecht an werken der literatur und kunst vom 7. dezember 1922.›

Notice on the folio jacket (right):
"present work remains in all aspects my property and is to be returned within one month all parts contained therein fall under the protection of the federal regulations concerning copyright of works of literature and art from december 7, 1922."

sprechend ihrem inhalt gezeichneten illustrationen versehen und führen unten eine liste der dem qualitätsband angeschlossenen firmen.
diese inserate, wie auch die periodisch wiederkehrenden sollen in möglichst allen zeitungen von winterthur und umgebung erscheinen, wenn
möglich sollte auch die neue zürcher zeitung zur verbreitung in besseren kreisen mithelfen.

schaufenster. sämtliche schaufenster sollten die marke und das
band tragen. bei fassadenrenovationen sollte wenn möglich auch das
äussere der schaufenster allmählich einheitlich behandelt werden. zeitweise sollten gemeinsame schaufensterideen durchgeführt werden
welche so originell oder interessant sind, dass sie vom publikum gerne
in jedem geschäft wieder angeschaut werden. so schlage ich zur ein-
führungsreklame gehörend gemeinsame schaufenster in folgender art
vor. als beispiel nehme ich herrn messerschmied kienast:

warum wir keine schokolade und keinen kuchen verkaufen? nicht
nur weil wir darin keine spezialisten sind, sondern auch deshalb weil
sie das alles bei herrn conditor lutz, marktgasse 7b, viel besser bekommen, bei grosser auswahl, fachmännischer und höflicher bedienung.
er kennt sein fach, hat seine erfahrung, er kann ihnen am besten raten.

ein solches fenster hat den vorteil, dass es nicht nur für den inha-
ber wirbt, sondern auch für eine andere firma welche eventuell sogar
eine schlechtere geschäftslage hat. dadurch wird das gemeinsame der
aktion unterstrichen zu gunsten aller beteiligten.

in dieser art kann für jeden beteiligten eine witzige und gleichzeitig werbende lösung gefunden werden, wie z. b.: musikhaus ruckstuhl u. co, zigarren, conditorei lutz, herrenschuhe, peterhans-bianzano: stehlampen, buchhandlung vogel, damenkleider, etc.

drucksachen. wie ich eingangs vermerkt habe sollte sozusagen
jedes stücklein papier welches aus der hand eines mitgliedes geht, die
marke tragen. ich möchte nicht vorschlagen die alten bestände zu ver-
nichten, aber ich halte es für eine unbedingte notwendigkeit, dass sich
sämtliche mitglieder auf gemeinsame papiersäcke, packpapiere, nota-
zettel etc. einigen. vorläufig könnten zur kennzeichnung einfach klebe-
zettel verwendet werden, welche auf die pakete geklebt werden, denn:
‹der herumwandernde kunde ist die beste und billigste reklame›.

weitere aktionen. es wäre zu prüfen ob es nicht von vorteil wäre
gegen das rabatt-wesen vorzugehen unter dem motto: der kunde be-
zahlt den rabatt selber, im voraus. ähnliche aktionen welche noch zu
prüfen wären, erwecken immer einen guten eindruck, unterstreichen
ein ehrliches, sauberes geschäftsgebaren.

should be seen in as many newspapers of winterthur and environs as
possible. where possible the neue zürcher zeitung should help to reach
the better circles.

storefront. all storefronts should show the logo and the band.
when façades are undergoing a renovation the appearance of the storefront, where possible, should gradually be handled uniformly. from
time to time coordinated storefront concepts should be realized which
are so original or interesting, that the public enjoys encountering them
again in each store. thus, i suggest coordinated storefronts for the introductory advertisement in the following manner. as an example, i will
use mr. kienast, the cutler:

why we sell neither coffee nor cake? not only because this is not
our specialty, but also because you can buy all of that more easily at
mr. lutz's confectioner's shop on marktgasse 7b – with a large selection together with competent and courteous service. he knows his
business, has much experience and can advice you the best.

such a storefront has the advantage that it doesn't just publicize
the owner, but also another business that might even have a less advantageous location. thus, the coordinated nature of the campaign
works to the advantage of all involved.

in this way a humorous as well as effective advertising solution
can be found for every company involved, like, for example: ruckstuhl
music store and co., cigars, lutz's confectioner's shop, men's shoes,
peterhans-bianzano: upright lamps, vogel book shop, women's clothes,
etc.

printed matter. as i mentioned at the outset, every morsel of paper
(so to speak) which leaves the hand of a member should carry the logo.
i don't want to suggest throwing away existing stock; but i see it as an
absolute must that all members agree upon coordinated paper bags,
packing paper, memo paper, etc. adhesive logos could be used for the
time being which could simply be attached to the packages since: "the
customer on the go is the best and cheapest advertisement".

further campaigns. it should be looked into if it wouldn't be advantageous to work against the discount system with the motto: the customer pays the discount himself – ahead of time. similar drives, which
should be looked into, always make a good impression, underlining
honest and clean business conduct.

‹ausstellungs-reklamebauten: halb prospekt, halb architektur›,
in: *Schweizer Reklame,* Heft 4, 1934.

"exhibition-advertising buildings: half brochure, half architecture",
in *Schweizer Reklame,* Number 4, 1934.

ausstellungs-reklamebauten / von bill, zürich / der ausstellungsstand ist ein räumlich-psychologisches gebilde, in seiner art nicht ausserordentlich entwicklungsfähig. nachstehende abbildungen sind anfänge, anregungen, andeutungen einer weitern entwicklung. der ausstellungsstand muss aus der temporären ausstellung heraus in den praktischen verkauf; kioske, läden, ganze geschäftshäuser sollen nach neuen ästhetischen gesichtspunkten geordnete ausstellungsstände sein. / diese abbildungen entspringen alle dem gleichen geist: saubere lösungen, hinzuzug aller brauchbaren kräfte zu einem: propaganda. dieses gebiet weiter auszubauen braucht geschick und einsichtige auftraggeber, welche erkennen, dass eine gute propaganda, ein gutes produkt, durch ‹das produkt im raum›, in der wirklichkeit dargestellt, eine propagandamöglichkeit erhält, welche voll ausgenützt werden sollte und sorgfältiger bearbeitung bedarf.

exhibition-advertising buildings / from bill, zürich / the exhibition stand is a spatial-psychological object, not particularly suited in its nature to development. the following illustrations are beginnings, ideas, and implications of a further development. the exhibition stand must be taken out of temporary exhibition and put into practical sales use: kiosks, stores and entire office buildings should be ordered exhibition stands according to the new aesthetic viewpoints. / these illustrations are all inspired by the same spirit: clean solutions, the calling in of all useable forces towards: publicity. expanding this area requires cleverness and insightful clients. they realize that good advertising and a good product, presented in reality through "the product in space", contains an advertising potential which should be fully exhausted and which requires careful work.

heinrich steiner, zürich, ausstellungs- und kostproben-stand ‹astra› speisefett. in lebendiger weise, in wort und bild, werden die vorzüge dargestellt und zu einem einfachen räumlichen gebilde vereinigt. im hintergrund das rohmaterial (spanische nüssli) an der rückwand des kostprobentisches.

heinrich steiner, zurich, exhibition and food sample stands for "astra" cooking oil. the advantages will be presented in a lively fashion, in word and image and united in a simple spatial form. the raw material (roasted peanuts) is in the background on the back wall of the stand.

bill, zürich, ‹cola[s]› bitumen-kaltasphalt-produkte. fotos von ausgeführten arbeiten. am boden die fertige anwendung, das material. lebendige räumliche wirkung durch verwendung der verpackungs-fässer. In der linken vorderen ecke: lichtreflektor.

bill, zürich, "cola[s]" bituminous cold asphalt products. photographs of works realized. the finished product on the floor, the material. lively spatial effect by use of packing containers. In the front left corner: light reflector.

bill, zürich, kostprobenstand (reformhaus egli, zürich). saubere raumwirkung. im hintergrund die packungen und fotos der anwendungen.

bill, zürich, food sample stand (reformhaus egli, zurich). clean spatial effect. packing and photographs of the applications in the background.

le corbusier, paris-genf, demontabler ausstellungs-pavillon für: nestlé, peter, cailler, kohler. einfache architektonische lösung, lebendige beschriftung. ein musterbeispiel dafür, wie auch ein laden oder kiosk aussehen könnte. (im innern ist ein verkaufsraum und besprechungsräume.)

le corbusier, paris-geneva, demountable exhibition pavilion for: nestlé, peter, cailler, kohler. simple architectonic solution, vivid lettering. a perfect example of how a kiosk or store could look. (a sales space and meeting rooms are inside.)

‹die typografie ist der grafische ausdruck unserer zeit ...›,
in: *Schweizer Reklame,* Heft 3, 1937.

"typography is the graphic expression of our time ...",
in *Schweizer Reklame,* Number 3, 1937.

die typografie ist der grafische ausdruck unserer zeit. satzbau und foto ersetzen die manuelle grafik. typografie ist die gestaltung eines raumes, welcher sich aus funktion und materie ergibt. die bestimmung der funktion, die wahl der materie, verbunden mit der ordnung des raumes sind die aufgaben des typografen. sie bestimmen form und ausdruck einer drucksache. typografie kann sehr verschieden gehandhabt werden. die einfache lösung jedoch entspricht ihrem innersten wesen am ehesten und ist wohl deshalb im allgemeinen auch die schönste. ausnahmen bestätigen auch hier die regel. nachstehende beispiele sollen zeigen wie mit klaren typografischen mitteln drucksachen gestaltet sind, welche verschiedenen zwecken dienen und deshalb verschiedenste voraussetzungen haben. in allen ist versucht mit

typography is the design of a space that arises out of function and subject. the task of the typographer is to determine the function and to choose the subject, connected with the ordering of space. they determine the form and expression of a piece of printed matter. typography can be handled in very different ways. the simplest solution, however, best matches its inner being and is therefore generally the most beautiful. here too, there are exceptions which prove the rule. the following examples are given to show how print products serving a variety of purposes in a great variety of conditions are designed with clear typographical means. in every case, the attempt is made to create the calmest and clearest expression with black print on white paper. the fact that the white space is just as important as the printed area, and that it

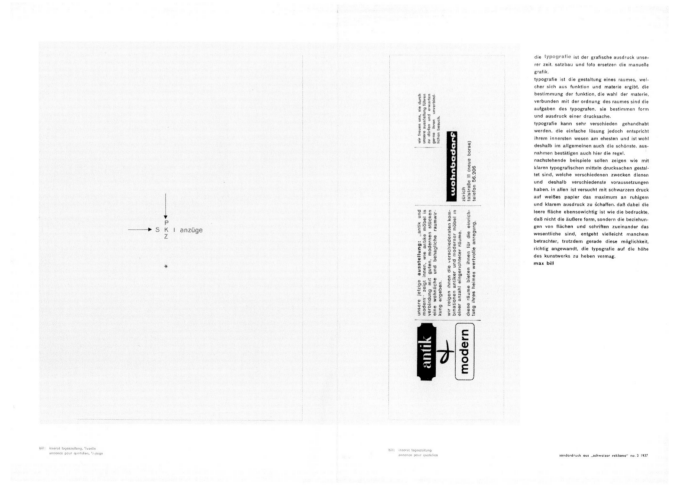

bill: inserat tageszeitung, ¼ seite
newspaper advertisement, ¼ page

bill: inserat tageszeitung
newspaper advertisement

schwarzem druck auf weißes papier das maximum an ruhigem und klarem ausdruck zu schaffen. daß dabei die leere fläche ebensowichtig ist wie die bedruckte, daß nicht die äußere form, sondern die beziehungen von flächen und schriften zueinander das wesentliche sind, entgeht vielleicht manchem betrachter, trotzdem gerade diese möglichkeit, richtig angewandt, die typografie auf die höhe des kunstwerks zu heben vermag. max bill

is not the outward form but the relation of space with typematter which is the essence of the work, may be missed by many viewers, but it is precisely this possibility, when properly used, that can lift typography to the level of a work of art. max bill

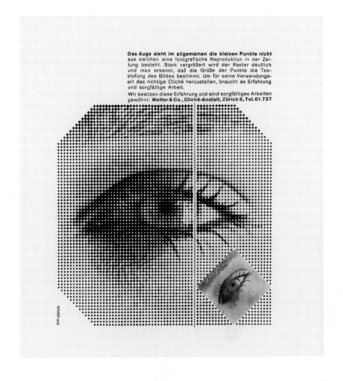

bill: inserat tageszeitung, ¼ seite
newspaper advertisement, ¼ page

bill: ausstellungskatalog, format A5
exhibition catalogue, format A5

‹über typografie [...] mit 10 reproduktionen nach arbeiten des verfassers›, in: *Schweizer Graphische Mitteilungen, Heft 4, 1946.*

es lohnt sich, heute wieder einmal die situation der typografie zu betrachten. wenn man dies als außenstehender tut, der sich mehr mit den stilmerkmalen der epoche befaßt als mit den kurzlebigen mode-erscheinungen kleiner zeitabschnitte, und wenn man in der typografie vorwiegend ein mittel sieht, kulturdokumente zu gestalten und produkte der gegenwart zu kulturdokumenten werden zu lassen, dann kann man sich ohne voreingenommenheit mit den problemen ausein-andersetzen, die aus dem typografischen material, seinen vorausset-zungen und seiner gestaltung erwachsen.

kürzlich hat einer der bekannten typografietheoretiker erklärt, die ‹neue typografie›, die um 1925 bis 1933 sich in deutschland zunehmender beliebtheit erfreut hatte, wäre vorwiegend für reklamedruck-sachen verwendet worden und heute sei sie überlebt; für die gestal-tung normaler drucksachen, wie bücher, vor allem literarischer werke, sei sie ungeeignet und zu verwerfen.

diese these, durch fadenscheinige argumente für den uneinge-weihten anscheinend genügend stichhaltig belegt, stiftet seit einigen jahren bei uns unheil und ist uns zur genüge bekannt. es ist die gleiche these, die jeder künstlerischen neuerung entgegengehalten wird, ent-weder von einem früheren vertreter der nun angegriffenen richtung, oder von einem modischen mitläufer, wenn ihnen selbst spannkraft und fortschrittsglaube verlorengegangen sind und sie sich auf das ‹altbewährte› zurückziehen. glücklicherweise gibt es aber immer wie-der junge, zukunftsfreudige kräfte, die sich solchen argumenten nicht blind ergeben, die unbeirrt nach neuen möglichkeiten suchen und die errungenen grundsätze weiter entwickeln.

gegenströmungen kennen wir auf allen gebieten, vor allen dingen in den künsten. wir kennen maler, die nach interessantem beginn, der sich logisch aus dem zeitgenössischen weltbild ergab, sich später in reaktionären formen auszudrücken begannen. wir kennen vor allem in der architektur jene entwicklung, die anstatt der fortschrittlichen er-kenntnis zu folgen und die architektur weiter zu entwickeln, einerseits dekorative lösungen suchte und andererseits sich jeder reaktionären be-strebung öffnete, deren ausgeprägteste wir unter der bezeichnung ‹heimatstil› zur genüge kennen.

alle diese leute nehmen für sich in anspruch, das, was um 1930 an anfängen einer neuen entwicklung vorhanden war, weitergeführt zu haben zu einer heute gültigen modernen richtung. sie blicken hoch-mütig auf die nach ihrer ansicht ‹zurückgebliebenen› herab, denn für sie sind die fragen und probleme des fortschritts erledigt, bis eine neue modische erscheinung gefunden wird.

nichts ist leichter, als heute festzustellen, daß sich diese leute täuschen, wie wir es schon im laufe der letzten jahre immer wieder taten. sie sind auf eine geschickte ‹kulturpropaganda› hereingefallen und wurden zu exponenten einer richtung, die vorab im politischen

"on typography [...] with 10 reproductions from the author",
in *Schweizer Graphische Mitteilungen,* Number 4, 1946.

it's worth taking a look once again at the state of typography to-day. when one does this as an outsider, who occupies himself more with the stylistic characteristics of the epoch than with the ephemeral manifestations of momentary fashion, and if one sees in typography primarily a means of creating cultural documents and of allowing con-temporary products to become cultural documents, than one can impar-tially deal with the problems which grow out of typographic material, their suppositions and their design.

recently, one of the well-known typographic theorists remarked that the "neue typografie", which had enjoyed increasing popularity from 1925 until 1933 in germany, had been primarily used for printed advertising matter and that it was obsolete today; for the design of

sichtbar zu einem debakel geführt hat. sie gaben sich als ‹fortschritt-lich› und wurden, ohne es zu wissen, die opfer einer geistigen infiltra-tion, der jede reaktionäre strömung nützlich war. nichts wäre verfehlter, als heute noch immer die trabanten jenes ‹fortschritts› auf geistigem gebiet zu fördern, anstatt ihnen das recht abzusprechen, diejenigen zu diffamieren, die auch auf geistig-künstlerischem gebiet widerstand ge-leistet haben, unter weiterentwicklung ihrer thesen und der sich daraus ergebenden arbeit, so auch in der typografie.

es wäre müßig, sich darüber zu unterhalten, wenn nicht diese ‹zu-rück-zum-alten-satzbild-seuche› immer noch in zunehmendem maße um sich griffe. es lohnt sich, dem grund hierfür nachzugehen.

wenige berufsgruppen sind so empfänglich für einfache, schema-tische regeln, nach denen sie mit größter sicherheit arbeiten können, wie die typografen. derjenige, der diese ‹rezepte› aufstellt und sie mit dem schein der richtigkeit zu umgeben versteht, bestimmt die rich-

normal printed matter, such as books and, above all, literary works, it is unsuitable and should be abandoned.

this thesis, seemingly supported to the uninitiated by shabby argu-mentation, has been causing trouble here for several years now and is all too well known. it is the same thesis that is held up against every new artistic development. this either comes from an earlier advocate of the direction now under attack or from a fashionable convert, when they themselves have lost their vigor and belief in the future, and retreat back to the "tried and true". fortunately there are always young forces who don't blindly surrender to such argumentation and who look forward to the future. they search unwaveringly for new possibilities and further develop the principles already gained.

we witness opposing currents in every area, above all in the arts. we know painters, who, after an interesting beginning that logically arises out of a contemporary view of the world, began to express them-

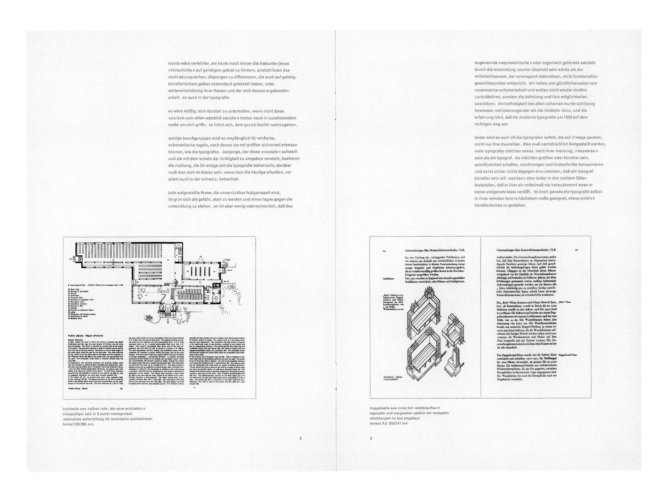

buchseite aus ‹alfred roth: die neue architektur›
dreispaltiger satz in 6 punkt monogrotesk
rationellste seiteneinteilung für technische publikationen
format 235/285 mm

doppelseite aus ‹max bill: wiederaufbau›
legenden und marginalien seitlich der textspalte
abbildungen im text eingebaut
format A5 210/147 mm

page from "alfred roth: die neue architektur"
three-column text in 6 point monogrotesque
most rational page layout for technical publications
format 235/285 mm

double page from "max bill: wiederaufbau"
legends and marginal notes beside text column
illustrations built into text
format A5 210/147 mm

tung, die für einige zeit die typografie beherrscht, darüber muß man sich im klaren sein, wenn man die heutige situation, vor allem auch in der schweiz, betrachtet.

jede aufgestellte these, die unverrückbar festgenagelt wird, birgt in sich die gefahr, starr zu werden und eines tages gegen die entwicklung zu stehen. es ist aber wenig wahrscheinlich, daß das sogenannte ‹asymmetrische› oder organisch geformte satzbild durch die entwicklung rascher überholt sein würde als der mittelachsensatz, der vorwiegend dekorativen, nicht funktionellen gesichtspunkten entspricht. wir haben uns glücklicherweise vom renaissance-schema befreit und wollen nicht wieder dorthin zurückkehren, sondern die befreiung und ihre möglichkeiten ausnützen. die haltlosigkeit des alten schemas wurde schlüssig bewiesen, viel überzeugender als die rückkehr dazu, und die erfahrung lehrt, daß die moderne typografie um 1930 auf dem richtigen weg war.

selves later in reactionary forms. above all we know this development in architecture, where instead of following available progressive knowledge and further developing architecture, decorative solutions are sought on the one hand while opening up to each and every reactionary undertaking on the other hand, the most striking of which we know all too well by the name "heimatstil" [vernacular style].

all these people claim to have taken that which was present in 1930 at the onset of a new development and to have developed it further to a modern direction valid today. they glance haughtily down upon (in their view) "those left behind", since for them the questions and problems of progress are settled until a new fashionable manifestation is found.

nothing is easier today than realizing that these people are fooling themselves, just as we repeatedly did in the course of the last few years. they fell victim to clever "propaganda culture" and became expo-

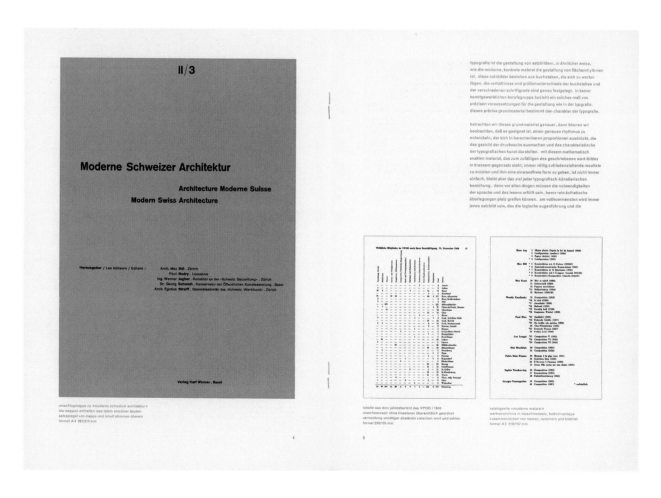

umschlagmappe zu ‹moderne schweizer architektur›
die mappen enthalten lose tafeln einzelner bauten
satzspiegel von mappe und inhalt stimmen überein
format A4 297/210 mm

jacket portfolio for "moderne schweizer architektur"
the portfolios contain loose sheets of individual
buildings / type area from portfolio and contents
correspond to each other / format A4 297/210 mm

tabelle aus dem jahresbericht des VPOD /1940
maschinensatz ohne lineaturen übersichtlich geordnet
vermeidung unnötiger abstände zwischen wort und zahlen
format 230/155 mm

table from the annual report of the VPOD /1940
mechanical typesetting without ruling, clearly ordered
avoidance of unnecessary spaces between word and
numbers / format 230/155 mm

katalogseite ‹moderne malerei›
werkverzeichnis in maschinensatz, bodoni-antiqua
zusammenrücken von namen, nummern und bildtitel
format A5 210/147 mm

catalogue page from "moderne malerei"
catalogue of works in mechanical typeface, bodoni-
antiqua / names, numbers and picture titles drawn
together / format A5 210/147 mm

leider sind es auch oft die typografen selbst, die auf irrwege geraten, nicht nur ihre theoretiker. dies muß nachdrücklich festgestellt werden. viele typografen möchten etwas, nach ihrer meinung, ‹besseres› sein als ein typograf. sie möchten grafiker oder künstler sein, schriftzeichen schaffen, zeichnungen und linolschnitte komponieren. und es ist sicher nichts dagegen einzuwenden, daß ein typograf künstler sein will. man kann aber leider in den meisten fällen feststellen, daß er über ein mittelmaß nie herauskommt wenn er seine ureigenste basis verläßt. ist doch gerade die typografie selbst in ihrer reinsten form in höchstem maße geeignet, etwas wirklich künstlerisches zu gestalten.

typografie ist die gestaltung von satzbildern, in ähnlicher weise, wie die moderne, konkrete malerei die gestaltung von flächenrhythmen ist. diese satzbilder bestehen aus buchstaben, die sich zu worten fügen. die verhältnisse und größenunterschiede der buchstaben und

nents of a direction which has conspicuously led to a debacle, above all a political one. they presented themselves as "progressive" and unknowingly became the victims of a spiritual infiltration useful to every reactionary current. nothing could be worse today than to continue to intellectually support those followers of "progress". instead, their right should be taken away to defame those who have also offered resistance in the intellectual-artistic area, further developing their theories and the resulting work, as in typography.

it would be idle speculation to discuss the issue, if this "back-to-the-old-typeface-epidemic" were not increasingly spreading. it's worth pursuing the reason for this development.

few professions are so receptive to simple schematic rules, with which they can work with maximum safety, than that of the typographer. he who produces this "recipe" and understands how to surround it with the appearance of being right, determines the direction which

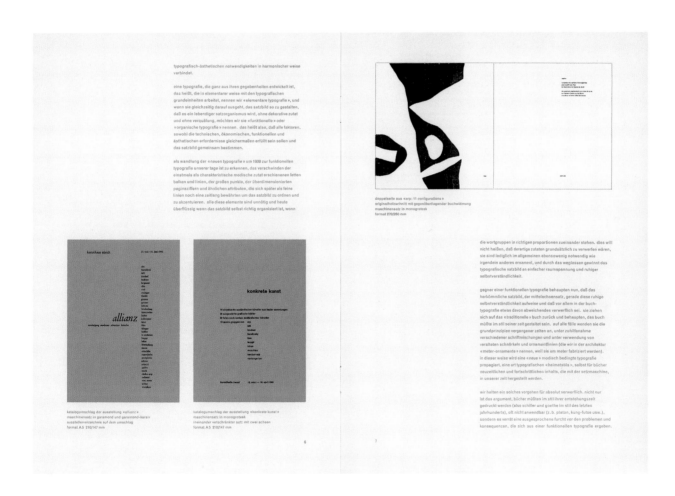

katalogumschlag der ausstellung ‹allianz›
maschinensatz in garamond und garamond-kursiv
ausstellungsverzeichnis auf dem umschlag
format A5 210/147 mm

catalogue jacket from the exhibition "allianz"
mechanical typeface in garamond and garamond-cursive / list of exhibited works on the jacket
format A5 210/147 mm

katalogumschlag der ausstellung ‹konkrete kunst›
maschinensatz in monogrotesk
ineinander verschränkter satz mit zwei achsen
format A5 210/147 mm

catalogue jacket from the exhibition "konkrete kunst"
mechanical typeface in monogrotesque
inset-compensated type with two axes
format A5 210/147 mm

doppelseite aus ‹arp : 11 configurations›
originalholzschnitt mit gegenüberliegender buchwidmung
maschinensatz in monogrotesk
format 270/260 mm

double page from "arp : 11 configurations"
original woodcut with book dedication opposite
mechanical typeface in monogrotesque
format 270/260 mm

der verschiedenen schriftgrade sind genau festgelegt. in keiner kunst-gewerblichen berufsgruppe besteht ein solches maß von präzisen vor-aussetzungen für die gestaltung wie in der typografie. dieses präzise grundmaterial bestimmt den charakter der typografie.

betrachten wir dieses grundmaterial genauer, dann können wir be-obachten, daß es geeignet ist, einen genauen rhythmus zu entwickeln, der sich in berechenbaren proportionen ausdrückt, die das gesicht der drucksache ausmachen und das charakteristische der typografischen kunst darstellen. mit diesem mathematisch exakten material, das zum zufälligen des geschriebenen wort-bildes in krassem gegensatz steht, immer völlig zufriedenstellende resultate zu erzielen und ihm eine ein-wandfreie form zu geben, ist nicht immer einfach, bleibt aber das ziel jeder typografisch-künstlerischen bemühung. denn vor allen dingen müssen die notwendigkeiten der sprache und des lesens erfüllt sein, bevor rein ästhetische überlegungen platz greifen können. am voll-

holds sway for a time over typography. one must clearly keep this in mind when viewing the current state of things, above all in switzerland.

every posited theory that is fixed and unchangeable contains the inherent danger of becoming inflexible and blocking development over time. but it is very unlikely that the so-called "asymmetric" or organi-cally formed text layout would be more quickly obsolete through pro-gress than the mid-axis type, which primarily corresponds to a decora-tive and non-functional view of things. fortunately, we have liberated ourselves from the renaissance model and do not want to return to it again; rather, we want to take advantage of this liberation and its potential. the lack of principle in the old model has been conclusively proven – more convincingly than the return to this model. experience teaches that modern typography was on the right path in 1930.

unfortunately, it is often the typographers themselves who lose their way and not just their theorists. this must be clearly stated. many

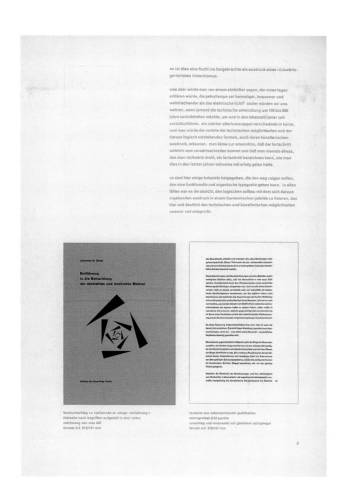

buchumschlag zu ‹johannes m. sorge : einführung›
titelzeile nach begriffen aufgeteilt in drei zeilen
zeichnung von max bill
format A5, 210/147 mm

book jacket from "johannes m. sorge: einführung"
heading divided into three lines according to term
drawing from max bill
format A5, 210/147 mm

textseite aus nebenstehender publikation
monogrotesk 8/12 punkte
umschlag und innenseite mit gleichem satzspiegel
format A5, 210/147 mm

text page from adjacent publication
monogrotesque 8/12 point
jacket and inside page with same image area
format A5, 210/147 mm

kommensten wird immer jenes satzbild sein, das die logische augenführung und die typografisch-ästhetischen notwendigkeiten in harmonischer weise verbindet.

eine typografie, die ganz aus ihren gegebenheiten entwickelt ist,
das heißt, die in elementarer weise mit den typografischen grundein-
heiten arbeitet, nennen wir ‹elementare typografie›, und wenn sie
gleichzeitig darauf ausgeht, das satzbild so zu gestalten, daß es ein lebendiger satzorganismus wird, ohne dekorative zutat und ohne ver-
quälung, möchten wir sie ‹funktionelle› oder ‹organische typografie›
nennen. das heißt also, daß alle faktoren, sowohl die technischen,
ökonomischen, funktionellen und ästhetischen erfordernisse gleichermaßen erfüllt sein sollen und das satzbild gemeinsam bestimmen.

als wandlung der ‹neuen typografie› um 1930 zur funktionellen
typografie unserer tage ist zu erkennen, das verschwinden der einst-
mals als charakteristische modische zutat erschienenen fetten balken
und linien, der großen punkte, der überdimensionierten paginaziffern
und ähnlichen attributen, die sich später als feine linien noch eine zeit-
lang bewährten um das satzbild zu ordnen und zu akzentuieren. alle
diese elemente sind unnötig und heute überflüssig wenn das satzbild
selbst richtig organisiert ist, wenn die wortgruppen in richtigen proportionen zueinander stehen. dies will nicht heißen, daß derartige zutaten
grundsätzlich zu verwerfen wären, sie sind lediglich im allgemeinen
ebensowenig notwendig wie irgendein anderes ornament, und durch
das weglassen gewinnt das typografische satzbild an einfacher raum-
spannung und ruhiger selbstverständlichkeit.

gegner einer funktionellen typografie behaupten nun, daß das her-
kömmliche satzbild, der mittelachsensatz, gerade diese ruhige selbstverständlichkeit aufweise und daß vor allem in der buchtypografie
etwas davon abweichendes verwerflich sei. sie ziehen sich auf das
‹traditionelle› buch zurück und behaupten, das buch müßte im stil
seiner zeit gestaltet sein. auf alle fälle wenden sie die grundprinzipien
vergangener zeiten an, unter zuhilfenahme verschiedener schriftmischungen und unter verwendung von veralteten schnörkeln und orna-
mentlinien (die wir in der architektur ‹meter-ornamente› nennen, weil
sie am meter fabriziert werden). in dieser weise wird eine ‹neue› modisch bedingte typografie propagiert, eine art typografischen ‹heimat-
stils›, selbst für bücher neuzeitlichen und fortschrittlichen inhalts, die
mit der setzmaschine, in unserer zeit hergestellt werden.

wir halten ein solches vorgehen für absolut verwerflich. nicht nur
ist das argument, bücher müßten im stil ihrer entstehungszeit gedruckt werden (also schiller und goethe im stil des letzten jahrhunderts), oft nicht anwendbar (z. b. platon, kung-futse usw.), sondern es
verrät eine ausgesprochene furcht vor den problemen und konsequen-
zen, die sich aus einer funktionellen typografie ergeben. es ist dies
eine flucht ins hergebrachte als ausdruck eines rückwärtsgerichteten
historizismus.

was aber würde man von einem elektriker sagen, der eines tages
erklären würde, die petrollampe sei heimeliger, bequemer und wohl-

typographers would like to be something "better", in their opinion, than
a typographer. they would like to be graphic designers or artists, create typefaces, and compose drawings and linoleum cuts. and certainly
there is no reason to object to a typographer wanting to be an artist.
but one can unfortunately see in most cases that he never moves beyond mediocrity when leaving his inherent working basis. for typography itself is, in its purest form, highly suitable for producing artistic
work.

typography is the design of text, in a similar way as modern concrete art is the design of surface rhythms. these text images consist of
letters, which form words. the relationships and differences in size
among the letters and the various type sizes are precisely determined.
in no other commercial art profession does there exist such a mass of
precise givens for design as in the typography branch. this precise base
material determines the character of typography.

if we view this base material more exactly, then we can observe
that it is suited for the development of an exact rhythm that expresses
itself in calculable proportions constituting the appearance of the
printed articles and presenting the characteristic aspect of graphic art.
to achieve consistently satisfying results with this mathematically ex-
acting material that stands in blatant opposition to the arbitrariness of
the written word-image and lend it a perfect form, is not always so
easy. yet this remains the goal of every typographic-artistic enterprise.
for, above all the requirements of language and legibility must be fulfilled before purely aesthetic deliberations can find attention. a text-
image will always be most perfect when it harmoniously connects a
logical visual path with typographical and aesthetic parameters.

typography that is developed solely out of the given circumstances,
meaning it works in an elementary manner with the base constituents
of typography, we call "elementary typography". when this typography
is also directed towards designing text such that it becomes a living
text organism, void of decorative trimmings and torment, then we
would like to call it "functional" or "organic typography". what this then
means is that all factors should be equally fulfilled – the technical,
economical, functional and aesthetic requirements – and influence the
text collectively.

the transformation from the "neue typografie" in 1930 to the functional typography of our day can be seen through a variety of factors:
the disappearance of thick rules and lines, large dots, over-sized page
numbers and similar attributes – all characteristic and fashionable
ornaments of the past. these attributes later proved themselves useful
for a time as fine lines in order to order and accent the typeface. all of
these elements are unnecessary and superfluous today when the text
itself is correctly organized and when the word groups work together
with the right proportions. this is not to say that such ornamentation
should in principle be eliminated. it is generally just as necessary as
any other form of ornament and by its omission the typographic text
gains in simple spatial excitement and quiet self-same clarity.

riechender als das elektrische licht? sicher würden wir uns wehren, wenn jemand die technische entwicklung um 100 bis 200 jahre zurückdrehen möchte, um uns in den lebensstil jener zeit zurückzuführen. ein solcher altertumsrappel verschwände in kürze, und man würde die vorteile der technischen möglichkeiten und der daraus logisch entstehenden formen, auch deren künstlerischen ausdruck, erkennen. man käme zur erkenntnis, daß der fortschritt wirklich vom vorwärtsschreiten kommt und daß man niemals etwas, das man rückwärts dreht, als fortschritt bezeichnen kann, wie man dies in den letzten jahren teilweise mit erfolg getan hatte.

es sind hier einige beispiele beigegeben, die den weg zeigen sollen, den eine funktionelle und organische typografie gehen kann. in allen fällen war es die absicht, den logischen aufbau mit dem sich daraus ergebenden ausdruck in einem harmonischen gebilde zu fixieren, das klar und deutlich den technischen und künstlerischen möglichkeiten unserer zeit entspricht.

opponents of functional typography claim that the common text image, the mid-axis text, possesses exactly this internal clarity itself and that, above all, in book typography any departure from the norm is reprehensible. they retreat to the "traditional" book and claim that a book must be created within the style of its time. in any case they make use of principles from the past, with the aid of various typeface mixtures and the use of antiquated decoration and ornamental lines (which we call "ornament by the meter" in architecture because it is produced that way). in this way a "new" fashion-oriented typography is being propagated, a kind of typographic "heimatstil" [vernacular style], which is even being used for modern and progressive books produced with contemporary typesetting machinery.

we regard such a course as reprehensible. not only is the argumentation often inapplicable (for example with plato, confucius, etc.), wherein books must be printed in the style of their day (schiller and goethe in the style of the last century, for example); but, it discloses a clear fear of the problems and consequences which arise out of a functional typography. this is a flight into the conventional as an expression of a backwards-oriented historicism.

what would one think though about an electrician who declares one day that a petrol lamp is cozier, more comfortable and aromatic than an electric lamp? certainly we would defend ourselves if someone wanted to turn back technical developments 100 to 200 years in order to lead us back to the lifestyle of an earlier time. such a mad dash through antiquity would disappear quickly; one would recognize the advantages of the technical potentialities and the resulting logically arising forms as well as their artistic expressiveness. one would arrive at the insight that progress really does come from moving forwards and that one can never call something progress which comes from turning back, such as has been done with partial success in recent years.

several examples are provided here which should show the path by which functional and organic typography can proceed. in each case it was the intention to establish a logical construction with the resulting expression in a harmonious whole, which clearly and distinctly corresponds to the technical and artistic possibilities of our time.

‹Kataloge für Kunstausstellungen 1936–1958›, in: *Neue Grafik,*
Heft 2, 1959.

"Catalogues of Art Exhibitions 1936–1958", in *Neue Grafik,*
Number 2, 1959.

Es ist nicht möglich, das Thema ‹Ausstellungskataloge› erschöpfend zu behandeln. Es sind hier nur die Kataloge berücksichtigt, die hergestellt wurden als Führer durch Kunstausstellungen. Auf solche aus dem Gebiet der übrigen Umweltgestaltung (Architektur oder Produktgestaltung) oder Kataloge von Museen und Sammlungen werde ich gelegentlich zurückkommen. Das, was von einer Kunstausstellung zurückbleibt, ist der Katalog. Gut dokumentiert, ist er ebenso wichtig wie die Ausstellung selbst. Da es sich bei Kunstausstellungen um kulturelle Veranstaltungen handelt, ist es naheliegend, daß auch den Ausstellungskatalogen, als Kulturdokumenten, Beachtung geschenkt wird.

Das Bedürfnis nach möglichst ausführlicher Dokumentation hat zu drei Typen von Ausstellungskatalogen geführt, die ich als besonders zweckmäßig ansehe. Daneben sind immer noch anders geartete Kataloge üblich, die oft vom typografischen Standpunkt aus sehr bemerkenswerte Leistungen, jedoch lediglich Verbesserungen der herkömmlichen Katalogformen darstellen.

Worauf ich jedoch hier Wert lege, ist die besondere Organisation des Inhalts, zwecks verbesserter Dokumentation und Information.

Die drei Typen sind:

A. Katalog in buchmäßiger Durchführung, das heißt möglichst enge Verbindung von Bilddokumentation und allgemeinem Text. Das eigentliche Verzeichnis der Ausstellung findet sich in diesen Fällen an einer Stelle konzentriert, meist am Schluß.

B. Katalog mit vollständigem Verzeichnis, mit ausgewählten Abbildungen innerhalb des Verzeichnisses selbst. Das Verzeichnis enthält im Idealfall: Name, biografische Daten, Ausstellungsnummer, Bildtitel, Entstehungsjahr, Technik, Format. (Früher wurden auch die Preise angeführt, doch ist man davon je länger je mehr abgekommen.) Auch diese Kataloge enthalten im Idealfall allgemeine Texte.

C. Möglichst enge Verbindung von Verzeichnis mit vollständiger Dokumentation (siehe unter B) und den Abbildungen der ausgestellten Objekte. Im Idealfall sind alle ausgestellten Werke abgebildet. Auch in diesen Katalogen wird die Dokumentation durch zusätzliche Texte ergänzt.

Auf den folgenden Seiten sind die Beispiele nach diesen drei Typen ausgewählt und innerhalb jeder Gruppe chronologisch dargestellt, wobei nicht immer das neueste Erzeugnis auch die beste Lösung zu sein braucht.

Alle Kataloge sind im gleichen Verhältnis verkleinert, so daß in der nachstehenden Dokumentation die kleinen Kataloge klein sind im Verhältnis zu den großen.

It is not possible in the space at my disposal to deal exhaustively with the subject under discussion and I have therefore only considered catalogues that were intended as guides to art exhibitions. At some later date I will return to the subject of other kinds of catalogues in the field of design (on architecture, on product-design), or to those of museums and collections. Once an art exhibition is over the only tangible record of it the catalogue. If it is well documented it is as important as the exhibition itself. As an art exhibition belongs to the domain of culture it is important that the catalogue should carry weight as a cultural document.

The need for the most detailed possible documentation has given rise to three particularly useful and practical kinds of catalogues. Catalogues organized in other ways are frequently encountered, but though these are often typographically interesting they merely represent improvements on the traditional catalogues.

In my opinion it is the organization of the contents to provide the fullest possible information and documentation that is important.

The three types of catalogues are:

A. A catalogue carried out in the manner of a book with the closest possible connection between visual documentation and text. The actual list of exhibits in such a catalogue usually is put together at the end.

B. A catalogue containing a fully detailed list of exhibits including a selection of reproductions. The list should ideally consist of the name of the artist, his dates, the number of the exhibit, the title and date of the picture, the technique and dimensions. (The former practice of adding the price has fallen more and more into disuse). Catalogues of this category should also contain general text.

C. Greatest possible correlation of the list of exhibits with complete documentation (see B) and the illustrations of the exhibited objects. Ideally, all of the exhibited works are reproduced. In these catalogues as well, the documentation is supplemented with additional texts.

The catalogues shown in the following pages have been chosen according to these three categories. Each group is arranged chronologically, often demonstrating that the most recent production does not always afford the best solution.

All the catalogues have been equally reduced in size so that the small ones remain small in relation to the large ones.

1/A 1936 ‹Cubisme and Abstract Art› / Alfred Barr, Museum of Modern Art, New York.
Diese 250 Seiten starke Publikation ist sowohl Katalog einer grundlegenden Ausstellung wie auch – durch ihre ausführliche Text- und Bilddokumentation – ein bleibendes Nachschlagewerk, also ein Idealfall von Typ A.

This 250 page long publication is not only the catalogue of a most important exhibition, but, because of its detailed text and profusion of reproductions, an enduring work in its own right. It is therefore an ideal example of Type A.

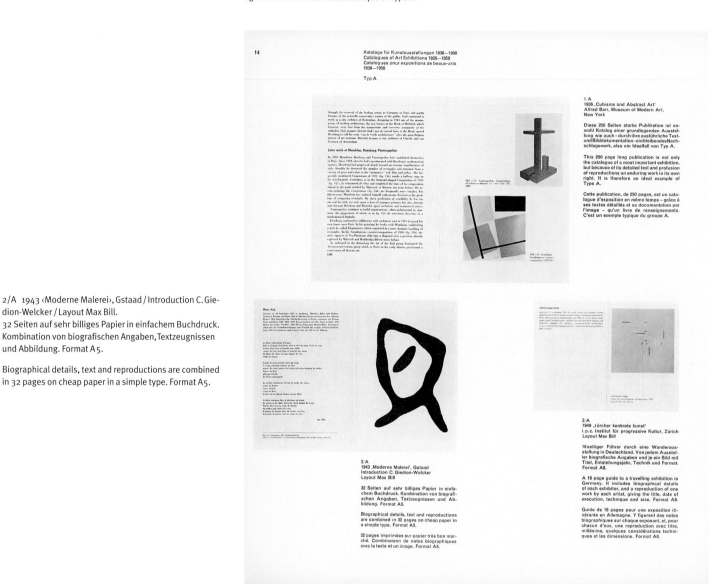

2/A 1943 ‹Moderne Malerei›, Gstaad / Introduction C.Giedion-Welcker / Layout Max Bill.
32 Seiten auf sehr billiges Papier in einfachem Buchdruck. Kombination von biografischen Angaben, Textzeugnissen und Abbildung. Format A5.

Biographical details, text and reproductions are combined in 32 pages on cheap paper in a simple type. Format A5.

3/A 1949 ‹zürcher konkrete kunst› / i.p.c. Institut für progressive Kultur, Zürich / Layout Max Bill.
16seitiger Führer durch eine Wanderausstellung in Deutschland. Von jedem Aussteller biografische Angaben und je ein Bild mit Titel, Entstehungsjahr, Technik und Format. Format A6.

A 16 page guide to a travelling exhibition in Germany. It includes biographical details of each exhibitor, and a reproduction of one work by each artist, giving the title, date of execution, technique and size. Format A6.

4/A 1957 ‹a arte do bauhaus› (Kunst vom Bauhaus)
Herausgegeben für die Biennale von São Paulo 1957
vom Beauftragten der Deutschen Bundesrepublik,
Prof. Dr. Ludwig Grote / Layout Max Bill.
8seitiger Führer auf A5 zusammengefaltet. Er enthält
von jedem Aussteller die biografischen Angaben,
zusammen mit einer Abbildung. Außerdem Einführungs-
text und auf der Vor- und Rückseite je Abbildungen
vom Bauhausgebäude in Dessau.

Published for the São Paulo Biennale in 1957 by the
delegate of the German Republic, Prof. Dr. Ludwig Grote
Layout by Max Bill.
An 8 page guide folded to the format A5. It contains
biographical details and a reproduction of one work by
each exhibitor together with an introductory text and
pictures of the Bauhaus buildings at Dessau on the
front and back.

5/A 1958 ‹de renaissance der xxe eeuw› (die Renaissance im 20. Jahrhundert / Stedelijk Museum, Amsterdam
Layout J. W. Sandberg.
Seit dem Krieg sind die Kataloge von Sandberg zu den
führenden Beispielen ihrer Art geworden. / Hier ist ein Do-
kumentationstext über das Bauhaus mit einer Abbildung
eines Bildes des Bauhausmeisters Oskar Schlemmer
kombiniert.

Since the war the catalogues designed by Sandberg
have become the leading examples of their kind, not only
typographically but because of their continuity. Here a
documentary text on the Bauhaus is combined with
a reproduction of a picture of the Bauhaus master Oskar
Schlemmer.

7/B 1948 ‹Paul-Klee-Stiftung› / Kunsthaus Zürich / Layout Max Bill.

Das Verzeichnis ist nach der chronologischen Folge aufgestellt: Jahr, Ausstellungsnummer, Bildtitel, Entstehungsjahr und -nummer, Technik, Abmessungen; es ist mit Abbildungen nach Zeichnungen durchsetzt, die der gegenüberliegenden Verzeichnisseite angehören. Im Anhang finden sich zusätzliche Abbildungen auf Kunstdruckpapier. Format A5.

The list of works is arranged chronologically giving the date, exhibition number, title of picture, technique and dimensions; it is illustrated by reproductions of drawings corresponding to the entries on the opposite page. There are additional reproductions on chromo paper in the appendix. Format A5.

6/B 1936 ‹Zeitprobleme in der Schweizer Malerei und Plastik› Kunsthaus Zürich / Layout Max Bill.
Hier ist für jeden Aussteller: das Verzeichnis (ohne Maßangaben), eine Abbildung und Kurzbiografie vereinigt. Daraus ergibt sich ein hohes Maß von Information. Format A5.

In the case of each exhibitor the list of works (without measurements, however) is combined with a reproduction and a short biography. A considerable amount of information is thus provided. Format A5.

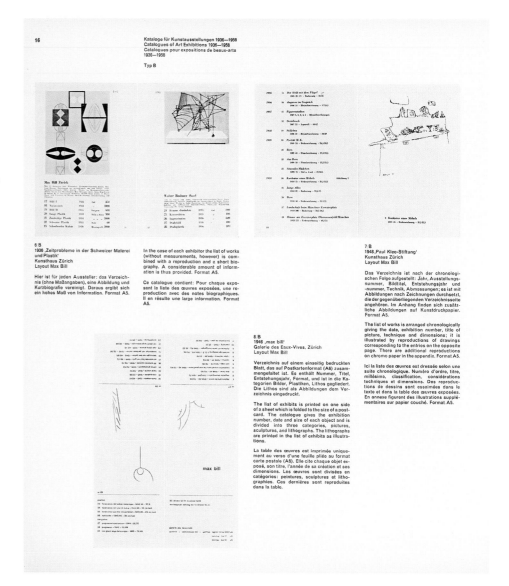

8/B 1946 ‹max bill› / Galerie des Eaux-Vives, Zürich / Layout Max Bill.
Verzeichnis auf einem einseitig bedruckten Blatt, das auf Postkartenformat (A6) zusammengefaltet ist. Es enthält Nummer, Titel, Entstehungsjahr, Format, und es ist in die Kategorien Bilder, Plastiken, Lithos gegliedert. Die Lithos sind als Abbildungen dem Verzeichnis eingedruckt.

The list of exhibits is printed on one side of a sheet which is folded to the size of a postcard. The catalogue gives the exhibition number, title, date and size of each object and is divided into three categories: pictures, sculptures, and lithographs. The lithographs are printed in the list of exhibits as illustrations.

9/B 1951 ‹Moderne Kunst aus der Sammlung Peggy Guggenheim› / Kunsthaus Zürich / Layout Max Bill. Vollständiges Verzeichnis der ausgestellten Werke, ohne Maßangaben. Dazwischen ausgewählte Abbildungen.

A full list of exhibited works, without measurements, interspersed with selected reproductions.

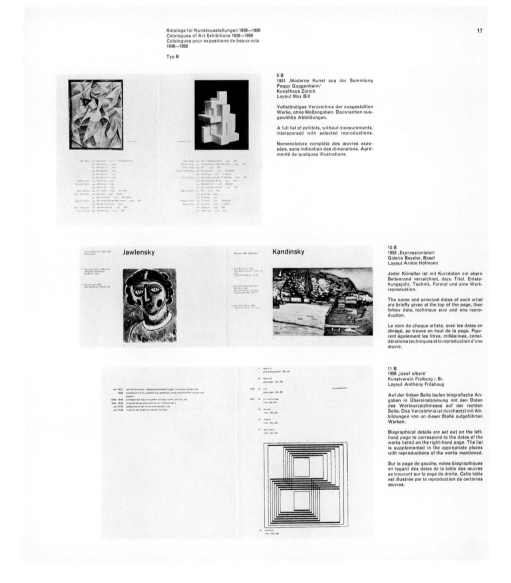

Kataloge für Kunstausstellungen 1936—1958
Catalogues of Art Exhibitions 1936—1958
Catalogues pour expositions de beaux-arts
1936—1958

Typ B

17

9/B
1951 ‚Moderne Kunst aus der Sammlung
Peggy Guggenheim'
Kunsthaus Zürich
Layout Max Bill

Vollständiges Verzeichnis der ausgestellten
Werke, ohne Maßangaben. Dazwischen ausgewählte Abbildungen.

A full list of exhibits, without measurements,
interspersed with selected reproductions.

Nomenclature complète des œuvres expo-
sées, sans indication des dimensions. Agré-
menté de quelques illustrations.

10/B
1955 ‚Expressionisten'
Galerie Beyeler, Basel
Layout Armin Hofmann

Jeder Künstler ist mit Kurzdaten am obern
Seitenrand verzeichnet, dazu Titel, Entstehungsjahr, Technik, Format und eine Werkreproduktion.

The name and principal dates of each artist
are briefly given at the top of the page, then
follow date, technique size and one reproduction.

Le nom de chaque artiste, avec les dates en
abrégé, se trouve en haut de la page. Figu-
rent également les titres, millésimes, consi-
dérations techniques et la reproduction d'une
œuvre.

11 B
1958 ‚josef albers'
Kunstverein Freiburg i. Br.
Layout Anthony Fröshaug

Auf der linken Seite laufen biografische Angaben in Übereinstimmung mit den Daten
des Werkverzeichnisses auf der rechten
Seite. Das Verzeichnis ist durchsetzt mit Abbildungen von an dieser Stelle aufgeführten
Werken.

Biographical details are set out on the left-
hand page to correspond to the dates of the
works listed on the right-hand page. The list
is supplemented in the appropriate places
with reproductions of the works mentioned.

Sur la page de gauche, notes biographiques
en regard des dates de la table des œuvres
se trouvant sur la page de droite. Cette table
est illustrée par la reproduction de certaines
œuvres.

10/B 1955 ‹Expressionisten› / Galerie Beyeler, Basel / Layout Armin Hofmann.
Jeder Künstler ist mit Kurzdaten am oberen Seitenrand verzeichnet, dazu Titel, Entstehungsjahr, Technik, Format und eine Werkreproduktion.

The name and principal dates of each artist are briefly given at the top of the page, followed by title, date, technique, size and one reproduction.

11/B
1958 ‹josef albers› / Kunstverein Freiburg i. Br. / Layout Anthony Fröshaug.
Auf der linken Seite laufen biografische Angaben in Übereinstimmung mit den Daten des Werkverzeichnisses auf der rechten Seite. Das Verzeichnis ist durchsetzt mit Abbildungen von an dieser Stelle aufgeführten Werken.

Biographical details are set out on the left-hand page to correspond to the dates of the works listed on the right-hand page. The list is supplemented in the appropriate places with reproductions of the works mentioned.

12/C 1937 ‹Solomon R. Guggenheim Collection of non-objective Paintings› / Layout Hilly Rebay.
Dieser Katalog ist (meines Wissens) der Prototyp des vollständigen Dokumentationsverzeichnisses einer Ausstellung. Er enthält chronologisch jedes ausgestellte Werk in Abbildung, mit allen nötigen Daten. Zwischen den schwarzweißen Autotypien ist jeweilen markiert, auf welcher Tafel im Anhang sich eine farbige Reproduktion dieses Werkes befindet.

This catalogue (to the best of my knowledge) is the prototype of the fully documented exhibition list. It comprises chronologically arranged reproductions of every exhibit with all the necessary data. Under some of the black and white illustrations are references to the color-plates of the same works in the appendix.

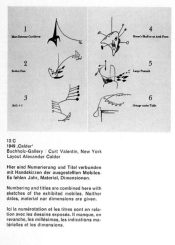

13/C 1949 ‹Calder› / Buchholz-Gallery / Curt Valentin, New York / Layout Alexander Calder.
Hier sind Numerierung und Titel verbunden mit Hand-skizzen der ausgestellten Mobiles. Es fehlen Jahr, Material, Dimensionen.

Numbering and titles are combined here with sketches of the exhibited mobiles. Neither dates, material nor dimensions are given.

14/C 1953 ‹Zwanzig Jahre Emanuel-Hoffmann-Stiftung, 1933–1953› / Kunstmuseum Basel / Layout Hermann Eidenbenz.
Verzeichnis mit Abbildungen von jedem Werk und mit allen technischen Angaben.

A complete list with a reproduction of every work and all technical data.

15/C 1953 ‹Henri Matisse, papiers découpés› / Galerie Berggruen & Cie., Paris.
Seite aus einem Katalog, in dem jedes ausgestellte Werk farbig reproduziert ist und mit allen technischen Daten versehen. Die Kataloge von Heinz Berggruen enthalten somit ein Höchstmaß von Information.

A page of a catalogue in which each exhibit [work] is reproduced in color and in which full technical information is given. Heinz Berggruen's catalogues thus provide the maximum information.

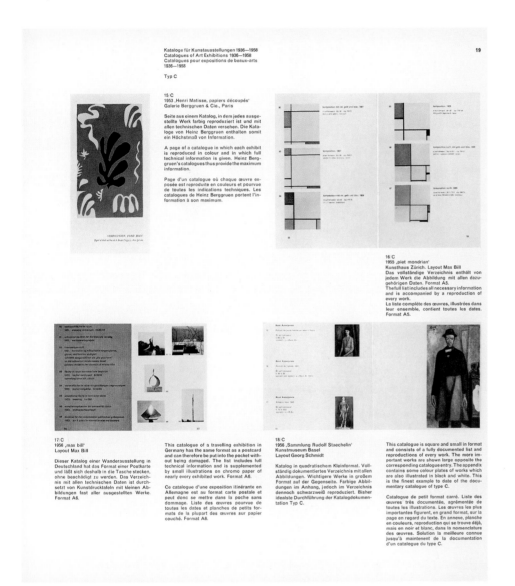

16/C 1955 ‹piet mondrian› / Kunsthaus Zürich. Layout Max Bill.
Das vollständige Verzeichnis enthält von jedem Werk die Abbildung mit allen dazugehörigen Daten. Format A5.

The full list includes all necessary information and is accompanied by a reproduction of every work. Format A5.

18/C 1956 ‹Sammlung Rudolf Staechelin› / Kunstmuseum Basel / Layout Georg Schmidt.
Katalog in quadratischem Kleinformat. Vollständig dokumentiertes Verzeichnis mit allen Abbildungen. Wichtigere Werke in großem Format auf der Gegenseite. Farbige Abbildungen im Anhang, jedoch im Verzeichnis dennoch schwarzweiß reproduziert. Bisher idealste Durchführung der Katalogdokumentation Typ C.

This catalogue is square and small in format and consists of a fully documented list and reproductions of every work. The more important works are shown large opposite the corresponding catalogue entry. The appendix contains some color plates of works which are also illustrated in black and white. This is the finest example to date of the documentary catalogue of type C.

17/C 1956 ‹max bill› / Layout Max Bill.
Dieser Katalog einer Wanderausstellung in Deutschland hat das Format einer Postkarte und läßt sich deshalb in die Tasche stecken, ohne beschädigt zu werden. Das Verzeichnis mit allen technischen Daten ist durchsetzt von Kunstdrucktafeln mit kleinen Abbildungen fast aller ausgestellten Werke. Format A6.

This catalogue of a travelling exhibition in Germany has the same format as a postcard and can therefore be put into the pocket without being damaged. The list includes full technical information and is supplemented by small illustrations on chromo paper of nearly every exhibited work. Format A6.

19/C 1957 ‹karl gerstner› / Club Bel Etage, Zürich
Layout Karl Gerstner.
Vollständiges Verzeichnis einer kleinen Ausstellung.
Alle gezeigten Werke sind reproduziert, dazu begleiten-
der Text von Markus Kutter. Auf der Vorder- und der
Rückseite ebenfalls noch je eine Abbildung. Format A4.

A fully documented catalogue of a small exhibition. All
the works shown are reproduced and are accompanied
by a text by Markus Kutter. There is an additional
reproduction on the front and back. Format A4.

20/C 1958 ‹Plastik im Freien› / 2. Schweizer Plastikaus-
stellung im Freien, Biel / Layout André Rosselet.
Vollständiges Verzeichnis mit Reproduktion der meisten
ausgestellten Werke. Auf der gleichen Doppelseite befindet sich das Verzeichnis und die Abbildungen.

2nd open-air exhibition of Swiss Sculpture at Biel.
A fully informative list with reproductions of most of the
exhibited works. The reproductions and the corresponding catalogue entries occur on the same double spread.

Die Redaktion der Zeitschrift *Neue Grafik* (Richard Paul Lohse, Josef Müller-Brockman, Hans Neuburg und Carlo L. Vivarelli) schrieb die folgende Vorbemerkung zum Beitrag von Max Bill:

Max Bill hat für diesen Beitrag das ihm passend Scheinende zusammengestellt, die Beispiele kommentiert und gleichzeitig die Mise en pages für seinen Artikel gemacht, unter Berücksichtigung des für die Zeitschrift festgelegten Seitenspiegels. Der Verfasser hat nicht nur für seine Arbeiten und Ausstellungen die ihnen gemäßen Kataloge entworfen, sondern neue, maßgebende Formen der Kataloggestaltung entwickelt. Aus diesem Grunde ist es richtig, daß Bill eine Reihe eigener Katalogschöpfungen zeigt. Er identifiziert sich durch seine Arbeitsweise mit dem von ihm behandelten Thema. Es ist ihm weniger darum zu tun, typografisch interessante Beispiele zu bringen als in erster Linie Seiten zu zeigen, die den Zweck des Kataloges deutlich veranschaulichen, nämlich eine Gegenüberstellung von Bild und Text. Bill hat bewußt darauf verzichtet, vorbildlich gestaltete Titelseiten von Katalogen mit in seine Kommentierung einzubeziehen. Er will vor allem das System der zweckmäßigen Gliederung demonstrieren.

The editorship of the magazine *Neue Grafik* (Richard Paul Lohse, Josef Müller-Brockman, Hans Neuburg and Carlo L. Vivarelli) wrote the following preamble about Max Bill's contribution:

Max Bill put together what seemed right to him for this contribution. He commented on the examples and also did the "mise-en-page" for his article, respectful of the magazine's page layout. Not only did the author design catalogues for his works and exhibitions which seemed appropriate to him; he has also set a new standard in catalogue design. For this reason it is appropriate that Bill shows a series of his own catalogue creations. He identifies himself with the subject at hand by the way in which he works. It is not so much a matter for him of offering interesting typographic examples. His interest lies more in showing pages which clarify the purpose of the catalogue – a juxtaposition of image and text. Bill consciously refrained from integrating title pages in his commentary from catalogues that were exemplary in design. Above all he would like to demonstrate the system of functional organization.

Von Max Bill im Allianz-Verlag herausgegeben:

max bill: $x = x$, 10 Zeichnungen, 1942.
Schuber, Einband (mit Tinte beschrieben), Innentitel und mehrere Doppelseiten.

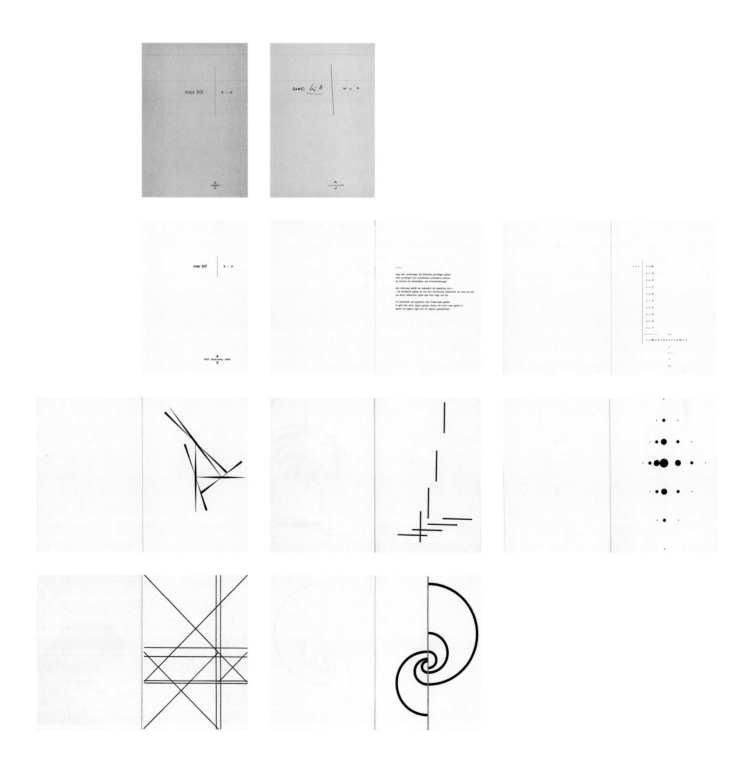

Max Bills typografisch-grafisches Werk ist – zumindest bis in die vierziger Jahre hinein – geprägt von einer großen Vielfalt der grafischen Sprachen, vom Engagement für die Sache, von Neugierde auf noch unentdeckte Ausdrucksmöglichkeiten, von werbesprachlichem Witz und – über das ganze Werk hinweg – vom Ineinandergreifen von Inhalt und Form sowie, selbstverständlich, von Bills mathematischer Denkweise. Die frühen Arbeiten sind geprägt von gemäßigt-expressiven Zügen der Neuen Typografie, sie bewegen sich jedoch näher bei Tschichold als beim ‹Balken-und-Blickfang-Stil› des Bauhauses und dessem weiteren Umfeld.

Auf die Reklame – unübersehbar sind die Marken «bill», «bill-zürich», «bill reklame», «bill-zürich reklame» – folgt Bills Buchschaffen, von den frühen Werken für Oprecht & Helbling und den Europa-Verlag über die Arbeit am Œuvre complète von Le Corbusier und das Sammelwerk Moderne Schweizer Architektur bis zu den Büchern aus den vierziger und frühen fünfziger Jahren. Die Montagen für die Umschläge des ersten Jahrgangs der Zeitschrift information stehen für Bills politisches Engagement. Aus seinem Freundeskreis kamen Aufträge für Geschäftspapiere und Privatdrucksachen; in diesem Bereich entstanden einige von Bills feinsten typografischen Gestaltungen. In fast siebzig Jahren schuf er weit über 200 Plakate, viele vom innovativen Umgang mit drucktechnischen Problemen zeugend.

In manchen der in den dreißiger Jahren von Max Bill gestalteten Werbedrucksachen wurden Fotos von Binia Bill verwendet. Diese sind in dem damals gemeinsamen Atelier entstanden.

Gemessen am reichen Bestand an Archivmaterial mußte die Anzahl der Abbildungen rigoros beschränkt werden. Auf die Wiedergabe mancher Arbeit wurde verzichtet, wenn ihre Besonderheit durch andere Werke abgedeckt werden konnte. Um trotzdem ein adäquates Bild von der Vielfalt des typografisch-grafischen Werks von Max Bill zu erhalten, wurden auch Skizzen und nichtrealisierte Entwürfe aufgenommen. Damit kann hier erstmals ein angemessener Überblick über Bills typografisch-grafisches Werk präsentiert werden.

Max Bill's typographic and graphic work is – at least up until the forties – characterized by a great diversity of graphic languages, by strong engagement for the issues at hand, by curiosity about as yet undiscovered forms of expression, by witty advertising language and – throughout the entire range of work – by an interaction of content and form as well as by the obvious characteristic of Bill's mathematical way of thinking. The early works are characterized by moderate-expressive aspects of the New Typography, though they are more akin to Tschichold than to the "bar and eye-catcher style" of the Bauhaus and its wider sphere of influence.

Following the advertisements – including the ever-present logos "bill", "bill-zürich", "bill reklame", "bill-zürich reklame" – comes Bill's book production, from the early works for Oprecht & Helbling and the Europa-Verlag to the work on the Œuvre complète from Le Corbusier and the compilation Moderne Schweizer Architektur up to the books from the forties and fifties. The jacket paste-ups for the first issue of the magazine information reflect Bill's political engagement. Commissions for business documents and private printed matter came from his circle of friends, some of Bill's finest typographic designs having arisen in this area. In nearly seventy years he created well over 200 posters, many of which evidenced an innovative approach to technical printing problems.

In some of the printed advertising publications designed by Max Bill in the thirties, photographs from Binia Bill were used. These arose in the atelier that they shared at the time.

Measured against the abundant amount of available archive material, the number of illustrations had to be rigorously limited. The reproduction of some works had to be left out, when the inclusion of other works could cover their particular uniqueness. Nonetheless, in order to receive an adequate impression of the diversity of typographic and graphic works of Max Bill, sketches and unrealized designs have also been included. As such, a fitting overview of Bill's typographic and graphic work can be presented here for the first time.

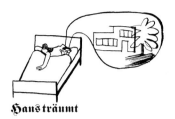

Hans träumt

von seinem eigenen Haus

bei seinem Erwachen liegt er noch immer in seiner Mietwohnung. Er weiß noch nicht, daß jeder Traum Wahrheit enthält, daß er über die Erfüllung seines Traumes Auskunft und Aufklärung erhalten kann in einem Prospekt der

Bau-Kredit Zürich A.-G

Zürich, Bahnhofstr. 22. Tel. 35.454

bill - zürich 1

„Hans, weißt du schon, daß der

Müller baut?"

der Müller nebenan baut mit Hilfe der Bau-Kredit Zürich A.-G. Er zieht aus seiner Mietwohnung und wird mit nicht größeren Zahlungen, als er bisher für Miete aufbringen mußte, Besitzer eines eigenen Hauses, welches in 20 Jahren schuldenfrei sein wird. Wir schreiben noch heute um einen Prospekt an die

Bau-Kredit Zürich A.-G

Zürich, Bahnhofstr. 22. Tel. 35.454

bill - zürich 2

„Was der Müller kann das kann ich auch!"

Hans ist bei Herrn Kradolfer: „Gewiß, Herr Müller machte einen Sparvertrag, mußte monatlich eine kleine Einzahlung leisten und einige Monate Geduld haben, dann wurde er zugeteilt und konnte bauen, wie Sie wissen. Die genauen Angaben und Bedingungen erhalten Sie gerne gratis. Sie können diese zu Hause in Ruhe studieren."

Bau-Kredit Zürich A.-G

Zürich, Bahnhofstr. 22. Tel. 35.454

bill - zürich 3

„Hurra Emmy! Was der Müller kann, das kann dein Hans auch!

wir bauen noch ein schöneres Haus, ohne daß der Zins uns drückt. Wir bezahlen nicht mehr als heute für die Miete, sind aber Herr und Meister in unserem eigenen Haus, welches zu dem in 20 Jahren schuldenfrei sein wird, so daß wir uns auf diese Art ein Vermögen ersparen. Wir haben so einen sorgenlosen Lebensabend und können unsere Kinder etwas rechtes werden lassen. Dies dank der

Bau-Kredit Zürich A.-G

Zürich, Bahnhofstr. 22. Tel. 35.454

bill - zürich 4

Jetzt liegt Hans alle Tage auf der Terrasse seines Hauses an der Sonne

die Kinder spielen im Garten. Emmy holt dort ihr Frischgemüse. Sie zahlen keinen Mietzins mehr, sondern werden mit dem gleichen Geld, das sie früher „verwohnten", in 20 Jahren ein schuldenfreies, eigenes Haus besitzen. Das einfache Rezept, zu einem eigenen Haus zu kommen, gibt jedem gerne unverbindlich

Bau-Kredit Zürich A.-G

Zürich, Bahnhofstr. 22. Tel. 35.454

bill - zürich 7

„Liebe Gemeindebewohner!

Ich erzähle euch heute:

wie kam ich zu meinem eigenen Haus. Wieso zahle ich keinen hohen Zins mehr, wie kommt es, daß ich kein Sorgenmensch mehr bin und ihr alle seine mehr zu bleiben braucht. Dies alles dank dem vorteilhaften System der

Bau-Kredit Zürich A.-G

Zürich, Bahnhofstr. 22. Tel. 35.454

bill - zürich 8

Auch Fritzli freut sich, im eigenen Haus seiner Eltern

das Licht der Welt erblickt zu haben. Seine Eltern müssen sich nicht mit endlosem Zinszahlen abmühen, deshalb wird Fritzli eine schöne Jugend verleben und dann später jedem sagen: „Mein Vater war ein einsichtiger Mann, er baute mit der

Bau-Kredit Zürich A.-G

Zürich, Bahnhofstr. 22. Tel. 35.454.

bill - zürich 9

Anzeigenserie Baukredit Zürich,
variable Größen von 72/95×102/155 mm,
1931.

„Liebe Kameraden, Ihr seid jetzt noch alle jung,

einmal tritt auch an Euch die Wohnfrage, überlegt es Euch heute schon. Es hat keinen Sinn, jahrelang Miete zu zahlen und trotzdem unter relativ ungünstigen Verhältnissen zu wohnen. Es gibt einen Weg, welcher euch dieser Sorge enthebt. Wenn Ihr ihn studiert habt, werdet Ihr überzeugt sein, daß es sich lohnt, weitsichtig zu sein und heute schon für ein eigenes Haus Geld zusammenzulegen, indem Ihr einen Kredit-Vertrag abschließt, um bei Zeit und Gelegenheit Euer eigenes Heim bauen zu können mit Hilfe der

Bau-Kredit Zürich A.-G

Zürich, Bahnhofstr. 22. Tel. 35.454.

bill - zürich 14

„Nein" „Nein" „Nein" „Schwindel" „Betrug" „Zufall" ..... „Nie kommt

Ihr zu einem eigenen Haus!

Diese Bausparkassen leeren dem Volk die Taschen, sie sind Schwindelunternehmungen, durch reinen Zufall wird dieser und jener bevorzugt"... etc.... Daß alles, was dieser freundliche Herr da oben behauptet, nicht stimmt, sehen Sie deutlich aus dem Prospekt der

Bau-Kredit Zürich A.-G

Zürich, Bahnhofstr. 22. Tel. 35.454.

bill - zürich 15

Ein einig Volk von Brüdern, wie die Väter waren,

entsteht wieder

wenn jeder frei in seinem eigenen Hause wohnen kann, ohne vom Zinsenvogt gepreßt zu werden. Wenn jeder die Möglichkeit hat, durch monatliche Leistungen in der Höhe einer normalen Miete in etwa 20 Jahren im schuldenfreien Haus zu wohnen. Den nächsten Weg dazu weist die Broschüre der

Bau-Kredit Zürich A.-G

Zürich, Bahnhofstr. 22. Tel. 35.454.

bill-zürich 16

Prospekt Orion Automobilwerkstätten, Zürich, zweiseitig,
210×297 mm, 1929 (Zuschreibung nicht gesichert).
Stellplakat Babsi-Kinderstrickwaren, 240×316 mm, 1930.

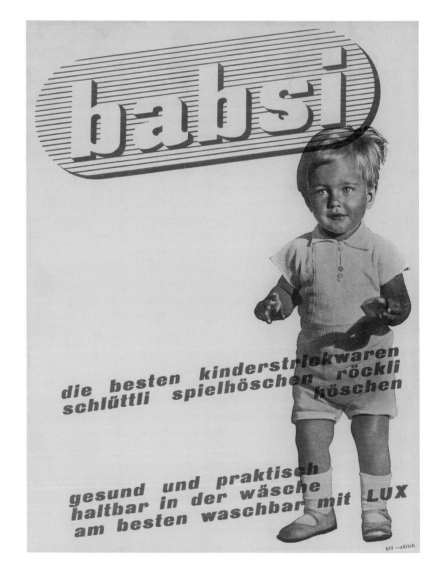

Werbedrucksachen

Prospekt Ciments Portland de Lorraine, Strasbourg, 4 Seiten,
geschlossenes Format 138×104 mm, 1929.
Prospekt Aarauer Werkstätten H. Woodtly & Cie, Aarau und Bern,
4 Seiten, geschlossenes Format 150×104 mm, 1930.

Duss Lederwaren, Zürich, Anzeige zur Geschäftseröffnung,
72×72 mm, und fünf Kleinanzeigen, je 74×29 mm, 1930.
Flugblatt für das Kabarett Krater, Zürich, 105×265 mm, 1930.

Anzeige Zett-Haus, Zürich, 293×54 mm, 1932.
Anzeige Zett-Haus, Zürich, 108×167 mm, 1932.
Sammelanzeige Zett-Haus, Zürich, 145×210 mm, 1931.

eröffnung freitag 14. november bill zürich

gute   lederwaren   und   reiseartikel

kaufen   sie   vorteilhaft   bei

koffer-duss

zürich   limmatquai 16   telefon 23.149

gute   lederwaren   und   reiseartikel

kaufen   sie   vorteilhaft   bei

koffer-duss   zürich   limmatquai 16

1   bill - zürich   telefon 23.149

jeder   koffer   für   die   reise   bei

koffer-duss   zürich   limmatquai 16

2   bill - zürich   telefon 23.149

leder   ist   gut   stark   und   schön

koffer-duss   zürich   limmatquai 16

3   bill - zürich   telefon 23.149

praktische

und   schöne   weihnachtsgeschenke

sind   lederwaren   von

koffer-duss   zürich   limmatquai 16

4   bill - zürich   telefon 23.149

täschchen   brieftaschen

alles   für   dame   und   herrn   von

koffer-duss   zürich   limmatquai 16

5   bill - zürich   telefon 23.149

der **krater**
lädt sie zu seinem
**ball—
versuch**
im belvoir, samstag, den
20. sept., abends 21 uhr
eingang seestr. strassenbahn brunaustr.

höflich ein

wenn sie sich amüsieren wollen, tanzen
wollen, gemütlich in ungezwungener, lu-
stiger toilette --- dann kommen sie an den
krater-ball ---

es gibt dort musik von elektr. verstärktem
grammofon aus dem pianohaus jecklin,
zum tanzen, schiessbude, ballenwerfen,
13-minuten-kabarette -

mitwirkende sind: altendorf, beck, bill,
blum, fontol, grau, gug-
genheim, hegetschweiler,
pfister, proquit, schuh,
silander, wolfensberger
leitung des abends: beck. dekorationen: bill
kabarette: silander und proquit.

eintritt beträgt: kraterfreunde   fr. 5
eingeführte   fr. 10
(einladung=eingeführt)
vorverkauf bei blumenstump, bleicherweg 6,
telefon 36.117

also

samstag, den 20. september, 21 uhr im belvoir, in ausgezeichneter laune.

Prospekt Wohnbedarf Zürich, 6 Seiten, geschlossenes Format
212×100 mm, 1931.

Prospekt für die Wohnausstellung des Wohnbedarf Zürich
in der Werkbundsiedlung Neubühl, 12 Seiten, geschlossenes
Format 214×99 mm, 1931.

neubühl wohnausstellung

die siedlung neubühl bauen die architekten:
artaria u. schmidt — basel-moskau
m. e. haefeli — zürich
hubacher u. steiger — zürich
moser u. roth — zürich

1 webatelier
bearbeitet: flora steiger und lilli humm — miete fr. 1000.—

2 atelier eines malers und zeichners
bearbeitet: bill — miete fr. 1000.—

3 wohnung eines malers und zeichners mit frau
bearbeitet: bill — miete fr. 800.—

4 wohnung und aussteuer der ersten 5 ehejahre
bearbeitet: kienzle — miete fr. 800.—

5 sechsköpfige familie in 3½ zimmern
bearbeitet: flora steiger — miete fr. 1600.—

6 einfamilienhaus eines geschäftsführers
bearbeitet: i. und m. e. haefeli — miete fr. 2600.— eckhaus fr. 2850.—

7 einfamilienhaus eines technikers
bearbeitet: hubacher — miete fr. 1800.— eckhaus fr. 2000.—

8 einfamilienhaus mit geringstem kostenaufwand eingerichtet
bearbeitet: flora steiger — miete fr. 1400.— eckhaus fr. 1600.—

9 arbeitswohnung eines journalistenpaares
bearbeitet: s. und w. m. moser — miete fr. 1375.—

10 wohnung mit alten und neuen möbeln
bearbeitet: burckhardt — miete fr. 2435.—

beachten sie alle wohnungen haben gleiche gute besonnung geringe windanfallseiten

beachten sie sie grenzen mit den schmalseiten an die strassen (staubfreie lage)

von wohnungen, gärten, strasse, freie sicht in die landschaft nach beiden seiten

beachten sie die günstigen besonnungs- und sichtverhältnisse, hervorgerufen durch den verzicht auf ein steildach
die weitgeräumigen gärten ohne zäune

beachten sie die verschieden grossen wohnungen sind aus gleichen bau- und raumelementen zusammengesetzt
knappe helle vorplätze und grosse hauptwohnräume

beachten sie die raumsparenden seitlichen schiebefenster, welche das vorschieben der möblierung an die fensterwand ermöglichen

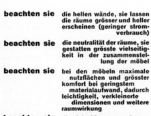

stuhl mit rohrgeflecht fr. 27.50
ohne rohrgeflecht fr. 18.85

beachten sie die hellen wände, sie lassen die räume grösser und heller erscheinen (geringer stromverbrauch)

beachten sie die neutralität der räume, sie gestatten grösste vielseitigkeit in der zusammenstellung der möbel

beachten sie bei den möbeln maximale nutzflächen und grösster komfort bei geringstem materialaufwand, dadurch leichtigkeit, verkleinerte dimensionen und weitere raumwirkung

beachten sie die vielseitige verwendungs- und ausführungsart des serienmässig hergestellten möbels

stuhl fr. 35.—

wird es den hoffnungen der neuerer auf dem gebiet des möbel ebenso ergehen wie den hoffnungen, die sich an die neue kleiderform geknüpft hatten? die amerikanische möbelindustrie arbeitet heute schon an dem „dringend enproblem", wie man es erreichen könne, dass sich jede amerikanische familie alle sechs jahre neu einrichten muss. dazu muss das möbel wie das kleid der mode unterworfen und für einen raschen wechsel dieser mode gesorgt werden, gierig greift man heute nach dem aus europa kommenden modernen möbel um damit den tanz der mode beginnen zu können, entwerfer und kunstzeitschriften werden mitgemacht, um die neue mode zu lancieren. ist es bei uns nicht ein bisschen ähnlich? man hat die ideen der neuerer solange bekämpft, bis man die chance kommen sah, daraus eine mode zu machen. heute wären wir so weit. wir müssen noch mit der laterne suchen, dafür können wir uns heute mit kubischen möbeln im kostbarsten tournier, mit nickel und stahl genau so vornehm und überflüssig einrichten wie vorher mit geschnitztem nussbaum und geschweiften füssen.
(hans schmidt, basel-moskau)

lehnsessel ohne bezugsstoff, gestrichen fr. 98.— verchromt b. 139.—

die vorteile in der fabrikation sowie der wunsch nach vielseitiger verwendbarkeit desselben möbels entwickelt das verstellbare, montierbare möbel.

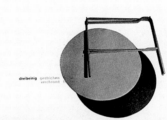

dreibeinig gestrichen... verchromt f.

vierbeinig gestrichen fr. 53.— verchromt fr. 77.—

klapptischchen als servierbrett verwendbare tischplatte

arbeitstisch mit rollkorpus
gestrichen fr. 200.—
verchromt fr. 210.—

durch demontable möbel werden die schwierigkeiten beim transport über steile treppen und enge korridore vermieden.

im täglichen leben bedienen wir uns von früh morgens bis spät abends vieler geräte. am frühstückstisch das kaffeegeschirr, messer und gabel. wir haben unsere bücher, füllfederhalter, taschenuhr.

wir vereinfachen unser leben. mit all diesen dingen gehen wir täglich um. ihr mass ist das mass unserer hände, unseres körpers, das mass der brauchbarkeit. das richtige mass aller dieser gegenstände entspricht dem gebrauch. der tisch und der stuhl entspricht den massen unserer glieder. das richtige mass ist gleichzeitig das minimum, da es unrichtig wäre, unser geschirr grösser und schwerer zu machen als nötig; es wäre unrichtig, unsere stühle grösser, schwerer und repräsentativ zu gestalten, sie sollen nur unseren ansprüchen genügen, d.h. sie sollen leicht und beweglich sein.
(stam, „das neue frankfurt" 1929)

der raum ist keine komposition mehr, kein abgerundetes ganzes, — da doch seine dimensionen und elemente wesentlichen veränderungen unterliegen.

man kommt zu der auffassung, dass irgendein richtiger, brauchbarer gegenstand in jeden raum „hineinpasst", in welchem man ihn braucht, ähnlich wie ein lebendiges naturwesen: eine blume oder ein mensch.
(breuer, „das neue frankfurt" 1927)

tisch verchromt b. 114.—

viele leute möchten sich gerne neu einrichten, aber die wenigsten haben dazu die mittel.

sie haben möbel, welche sie ärgern. ...

dann gibt es eine ganze reihe möbel, die zwar nicht modern sind, aber sie sind praktisch irgendwie zum haushalt, sie geben sie nicht gerne her, sie gehören irgendwie zum haushalt. diese möbel ergänzen sie mit den richtigen modernen standard-modellen, und sie werden eine einrichtung erhalten, die zusammenpasst, einheitlich ist, trotz verschiedener stile, holzarten, farben, nur weil die möbel, ob alt ob neu, von dem einen standpunkt ausgesucht sind: zweckentsprechend, einfach, möglichst raumsparend. (e. f. burckhardt, zürich)

ständerlampe
durch die schalen dringt weiches helles licht, nach der decke reflektion, dadurch grösste lichtausnützung.
b. 117.—

bild

bilder sind keine gebrauchsgegenstände im konkreten sinn, im gegensatz zum möbel. trotzdem brauchen die meisten menschen bilder.

jeder mensch hat andere bedürfnisse, die bilder eines jeden sehen somit anders aus, die neue entwicklung der malerei geht weg vom naturnachbildenden, wird aus sich heraus schöpferisch. sie gibt nur die einfachen darstellung dessen, was die malerei vorher auf dem umweg über das naturbeispiel gab. sie soll freude, frische erzeugen, konzentration. die genaue darstellung der natur, im gegensatz zur malerei hat die fotografie übernommen. diese bilder haben nicht mehr den wert eines „originalgemäldes", sie sollen mit einfachen mitteln vervielfältigt und dadurch jedem zugänglich gemacht werden.
(bill, zürich)

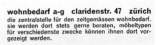

wohnbedarf a-g claridenstr. 47 zürich
die zentralstelle für den zeitgemässen wohnbedarf. sie werden dort stets gerne beraten, möbeltypen für verschiedene zwecke können ihnen dort vorgezeigt werden.

wir gewähren **Darlehen** für Bau und Kauf von Heimwesen
zur Ablösung von Hypotheken

Bau-Kredit Zürich A-G

Zürich   Bahnhofstr. 22

bill

Der Weg zum Eigenheim geht stufenweise

Er ist deshalb für jedermann gangbar. Durch geringe monatliche Leistungen können Sie Besitzer eines schuldenfreien Hauses werden. Wir helfen Ihnen auch, schon bestehende Hypotheken tilgen. — Verlangen Sie unseren Prospekt über amortisierbare, bürgenlose Hypotheken.

Bau-Kredit Zürich A-G

Zürich, Bahnhofstr. 22
Tel. 35.454

b**au**kredit
z**ürich**

bill-zürich

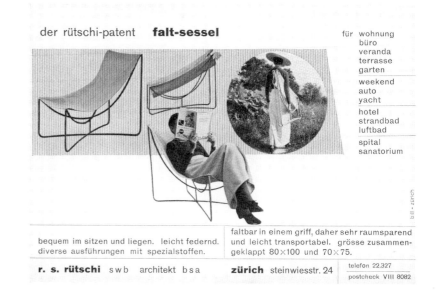

der rütschi-patent **falt-sessel**

für wohnung
büro
veranda
terrasse
garten

weekend
auto
yacht

hotel
strandbad
luftbad

spital
sanatorium

bill - zürich

bequem im sitzen und liegen. leicht federnd.
diverse ausführungen mit spezialstoffen.

faltbar in einem griff, daher sehr raumsparend und leicht transportabel. grösse zusammengeklappt 80×100 und 70×75.

r. s. rütschi swb architekt bsa   **zürich** steinwiesstr. 24

telefon 22.327
postcheck VIII 8082

Interna

Institut f. physikalische Therapie u. Roentgendiagnostik
Leitung: Dr. med. Willy Graf

Winterthur Niedergasse 13 Tel. 15

modernst eingerichtetes Institut zur Behandlung aller rheumatisch-nervösen Herz und Stoffwechselkrankheiten.

Dampfdouche	
schottische Douche	
Sprudelbäder	
Kohlensäurebäder	einzige Anlage am Platze
elektrische Bäder (galvanisch, faradisch)	
Glühlichtbäder	
Fangobäder	
Senfpackungen	
Hochfrequenz	
Diathermie	
Höhensonne	
kombinierte Bäder	

modernes Roentgenkabinett für Bestralung, Durchleuchtung und Roentgenfotografie auch bewegter Organe (Magen, Darm, Lunge, Herz)

geöffnet 9—14½ Uhr

bill-zürich

Interna

Institut f. physikalische Therapie u. Roentgendiagnostik

Winterthur Niedergasse 13 Tel. 15

modernste Einrichtung sämtlicher Medizinalbäder und elektrischen Behandlungsmethoden zur Behandlung aller rheumatischen, nervösen, Herz- und Stoffwechsel-Leiden. Roentgen

geöffnet 9—14½ Uhr

bill-zürich

Dr. med. Willy Graf

Spezialarzt für Innere und Nervenkrankheiten

Winterthur Niedergasse 13 Tel. 15

Sprechstunden

9 — 10	Chirurgie. Haut
10 — 11	Frauen. Kinder
11 — 12	Augen. Ohren. Nase. Hals.
13 — 14½	Innere und Nervenkrankheiten

Roentgenuntersuchung. Laboratorium für Chemisch-mikroskopische Sputum-, Harn-, Blut-Untersuchungen.

Anzeige Baukredit Zürich, 99×41 mm, 1931.
Anzeige Baukredit Zürich, mit Foto Haus Bill, 75×105 mm, 1933.
Werbekarte Rudolf S. Rütschi, Zürich, 148×105 mm, 1931.
Zwei Anzeigen Interna, Winterthur, 114×160 mm, 114×60 mm, 1932.
Anzeige Dr. med. Willy Graf, Winterthur, 114×80 mm, 1932.

Anzeige Tip-Top-Garage, Zürich, 255×54 mm, 1931.
Anzeige Wohnbedarf Zürich, 180×230 mm, 1932.
Anzeige Wohnbedarf Zürich, 180×230 mm, 1933.
Anzeige Schweizerischer Werkbund, 220×40 mm, 1932.
Anzeige Duttlinger Optik, Zürich, Originalgröße, 1932.

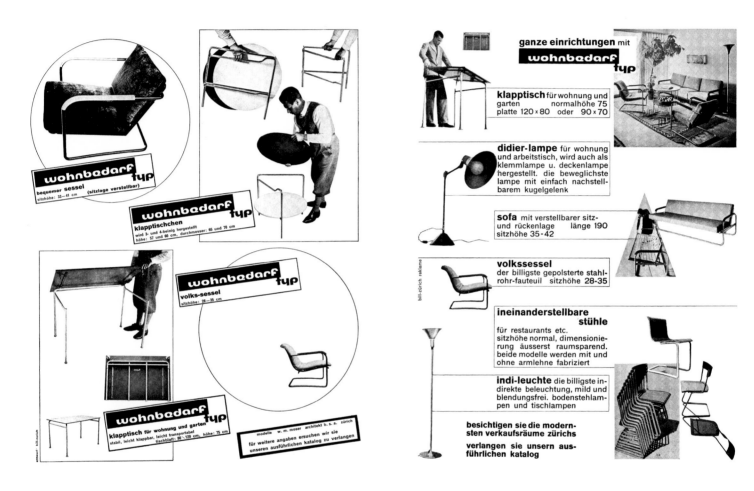
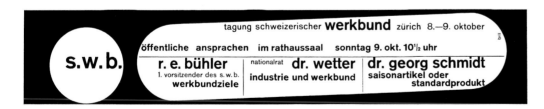

ameublement typ

genève   rue adrien lachenal
dans la maison de verre

ameublement typ vous offre la possibilité d'acquérir à bon marché des meubles et objets d'usage domestique, en tous points rationnels et à la forme irréprochable.

la supériorité des meubles de l' **ameublement** typ ne réside pas dans l'aptitude à briller dans une enfilade de pièces luxueuses; leurs privilèges sont avant tout d'être simples et conformes aux principes de l'hygiène. ils permettre un choix excluant à l'avance toute déception et un assemblage vraiment judicieux. ils ont été créés selon une conception attentive du moindre détail et avec la collaboration d'architectes. ils ont exécutés en série par l'industrie la mieux outillée.

les meubles de l' **ameublement** typ reduits au minium de materiel, ont l'avantage qu'on respire à l'aise dans les pièces où ils sont placés

de nos jours, on aime ce qui est neuf, ce qui respire la fraîcheur et la santé. nous évitons l'imitation, le déjà-vu. l'homme des temps modernes ne veut pas d'entrave. il a d'autres soucis que de s'infliger un soi-disant «salon» aux apparences pompeuses. **notre époque a besoin de meubles confortables, aisément transportables, pliables, démontables.** l'idée de «mobilité» est la base de notre vie journalière. il nous faut pouvoir déménager facilement, sans frais importants pour ainsi dire avec une charrette et une malle. les nouveaux meubles réalisent cette idée, tout en vous procurant un maximum d'utilité et de qualité à un minimum de dépense.

le meuble démontable

petite table démontable
le dessus utilisable comme plateau à servir

à trois pieds

vernie	frs. 54.—
chromée	frs. 79.—

le meuble pliant

repliée

prix frs. 68.—

pour l'intérieur et le jardin

table de travail
avec corps roulant   prix frs. 250.—

pouvant servir de table de travail, de pupitre et de table à manger

les établissements **ameublement** typ entretiennent un choix varié de bons tapis et nattes modernes

chaise de jardin très confortable, grâce à sa construction particulièrement élastique

prix frs. 55.—

le premier fauteuil élégant et confortable, de première qualité à prix raisonnable

fauteuil confortable   frs. 75.—

frs. 25.—

chaise à siège canné   frs. 21.50
à siège en bois   frs. 18.85

quelques-uns de nos **prix minimum** pour **meubles de première qualité**

chaise en bois	12.80
table démontable à 4 pieds	56.—
table pliante pour le jardin et l'intérieur	68.—
fauteuil confortable (en tubes métalliques)	75.—
lit avec matelas de crin	106.—
avec matelas breveté «dea»	215.—
couvre-pied en soie écrue	80.—
étagère à livres, 3 rayons	25.50
chaque rayon en plus	8.50
porte-parapluies	25.—
porte-manteaux	19.—
armoire	180.—
vaisselle en verre réfractaire	
couvert pour 6 personnes	38.—
plafonnier et lampe à pied	25.—
natte en paille tressée (à la main)	
largeur 90 cm le mètre	3.20
bonne tissu d'ameublement le mètre	7.50
tissu de rideaux (bourrette de soie)	
largeur 130 cm le mètre	3.—

prix moyen
pour les meubles de 2 chambres frs. 1000.—

prix frs. 180.—

demandez à vous faire démontrer les nombreux avantages de notre lampe à pied

prix frs. 28.—

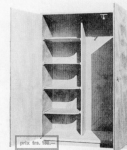

ameublement typ

connu en suisse sous le nom de

wohnbedarf

fondée en 1931

à zurich	claridenstrasse 47
à bâle	rosenthalstrasse 5

vient d'ouvrir une succursale à genève

ameublement typ

genève   rue adrien lachenal   dans la maison de verre

spécialités: meubles en tubes métalliques et en bois courbé

installation d'appartements, de colonies, de restaurants, clubs, cafés, cinémas etc.
articles standard et meubles de série de:
aalto, artaria, breuer, corbusier, haefeli, hubacher, kienzle, merkelbach, moser, perriand, rietveld, roth, stam, steiger et autres

les meubles et objets d'usage domestique de conception vraiment moderne et rationnelle n'excluent pas le bon marché portent la marque

wohnbedarf typ

auch für den garten einen
wirklich moderne typenmöbel
wohnbedarf zürich claridenstrasse 47 **typ** bequem und billig tel 52 806

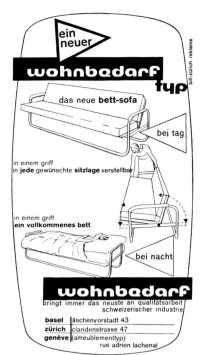

ein neuer
wohnbedarf **typ**

das neue **bett-sofa**
bei tag

in einem griff
in **jede** gewünschte **sitzlage** verstellbar

in einem griff
ein vollkommenes bett
bei nacht

wohnbedarf
bringt immer das neuste an qualitätsarbeit
schweizerischer industrie

basel	äschenvorstadt 43
zürich	claridenstrasse 47
genève	(ameublementtyp)
	rue adrien lachenal

fort mit dem
möbel-ungeheuer

sie benötigen dieses
anspruchsvolle
möbel nicht mehr,
wenn sie an
seiner stelle den
in-kombi

den innenkombinierbaren schrank
verwenden
tablare, englische züge, schuhrost etc
können mit einem handgriff
ausgewechselt werden

wohnbedarf
talstrasse 11
(neue börse) zürich

gemeinnützige baugenossenschaft zürich 7 + 8

wohnausstellung
eierbrecht
an waserstr.+ hirtenweg
omnibus v.klusplatz bis waserstr.- witikonerstr
12.–20. märz
geöffnet bei freiem eintritt

werktags 14–19 uhr
sonntags 10–18 uhr

wohnungseinrichtungen

wohnbedarf	a-g claridenstrasse 47
	zürich
zentralstelle für zeitgemässen	wohnbedarf

genossenschaft für möbelvermittlung zürich
stauffacherstrasse 45

und beleuchtungskörper von: huguenin biel
verkauf + ausstellungslager:
sirco a-g zürich walchestr.27

kücheneinrichtungen

LVZ lebensmittelverein zürich
haushaltungsabteilung st.annahof

bill - zürich

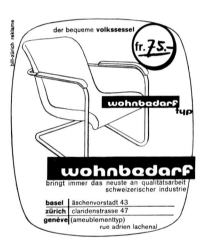

der bequeme **volkssessel**
fr. 75.–

wohnbedarf **typ**

wohnbedarf
bringt immer das neuste an qualitätsarbeit
schweizerischer industrie

basel	äschenvorstadt 43
zürich	claridenstrasse 47
genève	(ameublementtyp)
	rue adrien lachenal

moderne **garten** möbel
leicht wetterbeständig-feuerverzinkt
zusammenklappbar reizvolle farben

wohnbedarf
talstraße 11 (neue börse)

Prospekt «dans la maison de verre», Wohnbedarf Zürich (für die Wohnausstellung in Le Corbusiers Immeuble Clarté in Genf), 12 Seiten, geschlossenes Format 208×99 mm, 1932.

Anzeige «wirklich moderne typenmöbel», Wohnbedarf Zürich, 157×114 mm und 130×96 mm, 1932.
Anzeige «wohnausstellung eierbrecht», Wohnbedarf Zürich, 110×155 mm, 1932.
Anzeige «das neue bett-sofa», Wohnbedarf Zürich, 70×130 mm, 1932.
Anzeige «fort mit dem möbel-ungeheuer – in-kombi», Wohnbedarf Zürich, 75×136 mm, 1933.
Anzeige «der bequeme volkssessel», Wohnbedarf Zürich, 75×85 mm, 1932.
Anzeige «moderne gartenmöbel», Wohnbedarf Zürich, 90×90 mm, 1933.

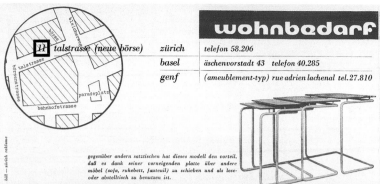

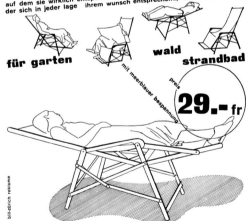

Werbedrucksachen

190

Prospekt Wohnbedarf Zürich, Basel, Genf, 4 Seiten,
geschlossenes Format 210×100 mm, 1932.
Anzeige «für die ferien, für im freien [...] der liegestuhl»,
Wohnbedarf Zürich, 110×187 mm, 1932.
Anzeige «bequem sich ausruhen können», Wohnbedarf Zürich,
132×84 mm, 1932.

Karte «einladung zur vernissage», Wohnbedarf Zürich,
4 Seiten, geschlossenes Format 148×105 mm, 1933.
Anzeige Trudi Stössel, Zürich, 73×112 mm, 1933.
Anzeige für eine geplante (?) Zeitschrift «perspektiven»,
82×124 mm, 1933.

Prospekt DESO, André Dewald & Sohn, Fabrik für
Radioapparate, Zürich, 24 Seiten, geschlossenes
Format 105×298 mm, 1934.

So entstehen in zielbewußter Arbeit die **1600 Einzelteile,** aus
denen sich ein Deso-Radioapparat zusammensetzt.

Kaum glaublich, daß diese leblosen Bestandteile später nach
sinnvollem Zusammenbau Klänge naturwahr wiederzugeben
vermögen ..., die höchsten Flageolettöne der Violine, menschliche Stimmen mit ihrem persönlichen Timbre, die Wucht und
Fülle ganzer Orchester.

Auf sausenden Maschinen werden täglich tausend und aber
tausend Meter **Draht gewickelt,** Draht, der oft feiner ist als ein
Menschenhaar.

«Drahtlose» Uebertragung ... Ist das eigentlich richtig, wo sich
doch in jedem Apparat nicht weniger als **3 km Draht** befinden?
— 3 km — ein strammer Fußgänger würde eine gute halbe
Stunde brauchen, um diese Strecke abzuschreiten.

Hier vollbringen Spezialisten **Montagearbeit,** die für den Laien
verwirrend kompliziert aussieht. Tagtäglich tun sie dieselben
Handgriffe und führen deshalb mit erstaunlicher Geschicklich-
keit und Sicherheit die schwierigsten Manipulationen aus.

Im großen Fabriksaal befinden
sich fünf der hier abgebildeten
Montagebänder.

Die Arbeit wird stets durch minuziöse **Prüfungen** kontrolliert,
mit Apparaten, die die geringste Ungenauigkeit im Aufbau
registrieren.

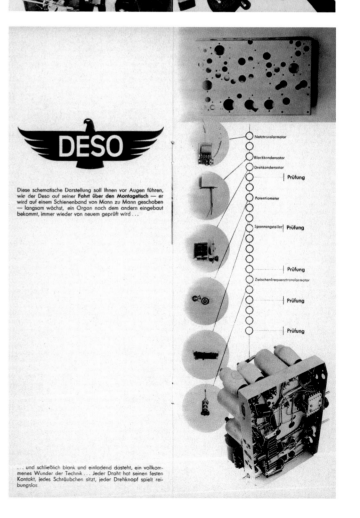

Diese schematische Darstellung soll Ihnen vor Augen führen,
wie der Deso auf seiner **Fahrt über den Montagetisch** — er
wird auf einem Schienenband von Mann zu Mann geschoben
— langsam wächst, ein Organ nach dem andern eingebaut
bekommt, immer wieder von neuem geprüft wird ...

... und schließlich blank und einladend dasteht, ein vollkommenes Wunder der Technik ... Jeder Draht hat seinen festen
Kontakt, jedes Schräubchen sitzt, jeder Drehknopf spielt rei-
bungslos.

Panel 1 (top-left)

Nun fügt sich in vielfältigem und kompliziertem Arbeitsgang Teil zu Teil.

Hier wird ein **Block-Kondensator** gebaut.

Ein genial erdachter Mechanismus legt Aluminiumstreifen und isolierendes paraffingetränktes Papier übereinander — mit peinlicher Sorgfalt, damit größte Durchschlagsfestigkeit gewährt ist.

Gepreßte Wickel, wie sie getrocknet und nachher gekocht werden.

Dann wird der Block **gepresst, getrocknet** und schließlich im Wachsbad des Vakuum-Kessels regelrecht **gekocht.** So wird der Block-Kondensator luftdicht.

Ein Teil der Vakuum-Kochanlage.

DESO

Panel 2 (top-right)

Geschickte Frauenhände besorgen die überaus feinen Lötarbeiten.

Dann wird der Block-Kondensator **achtfach geprüft,** auf daß nie Störungen vorkommen und nicht der kleinste Fehler den Wohlklang des Deso beeinträchtige.

DESO

Dies ist der feingliedrige **Dreh-Kondensator.** Wie das Lichtsignal auf der Straße, so regelt er den Verkehr im Radio-Apparat, hält fein säuberlich Ordnung und sorgt dafür, daß nur immer e i n Sender durch den Lautsprecher passiert.

Panel 3 (bottom-left)

«Achtung ... Achtung ... hier Deso Zürich, auf Welle ...»

DESO

Die Deso-Fabrik besitzt ihren eigenen **Sender,** einen Prüfungssender. Nur der Apparat, der hier bei den verschiedenen Wellenlängen exakt und klar anspricht, passiert.

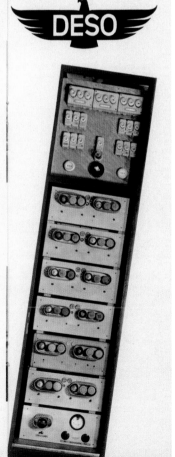

Panel 4 (bottom-right)

Am 12. Mai 1897 gelang es Marconi erstmals im Bristalkanal, zwischen Lavernock-Point und der Insel Flat-Holme, eine Strecke von 5 km drahtlos zu überbrücken. Ein Teilnehmer an jenem denkwürdigen Versuch schreibt: «Es wird mir eine unvergeßliche Erinnerung bleiben, wie wir des starken Windes wegen in einer Holzkiste zu Fünfen übereinander gekauert, Augen und Ohren mit gespanntester Aufmerksamkeit auf den Empfangsapparat gerichtet, plötzlich nach Aufhissen des verabredeten Flaggenzeichens das erste Ticken, die ersten deutlichen Morsezeichen vernahmen, lautlos und unsichtbar herübergetragen durch jenes unbekannte, geheimnisvolle Mittel, den Aether ...»

Heute: Ein Handgriff, und der Deso-Radioapparat verbindet Sie über Tausende und aber Tausende von Kilometern mit den entferntesten Studios.

DESO

Entwurf: Mosse/bill-Zürich. Photos: binia bill. Druck: Ringier

Die Zeit liegt kaum zehn Jahre zurück, da es unseren Vertretern als Vermessenheit angerechnet wurde, von einer selbsttätigen Waschmaschine zu sprechen. Ihre Aussagen wurden mit einem ungläubigen Lächeln quittiert. **Sie wurden als Narren angesehen**, welche durch konfuse Erfindungen, gute alte Tradition brechen wollten. Unsere Firma hatte die undankbare Aufgabe, als Pionier für die Waschmaschine mit Trommel und Unterfeuerung zu wirken.

Heute sind uns die Frauen dankbar, die meisten unter ihnen würden heute lächeln, wenn jemand behaupten wollte, die Wäsche könne nur von Hand mit der nötigen Sorgfalt und dem gewünschten Erfolg gewaschen werden.

Die ältere Generation unter ihnen kennt den Entwicklungsgang der Waschmaschinen. Zuerst erschien die einfachste Form, die Holzwaschmaschine mit Handbetrieb. Später erfolgte die Verbesserung auf mechanischen Antrieb durch Wasser- oder Elektromotor. Im allgemeinen nahmen die Frauen diese Waschmaschine beifällig auf, da sie doch geeignet war, die schwere Wascharbeit wenn nicht vollständig abzunehmen, so doch zu erleichtern. Heute findet man dieses Maschinensystem auch in Metall und in Verbindung mit dem Waschherd.

Aus der Holzwaschmaschine entwickelte sich aber in Bälde eine Konkurrenz, welche sie richtig „in den Schatten" stellen sollte: die Trommelwaschmaschine mit Unterfeuerung. Den Ausgangspunkt für diese Waschmaschine bildete der gewöhnliche Waschherd mit Feuerung. Es wurde in denselben lediglich eine Trommel mit Handbetrieb eingesetzt. Die Lösung war nicht gerade begeisternd, aber eine bedeutende Vereinfachung des Waschens war dadurch schon erzielt, da in einer derartigen Waschmaschine die Wäsche nicht nur vorgewaschen, sondern auch gekocht und gespült werden konnte.

Nur dem unermüdlichen Fleiß unserer Firma war es zu verdanken, daß die technische Entwicklung der Waschmaschine immer weitere Fortschritte machte und daß die Schweiz heute eine eigene, sehr leistungsfähige Waschmaschinenindustrie besitzt, deren guter Ruf weit über die Landesgrenzen hinausgeht und die sich sogar in Gebieten Absatz zu schaffen weiß, welche eine eigene starke Industrie dieser Branche besitzen.

Stellen Sie eines der ersten Autos einem Wagen neuester Konstruktion gegenüber, dann ergibt sich Ihnen ein Bild, welches auch die vergleichsweise Entwicklung der Ausführung einer alten und einer neuen Waschmaschine zeigt. Die Verbesserungen bezüglich Klarheit und technischer Ausstattung sind unverkennbar, diese Verbesserungen ergeben einfachere und klarere Handhabung.

Beheizungsarten:
Holz- und Kohlenfeuerung
Gasheizung (zwei Brenner)
Elektrische Heizung

Antriebsarten:
Elektrischer Antrieb:
mit Kurzschlußankermotor von ⅓ P.S.
1450 Tpm. für Anschluß an
Ein- oder Dreiphasenwechselstrom.
Ohne Schalter. Radiostörfrei

Wassermotor-Antrieb:
Notwendiger Wasserdruck mindestens 3½ Atmosphären.
Wasseranschluß am Motor ½" mit Regulierschraube. Zuleitung je nach Wasserdruck ½"—1". Wasserablauf 1"

Transmissions-Antrieb:
Wendegetriebe mit Riemenscheibe von 200 mm Ø und 70 mm Breite

Ganz Kupfer-Ausführung
oder
Wasserschiffofen verzinkt und Aluminiumtrommel

Wasserschiffofen von 100 l Fassungsvermögen
Wasseranschlüsse 1"
Laugenhafen mit Laugenauslauf von 50 l Fassungsvermögen

Trommelgröße:
500 mm Durchmesser
640 mm Länge
Fassungsvermögen ca. 12 kg Trockenwäsche

Trommel von besonders kräftiger Ausführung von Kupfer, beidseitig vernickelt, mit im Innern drei Wäschemitnehmer
Trommel-Aushebevorrichtung

Gewichte Antriebsart elektrisch Wasser
155 kg 132 kg

**Holz- und Kohlenfeuerung
Elektrischer Antrieb**   Größe **D**

**Waschmaschine „Lavator"
Modell „Tiber"**

Preise

Elektrischer Antrieb	
Wasserantrieb	

Zu beachten:
1. Schwere, sorgfältige Ausführung
2. Neueste, versenkte und sehr zahlreiche Lochung
3. Drei kräftige Wäschemitnehmer im Innern
4. Verstärkte Flanschen und starke Wellen
5. Große Türöffnung

Größe **D**

Ausmaße:
Länge: 640 mm
Durchmesser: 500 mm
Fassungsvermögen ca. 12 kg Trockenwäsche

**Die Trommel der
Waschmaschine „Lavator"**

Die Leistungsfähigkeit der heutigen Waschmaschine ist um ein Vielfaches höher, ihre Bedienung aber ist einfacher als früher.

Kein Wunder, wenn heute die Hausfrau beim Waschen frohgemut ist und freundlich! Sie braucht sich vor Anstrengungen nicht mehr zu fürchten, ihre Wäsche wird sauber und blendend weiß und wird auf das sorgfältigste behandelt. Sie spart Seife und Brennmaterial!

Tausende solcher Waschmaschinen « Lavator » stehen heute in Betrieb, seit Jahren, unermüdlich, zur Freude ihrer Besitzerinnen. Viele Konkurrenten sind der « Lavator » erwachsen. **Aber wer « Lavator » kennt, der wünscht nichts anderes!**

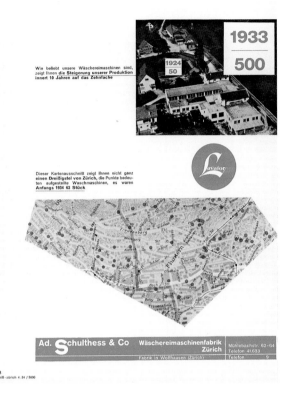

Wie beliebt unsere Wäschereimaschinen sind, zeigt Ihnen die Steigerung unserer Produktion innert 10 Jahren auf das Zehnfache

Dieser Kartenausschnitt zeigt Ihnen nicht ganz einen Dreißigstel von Zürich, die Punkte bedeuten aufgestellte Waschmaschinen, es waren **Anfangs 1934 63 Stück**

Ad. **S**chulthess & Co	Wäschereimaschinenfabrik Zürich	Mühlebachstr. 62–64 Telefon 41.633
	Fabrik in Wolfhausen (Zürich)	Telefon 9

Beheizungsarten:
Holz- und Kohlenfeuerung
Gasheizung (zwei Brenner)
Elektrische Heizung

Antriebsarten:

Elektrischer Antrieb:
mit Kurzschlußanker-Motor v. ½ P.S., 1450 Tpm. für Dreiphasenwechselstrom, ohne Schalter. Radiostörfrei

Wassermotor-Antrieb:
Notwendiger Wasserdruck mindest. 4 Atmosphären
Wasseranschluß am Motor ½" mit Druckregler. Zuleitungen je nach Wasserdruck ½ bis 1". Wasserablauf 1"

Transmissions-Antrieb:
Wendegetriebe mit Riemenscheibe von 200 mm ∅ und 70 mm Breite, 1450 Tpm.

Ganz Kupfer-Ausführung:
mit Aluminiumdeckel
oder Wasserschiffofen verzinkt
Wasserschiffofen von 150 l Fassungsvermögen
Wasseranschluß 1"
Laugenhafen mit Laugenauslauf von 80 l Fassungsvermögen

Trommel-Aushebevorrichtung,
mech., mit Handrad, extra kräftig

Trommelgröße:

| 600 mm Durchmesser |
| 650 mm Länge |
| Fassungsvermögen ca. 18 kg Trockenwäsche |

Trommel von besonders kräftiger Ausführung in Kupfer, beidseitig vernickelt, mit im Innern **drei Wäschemitnehmer**

Gewichte	Antriebsart	elektrisch	Wasser
		308 kg	243 kg

Holz- und Kohlenfeuerung
Elektrischer Antrieb **Größe E**

Waschmaschine „Lavator"
Modell „Tiber"

Preise

	Holz u. Kohle	Gas	elektrisch
Feuerungsarten			
Elektr. Antrieb			
Wasserantrieb			

Ad. **S**chulthess & Co	Wäschereimaschinenfabrik Zürich	Mühlebachstr. 62–64 Telefon 41.633
	Fabrik in Wolfhausen (Zürich)	Telefon 9

Eine formvollendete, stattliche Zentrifuge! Besonders schwer und zuverlässig gebaut. Die bewährtesten technischen Neuerungen kamen hier zur Anwendung. So die Schmierung der Kugellager mit Vaselinefett statt mit Öl (speziell von den Kugellagerfabrikanten als bedeutend besser empfohlen). Ferner die versenkte Lochung im Laufkessel, das ganz raffiniert ausgearbeitete Schwungrad aus einem Stück gegossen, und der schwere Zentrifugensockel mit Abwasserablauf, so daß auch bei Verstopfen des Ablaufs das Eindringen von Wasser in die Kugellager ausgeschlossen ist.

Wasserantrieb ohne Bremse **Größe 1**

Wäschezentrifuge „Lavator"
Modell „Sturm"

Trommelgröße:	420 × 280 mm
Fassungsvermögen an Trockenwäsche	ca. 10 kg
Wasseranschluß	½"
Zuleitungen je nach dem Wasserdruck	½"—1"
Wasserablauf	1¼"
Raumbedarf	550 × 700 mm
Nettogewicht	ca. 75 kg

Beigaben: 4 Steinschrauben,
1 Gebrauchsanweisung,
1 Bch. Vaselinefett

Preise

Zentrifuge	
Zuschlag für vernickelten Laufkessel	
Zuschlag für Bremse	

Ad. **S**chulthess & Co	Wäschereimaschinenfabrik Zürich	Mühlebachstr. 62–64 Telefon 41.633
	Fabrik in Wolfhausen (Zürich)	Telefon 9

Shell-Bodenpolitur!

ein einfaches Mittel, Parkett und Linoleum
rasch zu reinigen und zu glänzen

es geht mühelos

man ist in der halben Zeit fertig

ohne Stahlspäne
und ohne langes Blochen

Shell-Bodenpolitur

ist ein hygienisches und
konservierendes Reini-
gungs- und Poliermittel für
Parkett, Linoleum und an-
dere Beläge. Sie macht das
Spänen überflüssig und läßt
sich in wenigen Minuten auf
Hochglanz polieren.

Gebrauchsanweisung:
Vor Gebrauch gut schüt-
teln, dann einige Tropfen
auf einen Lappen geben
und auf dem Boden gut
verreiben. Der Schmutz
löst sich dabei und wird
vom Lappen aufgenommen.
Nach wenigen Minuten
kann bereits mühelos po-
liert werden. Man verwende
dazu ein sauberes, trocke-
nes Poliertuch, das unter
den Schrubber oder Blo-
cher gelegt wird.

Wichtig: Shell-Bodenpoli-
tur soll sehr sparsam
aufgetragen werden. Wo
feste Krusten alter Wichse,
Politur oder Schmutz be-
stehen, da wird das beste
Resultat erst nach mehr-
maligem Gebrauch erzielt.
Shell-Bodenpolitur ist vor
Kälte zu schützen.

Lumina A.-G.
Zürich-Sihlporte

Kanne No. 1

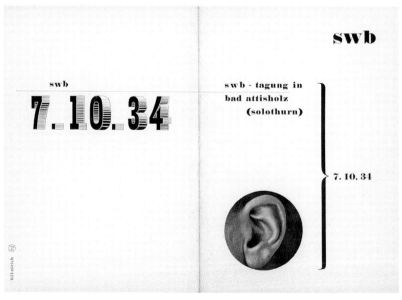

swb

swb

7. 10. 34

swb - tagung in
bad attisholz
(solothurn)

7. 10. 34

Werbedrucksachen

K

Z

P

Prospekt «Shell-Bodenpolitur», Lumina AG, Zürich, 6 Seiten,
geschlossenes Format 100×210 mm, 1935.
Einladungskarte Schweizerischer Werkbund, 4 Seiten, geschlossenes
Format 105×148 mm, 1934.

Anzeige Shell Oil Schweiz, mit dreidimensionaler Schrift, 70×215 mm, 1935.
Anzeige PKZ, Burger-Kehl & Co. AG, Firma für Herrenbekleidung, Zürich,
Andruck ohne Größenangabe, ca. 160×225 mm, 1937.

197

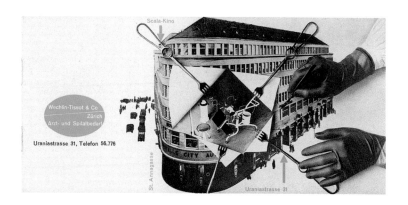

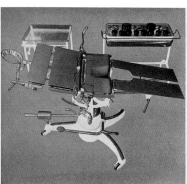

Die Kamera erstattet hier einen Bildbericht über **unsere neuen Ausstellungsräume** — zeitgemäss kurz und bündig.

Zuerst: Einblick von der Türschwelle, dann eine Umschau beim Krankenhaus — Mobiliar und ein Blick in die Instrumenten-Vitrinen.

Die Räume sind sachlich und ruhig gehalten mit reinen Flächen, klaren Linien und viel Licht ... es herrscht die richtige Atmosphäre, um prüfen und vergleichen zu können.

Wir wissen, dass der Arzt in vielen Fällen auf sehr eilige Lieferung seiner Bestellungen zählen muss. Wir haben deshalb unsere Versandabteilung so ausgebaut, dass sie jederzeit rasch arbeitet. **Wir nehmen Porto- und Verpackungsspesen zu unseren Lasten.** Ebenso prompt wie Bestellungen werden Auswahl-Sendungen ausgeführt.

Unsere Kostenvoranschläge sind für Sie vollkommen unverbindlich. Um Sie nicht unnötig zu stören, wird Sie unser Vertreter nur auf Ihren ausdrücklichen Wunsch hin besuchen.

Wir besorgen gewissenhaft, rasch und zu bescheidenen Preisen **Reparaturen** aller Instrumente.

Der moderne **Operationstisch** gehorcht einem Griff, einem Druck, — er ist erstaunlich vielseitig, rasch und leicht verstellbar. Wir bieten Ihnen alles zur kompletten Einrichtung eines Operations-Saales.

In besonders abgeteiltem Raum steht **ein Muster-Sprechzimmer** zur Schau. Hier kann sich der Arzt seine neue Einrichtung zu-sammenstellen oder er erhält Anregungen zur zweckmässigen Vervollkommnung des bereits bestehenden Sprechzimmers.

Den Herren Ärzten, die sich neu einrichten, steht unser Architekt zur Verfügung. Eine erste Besprechung ist für unsere Kunden kostenlos!

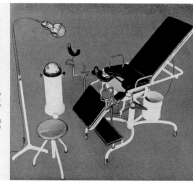

Hilfsmittel für **ärztliche Untersuchungen**, Apparate und In-strumente, die sich bewährt haben, auf die man sich verlassen kann.

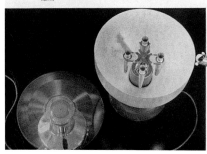

Wir wissen, dass Sie bei der Anschaffung eines **diagnostischen Instrumentes** auf die grosse Auswahl Wert legen — es freut uns, sie Ihnen bieten zu können.

Prospekt Wechlin-Tissot & Co, Zürich, Arzt- und Spitalbedarf,
24 Seiten, geschlossenes Format 210×99 mm, 1934.

Werbedrucksachen

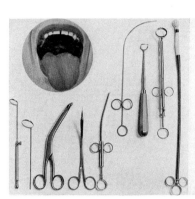

Der **Hals- und Rachenspezialist** wird mit Interesse die vielen besonders für ihn bestimmten Instrumente durchgehen und sie in seiner Hand auf ihre Eignung prüfen.

Wechlin-Tissot & Co
Zürich
Arzt- und Spitalbedarf

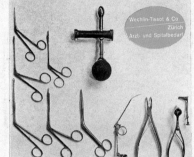

Wechlin-Tissot & Co
Zürich
Arzt- und Spitalbedarf

Geradezu kunstvoll konstruiert sind manche dieser kleinen Instrumente für den **Nasenspezialisten,** — sie legen Zeugnis ab von der grossen Erfahrung und dem in jahrelanger Arbeit erworbenen Können weltbekannter Spezialfabriken.

Wechlin-Tissot & Co
Zürich
Arzt- und Spitalbedarf

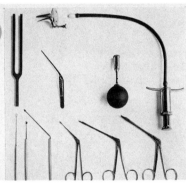

In grosser Zahl sind die **Ohr-Instrumente** vertreten. — Sie werden aus den vielen verschiedenartigen Modellen die Konstruktion finden, die gerade Ihnen persönlich zusagt.

Eine Kapsel-Pincette, eine Iridektomieschere prüft der **Augenarzt** am liebsten in der eigenen Hand, bevor er sie anschafft … unsere grosse Auswahl bietet Ihnen gute Gelegenheit dazu.

Wechlin-Tissot & Co
Zürich
Arzt- und Spitalbedarf

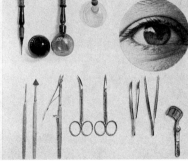

Gynäkologische Instrumente werden heute sehr oft in nichtrostendem Stahl bezogen, weil diese Ausführung besonders widerstandsfähig ist.

Wechlin-Tissot & Co
Zürich
Arzt- und Spitalbedarf

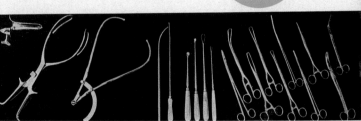

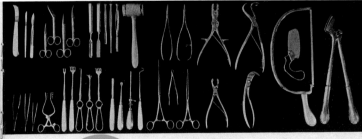

Wechlin-Tissot & Co
Zürich
Arzt- und Spitalbedarf

Chirurgische Instrumente für die allgemeine Praxis — unsere Ausstellung gibt Ihnen eine Übersicht über Leistungen und Neuschöpfungen der grössten Spezialfabriken auf dem Gebiet.

Sie drücken auf einem kleinen Hebel und 5 verschiedene **Spritzen** tauchen gebrauchsbereit aus dem Alkoholbad. ... Neben diesen praktischen Spritzenbehältern finden Sie natürlich auch einzelne Modelle in allen bewährten Ausführungen.

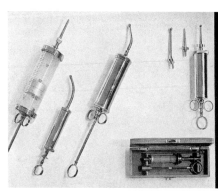

Wechlin-Tissot & Co
Zürich
Arzt- und Spitalbedarf

Alle bekannten **Bestrahlungslampen** sind vertreten, — und immer stehen die neuesten Modelle für Sie zur unverbindlichen Vorführung bereit.

Wechlin-Tissot & Co
Zürich
Arzt- und Spitalbedarf

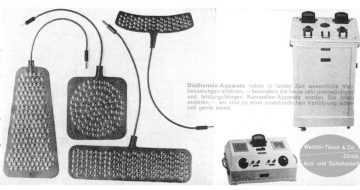

Diathermie-Apparate haben in letzter Zeit wesentliche Verbesserungen erfahren, — besonders die heute sehr preiswürdigen und leistungsfähigen Kurzwellen-Apparate werden Sie interessieren, — wir sind zu einer unverbindlichen Vorführung jederzeit gerne bereit.

Wechlin-Tissot & Co
Zürich
Arzt- und Spitalbedarf

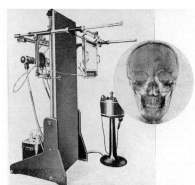

Wechlin-Tissot & Co
Zürich
Arzt- und Spitalbedarf

Ein neues **Röntgengerät**, das unserer einheimischen Industrie alle Ehre macht — sehr leichter Umbau — sorgfältig durchstudierte Konstruktion — und leichte Ergänzungsfähigkeit.

Sterilisations-Apparate, gas- und elektrisch geheizt. Elektrisch mit Wärmeregler und Sicherung. Mantel aus einem Stück gepresst.

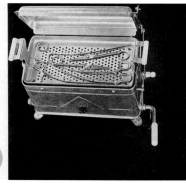

Wechlin-Tissot & Co
Zürich
Arzt- und Spitalbedarf

Werbedrucksachen

Gleissendes **Glas** — vom einfachen Augenspatel bis zum grossen, praktisch und schön geformten Laborgerät.

Wechlin-Tissot & Co
Zürich
Arzt- und Spitalbedarf

Vacuum-Steril-Katgut
D.R.P.
Kontroll-No. 3128
Zylinder-Packung
Gebrauchsfertig
50 Meter
№ 00

Wechlin-Tissot & Co
Zürich
Arzt- und Spitalbedarf

Hamburger Katgutfabrik G.m.b.H.
Hamburg 39, Bussestr. 111

Verbandstoffe, Nähmaterial. — Wir führen ein Lager, das uns ermöglicht, innert fünf Minuten jede eingehende Bestellung zu spedieren.

Krankenmobilien, Sanitätsartikel, — alles vom Fiebermesser bis zum Glühlichtschwitzbad in Ausführungen, für die wir Gewähr übernehmen können, und zu Preisen, die Sie günstig finden werden.

Wechlin-Tissot & Co
Zürich
Arzt- und Spitalbedarf

Wechlin-Tissot & Co
Zürich
Arzt- und Spitalbedarf

Uraniastrasse 31, Telefon 56.776

201

Geschäftsdrucksachen

bill-reklame

werbeberatung / reklamegrafik / druckberatung
ausstellungs- und geschäftsarchitektur / schriften

bill-reklame, zürich 1, stadelhoferstr. 27   telefon zürich-limmat 52.93

ihre eingangsvermerke

ihre zeichen	ihre nachricht vom	unsere zeichen	tag

beachten sie, daß als amtliches dokument der poststempel die abgangszeit des briefes angibt, wie es bei
jedem geschäftlichen brief sein sollte. diesen sowie andere normalisierte briefe beziehen sie nur durch

bill-reklame, zürich 1, stadelhoferstr. 27, telefon limmat 52.93.

Bill-Zürich		1929	1929	1929
	1927/28	1927/28	1930	

203

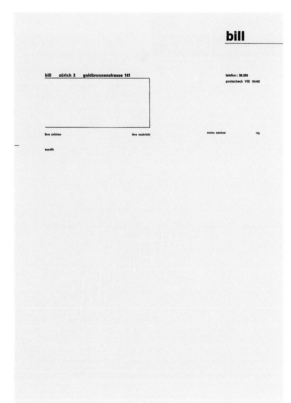

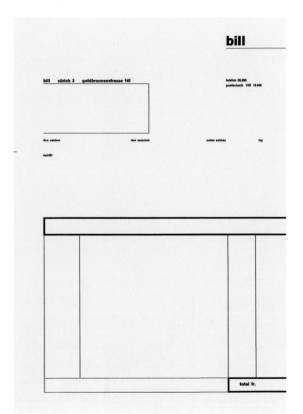

Geschäftsdrucksachen

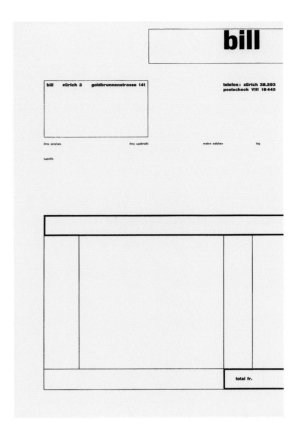

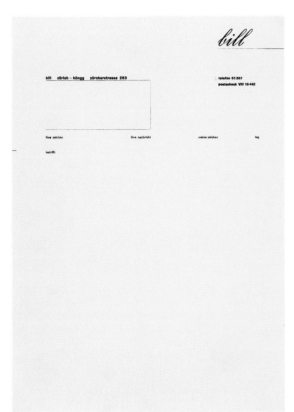

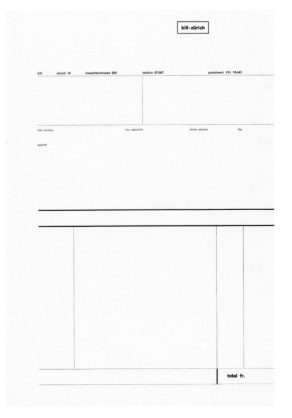

Bill-Zürich   1930 1931 │ 1931 1931
              1931 1931 │ 1933 1934

Bill-Zürich   1945   1947
                      1949   1952

Geschäftsdrucksachen

Briefblatt mit Information «unsere berufsausbildung» und
Einladung zu einer Schuldemonstration, alle im Format DIN A4,
Labanschule Käthe Wulff, Basel, 1931.

in einem kreis von freunden und interessenten zeigen wir unsere arbeitsart
und würden uns freuen, auch sie begrüssen zu dürfen.

wir laden sie ein zur

schuldemonstration

aus raumgründen haben wir diesmal unsere vorführung

im   küchlintheater

sonntag, 22. november, vormittags 10¾ uhr

zur deckung der unkosten nehmen wir einen eintritt von fr. 2.-
studierende und schüler fr. 1.-
die billete sind im vorverkauf bei hug u co und an der tageskasse zu haben

labanschule   käthe wulff

Briefblatt Harry Riquer's, 1933.

Briefblatt und Rechnungsformular Wohnbedarf, Claridenstraße, 1932.
Briefblatt Wohnbedarf, Talstraße, 1933.

Geschäftsdrucksachen

Briefblatt Karl A. und Ernst F. Burckhardt, 1930.
Briefblatt Elisabeth Müller, 1930.
Briefblatt Elisabeth Müller, 1931/32.

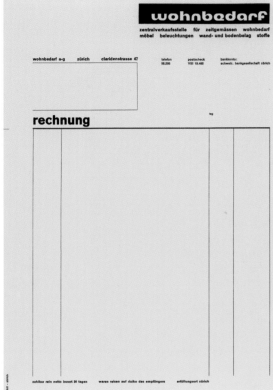
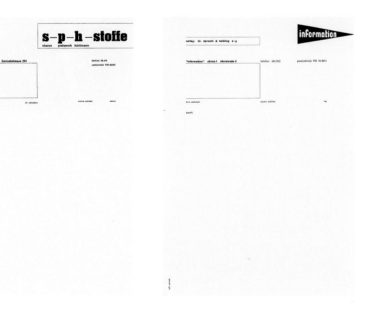

Briefblatt Sharon Preiswerk Hürlimann, 1931.
Briefblatt für die Zeitschrift *information*, 1932.
Rechnungsformular Binia Bill, 1934.

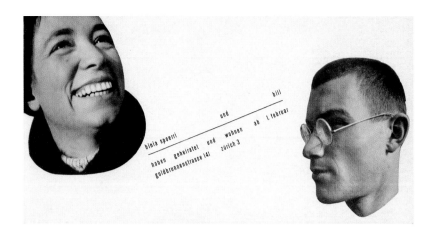

Heiratsanzeige «binia spoerri und bill», 1931.
Heiratsanzeige, 1931/32.
Umzugsanzeige, 1931.
Umzugsanzeige, 1931.

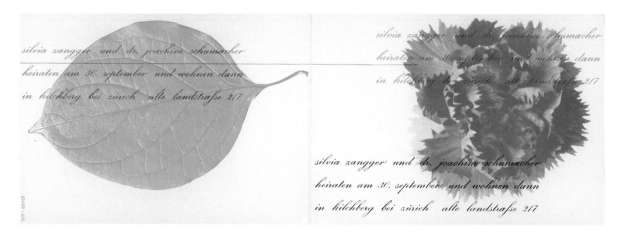

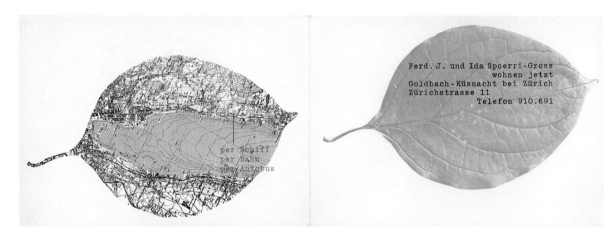

Privatdrucksachen

Geburtsanzeigen, 1942 und 1935.
Neujahrskarten, 1938.
Heiratsanzeige, 1933.
Geburtsanzeige, 1934.

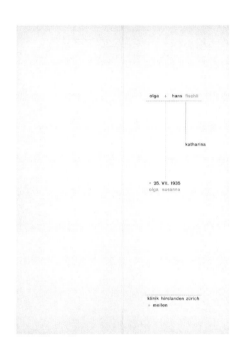

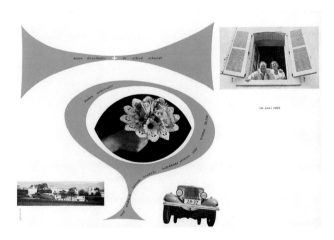

zeitgenössische grotesken

wort - klang - bild - tanz

kammerorchester im stadttheater

jubiläums-aufführung samstag, den 22. märz, 20 uhr

bill-typo

erstaufführungen

akustische filmschau für hellseher
musik von darius milhaud
"ain't she sweet" und durch die zeitlupe
emmy sauerbeck - madeleine gascard
surdadaistische realdichtung
kurt schwitters
"hin und zurück" sketsch von marcellus schiffer - musik von paul hindemith
"toninserate" musik von a. mossolow
"des bürgers einer schiefer absatz" kurt schwitters
"grocki-ade nach grock" emmy sauerbeck
"egon und emilie" - kein familiendrama musik von ernst toch

regie: paul trede   conférence: kurt schwitters (hannover)
bühnenbild: gregor rabinovitch   musikalische leitung: alexander schaichet

zwei bechstein-flügel von hug & co. freundlichst zur verfügung gestellt

karten zu franken 3.- bis 12.-

konzertdirektion: m. kantorowitz, zürich

Plakat *zeitgenössische grotesken, wort–klang–bild–tanz*,
Buchdruck, Linolschnitt und Satz, 90,5 × 128 cm, 1930.

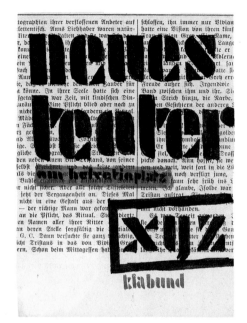

Plakat *apollo*, Skizze, Gouache, Bleistift und Blindtext, 5,8×8,2 cm, 1929.
Plakat *neues theater[!] am helvetiaplatz*, Skizze, Gouache auf Zeitungsausschnitt, ca. 11×15 cm, 1929.
Plakat *Téléphone International*, Entwurf, Gouache, Spritztechnik, 45×64 cm, 1930.
Plakat *verkaufsausstellung winterthurer kunstgewerbe*, Lithografie, 80×46 cm, 1929.
Plakat *Demokrat!*, Entwurf, Gouache, Textzeilen montiert, 181×128 cm, 1932.

Plakate

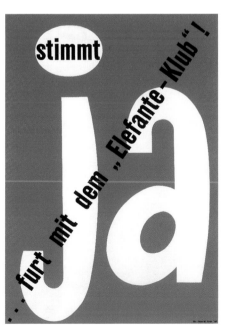

Plakat *wohnausstellung neubühl*, Buchdruck, Linolschnitt und Satz,
90,5 × 128 cm, 1931.
Plakat *stimmt ja ... furt mit dem „Elefante-Klub"!*, Buchdruck, Linolschnitt
und Satz, 90,5 × 128 cm, 1941.

Plakat *negerkunst,* Entwurf, Gouache und Textmontage, 90,5×128 cm, 1931.
Plakat *eidg. turnfest aarau,* Entwurf, Gouache, 90,5×128 cm, 1932.
Plakat *lohnabbau nein,* Entwurf, Fotomontage, Gouache, 34,5×47 cm, 1933.
Plakat *schweizerische alpenposten,* Entwurf, Fotomontage, Farbpapiere, Gouache, 20×28 cm, 1933.
Plakat *tod und leben,* Entwurf, Collage, Gouache, Spritztechnik, 22,5×32 cm, 1933.
Plakat *Corso,* Entwurf, Gouache, Textmontage, 12×16,2 cm, 1934.

Plakate

Plakat *tanzstudio wulff, basel*, Buchdruck Irisdruck ganzes Spektrum und schwarz, 90,5×64 cm, 1932.
Plakat *tanzstudio wulff, basel*, Buchdruck Irisdruck ganzes Spektrum und schwarz, 90,5×128 cm, 1932.

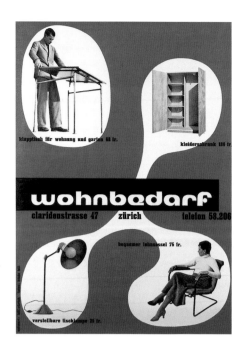

Plakat *wohnbedarf zürich*, Buchdruck, Linolschnitt, Klischees und Satz, 90,5×128 cm, 1932.
Plakat *exposition dans la maison de verre*, [Genf], Buchdruck, Linolschnitt, Klischees und Satz, 90,5×128 cm, 1932.

Plakate

Plakat *Aero Double Triple Shell die Sommer Oele*, Entwurf, Foto, koloriert, Gouache, Bleistift, Farbstift, 16,5×29,5 cm, 1936.
Plakat *jetzt Shell Sommer Oele*, Buchdruck, Linolschnitt und Satz, 60×45 cm, 1935.
Plakat *gegen Insekten SHELL*, Buchdruck, Linolschnitt und Satz, 60×45 cm, 1935.
Andruck (für ein Plakat für Shell?) *TOX*, Buchdruck, Linolschnitt, 60×45 cm, 1935.

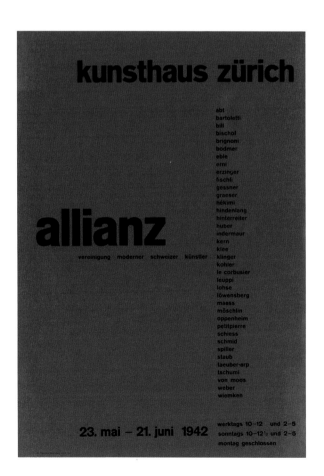

Plakat *allianz*, Kunsthaus Zürich, Buchdruck auf farbigem
Papier, 70×100 cm, 1942.
Plakat *die farbe,* Kunstgewerbemuseum Zürich, Lithografie,
Farbkomposition eingeklebt, 90,5×128 cm, 1944.

Plakat *zeitprobleme in der schweizer malerei und plastik,*
Kunsthaus Zürich, Buchdruck, Linolschnitt und Satz, dunkelbraun und schwarz, 70×100 cm, 1936.

Plakate

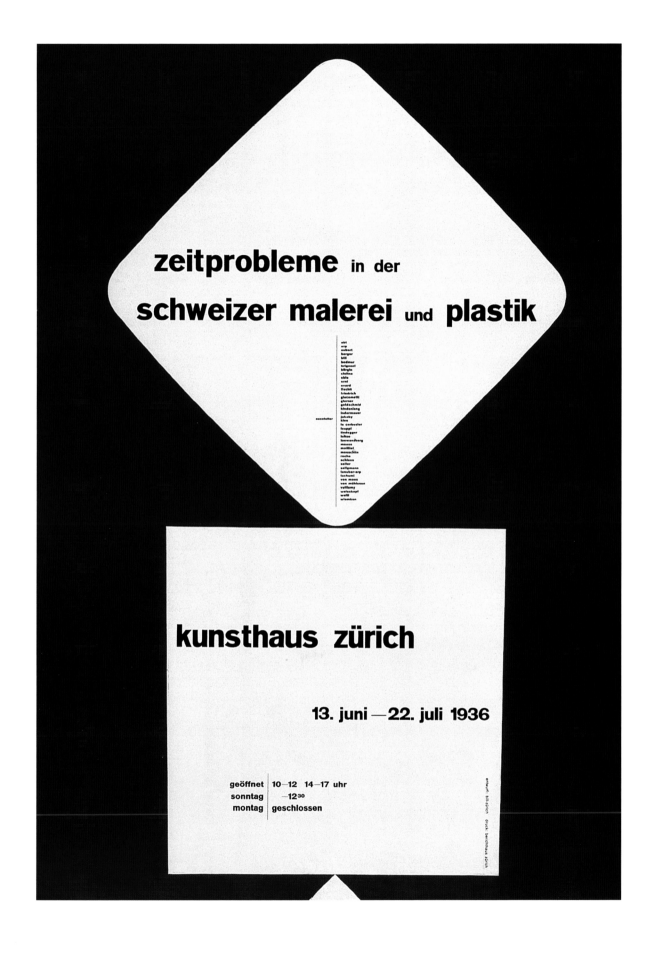

221

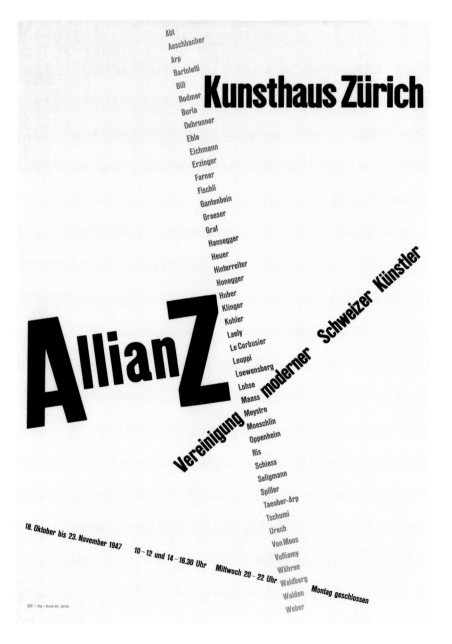

Plakat *konkrete kunst*, Kunsthalle Basel, Buchdruck, Linolschnitt, 90,5×128 cm, 1944.

Plakat *Allianz*, Kunsthaus Zürich, Buchdruck Irisdruck und schwarz, 70×100 cm, 1947.

Plakat *pevsner, vantongerloo, bill*, Kunsthaus Zürich, Buchdruck, Linolschnitt, 70×100 cm, 1949.

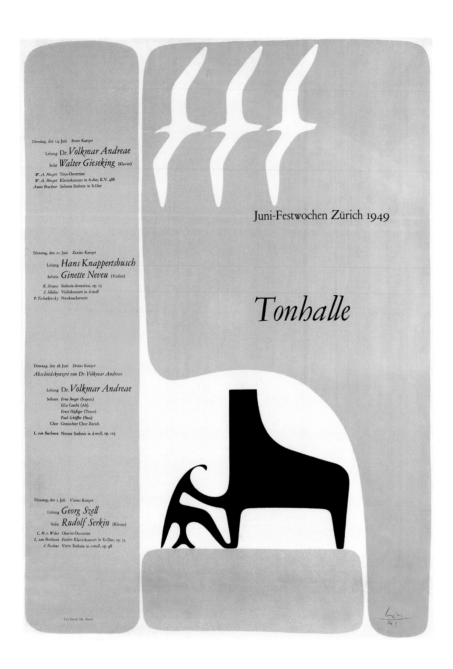

Plakat *Bonnard*, Kunsthaus Zürich, Buchdruck, Linolschnitt
und Satz, auf farbigem Papier, 70×100 cm, 1949.
Plakat *Futurismo & Pittura Metafisica*, Kunsthaus Zürich,
Buchdruck auf Packpapier, 70×100 cm, 1950.
Plakat *Moderne Kunst aus der Sammlung Peggy Guggenheim*,
Kunsthaus Zürich, Buchdruck, 70×100 cm, 1951.
Plakat *josef albers, fritz glarner, friedrich vordemberge-gildewart*,
Kunsthaus Zürich, Buchdruck, Linolschnitt und Satz, 70×100 cm,
1956.

Plakat *Juni-Festwochen*, *Tonhalle*, Zürich, Buchdruck,
Linolschnitt und Satz, 90,5×128 cm, 1949.
Skizze zu den drei Plakaten *Juni-Festwochen*, *Schauspielhaus*,
Tonhalle, *Stadttheater*, Farbstift auf Transparentpapier,
Originalgröße, 1949.

Plakate

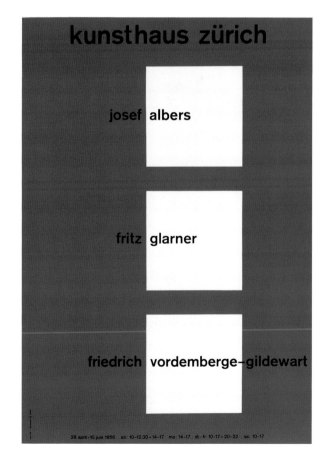

Plakat *max bill*, Städtisches Museum Leverkusen,
Schloß Morsbroich, Offsetdruck blau, Buchdruck schwarz,
Format DIN A1, 59,4×84,1 cm, 1959.
Plakat *max bill*, Staatsgalerie Stuttgart, Offsetdruck rot,
Buchdruck schwarz, 59,4×84,1 cm, 1960.

Plakat *bianco e nero*, Lugano, Buchdruck, Linolschnitt,
Text von Klischees gedruckt, 63,5×101,5 cm, 1960.

Plakate

bianco e nero

6. internationale ausstellung von zeichnung und grafik

lugano

14. april – 16. juni 1960

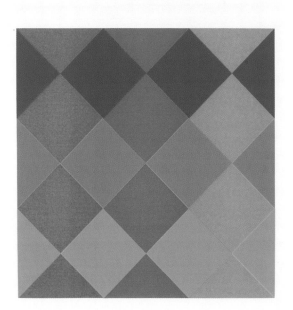

max bill

hanover gallery london w1

32ª saint george street

nov 2ⁿᵈ to dec 22ⁿᵈ 1966

galerie denise rené
196 boulevard saint germain
paris ⟶ novembre 1969

max bill
graphiques et multiples

Plakat *max bill,* Hanover Gallery, London, Siebdruck in sechs
Farben, Text grau, 46×81,5 cm, 1966.
Plakat *max bill, graphiques et multiples,* Galerie Denise René,
Paris, Siebdruck in fünf Farben, Text grau, 67×102 cm, 1969.

Plakat *max bill,* Kunsthaus Zürich, Siebdruck in fünf Farben,
Text schwarz, 90,5×128 cm, 1968.

24. november 1968 — 5. januar 1969

max bill

kunsthaus zürich

sa/so : 10-17 . mo : 14-17 . di - fr : 10-17 + 20-22

24. + 31. dez.: 10-16 . 25. dez. + 1. jan. geschlossen . ab 24. dez.: abends geschlossen

Skizzen zum Plakat *max bill,* Galerie im Erker, St. Gallen, Farbkreide und Bleistift, Originalgröße, 1967.

Plakat *max bill,* Galerie im Erker, St. Gallen, Lithografie in fünf
Farben, Text schwarz, 78×62 cm, 1967.
Plakat *max bill,* Galerie im Erker, St. Gallen, Lithografie in fünf
Farben, Text grau, 78×63 cm, 1971.

Plakate

st. gallen 8. april – 27. mai 1967 galerie im erker am gallusplatz

max bill

galerie im erker am gallusplatz st. gallen 18. september – 20. november 1971

max bill

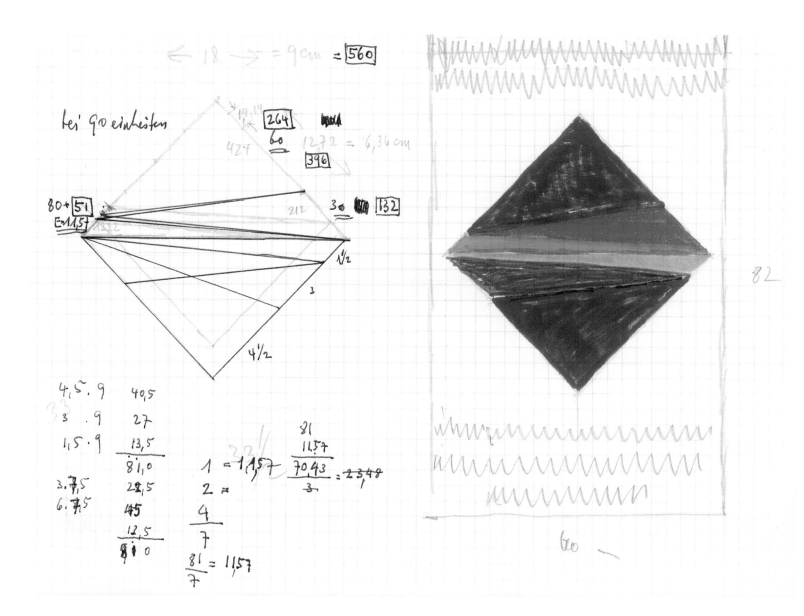

Skizzen zum Plakat *Deutscher Anästhesiekongreß 1984, Wiesbaden,* Kugelschreiber, Bleistift, Filzstift, Originalgröße.

Plakat *dokumentation über marcel duchamp,* Kunstgewerbemuseum Zürich, Buchdruck, Linolschnitt und Satz, Hand in Lichtdruck, 90,5×128 cm, 1960.
Plakat *kulturelle plakate der schweiz,* Kunstgewerbemuseum Zürich, Siebdruck in sechs Farben, 90,5×128 cm, 1974.
Plakat *um 1930 in zürich,* Kunstgewerbemuseum Zürich, Siebdruck, 90,5×128 cm, 1977.
Plakat *L'Esprit Nouveau, Le Corbusier und die Industrie, 1920–1925,* Kunstgewerbemuseum Zürich, Museum für Gestaltung, Offsetdruck in fünf Farben, 90,5×128 cm, 1987.

kunst gewerbe museum   zürich

dokumentation über marcel duchamp

30. juni—28. august 1960 . sa / so : 10 – 12 + 14 –17 . mo : 14 –18 . di – fr : 10 – 12 + 14 – 18 + 20 – 22

kunstgewerbemuseum zürich   16. februar - 24. märz 1974

kulturelle plakate der schweiz

di do fr : 10 - 12 14 - 18   mi : 10 - 12 14 - 21   sa so : 10 - 12 14 - 17   montag geschlossen

kunstgewerbemuseum zürich

neues denken neues wohnen neues bauen

um 1930 in zürich

3. sept. – 6. nov. 1977

di – fr   10 – 18
mi   – 21
sa + so 10 – 12 + 14 – 17
mo   geschlossen

L'ESPRIT NOUVEAU

Le Corbusier und die Industrie

1920 - 1925

Museum für Gestaltung
Kunstgewerbemuseum Zürich   28. März – 10. Mai 1987

Ausstellung

Katalog *Moderne Malerei*, Musik-Sommer Gstaad, 1943.
Dieser Katalog ohne speziellen Umschlagkarton ist auf billigem
Werkdruckpapier gedruckt. Format DIN A5, 148×210 mm.

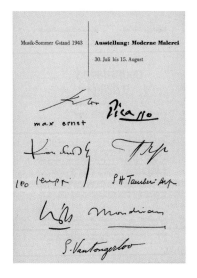

Katalogumschlag *prähistorische felsbilder südafrikas
und negerkunst*, Kunstgewerbemuseum Zürich, 1931.
Format 175×224 mm.

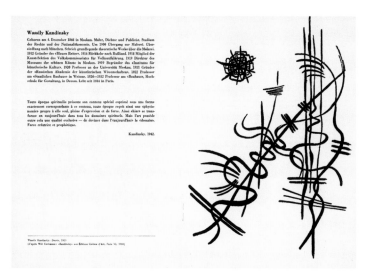

Katalog *konkrete kunst*, Kunsthalle Basel, 1944.
Auf der Umschlagrückseite befindet sich das alphabetische
Ausstellerverzeichnis. Format DIN A5, 148×210 mm.

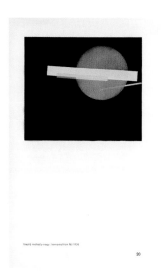

Kataloge

Pablo Ruiz Picasso

Geboren am 25. Oktober 1881 in Malaga. Maler, Plastiker, Grafiker und Dichter. Erste Ausbildung in Barcelona und Madrid. Seit 1904 in Paris niedergelassen. Mitbegründer der kubistischen Kunstrichtung, Teilnahme an der surrealistischen Bewegung. 1936 zum Ehrendirektor des Prado-Museums in Madrid ernannt. Lebt in Paris.

A Pablo Picasso

I. Les uns ont inventé l'ennui d'autres le rire
Certains taillent à la vie un manteau d'orage
Ils assomment les papillons font tourner les oiseaux en eau
Et s'en vont mourir dans le noir

Toi tu ouvres tes yeux qui vont leur voie
Parmi les choses naturelles à tous les âges
Tu as fait la moisson des choses naturelles
Et tu sèmes pour tous les temps

Ou tu perchait l'âme et le corps
Tu as rendu la tête sur le corps
Tu as percé la langue de l'homme rassasié
Tu as brûlé le pain béni de la beauté
Un seul cœur anime l'idole et les esclaves

Et parmi tes victimes tu continues à travailler
Innocemment

C'en est fini des joies greffées sur le chagrin

II. Un bel d'air bouclier de lumière

Derrière ton regard aux trois épées croisées
Tes cheveux mettent le vent rebelle

Sous ton teint renversé la coupole et la hache de ton front
Délivrent la bouche tendue à nu
Ton nez est rond et calme
Les sourcils sont légers l'oreille est transparente

A ta vue je sais que rien n'est perdu

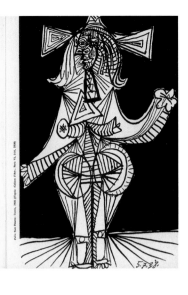

Pablo Ruiz Picasso, 1938 (d'après «Cahiers d'Art», Paris VI, 3-10, 1938)

Paul Klee

Geboren am 18. Dezember 1879 in Bern. Studien bei Knirr und Stuck in München. 1906 Niederlassung in München. 1912 Freundschaft mit den Malern des «Blauen Reiters», Kandinsky, Marc, Macke. 1920—1926 Professor am «Staatlichen Bauhaus» in Weimar. 1926—1931 Professor an der «Bauhaus», Hochschule für Gestaltung, in Dessau. 1931—1933 Professor an der Kunstakademie Düsseldorf. 1933 Übersiedlung nach Bern. 29. Juni 1940 gestorben in Muralto-Locarno.

Le plus brave des hommes, comment oseriez-vous regarder droit dans les yeux, un hippocampe, point d'interrogation à tête de cheval, menait vertical des profondeurs à la surface de nos rêves.

Des gouffres les plus mystérieux, Paul Klee a libéré un essaim de petits poux lyriques. Un simple cheveu génant point entre ciel et terre, et parce que, dans n'importe quelle goutte d'eau, le peintre est apte à saisir le miracle sincère des couleurs sous-marines les chutes du Niagara, les montagnes à sommets de 4.810 mètres et tous les animaux à réputation trop bien établie, même s'ils passent pour féroces, comme les lions, ces commis voyageurs du désert, à cravate La Vallière.

Paul Klee, je me rappelle un sale novembre de Paris, plus triste qu'un parc de Ville d'eau, après la séance. Mais, belle vengeance, rue Vavin, à Montparnasse, était une exposition Paul Klee.

Alors, on jouait, quelque la pluie et la pierre fussent d'incroyables limites à notre univers, j'ai fait connaissance avec des animaux d'âme, oiseaux d'intelligence, poissons de cœur, plantes de songe.

Minuscules créatures aux yeux illimités, algues libres de tout roc, bonjour à vous, merci à vous, âtres, végétaux, choses que ne soutient pas le sol habituel et qui, pourtant, vous affirmez plus stables, plus réels dans votre impondérable surréalité, que nos maisons, nos becs de gaz, nos cafés et la viande de nos amours quotidiennes.

René Crevel. 1928.

Paul Klee: Alt-im-bai, 1927 (aus Rudolf Bernoulli: «Mein Weg zu Klee», Verlag Benteli AG., Bern, 1942)

Piet Mondrian

Geboren am 7. Februar 1872 in Amersfoort (Holland). Maler und Publizist. Studien an der Akademie Amsterdam. 1910—1911 in Paris. 1919 Mitglied der «Stijl»-Gruppe. 1932 Gründer der Gruppe «Abstraction-Création». Lebte bis 1938 in Paris, dann in London. Lebt seit 1940 in New-York.

In der Absicht, den dynamischen Rhythmus, welcher das Wesentliche jeder plastischen Kunst ausmacht, auf eine prägnante und eindeutige Art darzustellen, reduziert der «Neoplastizismus» die einzelnen Formen auf die Grundelemente, das heißt auf die Geraden in rechtwinkliger Gegenüberstellung. Der Neoplastizismus verneint also jegliche «Form» und gestaltet ausschließlich reine Beziehungen; denn in ihrer Komposition überschneiden sich die Geraden fortwährend, so daß die scheinbar geformten Rechtecke nicht als solche anzusprechen sind. Im Neoplastizismus ist die Farbe primär. Wegen der Gleichförmigkeit der plastischen Mittel ist die Gleichwertigkeit der Mittel und die Darstellung des Raumes (der Hintergrund) wirklich: das Werk ist eine Einheit. Die Beziehungen der Lage — die rechten Winkel — sind konstant. Die Beziehungen der Ausdehnung hingegen wechseln fortwährend, dadurch wird jede Symmetrie ausgeschaltet. In der neoplastizistischen Komposition wird durch solche wechselnde Beziehungen der feste Ausdruck der konstanten Beziehungen verneint und das Werk wird dynamisch und wirklich menschlich.

Piet Mondrian. März 1938.

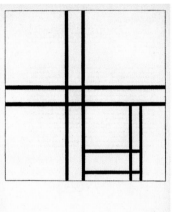

Piet Mondrian: Komposition, 1935 (aus «Abstraction-Création», Paris, 1938)

Max Bill

Geboren am 22. Dezember 1908 in Winterthur. Maler, Plastiker, Architekt, Grafiker und Publizist. Studien an der Kunstgewerbeschule Zürich und am «Bauhaus», Hochschule für Gestaltung, in Dessau. Mitglied der Gruppe «Abstraction-Création», der «Alliance» (Vereinigung moderner Schweizer Künstler), des SWB (Schweizer Werkbund) und der CIAM (Congrès internationaux de l'architecture moderne). Lebt in Zürich.

konkrete kunst nennen wir die resultate jener gestaltungsmethode, die auf grund ihrer eigenen mittel und gesetze, neu entstehen läßt, ohne diese äußerlich von naturerscheinungen entlehnen oder ableiten zu müssen.
die konkrete kunst, als gestaltung von optisch wahrnehmbarem, benützt farbe, form, raum, licht und bewegung, in ihren beziehungen zueinander, um die schöpferische konzeption aus ihrer rein geistigen existenz heraus zu realisieren, sichtbar zu machen, in konkrete, faßbarer form zu vermitteln.
wir schaffen uns, in seiner eigenart der natur gleichwertige, etwas neues, das sich durch seine eigenartigkeit auszeichnet. unsere werke sollen reine schöpfungen des menschlichen geistes sein, von jener schärfe, eindeutigkeit und vollkommenheit, die von menschlichen werken erwartet werden kann.
in diesem sinne stellt sich die konkrete kunst aktiv zum mitgeschehen ein. dem passiv absorbierenden, setzt die konkrete kunst das aktiv produzierende entgegen; dem abbild — das vorbild, der systemlosigkeit — das system, der willkür — das gesetz, der eindeutigkeit — die ordnung. vor allem die konstruktive kunst deutet auf einen unerbittlichen willen zur absoluten klarheit, zur wissenschaftlichen gesetzmäßigkeit, zur meßbarkeit, zur realität und damit zum leben selbst. in ihrer letzten konsequenz ist die konstruktive kunst zu reine ausdruck von maß und gesetz, sie setzt systeme, ordnet und gibt den künstlerischen mitteln durch ordnungen leben.

bill. 1942.

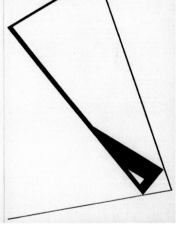

Max Bill: Zeichnung o. r. 1 1942 (aus Max Bill «o.r.», Allianz-Verlag, Zürich 10, 1942)

max bill: sechs kreisbogen mit den bogenlängen 1 r bis 6 r 1944

54   55

saal VI: max bill

saal VII: jean arp, piet mondrian, sophie taeuber-arp

56   57

Katalogumschläge im Format DIN A5, 148×210 mm:
USA baut, Kunstgewerbemuseum Zürich, 1945.
Futurismo & Pittura Metafisica, Kunsthaus Zürich, 1950.
max bill, Kunstmuseum Winterthur, 1960.

Katalog im Kleinformat DIN A6, 105×148 mm:
max bill, Museum der Stadt Ulm, 1956,
mit Abbildungen in ‹Briefmarkenformat›.

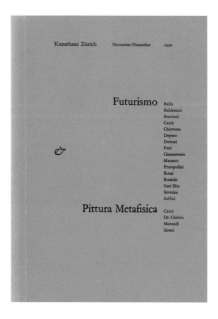

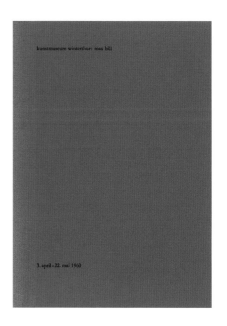

Katalog im Kleinformat DIN A6, 105×148 mm:
josef albers, hans arp, max bill, Galerie Herbert Herrmann, Stuttgart, 1948.

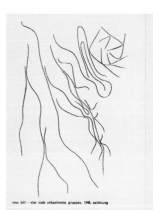

Kataloge

236

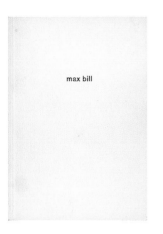

max bill

---

max bill

max bill:

verzeichnis mit 111 abbildungen von arbeiten,
die meist zwischen 1931 und 1956 entstanden sind
und die in ähnlicher zusammenstellung
1951 im museu de arte in sao paulo, brasilien,
gezeigt wurden.

dieses verzeichnis enthält alle werke,
die für eine ausstellung ausgewählt wurden, die,
vom vorsitzenden des ulmer kunstvereins, kurt fried angeregt,
im museum der stadt ulm
anfangs oktober 1956 beginnt.

kurt fried und herbert pée, der direktor des ulmer museums,
sei hier herzlich gedankt.
ohne ihre hartnäckigkeit, den plan auszuführen,
hätte ich mich wohl der arbeit dieser zusammenstellung
kaum unterzogen.

andere museen in deutschland
schlossen sich diesem vorhaben an,
dadurch kam eine wanderausstellung zustande,
von der man zur zeit noch nicht wissen kann,
wann sie wo sein wird.

oktober 1956

2 | 3

---

max bill: [form, funktion, schönheit] = [gestalt]

als form bezeichne ich hier das, was wir im raum sehen können. wenn wir über den auf diese weise eingeschränkten begriff form nachdenken, oder wenn wir das wort form hören, dann verbinden wir damit die vorstellung von etwas, das charakteristische merkmale aufweist, die übereinstimmen mit den typischen eigenarten von funktionen. noch genauer, wir empfinden das wort form im vornherein als die bezeichnung für eine qualität. wir nehmen fast als selbstverständlich an, dass: [form = schönheit] sei. in diesem sinn empfinden wir alle positiven bezeichnungen: „die perfekte form", „die schöne form", „die gute form", „die brauchbare form", als positive steigerungen ein und derselben qualität, nämlich der form-qualität; währenddem bezeichnungen wie „die hässliche form" oder „die nutzlose form" durch den gegensatz der bezeichnungen etwas negatives ausdrücken, nämlich das fehlen der form-qualität. wir kritisieren die form nach dem argument des schönen, des beabsichtigt und betont schönen.

wenn wir von formen in der natur sprechen, so denken wir an solche, die besonders vollkommen und ihrer art entsprechend typisch sind. solche typische formen nennen wir: [gestalt].

wenn wir von den formen in der technik sprechen, so denken wir an solche, die wir ganz speziell als gültige lösungen empfinden, also nicht an solche, die irgendwelche zufällige technische ergebnisse sind.

[max bill:]

wenn wir formen von täglichen gebrauchsgegenständen kritisch betrachten, dann ist es immer die form, als: [harmonischer ausdruck der summe aller funktionen] eines solchen gebrauchsgegenstandes, die wir als kriterium anwenden. damit ist weder künstliche noch künstlerische vereinfachung noch funktionswidriger stromlinienstil gemeint. es ist also die natürliche, die selbstverständliche und funktionelle erscheinung, die wir ganz speziell als form empfinden und damit als schön. solchermassen entstandene formen, die: [harmonischer ausdruck der summe aller funktionen] sind, tragen die sichtbaren merkmale ihrer art in ihrer: [gestalt].

dass wir bei einem kunstwerk die bezeichnung form direkt als im zusammenhang mit spezifischen stilmerkmalen des kunstwerkes verstehen, bedeutet, dass form ein unersetzlicher bestandteil des kunstwerkes ist und dass ein kunstwerk gerade seiner form wegen als kunstwerk gilt. dies bedeutet, dass form, in ihrer autonomen existenz, eine idee repräsentiert die zur gestalt wird, identisch wird mit kunst.

dies wäre auch die erklärung dafür, dass die form immer vergleichsweise zu etwas anderem, oder zu einer anderen form, als schöner, oder als weniger vollkommen gewertet wird, und dass die letzten endes sowohl für die form, wie für die kunst, die vollkommene schönheit als mass gilt. also will form, auch hier, letzten endes schönheit ausdrücken.

da form die: [summe aller funktionen in harmonischer

18 | 19

[max bill:]

einheit] bedeutet, und: [form = kunst = schönheit] ist, liegt der schluss nahe, dass auch kunst, als die: [summe aller funktionen in harmonischer einheit] definiert werden kann, und desgleichen schönheit.

dies ist ein schwer zu erreichendes ziel; denn die qualität der form, wie die schönheit, sind relativ. das soll uns aber nicht daran hindern, einem idealzustand zuzustreben, in dem alle erscheinungen, vom kleinsten gegenstand bis zur stadt in gleicher weise: [summe aller funktionen in harmonischer einheit] = [gestalt] sein werden und somit zum selbstverständlichen bestandteil des täglichen lebens. diesen zustand dürfte man dann kultur nennen. dahin streben wir.

(1953—56)

5. wohn- und atelierhaus in zürich
1932—33

20 | 21

1 produktform. verschiedene entwicklungen
1925—47. elektrischer samowar (1925)
schreibmaschine (1944) indirekt-leuchte (1945)
haarbürste und spiegel (1946) elektrische waage (1947)
2 plakat „verkauf"
1929. gewerbemuseum winterthur
3 plakat „negerkunst"
1931. kunstgewerbemuseum zürich 90,5/128
4 27 typografisch gestaltete bücher, kataloge und
broschüren im gleichen format. 1932—56
5 wohn- und atelierhaus in zürich
1932—33
technischer mitarbeiter architekt robert winkler
6 glasbild
1933—35. kristallglas, sandgestrahlt 100/60
7 plakat „shell sommer-oel". 1935
8 15 variationen über ein thema
1935—38. folge von 16 lithografien 30/32
9 konstruktion mit schwebendem kubus
1935—36. eisen und messing 50/60/120

22 | 23

---

29 lineare farbspannung
1942—49. oel auf leinwand 32/32
30 rhythmus in vier quadraten
1943. oel auf leinwand 120/30
31 kühle teilung
1943. oel auf leinwand 73/73
32 wohnhaus mit zahnarztpraxis bei zürich
aus vorfabrizierten elementen
1943. nicht ausgeführt
33 plakat „die farbe"
1943. kunstgewerbemuseum zürich 90,5/128
34 sechs kreisbogen mit den bogenlängen 1 bis 6
1944. tusche auf karton 73/103
35 konstruktion mit ähnlichen betonungen
1944. tempera auf karton 103/73
sammlung dieter keller. stuttgart
36 plakat „konkrete kunst"
1944. kunsthalle basel 90,5/128
37 rhythmisierte harmonie
1944—46. oel auf leinwand 54/54

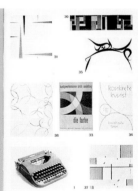

30 | 31

max bill

1908 geboren in winterthur am 22. dezember
als bürger von moosseedorf (bern)
1924—27 studien an der kunstgewerbeschule zürich
1927—29 studien am bauhaus dessau
1930— in zürich als architekt, maler, plastiker und
publizist tätig
mitglied des schweizerischen werkbund
1932— beteiligung an der aktivität der pariser gruppe
„abstraction-création"
1936 schweizer pavillon an der triennale di milano,
ausgezeichnet mit dem diplome d'honneur
1937 beitritt zur „allianz", vereinigung moderner
schweizer künstler
1938— mitglied des CIAM (congrès international
d'architecture moderne)
1941 gründung des allianz-verlag zürich
1944—45 lehrauftrag für formlehre an der
kunstgewerbeschule zürich
1947 gründung des .i.p.c. „institut für progressive
cultur"
1948 gastvorlesungen an der architekturfakultät der
technischen hochschule darmstadt
1949 kandinsky-preis
mitglied UAM (union des artistes modernes) paris
ausstellung „die gute form", basel, köln u.s.f.
1950 gesamtausstellung im museu de arte sao paulo

68 | 69

Katalog *max bill,* Galerie im Erker, St. Gallen, 1967, Format 172×223 mm.
In der Bildchronik mit biografischen Angaben sind die kleinformatigen Klischees aus dem
Ulmer Katalog wiederverwendet worden. In diesem Katalog erreichte Bill die stärkste
‹halluzinatorische› Wirkung durch die radikale Kleinschreibung.

max bill

max bill . märz 1967. umschlag: transcoloration im hellen und im dunkeln . 1965.

galerie im erker am gallusplatz st.gallen . 8. april bis 27. mai 1967

halbe kugel um zwei achsen . 1966 . 20:17 cm hoch.

wie sieht die kunst aus um das jahr 2000 ?

eine antwort auf diese frage. gesprochen für die abteilung radio und television
an der schweizerischen landesausstellung lausanne 1964.

ich bin weder ein hellseher noch ein profet. die frage, wie unsere umwelt, und im besonderen die kunst, aussehen wird im jahr 2000, kann ich nicht beantworten. ich glaube
sicher, daß, wenn ich es wüßte, ich dann neue schon diese kunst selbst machen würde.
womit die frage wiederum neu zu stellen wäre. und doch möchte ich es selbst ganz gern
wissen. das ist auch der grund. warum ich, um nach vorn projizieren zu können – in die
nähere zukunft –, den weg untersuche, der hinter uns liegt. zum beispiel den weg, den
architektur und kunst genommen haben zwischen 1914 und 1939 und dann wieder von
1939 bis heute. aus der entwicklung bei uns, im vergleich mit der entwicklung um uns
herum, kann man dann schlüsse ziehen für die zukunft. wohl kaum für 34 jahre, aber für
etwas kürzere zeiträume.

offen gestanden, der vergleich zwischen unserer entwicklung und der um uns herum,
ist für uns nicht immer sehr ehrenvoll. man hat bei einem solchen vergleich oft den eindruck, wir seien brave leute, die ihre sache ernst nehmen, ja oft zu ernst, und daß darob der
schöpferische funke ausläscht anstatt neuer anzufachen. aber wenn wir diesen zustand
erkennen – und es sind heute schon einige, die noch dieser erkenntnis handeln –, dann ist
schon vieles gewonnen. gegen diesen zustand anzukämpfen ist eine unserer wichtigsten
gegenwartsaufgaben.

die abteilungen ‹mensch und haus› und ‹planen und erhalten› entlassen den expo-
besucher mit dem satz: jede generation hat die aufgabe. ihre umwelt neu zu gestalten.
als ich diesen satz formuliere, habe ich bewußt die umwelt als ganzes verstanden, also
nicht nur unsere landschaft als natürliche gegebenheit. oder etwa unsere wohn- und
arbeitsstätten als das in die landschaft hineingebaute. sondern auch die gegenstände, die
uns täglich umgeben, und die kunstwerke.

die umwelt als ganzes also gilt es zu gestalten. nicht etwa, sie dem zufall zu überlassen.
auch nicht etwa, sie lediglich benützbar zu machen, im primitiven sinn erträglich, durch
allerlei flickwerk, so wie man es sich gewöhnt ist : da ein haus heruntergerissen und ersetzt,
dort eine straße erweitert nach veralteten vorstellungen. nach reglementen, die jedesmal

41

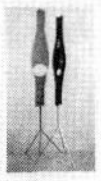

lange plastik.
1933 . holz und eisen . h = 200 cm.

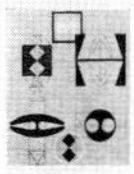

variationen.
1934 . öl auf hartfaserplatte . 50 : 60 cm.

variation 1 aus ‹15 variationen über ein thema›.
1935–38 . folge von 16 lithografien . 30 : 32 cm.
éditions des chroniques du jour paris 1938.

unendliche schleife.
1935–53 . 150 : 100 : 120 cm.
1955/56 in bronze . im middelhe-mperk antwerpen
1960 ausführung in granit . im musée national d'art moderne paris.
1962 ausführung in hellem granit.
sammlung wurtzburger, baltimore.

konstruktion mit schwebendem kubus.
1935/36 . eisen und messing . 50 : 60 : 120 cm.

1908 max bill geboren in winterthur am 22. dezember als bürger von moosseedorf (bern).
1924–27 studien an der kunstgewerbeschule zürich. leitung alfred altherr. hauptlehrer für die silberschmiedeausbildung: vermeulen, modelieren : carl fischer, eduard bick.
1925 studienreise nach paris zur ‹exposition internationale d'art décoratif›. starke eindrücke von den pavillons von le corbusier, melnikoff, josef hoffmann, kiesler.
1. preis im plakatwettbewerb zum hundertjährigen bestehen der schokoladefabrik suchard.
1926 studienreise nach italien, florenz, rom, neapel, capri, venedig, mailand. unter dem eindruck eines vortrages von le corbusier beschluß, architektur zu studieren.
1927–29 studium am bauhaus, hochschule für gestaltung, in dessau, leitung walter gropius, dann hannes meyer; unter anderem während dieser zeit schüler von albers, kandinsky, klee, moholy-nagy, schlemmer.
1928 ausstellung von aquarellen im bauhaus dessau.
ausstellung ‹junge bauhaus-maler› im anhaltischen kunstverein dessau.
studienreise nach italien, aufenthalt in positano.
1929 übersiedlung nach zürich.
in zürich als architekt, maler, plastiker, grafiker und publizist tätig.
erste ausstellung von malerei in zürich (atelier).
1930 mitwirkung am kabarett ‹der krater›.
mitglied des swb (schweizerischer werkbund).
ausstellung in der kunsthalle bern.
studienreise nach paris.
1931 heirat mit binia spoerri.
reise nach sizilien.
plakat ‹negerkunst› kunstgewerbemuseum zürich.
1932–36 beteiligung an der aktivität der pariser gruppe ‹abstraction-création›.
1932 bekanntschaft mit hans arp. erster besuch bei piet mondrian.
zusammenarbeit mit ignazio silone an der zeitschrift ‹information›.
1933 erste ausstellungsbeteiligung in paris ‹abstraction-création›.
erstes zusammentreffen mit georges vantongerloo in paris.
einzug in das eigene haus in zürich-höngg.
erste plastiken.

5

wohnhaus aus vorfabrizierten elementen in bremgarten (ag.).

horizontal-vertikal-diagonal-rhythmus.
1942 . öl auf leinwand . 80 : 160 cm.

konstruktion mit sieben kreisringen.
1942–44 . projekt für monumentalbrunnen . ca. 8–12 m ⌀.

rhythmus in vier quadraten.
1943 . öl auf leinwand . 120 : 30 cm.

schreibmaschine.
1944.

kühle teilung.
1943 . öl auf leinwand . 73 : 73 cm.

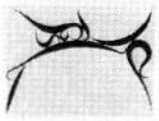

konstruktion mit acht ähnlichen betonungen.
1944 . tempera auf karton . 103 : 73 cm.
sammlung g. baines, antwerpen.

neun betonungen.
1944–49 . öl auf leinwand . 82 : 82 cm.

rotes quadrat.
1946 . öl auf leinwand . 70 cm diagonal.

drei akzentuierende gruppen.
1947 . öl auf leinwand . 50 : 50 cm.

---

schon veraltet sind, wenn sie in kraft gesetzt werden, die lediglich die bisherige praxis stabilisieren.

solche reglemente sind dann die eigentlichen bremsklötze der entwicklung. sie kanalisieren diese in althergebrachten bahnen und blockieren das aufkommen neuer, besserer möglichkeiten.

es gilt also, wenn wir von unserer umwelt im jahr 2000 sprechen wollen, vorallem solche bremsklötze zu lockern und der imagination freien lauf zu lassen. aber mit dem lockern der bremsklötze allein geht es nicht, wir müssen sogar recht tüchtig dafür sorge tragen, daß an der richtigen stelle sehr kräftige bremsklötze eingebaut werden, nämlich dort, wo unsere weiterexistenz durch deren fehlen überhaupt in frage gestellt wird: bremsklötze gegen das verschmutzen der gewässer, so daß wir in zukunft noch genießbares wasser haben, bremsklötze gegen die verschmutzung der luft, gegen das verkehrschaos und das planlose vergeuden der baulandreserven. also bremsklötze, die ein leben um 2000 überhaupt noch lebenswert machen.

erkennen und schaffen für die schweiz von morgen, dieser satz, der das leitmotiv der landesausstellung ist, enthält gerade auch das erkennen der notwendigkeit, sowohl bremsklötze zu lockern, als auch an der richtigen stelle solche einzubauen. erst das ergibt die möglichkeit des schaffens mit vernünftigem ziel. das schaffen, nicht nur um der reinen selbsterhaltung willen, sondern darüber hinaus auf das ziel hin zu einer höheren menschlichen existenz: hin zu einer gesellschaftlichen struktur, die eine breite kulturelle entwicklung ermöglicht im gefolge der erweiterung der energieproduktion und der mechanisierung zur steigerung der produktivität. in diesem sinn befinden wir uns heute innerhalb der geschichte der menschheit am beginn eines neuen abschnittes. schon die umwandlungen im verlauf der letzten jahre deuten diesen an. vom zustand des mangels und der primitiven ausbeutung menschlicher arbeitskraft, die marx und engels noch als ausgangspunkt ihrer theorien verstehen mußten, wird es für uns heute schon fast unvorstellbar, daß solche verhältnisse vor hundert, ja vor fünfzig jahren noch bestanden und daß noch kurz vor der letzten landesausstellung, in den dreißiger jahren, jemand froh sein durfte, wenn er überhaupt eine arbeit fand, die ihm und seiner familie das existenzminimum sicherte.

die schöne wirtschaftliche entwicklung, die einsetzte trotz der gewaltigen kriegsschäden rund um uns, läßt in der heute jungen generation vorstellungen auf solche fern zurückliegende, nicht miterlebte zustände nicht aufkommen.

42

die entfaltungsmöglichkeiten sind gewaltig gewachsen, sicher etwas zu rasch, um in natürlicher entwicklung absorbiert zu werden. eine geistige verarbeitung der hochkonjunktur, die sich folgerichtig auf die kulturentwicklung positiv auswirken müßte, ist noch kaum zu bemerken. aber eines ist ganz gewiß: die kultur wird sich mit der fortschreitenden technik genauso wandeln, wie die gesellschaft sich im wandel befindet. dieser entwicklung muß man im positiven sinn die bahn frei machen. anstatt den mahnfinger zu erheben, daß wir im luxus gleich dem alten rom untergehen würden, müssen wir die kanäle für die kultur weit öffnen und damit unsere umwelt gestalten in den der zukunft.

diese kulturentwicklung wird das resultat sein des gesellschaftlichen strukturwandels. dieser kommt aus einer annäherung der einkommensstufen, einem wachsenden anteil aller an dem durch die gesteigerte energieproduktion gesteigerten sozialprodukt. kurz, eine materielle besserstellung für alle, ohne not, in sicherheit und freiheit. mit einer freizeit, für die eine generation vor uns noch bereit war, ihr blut zu riskieren. doch sind mit dieser materiellen besserstellung die möglichkeiten der entwicklung erschöpft? und sind damit die probleme einer wirklich menschenwürdigen existenz gelöst?

sicher nicht. die lösung der rein materiellen seite unserer existenz, gewissermaßen die industriell erreichbare grundlage dafür, bringt viele neue probleme mit sich. diese zu lösen ist aufgabe von uns allen, die wir in dieser zeit leben.

nun wäre also die frage offen, die am anfang gestellt war: wie sieht die kunst aus um 2000? was wird sie für eine rolle spielen? das kann man wohl nicht sagen. wenn wir die kunst heute betrachten und ihre sehr verschiedenen ausdrucksarten, so wie sie in der landesausstellung in der abteilung ‹kunst und leben› dargestellt sind, dann zeigt uns dies, daß offensichtlich das bedürfnis besteht nach ganz verschiedenen ausdrucksarten, ja, daß es gerade das wesen des künstlerischen ist, daß die ausdrucksformen verschieden sind. nun gibt es zu jeder zeit ausdrucksformen, die von früher her übernommen wurden und sich in dieser übernommenen weise mit dem heute auseinandersetzen. andere ausdrucksformen entstehen dazu neu, aus den spezifischen gegebenheiten der zeit heraus.

solche neue ausdrucksformen, die in einer zeit, die hochgradig verwissenschaftlicht ist, neu entstehen, sind für viele betrachter beunruhigend und lösen nicht immer zustimmung aus. und dennoch sind gerade solche neu hinzukommende, für die zeit typische ausdrucksformen nötig, um eine brücke zu schlagen zwischen der nicht mehr überblickbaren welt von wissenschaft und technik und dem menschen mit seinem bedürfnis nach etwas

43

---

anschaulichem, das trotz seiner neuheit – vielleicht gerade deshalb – zum symbol werden kann für die neue zeit. und von diesen so entstandenen kunstwerken her, die in der dem künstler eigenen fähigkeit der konzentration auf einen neuen ausdruck geschaffen werden, gehen einflüsse auf die übrige gestaltung der umwelt aus. so schafft die kunst kriterien, die allein schon durch ihre existenz stilbildend werden, das heißt ihren einfluß ausüben auf alles, was unserer umgebung neu hinzugefügt wird.

aber noch in einem weiteren sinn wird die kunst künftig eine wichtige funktion erfüllen: je mehr durch die entwicklung der produktion die gegenstände der näheren umgebung des menschen sich ähnlich oder gleich werden, desto mehr wächst das bedürfnis nach individueller leistung, nach teilnahme am schöpferischen geschehen der zeit. gerade die freie und vielfältige wahl-möglichkeit macht das kunstwerk zu einem ausgesprochenen träger solcher individuellen leistungen und somit zu einem ausgleichsfaktor für die geistigen bedürfnisse der menschen in viel weiterem ausmaß als heute.

wie diese kunst dann zumal aussehen wird, das ist wohl noch kaum zu erahnen, denn wenn wir die zahl der 34 jahre zurückblicken, die uns nach vorn projiziert vom jahr 2000 trennen und diese 34 jahre in vergrößertem tempo uns vorstellen, dann reicht unsere imagination nicht mehr aus. wir sehen dann lediglich, daß wir unsere umwelt um das jahr 2000 kaum mehr erkennen würden. und es ist zu hoffen, daß ich darin recht habe, daß dann das heutige chaos – durch falsche rückaichnahmen und durch unfähigkeit entstanden – verschwunden sein wird. es ist der allermindest die kommende generation dieses chaos als überholt, häßlich und unmenschlich erkennt und ihre ganze energie darauf verwendet, die umwelt schön und harmonisch zu gestalten.

unsere heutige aufgabe ist es, den weg in diese zukunft nicht zu verbauen und aus unseren erkenntnissen heraus alles zu fördern, was geeignet ist, eine zukunft in frieden und freiheit zu gewährleisten. nur unter dieser voraussetzung hat die frage nach einer zukünftigen kunst und kultur einen wirklichen sinn.

max bill

strebende kräfte einer kugel . 1966/67 . 90 : 60 : 60 cm.

44

feld aus sich durchdringenden farben . 1966 . 62 : 62 cm.

werke, ausgestellt vom 8. april bis 27. mai 1967 in der galerie im erker

plastik
1 konstruktion aus einem kreisring.
  1942 . in rosa boveno-granit ausgeführt 1964 . 40 : 40 : 40 cm + sockel.
2 unendliche schleife aus einem kreisring II.
  1947–49 . messing vergoldet . 37 : 10 : 25 cm.
3 fläche durch eine linie begrenzt.
  1948 . kupfer vergoldet ausgeführt 1962 . 53 : 29 : 39 cm.
4 pyramide in form einer achtelskugel.
  1965 . schwarzer schwedischer granit . ⌀ 28 : 20 cm hoch.
5 irreguläre pyramide über kugelfläche.
  1965 . schwarzer schwedischer granit . 72 : 50 : 26 cm.
6 halbe kugel um drei achsen.
  1965 . weißer marmor . ⌀ 40 : 32 cm hoch.
7 halbe kugel um drei achsen.
  1965 . schwarzer marmor . ⌀ 60 : 48 cm hoch.
8 halbe kugel um zwei achsen.
  1966 . schwarzer marmor . ⌀ 20 : 17 cm hoch.
9 strebende kräfte einer kugel.
  1966/67 . schwarzer schwedischer granit . 90 : 60 : 60 cm.

malerei
1 1 bis 8 in vier gruppen.
  1955–63 . öl auf leinwand . 80 : 80 cm.
2 strahlung aus grün.
  1959–66 . öl auf leinwand . diagonal 47 cm.
3 schwarzer neuntel.
  1959–67 . acrylfarben auf leinwand . 40 : 40 cm.
4 vier farbpaare um weißes zentrum.
  1961 . öl auf leinwand . diagonal 141 cm.

47

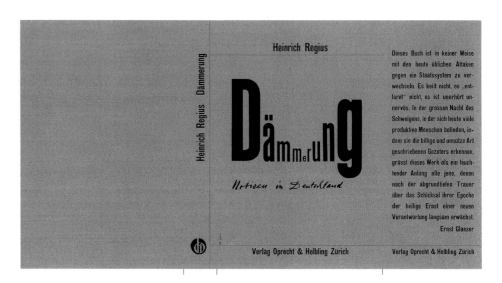

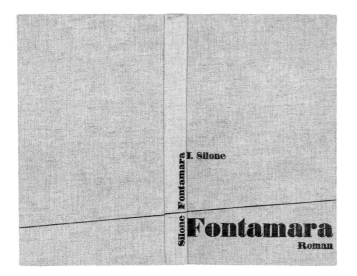

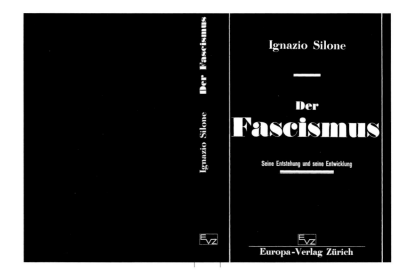

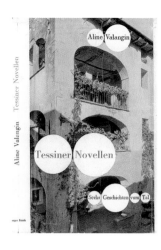

Die frühen Bücher:

Francis D. Pelton: *sprung über ein jahrhundert*, 1932. Umschlag.

Heinrich Regius: *Dämmerung. Notizen in Deutschland*, 1932. Schutzumschlag.

Ignazio Silone: *Fontamara*, 1933. Einband.

Ignazio Silone: *Der Fascismus*, 1933. Schutzumschlag.

Elisabeth Thommen: *blitzfahrt durch sowjet-russland*, 1933. Umschlag.

Franz Eugster: *sozialismus und katholizismus*, 1933. Umschlag.

Lothar Frei: *Deutschland wohin?*, 1934. Umschlag.

Konrad Heiden: *Geburt des dritten Reiches*, 1934. Schutzumschlag.

Aline Valangin: *Tessiner Novellen*, 1939. Schutzumschlag.

Eduard Keller: *Ascona Bau-Buch*, 1934. Umschlag.

Max Bill: *Le Corbusier & Pierre Jeanneret, Œuvre complète*, Band 3, 1939.
Schutzumschlag.

Prospekt zu *Le Corbusier & Pierre Jeanneret, Œuvre complète*, 4 Seiten,
1936.

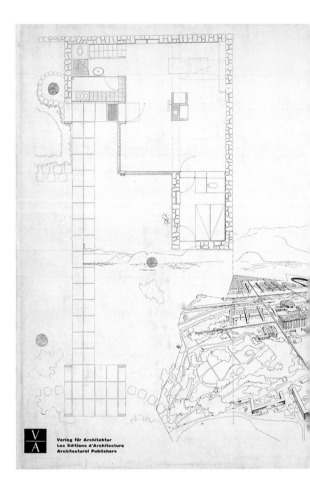

Eduard Keller: *Ascona Bau-Buch*, 1934. Innenseiten.

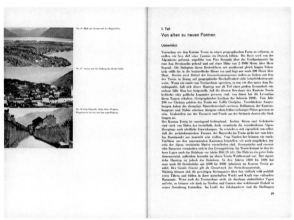

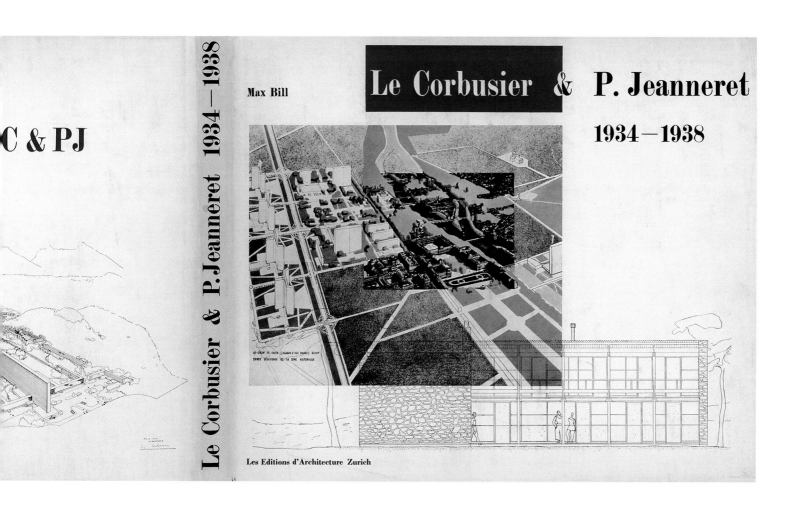

Max Bill

Le Corbusier & P. Jeanneret

1934—1938

C & PJ

Le Corbusier & P. Jeanneret 1934—1938

Les Editions d'Architecture Zurich

Le Corbusier

Editions Dr. H. Girsberger Zurich

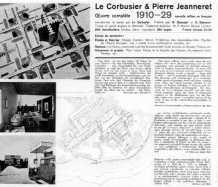

Le Corbusier & Pierre Jeanneret
Œuvre complète 1910—29 nouvelle édition en français

Introduction et textes par Le Corbusier. Publiée par W. Boesiger et O. Stonorov. Textes en partie anglais et allemand. Traduction anglaise: M. P. Morton Shand, London.
600 reproductions (photos, plans, esquisses). **220 pages.**
Francs suisses 22.50

Le Corbusier & Pierre Jeanneret
Œuvre complète 1929—34

Introduction et conférences par Le Corbusier. Publiée par W. Boesiger, architecte, Zurich.
Textes en partie anglais et allemand.
520 reproductions (photos, plans, esquisses). **208 pages.**
Francs suisses 20.—

Max Bill: *Le Corbusier & Pierre Jeanneret, Œuvre complète*, Band 3, 1939.
Einband und Innenseiten.

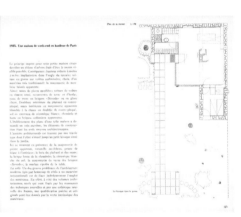

Bücher

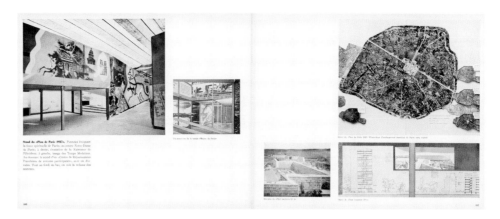

Stand du «Plan de Paris 1937». Panneau évoquant la force spirituelle de Paris; au centre Notre-Dame de Paris; à droite, évolution de la Naissance de l'Occident; à gauche, image des Temps Modernes. Au-dessous: le point d'un «Centre de Réanimation Parisienne» de certains participants, ... et en écran. Tout au fond, en bas, on voit la refonte des ministres.

Un musée sur la ville «Plan de Paris»

Atelier du «Plan de Paris 1937» Réseau des d'emplacement montées de Paris sans regard

Maison du «Plan de Paris»

Plans du «Plan de Paris» maquettes N° 10

106 · 107

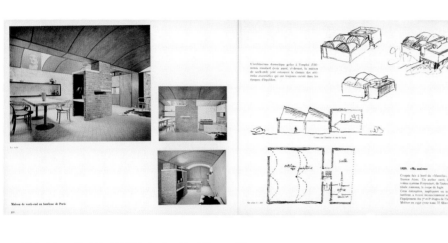

L'architecture domestique grâce à l'emploi d'éléments standard (voir avant) et devant, la maison de week-end; peut retrouver le charme des attitudes naturelles qui ont toujours existé dans les époques d'équilibre.

Coupe et l'atelier et sur le bain

1929. «Ma maison»

Croquis fait à bord du «Massilia», en route pour Buenos Aires. Un atelier carré, éclairé par les voûtes système Perpianni, de l'autre côté d'un vestibule commun, le corps du logis.

Cette conception, impliquant un terrain libre en banlieue, a trouvé inconsciemment sa solution dans l'équipement des 7e et 8e étages de l'immeuble Porte Molitor, en 1933 (voir tome II Œuvres complètes).

Maison de week-end en banlieue de Paris

En plan 1 : 200

130 · 131

Paris le bassin double: banlieue et l'aérien des centres pour les animal. Echelle 1 : 10 000

Au grande clarté nouvelle sur les murs. Il leur continue 30/38 à 30/90 ... Hauteur 300 m?

33

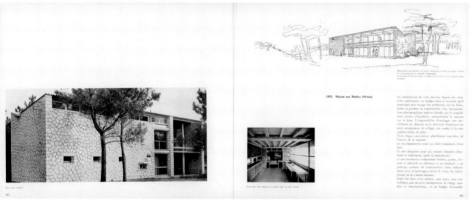

Maquette de bonheur en pâte d'argile ou l'on les lignes autour le construction à postérité actuelle. La maison est étudiée pour le soleil et la force à cru à ... maison locale actuel.

1935. Maison aux Mathes (Océan)

La construction de cette maison imposa des solutions instructives. Le budget clos et maintes qu'il empêchait tout voyage des architectes sur les lieux, avant et pendant la construction. Des documents vus photographiques précis fournis par le propriétaire purent d'emblée normalement la maison sur le lieu. L'impossibilité d'employer une surveillance de chantier et la nécessité d'employer un petit entrepreneur de village, ont conduit à la conception même du plan.

Trois étapes successives, absolument traçables, de l'œuvre de la maison:

a) une ébauchée pour soi, venant s'installer libre ment et totalement, après la maçonnerie;

c) une menuiserie comportant fenêtres, portes, cloisons et placards et obéissant à un standard à un principe unitaire de construction; tous infinis dans leur remplissage varié de verre, de contre-plaqué ou de ciment amiante.

Ainsi fut faite cette maison, sans finir, sans surveillance, par un petit entrepreneur de village, honnête et consciencieux, ... et un budget raisonnable.

134 · 135

La galerie couper les chambres. On remarquera que les lames de bois reliant un ... la maison d'habitation dont une partie présente ... dans autour. L'utilité est en contre avec le ... de tant de toiture, dite ... plate. D'autres fenêtres d'autres ... sur ... dont leurs trois fenêtres. L'effet en est brillamment dissimulé ...

La galerie: les ébéniste d'axis, la menuiserie

La côté d'un chambre. Plan et vues terrasses intérieures ... vue, traces, ... de construction

136 · 137

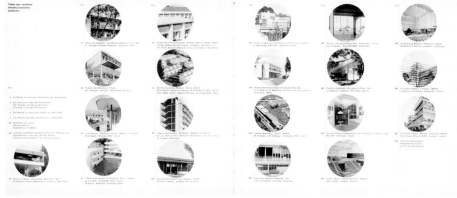

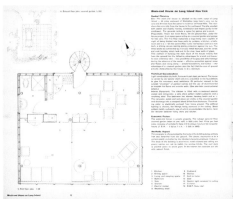

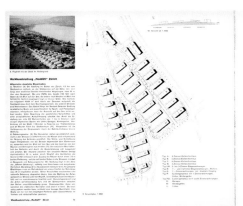

Alfred Roth: *Die Neue Architektur*, 1940.
Erste Reihe: Mitarbeiterverzeichnis, Inhaltsverzeichnis,
Beginn des einführenden Textes, Schutzumschlag;
folgende Reihen: Projektbeschriebe.

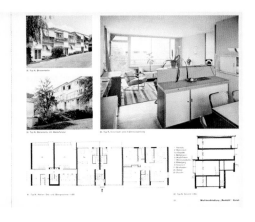

Bücher

246

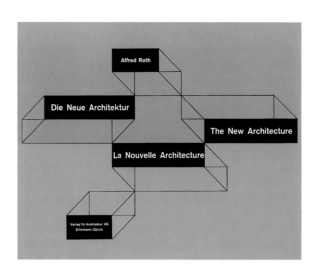

Alfred Roth

Die Neue Architektur

The New Architecture

La Nouvelle Architecture

Verlag für Architektur AG
Erlenbach-Zürich

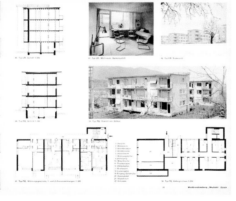

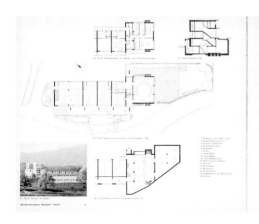

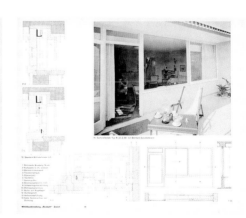

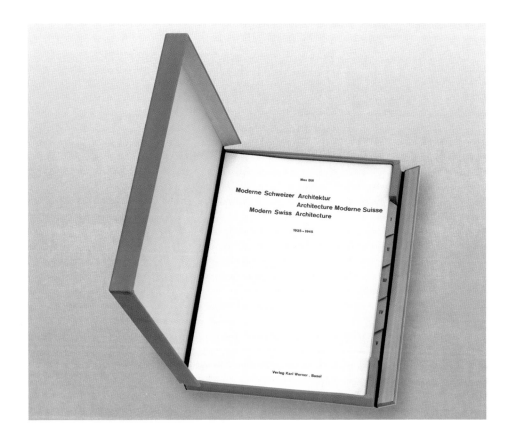

Max Bill: *Moderne Schweizer Architektur 1925–1945*.
Oben: Mappe mit rotem Streifband für die Lieferung
der Einzelblätter von Teil I, 1938; fünf Mappen für
die Lieferungen der Einzelblätter von Teil II, ab 1942.
Links: Schachtel mit den Griffregister-Mappen, 1949.
Folgende Seite: Inhalt mit den Projektbeschrieben in
Form von Einzelblättern.

Bücher

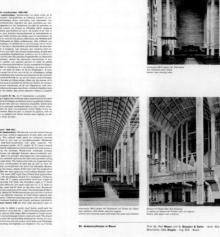

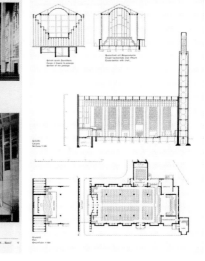

St. Antoniuskirche in Basel

Prof. Dr. Karl Moser und G. Doppler & Sohn · Arch. SIA · Basel

Einfamilienhaus in Bremgarten (Aargau)   Max Bill · SWB · Architekt · Zürich

Wohn- und Atelierhaus in Zürich   Max Bill · SWB · Architekt · Zürich   Robert Winkler · Architekt BSA u. SIA · Zürich

2 Mehrfamilienhäuser im Doldertal Zürich   A. u. E. Roth · Architekten BSA · Zürich · Mitarb. M. Breuer · Arch.

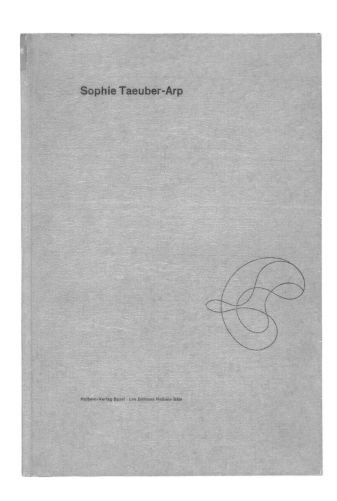

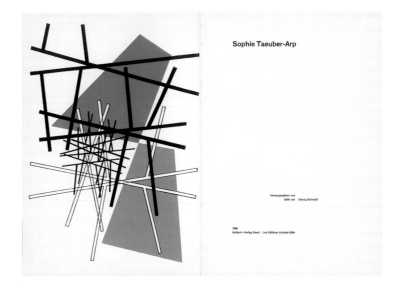

Georg Schmidt: *Sophie Taeuber-Arp,* 1948.
Das Buch enthält zwei mehrfarbige Lithografien sowie je zwei Farbtafeln
in Buchdruck und in Lichtdruck, dazu viele Schwarzweißabbildungen.
Die Umschlagzeichnung ist schwarz auf das blaue Einbandpapier gedruckt,
der Text rot auf den Pergaminumschlag.

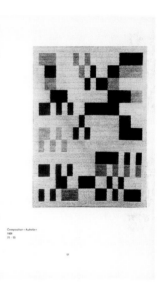

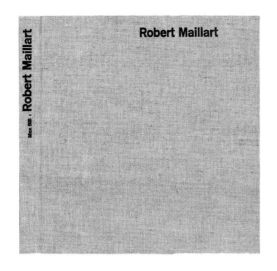

Robert Maillart

Max Bill : Robert Maillart

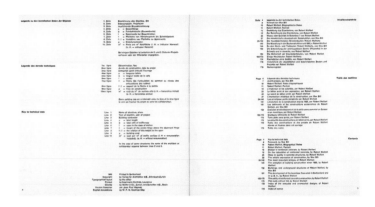

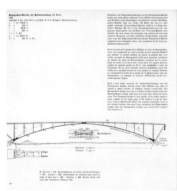

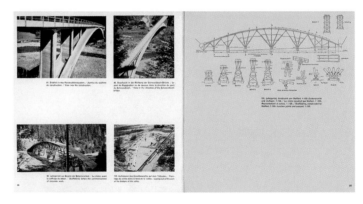

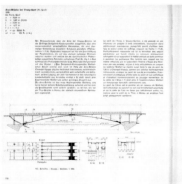

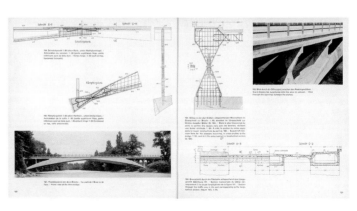

Bücher

252

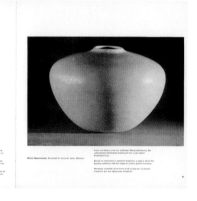

Max Bill: *Robert Maillart*, 1949. Einband und Innenseiten.
Wechsel von grauem Werkdruckpapier (Text und Zeichnungen)
und weißem Kunstdruckpapier (Fotos, von Rasterklischees
gedruckt).

Max Bill: *FORM, eine Bilanz über die Formentwicklung um die
Mitte des xx. Jahrhunderts*, 1952. Einband und Innenseiten.

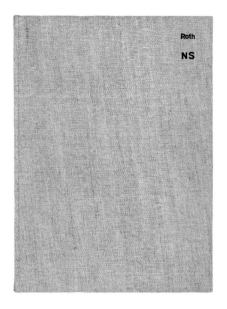

Alfred Roth: *Das Neue Schulhaus*, 1950.
Einband, Vorwort, Kapitelanfang und Projektbeschriebe.

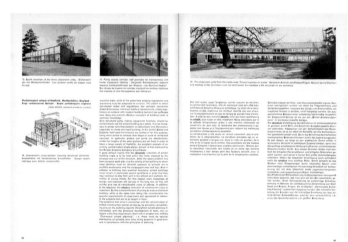

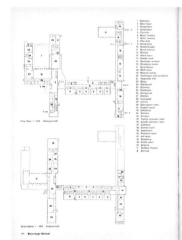

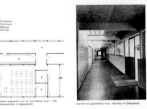

Bücher

Eugen Gomringer: *33 Konstellationen*, 1960.
Mit 6 Konstellationen nach einem Thema von 1945 von Max Bill.

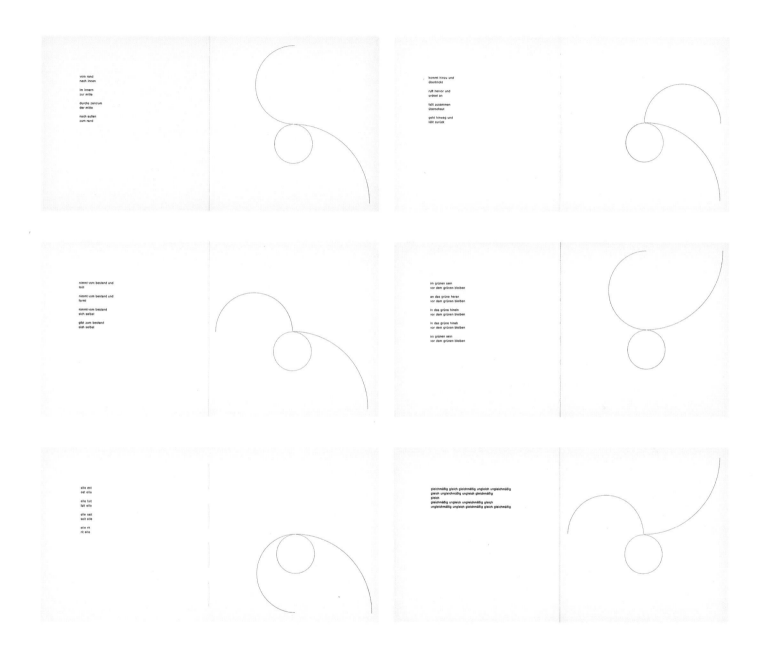

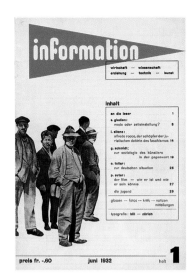
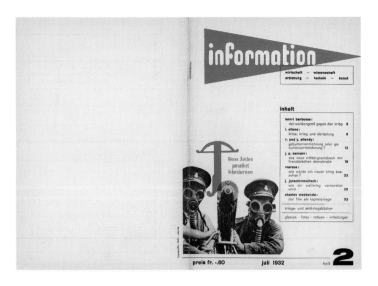

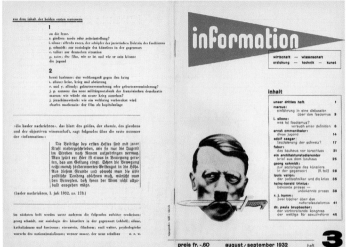
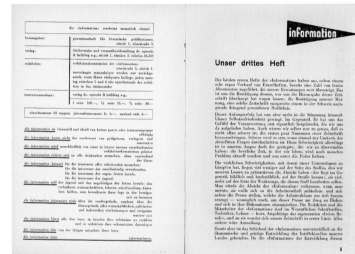

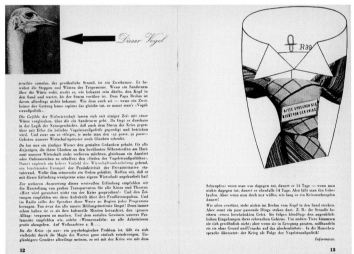

Zeitschrift *information*, 1. Jahrgang, Hefte 1 bis 5, Juni bis November 1932, 148×210 mm. Der Gestaltervermerk steht in Heft 1 auf der Vorderseite, in den Heften 2 und 3 auf der Rückseite des Umschlags, später fehlt er. Heft 5 enthält von Bill die Fotozeichnung (wie Baumeister diese Collagetechnik im *Gefesselten Blick* nennt) «Bitte sprechen sie nicht von der Krise», und die Illustration «Sittlichkeitsschnüffler», ferner die von Bill gestalteten Anzeigen «Tip-Top-Garage», «zett-haus» und «wohnbedarf typ».

Zeitschriften

Spread (pp. 16–17)

Man muß mit Küllich Milliard angeben, daß *das Sinken der Geburtenziffer nicht ein Zeichen nationaler Dekadenz, sondern das Merkmal einer fortschrittlichen Zivilisation ist.*

ein freier schweizer 1932

Soldatenbrief

9. Juni 1932

Mein Lieber,

Wir sind hier oben 240 Mann beisammen, und wenn Du weisst was Dienst ist, so weisst Du wie der Tag vergeht. Im Zeichen der sogenannten Abrüstungskonferenz erhielten wir Minenwerfer und Grabengeschütze von welchen mit den diese neuen Waffen bedient werden, von einer Generation, für die der grosse Krieg kaum mehr als ein historisches Ereignis bedeutet, lässt über all diesen Tun Hoffnungslosigkeit.

Freundliche Grüsse Dein Franz

Spread (pp. 26–27)

Dieser Friedhof

ist der achte Teil eines amerikanischen Kriegerfriedhofs bei Montfaucon in den Ardennen.

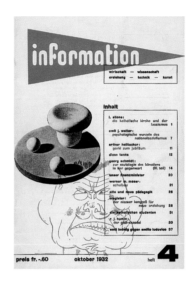

Dieses Monument

ist irgendeines der vielen schweizerischen Weltmannsdenkmäler aus der Kriegs-, resp. der Nachkriegszeit.

Spread (pp. 20–21)

der nebenstehende aufsatz war bereits gesetzt, als wir in der deutschen presse folgende meldung aus dessau lasen: "die rechtsmehrheit des gemeinderates der stadt dessau hat einen nationalsozialistischen antrag angenommen, das bauhaus zum 1. oktober zu schliessen und die lehrkräfte zu entlassen. die sozialdemokraten haben sich der stimme enthalten."

bauhaus dessau erbaut 1925-26 von architekt walter gropius

Das Bauhaus Dessau vor Torschluss
von Faber

Täglich kommen aus Deutschland Nachrichten, die einen Vorgeschmack dessen geben, was zu erwarten steht, wenn der Faszismus an seiner völlig noch nicht nominellen Herrschaft herantritt und die ganze Herrschaft übernimmt.

Magazine cover — information

information

wirtschaft — wissenschaft
erziehung — technik — kunst

Inhalt

preis fr. -.60   oktober 1932   heft 4

Spread (pp. 28–29)

Weltanschauung: den Marxismus, und durch ein gemeinsames Kampfziel: den sozialistischen Staat.

Sittlichkeitsschnüffler an der Arbeit

Unter dem schönen Titel "Von Menschen, die keine Krise verspüren" gibt das "älteste Publikationsorgan von Stein am Rhein", der "Steiner Grenzbote", eine Schilderung des Zürcher Nachtlebens.

Spread (p. 40)

der absteigende Teil des Industrieproletariats, dem reformistischen sozialdemokratischen Antikapitalismus der aufsteigende Teil des Proletariats und den nationalsozialistischen Antikapitalismus der Hitlerbewegung das Stehkragenproletariat und die proletarisierten Mittelschichten.

Mitteilungen

"Masch" (Zürich)

Mit diesem Winter beginnt die "Masch" (Marxistische Arbeiterschule) in Zürich ihre Lehrtätigkeit.

Lehrplan für die Monate November–Dezember 1932.

Group Plans de Genève

Le groupe "Plans" de Genève poursuit ses conférences pendant la saison d'hiver.

Le Secrétaire: R. Medi-Gerard Lancy.

wohnbedarf typ

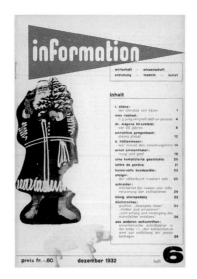

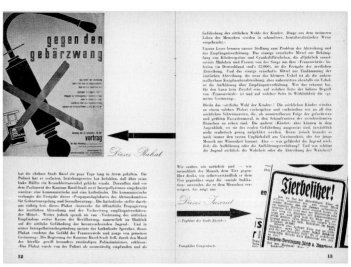

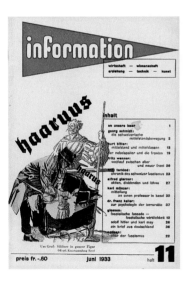

Zeitschrift *information*, 1. Jahrgang, Hefte 6 bis 12, Dezember 1932 bis Juli 1933. In Heft 6 wird gegen das Abtreibungsverbot und gegen die eklektizistische Architekturmaskerade des Völkerbundspalastes gekämpft. Heft 7 enthält zwei von Bill gestaltete Anzeigen.

Zeitschrift *information*, 2. Jahrgang, Hefte 1 bis 6, August 1933 bis Februar 1934. Die Umschläge dieser Hefte sind nur noch typografisch gestaltet und auf grauem Karton gedruckt; der Inhalt beschränkt sich bis auf wenige Ausnahmen auf Text.

Zeitschriften

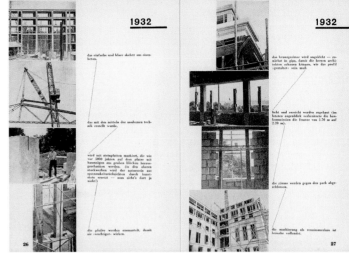
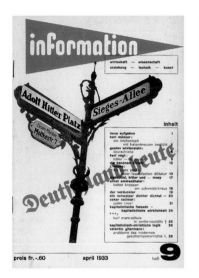

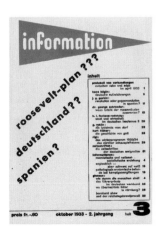

1908	Max Bill wird am 22. Dezember in Winterthur geboren.
1924–27	Lehre als Silberschmied an der Kunstgewerbeschule Zürich.
1925	Studienreise nach Paris zur ‹Exposition internationale d'Art décoratif›, wo Le Corbusiers Pavillon ‹L'Esprit Nouveau› zu sehen war.
	Erster Preis beim Plakatwettbewerb zum hundertjährigen Bestehen der Schokoladefabrik Suchard.
1927/28	Studium am Bauhaus Dessau.
1929	Rückkehr nach Zürich; Aufnahme der Tätigkeit als Gebrauchsgrafiker, Architekt, Ausstellungsgestalter, Maler, Plastiker und, ab 1944, Produktgestalter. Bis 1934 entstehen zahlreiche gebrauchsgrafische Arbeiten, Fassadenbeschriftungen und Ausstellungsgestaltungen für die Großprojekte des Zürcher Kreises der internationalen Architekturavantgarde, wie Wohnbedarf, Werkbundsiedlung Neubühl, Zett-Haus, Corso-Theater, Pestalozzi & Co.
1930	Veröffentlichung von ‹bill-zürich›, Bills erstem Text über Typografie und Gebrauchsgrafik.
1930–62	Mitglied des Schweizerischen Werkbundes SWB.
1931	Heirat mit der Cellistin und Fotografin Binia Spoerri.
	Teilnahme an der Ausstellung des Rings ‹neue werbegestalter› in Amsterdam mit eigenen Arbeiten.
	Plakat *negerkunst, prähistorische felsbilder südafrikas* für das Kunstgewerbemuseum Zürich.
1931/32	Plastik *well-relief,* Eisenblech, weiß bemalt.
1932/33	Entwurf und Bau des eigenen Wohn- und Atelierhauses in Zürich-Höngg unter Mitarbeit des Architekten Robert Winkler.
1932–34	Gestaltung der Zeitschrift *information.*
1932–36	Mitglied der Pariser Gruppe ‹Abstraction-Création› und Teilnahme an deren Aktivitäten.
1933	Veröffentlichung des Textes ‹über gebäudebeschriftungen›.
	Max Bill schließt sich in Zürich mit Alois Carigiet, Richard Paul Lohse, Herbert Matter, Heinrich Steiner, Hans Trommer und anderen zum Verband unabhängiger Grafiker zusammen, aus dem 1938 der Verband Schweizer Grafiker hervorgeht.
1934	Veröffentlichung des Textes ‹ausstellungs-reklamebauten: halb prospekt, halb architektur›.
1935	Erste Version der Plastik *unendliche schleife.*
1936	Gestaltung des Schweizer Pavillons an der IV. Triennale di Milano; Bill erhält darauf zahlreiche internationale Auszeichnungen und wird für das Konzept des Pavillons geehrt.
	Teilnahme an der Grafa international, der grafischen Fachausstellung Basel, mit eigenen Arbeiten. Teilnahme an der epochalen Ausstellung ‹Zeitprobleme in der Schweizer Malerei und Plastik› im Kunsthaus Zürich; Gestaltung des Ausstellungsplakates und des Katalogs. Im Ausstellungskatalog Veröffentlichung des theoretischen Textes ‹konkrete gestaltung›.
1937	Beitritt zur ‹Allianz› Vereinigung moderner Schweizer Künstler.
	Veröffentlichung des Textes ‹die typografie ist der grafische ausdruck unserer zeit [...]›.
1938	Veröffentlichung der Lithografien *quinze variations sur un même thème* in Paris.
	Mitglied der ‹CIAM Congrès Internationaux d'Architecture Moderne›, deren Sekretär Sigfried Giedion war.
1939	Grafische Gestaltung des vom Architekten Hans Schmidt betreuten Sektors ‹Städtebau und Landesplanung› der Schweizerischen Landesausstellung in Zürich.
	Publikation des Buches *Le Corbusier & Pierre Jeanneret, Œuvre complète, Band 3, 1934–1938.*

1941	Gründung des Allianz-Verlags.
1942	Geburt des Sohnes Johann Jakob.
1944	Gründung der Zeitschrift *Abstrakt/Konkret*.
1944/45	Lehrauftrag für ‹Formlehre› an der Kunstgewerbeschule Zürich.
1946	Veröffentlichung des Aufsatzes ‹über typografie›.
1947	Großausführung der Plastik *Kontinuität* innerhalb der ‹Züka›; dieses Werk wurde 1948 mutwillig zerstört.
	Gründung des ‹instituts für progressive cultur .i.p.c.›.
1948	Vortrag ‹Schönheit aus Funktion und als Funktion› auf der Tagung des Schweizerischen Werkbundes in Basel, aus dem die Aktion ‹Die gute Form› und 1952 das Buch *FORM* hervorgehen.
1949	Konzept, Gestaltung und Organisation der ersten Sonderschau ‹Die gute Form› an der Mustermesse in Basel, die auch in Köln und anderen Städten gezeigt wird.
	Veröffentlichung des Aufsatzes ‹Die mathematische Denkweise in der Kunst unserer Zeit› im Rahmen der Ausstellung ‹Pevsner, Vantongerloo, Bill› im Kunsthaus Zürich.
	Publikation des Buches *Robert Maillart*.
	Abschluß der seit 1938 in Teillieferungen herausgegebenen Publikation *Moderne Schweizer Architektur 1925–1945*.
1950	Erste große Ausstellung des künstlerischen Gesamtwerks in São Paulo, Brasilien; zahlreiche weitere Ausstellungen dieser Art folgten.
	Planung des Programms und der Bauten für die Hochschule für Gestaltung Ulm.
1951–56	Rektor der Hochschule für Gestaltung Ulm.
	Gestaltung des Pavillons der Schweiz an der IX. Triennale di Milano.
1952–69	Jährlich Durchführung der Auszeichnung und Ausstellung der von Bill 1949 initiierten und unter dem Patronat des Schweizerischen Werkbundes stehenden Aktion ‹Die gute Form›.
	Neu-Herausgabe von Wassily Kandinskys Buch *Über das Geistige in der Kunst*.
1953	Reise nach Brasilien als Mitglied der Jury der Biennale von São Paulo.
1955	Neu-Herausgabe von Wassily Kandinskys Buch *Punkt und Linie zu Fläche*.
	Herausgabe von Aufsätzen Kandinskys unter dem Titel *Essays über Kunst und Künstler*.
1957	Organisation der Ausstellung ‹Die unbekannte Gegenwart› in den Schaufenstern des Warenhauses Globus in Zürich, Basel, St. Gallen, Chur und Aarau.
1959	Veröffentlichung des Textes ‹Kataloge für Kunstausstellungen 1936–1958›.
1960	Organisation der Ausstellung ‹Konkrete Kunst, 50 Jahre Entwicklung› im Helmhaus Zürich.
1961–64	Konzeption und Bau des Sektors ‹Bilden und Gestalten› an der Schweizerischen Landesausstellung Expo ’64 in Lausanne.
1961–68	Mitglied des Gemeinderates der Stadt Zürich.
1967/68	Entwurf und Bau des zweiten Wohn- und Atelierhauses in Zumikon.
1967–71	Nationalrat im Eidgenössischen Parlament.
1967–74	Professor für Umweltgestaltung an der Hochschule für Bildende Künste Hamburg.
1968	Kunstpreis der Stadt Zürich; Ansprache zum Thema ‹Das Behagen im Kleinstaat›.
1979–83	Pavillon-Skulptur an der Bahnhofstraße in Zürich.
1985	Vorsitzender des Bauhaus-Archivs, Berlin.
1988	Tod von Binia Bill.
1991	Heirat mit Angela Thomas.
1993	Verleihung des ‹Praemium Imperiale›, Japan.
1994	Max Bill stirbt am 9. Dezember in Berlin.

Das von Auguste Herbin redigierte Heft 2, 1933, der Zeitschrift *abstraction-création art non-figuratif*, Paris, in dem zwei Werke von Max Bill abgebildet sind.

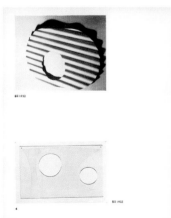

1908	Max Bill is born on December 22 in Winterthur.
1924–27	Training as a silversmith at the Kunstgewerbeschule of Zurich.
1925	Travel study to Paris for the "Exposition internationale d'Art décoratif", where Le Corbusier's Pavilion "L'Esprit Nouveau" was to be seen.
	First prize in the poster competition for the centenary celebration of the Suchard chocolate factory.
1927/28	Study at the Bauhaus in Dessau.
1929	Return to Zurich; Bill begins work as a commercial designer, architect, exhibition designer, painter, sculptor and, as of 1944, product designer. By 1934 numerous commercial design works are realized as well as façade signage and exhibition designs for the large projects of the Zurich circle of the international architectural avant-garde, such as Wohnbedarf, the Werkbund housing development Neubühl, Zett-Haus, Corso-Theater, Pestalozzi & Co.
1930	Publication of "bill-zürich", Bill's first text about typography and commercial graphic design.
1930–62	Member of the Swiss Werkbund SWB.
1931	Marriage to the cellist and photographer Binia Spoerri.
	Participation in the ring exhibition "neue werbegestalter" in Amsterdam with his own works.
	Poster *negerkunst, prähistorische felsbilder südafrikas* for the Kunstgewerbemuseum of Zurich.
1931/32	Sculpture *well-relief*, made out of sheetmetal and painted white.
1932/33	Design and construction of his own combination house and atelier in Zurich-Höngg with the collaboration of the architect Robert Winkler.
1932–34	Design of the magazine *information*.
1932–36	Member of the Paris group "Abstraction-Création" and participation in their activities.
1933	Publication of the text "über gebäudebeschriftungen".
	Max Bill joins a group of graphic designers including Alois Carigiet, Richard Paul Lohse, Herbert Matter, Heinrich Steiner, Hans Trommer and others to form the Society of Independent Graphic Designers, out of which in 1938 the Union of Swiss Graphic Designers arises.
1934	Publication of the text "ausstellungs-reklamebauten: halb prospekt, halb architektur".
1935	First version of the sculpture *unendliche schleife*.
1936	Design of the Swiss pavilion for the IV. Triennale di Milano; Bill receives numerous international awards and is honored for the pavilion concept.
	Participation in the Grafa international, the graphic trades exhibition in Basle, with his own works. Participation in the historical exhibition "Zeitprobleme in der Schweizer Malerei und Plastik" in the Kunsthaus of Zurich; design of the exhibition poster and catalogue.
	Publication of the theoretical text "konkrete gestaltung" in the exhibition catalogue.
1937	Bill joins the "Allianz" Union of Modern Swiss Artists.
	Publication of the text "die typografie ist der grafische ausdruck unserer zeit [...]".
1938	Publication of the lithographs *quinze variations sur un même thème* in Paris.
	Member of the "CIAM Congrès Internationaux d'Architecture Moderne", of which Sigfried Giedion was its secretary.
1939	Graphic design of the sector "Städtebau und Landesplanung" [Urban Design and Land-Use Planning] headed by the architect Hans Schmidt at the Swiss National Fair in Zurich.
	Publication of the book *Le Corbusier & Pierre Jeanneret, Œuvre complète, Band 3, 1934–1938*.

1941	Formation of the Allianz Publishing House.
1942	Birth of son Johann Jakob.
1944	Formation of the magazine *Abstrakt/Konkret*.
1944/45	Professorship for "formlehre" at the Kunstgewerbeschule in Zurich.
1946	Publication of the essay "über typografie".
1947	Large-scale realization of the sculpture *Kontinuität* within the "Züka"; this work was wantonly destroyed in 1948.
	Formation of the "institut für progressive cultur .i.p.c.".
1948	Lecture "Schönheit aus Funktion und als Funktion" at the conference of the Swiss Werkbund in Basle, from which the campaign "Die gute Form" and, in 1952, the book *FORM* arise.
1949	Concept, Design and Organization of the first special show of "Die gute Form" at the Basle Trade Fair, which is also shown in Cologne and other cities.
	Publication of the essay "Die mathematische Denkweise in der Kunst unserer Zeit" within the framework of the exhibition "Pevsner, Vantongerloo, Bill" in the Kunsthaus of Zurich.
	Publication of the book *Robert Maillart*.
	Conclusion of the series *Moderne Schweizer Architektur 1925–1945*, which had appeared incrementally since 1938.
1950	First large exhibition of Bill's complete œuvre in São Paulo, Brazil; numerous further exhibitions of this kind followed.
	Planning of the program and buildings for the "Hochschule für Gestaltung in Ulm".
1951–56	Rector of the "Hochschule für Gestaltung in Ulm".
	Design of the Swiss Pavilion at the IX. Triennale di Milano.
1952–69	Yearly award and exhibition from the campaign "Die gute Form" initiated by Bill in 1949 and under the patronage of the Swiss Werkbund.
	New release of Wassily Kandinsky's book *Über das Geistige in der Kunst*.
1953	Travel to Brazil as jury member of the Biennale of São Paulo.
1955	New release of Wassily Kandinsky's book *Punkt und Linie zu Fläche*.
	Publication of essays by Kandinsky titled *Essays über Kunst und Künstler*.
1957	Organization of the exhibition "Die unbekannte Gegenwart" in the display windows of the Globus department stores in Zurich, Basle, St. Gall, Chur and Aarau.
1959	Publication of the text "Kataloge für Kunstausstellungen 1936–1958".
1960	Organization of the exhibition "Konkrete Kunst, 50 Jahre Entwicklung" in the Helmhaus of Zurich.
1961–64	Conception and construction of the sector "Bilden und Gestalten" at the Swiss National Fair Expo '64 in Lausanne.
1961–68	Member of the Municipal Council of the City of Zurich.
1967/68	Design and construction of second house and atelier in Zumikon.
1967–71	Representative in the Federal Parliament.
1967–74	Professor for Environmental Design at the "Hochschule für Bildende Künste in Hamburg".
1968	Art Prize of the City of Zurich; speech concerning the theme "Contentment in the Provincial State".
1979–83	Pavilion-sculpture on the Bahnhofstrasse in Zurich.
1985	Chairman of the Bauhaus-Archiv in Berlin.
1988	Death of Binia Bill.
1991	Marriage to Angela Thomas.
1993	Award of the "Praemium Imperiale", Japan.
1994	Max Bill dies on December 9 in Berlin.

Von Max Bill im Allianz-Verlag herausgegeben:

leo leuppi: *10 compositionen*, Holzschnitte, 1943.
Einleitung von Max Bill.

Das vorliegende Werkverzeichnis der typografisch-grafischen Arbeiten von Max Bill ist gegliedert in Werbedrucksachen; Geschäfts-papiere und Privatdrucksachen; Plakate; Ausstellungskataloge und Einladungskarten; Bücher, Broschüren und Verlagsgrafik; Zeitschriften und Zeitungen (unter Einbezug der von Bill gestalteten Zeitschriftenbeiträge); Baubeschriftungen und Standgestaltungen; Wortmarken und Signete; Schriftentwürfe; Varia. Bills umfangreiches Schaffen ist so vollständig wie möglich erfaßt worden. Lücken werden kaum je ganz zu vermeiden sein. Grundlage für dieses Werkverzeichnis bilden der von Dr. Angela Thomas Schmid, Zumikon, betreute gebrauchsgrafische Nachlaß, das durch die ‹max, binia und jakob bill stiftung›, Adligenswil, verwaltete max-bill-archiv, das Archiv von Dr. Jakob Bill, Adligenswil, sowie weitere private und öffentliche Archive. Ein großer Teil der vielen Anzeigen aus dem ersten Jahrzehnt von Bills typografischer Tätigkeit konnte durch Sichtung der einschlägigen Periodika ermittelt werden.

Bill wandte, wo er nur konnte, die radikale Kleinschreibung an. Sie ist dort wiedergegeben, wo es sinnvoll schien, so bei den zitierten Textstellen, bei Buchtiteln, Titeln auf Plakaten und Ausstellungskatalogen sowie bei den Wortmarken. Die eher seltene Großschreibung ist in den für die Gestaltung relevanten Fällen in Kapitälchen gesetzt. Bills wechselnde Signaturen sowie die Gestaltervermerke in Büchern und Katalogen sind im Wortlaut wiedergegeben. Die bibliografischen Kurzformen verweisen auf die ausführliche Bibliografie im Anhang. Diese Angaben halten die bisherige Rezeption von Bills Arbeiten fest; bei den Anzeigen ist nach Möglichkeit das erstmalige Erscheinen verzeichnet. Kommentare sind kursiv gesetzt. Schließlich wird noch auf die Abbildungen im Buch verwiesen.

Schwarzdruck, ohne Buntfarbe, sowie weiße Papiere oder Kartons sind nicht vermerkt, alle anderen Druckvarianten sowie farbige Druckträger hingegen sind angegeben. Die Formate verstehen sich, entsprechend den typografischen Gepflogenheiten, Breite×Höhe in Millimetern, bei den Plakaten in Zentimetern. (Bill selber hat, entgegen der Regel, selbst in Werken der Kunst in einigen seiner Kataloge Breite vor Höhe bezeichnet.)

The list of works from the typographic and graphic work of Max Bill is arranged in the following categories: advertising printed matter, business documents and private printed matter, posters, exhibition catalogues and invitation cards, books, brochures and publication graphic design, magazines and newspapers (including contributions designed by Bill for magazines), building signage and exhibition stand design, logos and trademarks, typeface designs, and miscellaneous. Bill's extensive work has been documented as completely as possible. Gaps will hardly ever be totally unavoidable. The basis for this list of works is the commercial graphic design bequest in Zumikon supervised by Dr. Angela Thomas Schmid, the max-bill-archiv in Adligenswil, administered by the "max, binia und jakob bill stiftung", the archive of Dr. Jakob Bill in Adligenswil, as well as further private and public archives. A large part of the many advertisements from the first decade of Bill's typographic work were obtained by review of the corresponding periodicals.

Wherever he could, Bill used the radical lowercase type. It has been used here where it seems meaningful, such as for the quoted text passages, for book titles, titles on posters and exhibition catalogues as well as for the logos. The less frequent use of the uppercase type has been set in small capitals where relevant. Bill's changing signatures as well as his designer's notes in books and catalogues have been reproduced verbatim. The bibliographic short forms refer to the extensive bibliography in the appendix. This information records the reception of Bill's work up until the present; where possible the first date of appearance of the advertisements has been documented. Commentary has been set in italics while illustrations in the book are referenced as well.

Black and white print, without color, as well as white paper or cardboard have not been noted. However, all other print variations as well as color print mediums are noted. The formats, corresponding to common typographic practice, are indicated as width before height in millimeters, for the posters in centimeters. (Despite the common rule, Bill himself sometimes indicated width before height for some works of art in several of his catalogues.)

Werbedrucksachen

Die Maßangaben beziehen sich bei Broschüren und Einzelblättern auf das Papierformat, bei gefalzten Drucksachen auf das geschlossene Format. Bei den Anzeigen ist die Satzgröße oder der beanspruchte Raum angegeben.

1929

SA des Ciments Portland de Lorraine, Strasbourg
- Prospekt «l'usine marche», Buchdruck grau und schwarz, 4 Seiten, 138×104 mm. bill zürich (Abb. S. 181)

Orion Automobilwerkstätten, Zürich
- Prospekt, «Ein interessanter Fall: Die Strasse war nass», Tiefdruck rot und schwarz, 210×297 mm. Quellen: Meier-Allenbach 1, 1934, Scheidegger 4, 1959. *Meier-Allenbach schreibt die Arbeit Heiri Steiner zu und widerspricht somit Scheideggers Zuschreibung an Bill.* (Abb. S. 180)

1930

Aarauer Werkstätten H. Woodtly & Cie, Aarau und Bern
- Prospekt «möbel von h woodtly u cie aarauer werkstätten», Buchdruck braun und schwarz, 4 Seiten, 150×104 mm. bill zürich (Abb. S. 181)

Babsi-Kinderstrickwaren
- Anhängeetikette «le meilleur tricot d'enfants [...]», Buchdruck grün und schwarz, Andrucke rot und schwarz, 68×24 mm.
- Anhängeetikette «le meilleur tricot d'enfants [...]», Buchdruck hellgrün und schwarz, 88×30 mm.
- Stellplakat, Buchdruck dunkelgrün, hellgrün und braun, 240×316 mm. bill-zürich Quelle: Rattemeyer, Helms 1990. (Abb. S. 180)

Duss, Lederwaren und Reiseartikel, Zürich
- Anzeige «eröffnung», 72×72 mm. bill-zürich (Abb. S. 182)
- Fünf Anzeigen: «gute lederwaren», «jeder koffer», «leder ist gut stark und schön», «praktische und schöne weihnachtsgeschenke», «täschchen brieftaschen», je 74×29 mm. bill-zürich (Abb. S. 182)

Genossenschaft für Jugendherbergen, Zürich
- Prospekt «burschen, mädchen kommt mit», Buchdruck braun und schwarz, 8 Seiten, Leporello, 148×210 mm. gestaltung: bill-zürich

Kabarett ‹der krater›, Zürich
Bill wirkte am Kabarett ‹der krater› mit und machte für diese Veranstaltung die Dekorationen.
- Flugblatt «der krater lädt sie zu seinem ball-versuch», Buchdruck schwarz auf hellblauem Papier, 105×265 mm. (Abb. S. 182)
- Karte «der krater-ball-versuch ist [...] verschoben», Buchdruck, 148×105 mm.

Carl Meier, Werkstätte für Qualitätsmöbel, Zürich
- Karte, Buchdruck grau, 148×107 mm.
- Prospekt, Buchdruck grau und schwarz, 4 Seiten, 100×210 mm. bill-zürich

Tanzstudio Wulff, Basel
Käthe Wulff eröffnete 1923 eine Schule für Ausdruckstanz in Basel nach der Lehre von Rudolf von Laban.
- Programmzettel «3. dez. 20.15 uhr im blauen saal der mustermesse», Buchdruck braun auf hellgrünem Papier, 210×297 mm. bill-zürich Quelle: Szeemann 1978.

1931

Baukredit, Zürich
Bill war Gründungsmitglied der Genossenschaft und nutzte dies für den Bau seines Wohn- und Ateliershauses in Höngg 1932/33.
- Anzeige «Amortisierbare Hypotheken ohne Bürgen», 72×35 mm. bill

- Anzeige «wir gewähren Darlehen für Bau und Kauf von Heimwesen», 99×41 mm. bill (Abb. S. 186)
- Sechzehn (von 1–16 numerierte) Anzeigen mit Illustrationen; Größen: 1–4 ca. 95×140/155 mm, 5–8 ca. 76×105/120 mm, 9–16 ca. 90×125/155 mm. bill-zürich (Abb. S. 178f.)
- Vier (von 17–20 numerierte) Anzeigen; Größen: ca. 72×102/116 mm. bill-zürich, reklame Quellen: Bill 1977; Zürich Kunstgewerbemuseum 1981. *Die Texte sind vermutlich von Bill verfaßt.* (Abb. S. 179)
- Broschüre «amortisieren statt zinsen», Umschlag Buchdruck rot und schwarz, Inhalt 16 Seiten, 100×210 mm. entwurf: bill-zürich, reklame Quelle: Zürich 1981. (Abb. S. 90)
- Broschüre «Der Weg zum Eigenheim geht stufenweise», Buchdruck, Umschlag und 8 Seiten Inhalt, 102×210 mm. entwurf: bill-zürich, reklame

Hans Coray, Zürich
- Anzeige «ausgewählte antike Kunstgegenstände», 70×15 mm.

Esslinger Trockenwolle
- Anhänger «esslinger trockenwolle», Buchdruck grün, 60×106 mm.

Glashütte Bülach
- Anzeige «Bülacher-Flaschen bewährte Qualität für jeden Zweck», 140×140 mm. bill-zürich

Lux Seife
- Anzeige «sie ist weiss, denn sie hat nichts zu verbergen», zwei Entwürfe, Fotomontagen, Gouache auf Karton, je ca. 230×165 mm.

Neubühl, Werkbundsiedlung, Zürich
Diese Wohnsiedlung in Zürich-Wollishofen wurde 1929 bis 1932 von den Architekten Carl Hubacher, Max E. Haefeli, Werner M. Moser, Rudolf Steiger, Emil Roth, Paul Artaria und Hans Schmidt erbaut.
- Anzeige «zu vermieten», 73×153 mm. bill-zürich Quelle: Marbach, Rüegg 1990.
- Prospekt «neubühl wohnausstellung», Buchdruck grün und schwarz, 12 Seiten, Leporello, 214×99 mm. entwurf: bill-zürich Quellen: Graber 4, 1963; von Moos 1980, 1981, 1992, 1995; Margadant 1989; Mehlau-Wiebking, Rüegg, Tropeano 1989; Marbach, Rüegg 1990; Fleischmann 4, 1997. (Abb. S. 185)

Rudolf S. Rütschi, Architekt, Zürich
Rütschi war technischer Leiter der Bau-Centrale Zürich und 1927 an der Stuttgarter Ausstellung «Die Wohnung» beteiligt.
- Werbekarte, Buchdruck, 148×105 mm. bill-zürich Quellen: Mehlau-Wiebking, Rüegg, Tropeano 1989; Fleischmann 1984. (Abb. S. 186)

Spindel, Zürich
- Anzeige «Haussmann-Keramik», 74×101 mm. bill-zürich *Helen Haussmann betrieb in Uster eine Werkstatt für Keramik.*

Tell-Apotheke, O. Sidler, Zürich
- Anzeige «gegen Keuchhusten», 35×40 mm.

Tip-Top-Garage, Ford-Vertretung, Zürich
- Anzeige «der 20millionste Ford verliess am 14. April 1931 die Stammfabrik», 220×48 mm.
- Anzeige «Ford-Service / sämtliche Modelle / Ersatzteile», 255×54 mm. bill-zürich Quelle: NZZ, 5. 5. 1931. (Abb. S. 187)
- Anzeige «nach dem prinzip fords», 140×255 mm. bill zürich

Wohnbedarf AG, Zürich
Diese erste Produktions- und Vertriebsstelle für modernes Wohnmobiliar in der Schweiz wurde 1931 von Rudolf Graber, Sigfried Giedion und Werner M. Moser gegründet. Das erste Ladenlokal, Claridenstraße 47, wurde von Ernst F. Burckhardt eingerichtet, das zweite, Talstraße 11, ein Jahr darauf von Marcel Breuer, Mitarbeit Robert Winkler. 1932 wurde eine Ausstellung des Wohnbedarf Zürich in Le Corbusiers ‹Immeuble Clarté›, Genf, durchgeführt. Ebenfalls 1932 Gründung der Filiale Basel, wo 1933 ein neues, von Marcel Breuer eingerichtetes Ladenlokal bezogen wurde. 1933 Gründung der Filiale Bern.

– Anzeige «der bequeme moser-sessel», 130×92 mm. bill-zürich

– Anzeige «wohnausstellung neubühl», 71×101 mm. (Abb. S. 90)

– Karte «wohnbedarf a-g, gegründet juli 1931», Buchdruck, 148×105 mm.

– Prospekt «durch wohnbedarf gut billig luftig wohnen», Buchdruck rot und schwarz, 6 Seiten, Leporello, 212×100 mm. entwurf: bill-zürich Quellen: Graber 4, 1963; Lohse 1, 1968; Mehlau-Wiebking, Rüegg, Tropeano 1989; Fleischmann 1984. (Abb. S. 184)

– Prospekt «durch wohnbedarf gut billig luftig wohnen» (wie vorangehender Prospekt, teilweise mit anderem Text, für Wohnbedarf Basel).

Tanzstudio Wulff, Labanschule Käthe Wulff, Basel

– Einladungskarte «es freut uns [...]», Buchdruck, 148×105 mm.

Zett-Haus, Zürich

Dieses erste moderne Mehrzweckgebäude in Zürich mit Läden, Büros und Wohnungen sowie Restaurant, Bar und Kino wurde 1930/31 von Carl Hubacher und Rudolf Steiger, Mitarbeit Robert Winkler, erbaut.

– Ganzseitige Anzeige Nr. 1 «im zentrum von zürich das zett-haus». Quelle: NZZ, 18. 12. 1931. bill-zürich reklame (Abb. S. 118)

– Sammelanzeige: «zett im zentrum von zürich das zett-haus», «büros in verschiedenen grössen», «zu vermieten 1–3–zimmer–wohnungen», «restaurant und bar», «zu vermieten LÄDEN», «büros im zentrum von zürich», «läden auf mai ev. 1. Juni», rot und schwarz, 145×210 mm. Quelle: NZZ, 30. 12. 1931. bill-zürich reklame (Abb. S. 183)

1932

Baukredit, Zürich

– Prospekt «Wir laden Sie zu einem Vortrag mit Diskussion», Buchdruck, 4 Seiten, 148×210 mm. bill-zürich

Duttlinger Optik, Zürich

– Anzeige «brillen duttlinger optik», zwei Größen: 109×18 mm, 74×12 mm. (Abb. S. 187)

Französische Warenhalle (später Frawa), Zürich

– Anzeige «jetzt eröffnung», 300×445 mm und 145×220 mm. bill-zürich reklame Quelle: NZZ, 15. 10. 1932.

Zeitschrift ‹information›, Zürich

– Anzeige, gelbbraun und schwarz, 210×105 mm. bill-zürich

Medizinisches Institut Interna, Leitung: Dr. med. Willy Graf, Winterthur

– Anzeige, 114×160 mm. bill-zürich (Abb. S. 186)

– Anzeige, 114×60 mm. bill-zürich (Abb. S. 186)

– Anzeige «Dr. med. Willy Graf eröffnet seine Praxis», 114×80 mm. bill-zürich (Abb. S. 186)

– Anzeige «Dr. med. Willy Graf hat [...] seine Praxis eröffnet», 114×60 mm. bill-zürich

– Anzeige «Dr. med. Willy Graf, Sprechstunden», 114×76 mm. bill-zürich

Edith Naegeli, Werkstätte für Handweberei, Zürich

– Anzeige für eine Ausstellung, 144×80 mm. Quelle: NZZ, 28. 8. 1932.

H. Pesch, Lederhandlung, Zürich

– Anzeige «Die Lederarbeiten kennen Sie», mit 4 Piktogrammen, 70×78 mm.

– Anzeige «kleine Ausstellung», 72×82 mm.

– Anzeige «Lederarbeiten», 60×60 mm. Quelle: information 5, 1932.

Reifler + Madliger, Tiefbau, Biel

– Anzeige «Strassenbau, Tiefbau, Geleisebau», rot und schwarz, 190×270 mm. Quelle: Schweizerische Zeitschrift für Straßenwesen vom 2. Juni 1932. bill-zürich

– Anzeige «Strassenbau, Tiefbau, Geleisebau», 145×145 mm. b-z

– Anzeige «Strassenbau, Tiefbau, Geleisebau», 94×130 mm. b-z

Schweizerischer Werkbund

– Anzeige «tagung schweizerischer werkbund zürich 8.–9. oktober», 220×40 mm. bill Quellen: NZZ, 9. 10. 1932; Das Werk 11, 1932. (Abb. S. 187)

Tip-Top-Garage, Ford-Vertretung, Zürich

– Anzeige «V-8 von Ford», ganzseitig. bill-zürich Quelle: NZZ, 5. 5. 1932. (Abb. S. 131)

– Anzeige «Der neue V-8 von Ford ausgestellt in der Tip-Top-Garage», 300×112 mm. Quelle: NZZ, 6. 5. 1932.

– Anzeige «Ford-Service / sämtliche Modelle / Ersatzteile», 143×75 mm. bill-zürich Quelle: information 5, 1932. (s. S. 256, 258)

Vialit-Gesellschaft, Zürich

– Anzeige «hier fehlt LIGNO-VIALIT, staubfreie Strassen LIGNO-VIALIT», 173×240 mm. bill-zürich

Wohnbedarf AG, Zürich

– Anzeige «einfache, praktische und billige möbel und gebrauchsgegenstände», mit einem Plan, der den Weg vom Paradeplatz zur Claridenstrasse weist, 148×82 mm. bill-zürich Quelle: NZZ, 3. 3. 1932.

– Anzeige «die qualitätsmarke für das zeitgenössische möbel – den zweckmässigen gebrauchsgegenstand heisst ‹wohnbedarf-typ›», 148×54 mm. bill-zürich Quelle: NZZ, 6. 3. 1932.

– Anzeige «wohnausstellung eierbrecht 12.–20. märz», 110×155 mm. bill-zürich Quelle: NZZ, 19. 3. 1932. (Abb. S. 189)

– Anzeige «die billigsten guten stahlrohrmöbel im wohnbedarf», 285×54 mm. bill-zürich Quelle: NZZ, 29. 3. 1932. (Abb. S. 19)

– Anzeige «für die ferien, für im freien einen wohnbedarf-typ [...] der liegestuhl», 110×187 mm. bill-zürich reklame Quelle: NZZ, 21. 7. 1932. (Abb. S. 190)

– Anzeige «ein neuer wohnbedarf-typ, das neue bett sofa», 70×130 mm. bill-zürich reklame Quelle: NZZ, 4. 12. 1932. (Abb. S. 189)

– Anzeige «der bequeme volkssessel», 75×85 mm. Quelle: NZZ, 4. 12. 1932. bill-zürich reklame (Abb. S. 189)

– Anzeige «ab 15. dezember talstrasse 11», 63×94 mm. bill-zürich Quelle: Graber 4, 1963.

– Anzeige «auch für den garten einen wohnbedarf-typ; wirklich moderne typenmöbel», 157×114 mm und 130×96 mm. Fotomontage mit einkopierten Textzeilen und handschriftlicher Signatur. bill-zürich Quelle: Mehlau-Wiebking, Rüegg, Tropeano 1989. (Abb. S. 189)

– Anzeige «bequem sich ausruhen können in einem wohnbedarf-typ», 132×84 mm. bill-zürich reklame (Abb. S. 190)

– Anzeige «der haushalt kann vereinfacht werden [...] wohnbedarf-typ», 135×95 mm. bill-zürich Quelle: information 5, 1932. (s. S. 257)

– Anzeige «moderne möbel billig im wohnbedarf, mosersessel / volksmodell», 190×130 mm. bill-zürich Quelle: Mehlau-Wiebking, Rüegg, Tropeano 1989. (Abb. S. 190)

– Anzeige «wohnbedarf-typ: bequemer sessel, klapptischchen, volkssessel, klapptisch für wohnung und garten», 180×230 mm. entwurf bill-zürich Quellen: Schweizer Baukatalog 1932; Mehlau-Wiebking, Rüegg, Tropeano 1989; Rüegg 1997. (Abb. S. 187)

– Anzeige «wohnbedarf, die grösste, ständige verkaufsausstellung moderner möbel und wohnräume», 63×94 mm. bill-zürich Quelle: Graber 4, 1963. (Abb. S. 56)

– Anzeige «wohnbedarf [...] kinderspital zürich, möblierung [...] vorhänge», 65×185 mm. bill-zürich reklame

– Etiketten «wohnbedarf-typ», Buchdruck, 228×28 mm und 120×28 mm.

– Prospekt «ameublement typ, genève [...] dans la maison de verre», Buchdruck rot, gelb und schwarz auf gelblichem Papier, 12 Seiten, Leporello, 208×99 mm. bill-zurich, réclame Quellen: Meyer 2, 1933; Mehlau-Wiebking, Rüegg, Tropeano 1989; Fleischmann 4, 1997. (Abb. S. 188)

– Prospekt «wohnbedarf zürich, basel, genf; der stahlsessel, welcher in jede wohnung passt», Buchdruck blau und schwarz, 4 Seiten, 210×100 mm. Quelle: Mehlau-Wiebking, Rüegg, Tropeano 1989. bill-zürich reklame (Abb. S. 190)

Zett-Haus, Zürich

– Ganzseitige Anzeige Nr. 2 «zett-haus, zu vermieten». Quellen: NZZ, 15.1.1932; Fleischmann 4, 1997. bill-zürich reklame (Abb. S. 118)
– Ganzseitige Anzeige Nr. 3 «vom zett-haus zu fuss». Quellen: NZZ, 11.2.1932, Zürich 1977. bill-zürich reklame (Abb. S. 121)
– Ganzseitige Anzeige Nr. 4 «neubau zett-haus: rohbau und fassaden-gestaltung». Quellen: NZZ, 16.9.1932; Fleischmann 4, 1997. bill-zürich reklame (Abb. S. 122)
– Ganzseitige Anzeige Nr. 5 «ausbau des neubau zett-haus». Quelle: NZZ, 18.9.1932. bill-zürich reklame (Abb. S. 124)
– Ganzseitige Anzeige Nr. 6 «installationen im neubau zett-haus». Quelle: NZZ, 25.9.1932. bill-zürich reklame (Abb. S. 127)
– Anzeige «im zentrum von zürich», roter Grund mit ausgesparten Rechtecken, 142×140 mm. bill-zürich reklame Quelle: NZZ, 9.3.1932.
– Anzeige «im zett-haus im zentrum von zürich» (negativ), 108×167 mm. bill-zürich Quelle: NZZ, 18.4.1932. (Abb. S. 183)
– Anzeige «im zett-haus auf 1. Juni zu vermieten» (negativ), 293×54 mm. bill-zürich reklame (Abb. S. 183)
– Anzeige «wir haben noch eine anzahl büros und läden zu vermieten», Abbildung des Gebäudes rot, Text schwarz, 135×100 mm. Quelle: information 5, 1932. (s. S. 256)
– Anzeige «die ruhige insel im trubel der großstadt», mit Foto des Gartenrestaurants, 73×51 mm. bill-zürich
– Anzeige «im zett-haus zwischen sihlbrücke und stauffacher», 74×89 mm. bill
– Anzeige «im zett-haus 1–3-zimmerwohnungen» (negativ), 71×49 mm.
– Anzeige «im zett-restaurant», 72×72 mm. bill
– Sammelanzeige «wir haben vermietet ca. 1200 m²», 150×445 mm. bill-zürich reklame
– Werbebrief für Kollektivanzeigen mit Bestellkarte «betrifft: zett-haus», Buchdruck, perforiert, Kopf mit Bills Adresse Goldbrunnenstraße, 210×397 mm. Quelle: Fleischmann 4, 1997. (Abb. S. 150)

1933

‹Au Petit Dôme›, Café Restaurant, Zürich

Kirchgasse 3, Gründungsort des Dôme-Journals 1933 sowie der Groupe Suisse Abstraction et Surrealisme durch Leo Leuppi 1934.
– Anzeige «das charmante Esslokal Au Petit Dôme», 74×58 mm. bill-zürich Quelle: NZZ, 23.9.1933.
– Anzeige «Die Leser der Information verkehren im Café Au Petit Dôme», 108×42 mm. Quelle: information 3, 1933.

Baukredit, Zürich

– Anzeige «Amortisierbare Hypotheken ohne Bürgen», 75×35 mm. Quelle: NZZ, 16.8.1933.
– Anzeige «Der Weg zum Eigenheim», mit Foto des Atelierhauses Bill in Höngg, 75×105 mm. Quelle: NZZ, 9.7.1933. bill-zürich (Abb. S. 186)
– Dieselbe Anzeige, rot und schwarz, 60×85 mm. bill-zürich

Lili Humm, Zürich

– Anzeige «lili humm s-w-b verfertigt neuartige stoffe», 108×45 mm, Quelle: information 7, 1933.

Mona AG, Basel

– Packung «produit à infuser» für Insektenmittel Moskill, Andruck auf Transparentpapier und auf Blech, 160×120 mm.
– Werbeblatt (Zeitung?), Entwurf der ersten Seite mit der Titelzeile «Ant-Insect» in fetter Fraktur, Bleistift, 297×420 mm.

Edith Naegeli, Werkstätte für Handweberei, Zürich

– Anzeige «neue telefon No.», 75×107 mm.

Zeitschrift ‹perspektiven›

– Anzeige (?) «leset die neue zeitschrift perspektiven» (nur als Andruck vorhanden), 82×124 mm. bill-zürich (Abb. S. 191)

Tip-Top-Garage, Ford-Vertretung, Zürich

– Anzeigen «ab 4. Sept b/Stadttheater», 148×210 und 105×148 mm. bill-reklame, zürich

Trudi Stössel, Schule für Gymnastik und Rhythmik, Zürich

– Anzeige «trudi stössel / balletschule gilbert baur», 73×112 mm. bill-zürich (Abb. S. 191)
– Anzeige «trudi stössel eröffnet», 75×58 mm. bill
– Anzeige «schule für gymnastik und rhythmik», 73×53 mm.
– Werbeblatt, Buchdruck, 210×297 mm. bill-zürich
– Werbekarte, Buchdruck, 4 Seiten, 100×210 mm. bill-zürich

Verband unabhängiger Grafiker, Zürich

Bill war Gründungsmitglied dieses 1933 gegründeten Verbandes von Zürcher Grafikern.
– Mitgliedkarte, Buchdruck rot und schwarz, 4 Seiten, 74×105 mm.

Wohnbedarf AG, Zürich

– Anzeige «wohnbedarf vergrössert, zieht um und eröffnet am 21. januar die modernsten verkaufsräume zürichs», 143×102 mm. bill-zürich reklame Quellen: information 7, 1933; Graber 4, 1963; Zürich 1977; von Moos 1980, 1995; Mehlau-Wiebking, Rüegg, Tropeano 1989. (s. S. 258)
– Anzeige «wohnausstellung 18.–26. februar [...] in der werkbundsiedlung neubühl», 107×115 mm. bill-zürich reklame Quelle: Mehlau-Wiebking, Rüegg, Tropeano 1989.
– Anzeige «didier-lampe, sofa, volkssessel», 165×115 mm. bill-zürich Quellen: Das Werk 2, 1933; Mehlau-Wiebking, Rüegg, Tropeano 1989.
– Anzeige «moderne gartenmöbel, leicht, wetterbeständig-feuerverzinkt», 90×90 mm. bill-zürich Quelle: NZZ, 6.5.1933. (Abb. S. 189)
– Anzeige «alles für ihre wohnung im wohnbedarf», 75×75 mm. bill-zürich Quelle: NZZ, 1.8.1933.
– Anzeige «eröffnung der in-kombi-ausstellung», 74×220 mm. bill-zürich reklame Quelle: NZZ, 10.9.1933.
– Anzeige «ein neuer wohnbedarf-typ in-kombi», 74×192 mm. bill-zürich reklame Quellen: NZZ, 14.9. und 17.9.1933.
– Elf Anzeigen «das billige und solide BAG Turgi modell – Zuglampe» und zehn andere Motive, ca. 36×130 mm. bill-zürich Quelle: NZZ, 22.9.1933.
– Anzeige «ein neuer wohnbedarf-typ in-kombi», 75×200 mm. bill-zürich reklame Quellen: Das Werk 10, 1933; Das ideale Heim 1933.
– Anzeige «BAG Turgi – wohnbedarf-typ – indirektes licht – indi-leuchten geben ein helles, mildes, blendungsfreies licht», 73×120 mm und 70×115 mm. bill-zürich Quellen: Das ideale Heim 1933; Mehlau-Wiebking, Rüegg, Tropeano 1989. (Abb. S. 128)
– Anzeige «ganze einrichtungen mit wohnbedarf-typ; klapptisch, didier-lampe, sofa, volkssessel, ineinanderstellbare stühle, indi-leuchte», 180×230 mm. bill-zürich reklame Quellen: Schweizer Baukatalog 1933; Graber 4, 1963; Mehlau-Wiebking, Rüegg, Tropeano 1989. (Abb. S. 187)
– Anzeige «antik & modern», 225×73 mm. bill-zürich Quellen: Bill 3, 1937; Fleischmann 4, 1997. (s. S. 158)
– Anzeige «ein neuer wohnbedarf-typ in-kombi», 40×103 mm. bill-zürich
– Anzeige «fort mit dem möbel-ungeheuer [...] an seiner Stelle den ‹in-kombi›, den innenkombinierbaren Schrank», 75×136 mm. bill-zürich (Abb. S. 189)
– Anzeige «IHRE zimmereinrichtung nach IHREM persönlichen bedürfnis wo? im wohnbedarf», 105×110 mm. bill-zürich Quellen: Graber 4, 1963; Mehlau-Wiebking, Rüegg, Tropeano 1989.
– Karte «einladung zur vernissage unserer neuen ausstellungs- und verkaufsräume talstrasse 11, zürich», Buchdruck gelb, grün, rot und schwarz, 4 Seiten, 148×105 mm. bill-zürich reklame (Abb. S. 191)
– Prospekt «wohnbedarf zürich, basel, genf; in-kombi, der innenkombinierbare schrank», Buchdruck, 4 Seiten, 210×100 mm. *Max E. Haefeli entwarf 1933 diesen Schrank, dessen Name auf Moholy-Nagy zurückgehen soll.*

Labanschule Käthe Wulff, Basel
– Prospekt «wulff schule labanschule, staatlich anerkannt», Buchdruck,
6 Seiten, Wickelfalz, 100×210 mm. bill-zürich reklame

1934

Delva, sanitäre Installationen, Zürich
– Drei Anzeigen «zentral-heizungen und sanitäre anlagen», 170×28 mm,
145×23 mm, 108×25 mm. bill Quellen: NZZ, 18.6.1934; Das ideale
Heim 1, 1934. (Abb. S. 129)

DESO, André Dewald & Sohn, Radioapparatefabrik, Zürich
– Anzeigen für DESO-Radioapparate, 295×215 mm und 190×255 mm.
MOSSE/bill
– Anzeigen für DESO-Radioapparate, 110×335 mm, 110×345 mm und
147×447 mm. MOSSE/bill
– Prospekt für DESO-Radioapparate, Tiefdruck einfarbig dunkelbraun,
24 Seiten, 105×298 mm; Ausgaben deutsch und französisch.
Entwurf: Mosse/bill-Zürich. Photos: binia bill (Abb. S. 192f.)

Robert Fretz
– Anzeige «Mittelmeer Flug mit Pilot Robert Fretz», 74×170 mm. bill-zürich
– Prospekt «Mittelmeerflug mit Pilot Robert Fretz Dezember 1934 und
März 1935», Buchdruck, 4 Seiten, 100×210 mm. bill-zürich

Heinrich Illi, Zürich
– Anzeige «2-Säulen-Schulbank», 165×115 mm. bill-zürich Quelle:
Das Werk 9, 1934. (Abb. S. 129)
– Werbekarte «2-Säulen-Schulbank», Buchdruck, 4 Seiten, 210×148 mm.
bill-zürich

Emil Kopp, Kölnisch-Wasser-Produktion, Zürich
– Werbeblatt «Alt Köln», 210×148 mm.

Licht & Metall AG, Zürich
– Anzeige «Bühnenbeleuchtung», 103×147 mm. bill-zürich Quelle:
Schweizerische Bauzeitung, 17.3.1934.

Pavag AG, Zürich
– Anzeige «Pavatex Holzfaser-Isolier-Bauplatte», ganzseitig. bill-zürich
reklame Quelle: NZZ, 24.6.1934.

Sammelanzeige
– Ganzseitige Sammelanzeige von Baufirmen, unter anderen Hürlimann
Söhne, Brunnen, Metallbau AG, Zürich, Asphalt-Emulsion AG, Zürich.
bill-zürich-reklame Quelle: NZZ, 24.6.1934.

Ad. Schulthess & Co, Wäschereimaschinenfabrik, Zürich
– Katalog; Umschlag, Buchdruck rot und schwarz auf orangem Karton,
14 Einzelblätter rot und schwarz, 210×297 mm; Druckknopfheftung.
bill-zürich Quellen: Tschichold 1935; Typografische Monatsblätter 5,
1936; Rüegg 1997; Fleischmann 4, 1997. (Abb. S. 194f.)

Schweizer Zement
– Doppelseitige Anzeige «Vom Cement», mit Textvariante «Wissens-
wertes über den Cement». bill-zürich reklame Quelle: NZZ, 24.7.1934.
*Abbildungen zeigen unter anderem Karl Mosers Antoniuskirche, Basel
1926, und Robert Maillarts Salginatobelbrücke, 1929/30. (Abb. S. 134)*

Schweizerischer Werkbund
– Einladungskarte «swb-tagung in bad attisholz», Buchdruck, 4 Seiten,
mit Anmeldekarte, perforiert, 105×148 mm. bill-zürich (Abb. S. 196)

Schweizerisches Hilfskomitee
*Dieses Komitee setzte sich für notleidende Frauen und Kinder in
Deutschland ein.*
– Flugblatt «Wir rufen auf!», mit Zeichnungsabschnitt, perforiert, Buch-
druck, 210×395 mm.

Wechlin-Tissot & Co, Arzt- und Spitalbedarf, Zürich
– Prospekt, Buchdruck grün und schwarz, 24 Seiten, 210×99 mm.
gestaltung: bill-zürich. fotos: binia bill Quellen: Typografische Monatsblätter 5, 1936; Hollis 1994. (Abb. S. 198–201)

Zett-Haus, Zürich
– Sammelanzeige «VERMIETUNGEN»: «Laden im Zett-Haus», «im zentrum von zürich», «Büros», «als fotoatelier eingerichtete büroräume»,
«zett-haus gute lage», 110×125 mm. Quelle: NZZ, 1934.

Züga, Zürcher Gartenbauausstellung
– Anzeigen: «Eröffnung des Züga-Parks in neuer Form», 108×240 mm;
«Züga Park Eintritt Mittwoch ganzer Tag», 70×92 mm; «Samstag aus
der Züga Wiese», 72×117 mm. bill-zürich Quellen: NZZ, 6.6., 9.6.
und 10.6.1934.
– Orientierungsplan, Buchdruck, ca. 270×200 mm.

1935

Bund Schweizer Architekten
– Karte «Generalversammlung», Buchdruck, 16 Seiten, Leporello,
52×297 mm.

Keramische Industrie Laufen AG, Laufen
– Anzeige, 130×186 mm. bill Quelle: Das Werk 5, 1935.

La Barca, Comologno, Tessin
– Prospekt, Buchdruck schwarz auf rosa Papier, 8 Seiten, Parallelfalz,
100×210 mm; Ausgaben deutsch, französisch und englisch.
M. Bill SWB, Zürich

Lumina AG, Zürich
– Anzeige «revêtements antidérapants», 175×124 mm. bill-zürich
– Prospekt «Shell-Bodenpolitur», Buchdruck rot, gelb und schwarz,
6 Seiten, Wickelfalz, 100×210 mm. bill-zürich (Abb. S. 196)

Musik-Akademie Zürich
– Prospekt «kurse für jazz», Buchdruck, 6 Seiten, Wickelfalz,
100×210 mm. bill-zürich

Berghotel Scardanal, Bonaduz, Graubünden
– Tourismus-Prospekt, Buchdruck, 6 Seiten, Wickelfalz, 100×210 mm.
entwurf: bill-zürich Quelle: Gauchat 6, 1936.

Schweizer Bau-Centrale SBC, Zürich
– Aufkleber, Buchdruck auf gelbem Papier, 42×28 mm.
– Prospekt, Buchdruck, 6 Seiten, Wickelfalz, 100×210 mm.
entwurf: bill-zürich, fotos: binia bill

Shell Oil Schweiz
– Anzeige «Alfa Romeo empfiehlt nur ein Öl – Shell», 70×215 mm.
bill-zürich Quelle: NZZ, 1.8.1935. (Abb. S. 197)
– Anzeige «Alfa Romeo raccomanda soltanto un olio – Shell»,
128×128 mm. Quelle: Sport Ticinese, 19.8.1935.
– Anzeige «Dynamin Shell-Superbrennstoff», ganzseitig, randabfallend,
230×315 mm. bill-zürich Quelle: ACS revue 15, 1935.
– Anzeige «Dynamin Shell Super Carburant», 124×176 mm. bill
Quelle: Sport Ticinese, 19.8.1935.
– Anzeige «Dynamin – der Shell-Superbrennstoff», 96×134 mm. bill
– Anzeige «Shell Dynamin», 96×134 mm. bill

Verkehrsverein Basel
– Tourismus-Prospekt, Buchdruck, 10 Seiten, Parallelfalz, 100×210 mm.
Ausgaben deutsch, französisch und englisch. bill swb Quellen:
Gauchat 6, 1936; Ruder 85, 1959.

Von Roll, Eisenwerk Klus
– Anzeige «Helios die modernen Radiatoren», 174×100 mm.

Wetter & Co, Cliché-Anstalt, Zürich
– Anzeige «Das Auge sieht im allgemeinen die kleinen Punkte nicht»,
135×168 mm. bill-zürich Quellen: NZZ, 5.12.1935; Bill 3, 1937; Gerstner, Kutter 1959; Müller-Brockmann 1971; Fleischmann 4, 1997. *Diese
in ihrer formalen und sprachlichen Prägnanz hervorragende Anzeige
erschien auch auf der Umschlagrückseite des Katalogs ‹Zeitprobleme
in der Schweizer Malerei und Plastik›, Kunsthaus Zürich, 1936.*
(Abb. S. 115, s. auch S. 159)

1936

Schweizerisches Freiheitskomitee

*Dieses Komitee setzte sich für die Freiheit in Spanien und für die Flücht-
linge des spanischen Bürgerkriegs ein.*

– Broschüre «Die Thesen des Schweizerischen Freiheitskomitees», Aus-
lieferung Dr. Oprecht & Helbling AG, Zürich; Buchdruck, 148×210 mm.
Typographie bill-zürich

– Flugblatt «An das Schweizer Volk», Buchdruck, 210×297 mm.

– Flugblatt «Kundgebung Mittwoch 5. Februar», Buchdruck, 148×210 mm.

1937

Éclipse AG, Kleider-Schnell-Reinigung, Zürich

– Anzeige «Ab Mittwoch, 7. Juli Éclipse der Ein-Tag-Service für Ihre
Kleider», 108×220 mm. bill-zürich

– Anzeige «Fixpreise», 108×245 mm. bill-zürich

– Anzeige «Kleider Service die hygienische Einzel-Reinigung»,
108×230 mm. bill-zürich

– Werbekarte «Éclipse reinigt ihre Kleider am schnellsten», Buchdruck
schwarz auf blauem Karton, 105×148 mm. Quelle: Zürich Kunstgewerbemuseum 1981. (Abb. S. 21)

– Prospekt «Éclipse reinigt ihre Kleider am schnellsten», Buchdruck,
6 Seiten, Wickelfalz, 99×210 mm. bill-zürich

PKZ, Burger-Kehl & Co. AG, Zürich

– Anzeige «PKZ SKI anzüge», ca. 160×225 mm. Quellen: Bill 3, 1937;
Fleischmann 4, 1997. (s. S. 158)

– Anzeige «PKZ» mit Skifahrer, ca. 160×225 mm. bill-zürich *Von dieser
Anzeige befindet sich nur ein Andruck ohne Formatbegrenzung oder
weitere Angaben im Archiv. Die karge Anwendung der Mittel läßt aber
eine stilistische Verwandtschaft mit der vorangehenden Anzeige und
damit ihre gleichzeitige Entstehung vermuten. (Abb. S. 197)*

Schweizerisches Freiheitskomitee

– Blatt mit vier Spendemarken, Buchdruck rot und schwarz, perforiert,
100×150 mm.

– Sammlungsblatt «Helft Spanien, Winterhilfe 1937/38», daselbe für
1938/39, Buchdruck rot und schwarz, 210×297 mm.

1939

Schweizerische Landesausstellung, Zürich

– Mehrere Karten, Entwürfe und Skizzen, Foto, Blindtext, Gouache rot
und schwarz, in verschiedenen Formaten (Zweck nicht ersichtlich).

1940

Schweizerischer Werkbund, Ortsgruppe Zürich

– Karte «SWB-MESSE im kunstgewerbemuseum», Buchdruck orange
und schwarz, 105×148 mm.

1941

Schweizerischer Werkbund, Ortsgruppe Zürich

– Anzeige «SWB-verkaufsmesse im kunstgewerbemuseum», 72×28 mm.

– Karte «SWB-verkaufsmesse im kunstgewerbemuseum», Buchdruck
grün und schwarz, 148×105 mm.

1942

Abendtechnikum Zürich

– Einladung «Kurs über Städtebau und Landesplanung», Buchdruck,
210×297 mm.

Gebrüder Scholl AG, Zürich

– Anzeige «alle utensilien zum malen und zeichnen für kunst und
technik», 148×105 mm. *Anzeige auf der Umschlagrückseite des Katalogs ‹Allianz›, Kunsthaus Zürich, 1942. (s. S. 86)*

1947

CIAM Internationale Kongresse für Neues Bauen

– Einladung, Buchdruck, 148×105 mm.

1949

Juni-Festwochen Zürich

– Programmheft, Buchdruck, 123×200 mm, Umschlag hellblau (Drei-
Möven-Motiv wie auf den Plakaten) und schwarz. Im Inhalt Abbildung
der letzten der 15 variationen von 1938. Quelle: Typographica 5, 1952.

1951

Schweizer Sektion an der IX. Triennale di Milano

– Anmeldeformular, Buchdruck schwarz auf hellblauem Papier,
210×297 mm. *Bill war beauftragt, das Ausstellungsgut der Schweizer
Künstler einzuholen und bereitzustellen.*

1952

Hochschule für Gestaltung Ulm

– Prospekt, Buchdruck schwarz auf grauem Papier, 8 Seiten, Parallelfalz,
103×203 mm.

1957

Kino Cinévox, Neuhausen am Rheinfall

*Bill erbaute diesen aus einem Wohnhaus und dem Kino bestehenden
Gebäudekomplex.*

– Einladung zur Eröffnungsfeier, Buchdruck, 4 Seiten, 210×105 mm.

1961

Eternit Aktiengesellschaft, Berlin

– Prospekt «Asbestzement-Druckrohre auf der ganzen Welt», Buchdruck
hellblau und schwarz, 10 Seiten, Leporello, 112×200 mm.

Knapsack-Griesheim AG, Frankfurt a. M.

– Broschüre «Über das Wirbelsinterverfahren», mit zwei Zeichnungen
von Max Bill, herausgegeben anläßlich der ACHEMA 1961; 74×105 mm,
Drahtheftung. (Abb. S. 94)

1975

Max Bill

– Werbekarte für die Wiederwahl Bills in den Nationalrat «person statt
proporz!», Buchdruck, 210×148 mm.

Zeitlich nicht zuzuordnen:

– Anzeige «damen in verlegenheit», negativ mit Aussparung für Text,
Andruck, 35×82 mm.

– Drei zusammengehörige Anzeigen (?): «ein neuer mantel?», «für gute
herrenkleidung», «aussen fix! innen nix?», Entwürfe, Fotomontage,
Gouache, je ca. 140×225 mm.

– Anzeige (?): Hand mit ausgeschnittenem Kreis, Entwurf, Foto und Blindtext, 155×235 mm.

– Fünf Kuchendiagramme «Preisbildung im Hochbau» und andere
Motive, Fotoabzüge, Durchmesser 220 mm.

Geschäftsdrucksachen, Privatdrucksachen

Die Maßangaben beziehen sich auf das Papierformat, bei gefalzten Drucksachen auf das geschlossene Format.

1927/28

Max Bill
– Briefblatt «bill / mac bill architekt maler / winterthur (schweiz) – dessau, postanschrift: bauhaus dessau», Buchdruck, 210×297 mm. Quelle: Fleischmann 4, 1997. (Abb. S. 202)
– Adreßkarte «max bill, malerei, architektur, reklame, bauhaus dessau u. winterthur, schweiz», Buchdruck, 74×52 mm. Quelle: Fleischmann 4, 1997. (Abb. S. 27)
– Briefblatt «gruppe Z / sekretariat gruppe z dessau fichtenbreite 32», Buchdruck, 210×297 mm. Quelle: Fleischmann 4, 1997. *Zur Gruppe Z, einem losen Zusammenschluß von Schweizer Bauhäuslern, gehörten unter anderen Hans Fischli und Annemarie Hennings.* (Abb. S. 202)
– Adreßkarte «gruppe Z / neue malerei, plastik etc. / max bill maler architekt / sekretariat gruppe Z dessau / fichtenbreite 32», Buchdruck, 107×77 mm. Quelle: Fleischmann 4, 1997. (Abb. S. 27)

Marie Bill-Geiger
– Ex Libris, Holzschnitt, Buchdruck braun beziehungsweise schwarz auf Japanpapier, 45×80 mm.

Lina Wolf und Erwin Bill, Lotzwil und Winterthur
– Vermählungsanzeige, Buchdruck rot und schwarz auf Japanpapier, 4 Seiten, 190×125 mm.

1929

Max Bill
– Briefblatt «bill-reklame / werbeberatung, reklamegrafik, druckberatung, ausstellungs- und geschäftsarchitektur, schriften, stadelhoferstrasse 27», Buchdruck grau und schwarz, 210×297 mm, mit Klebelasche. Zusatztext: «beachten sie, daß als amtliches dokument der poststempel die abgangszeit des briefes angibt [...] diesen sowie andere normalisierte briefe beziehen sie nur durch bill-reklame [...]» Quelle: Rasch 1930. (Abb. S. 203, s. auch S. 148)
– Briefblatt (wie vorangehendes, aber ohne Klebelasche). (Abb. S. 202)
– Rechnungsformular (entsprechend dem vorangehenden Briefblatt gestaltet). Quelle: Fleischmann 4, 1997. (Abb. S. 202)

1930

Max Bill
– Briefblatt «bill / max bill, gestalter, zürich 1, stadelhoferstrasse 27», Buchdruck, 210×297 mm. Quelle: Fleischmann 4, 1997. (Abb. S. 202)
– Briefblatt «bill zürich 1 stadelhoferstrasse 27», mit Azureelinie, Buchdruck schwarz auf gelblichem Papier, 210×297 mm. Quelle: Fleischmann 4, 1997. (Abb. S. 204)
– Briefumschlag, mit Azureelinie, Buchdruck, 237×110 mm.
– Adreßkarte, Buchdruck, 108×74 mm.

Arthur Bonert, Architekt
– Briefblatt, Buchdruck schwarz auf grauem Papier, 210×297 mm.
– Geschäftskarte, Buchdruck, 110×40 mm.

Karl A. und Ernst F. Burckhardt, Architekten BSA, Zürich
– Briefblatt, Buchdruck blaugrau und schwarz, 210×297 mm. bill-reklame Quelle: Fleischmann 4, 1997. (Abb. S. 208)

Carl Meier, Werkstätte für Qualitätsmöbel, Zürich
– Geschäftskarte, Buchdruck grau, 148×105 mm.

Caspar Moos, Weisslingen
– Adreßkarte, Buchdruck, 110×40 mm.

Elisabeth Müller SWB, Zürich
– Briefblatt «elisabeth müller swb atelier für handgewebte stoffe», Buchdruck schwarz auf hellblauem Papier, 210×297 mm. bill-zürich (Abb. S. 208)
– Rechnungsformular (wie das vorangehende Briefblatt gestaltet, aber auf weißem Papier gedruckt). Quelle: Fleischmann 4, 1997.
– Preisschild, Buchdruck, 175×57 mm.

1931

Baukredit, Zürich
– Briefblatt, Buchdruck, 210×297 mm. bill-zürich
– Briefblatt (gleich wie das vorangehende Briefblatt, ohne Signatur).
– Geschäftskarte Jules Amerzin, Buchdruck, 105×71 mm.

Max Bill
– Briefblatt «bill zürich 3 goldbrunnenstrasse 141» (Name groß, in feinem Rahmen), Buchdruck schwarz auf hellblauem Papier, 210×297 mm. Zusatztext: «bitte beachten sie unsere neue adresse unsere neue telefonnummer». Quelle: Fleischmann 4, 1997. (Abb. S. 204)
– Briefblatt (wie vorangehendes, aber ohne Zusatztext). Quelle: Fleischmann 4, 1997. (Abb. S. 205, s. auch S. 150)
– Rechnungsformular (wie vorangehendes Briefblatt). (Abb. S. 205)
– Briefblatt «bill zürich 3 goldbrunnenstrasse 141» (Name etwas kleiner gesetzt, unterstrichen), Buchdruck schwarz auf hellblauem Papier, 210×297 mm. (Abb. S. 204, s. auch S. 150)
– Rechnungsformular (wie vorangehendes Briefblatt). Quelle: Fleischmann 4, 1997. (Abb. S. 204)
– Adreßkarte, Buchdruck, 110×40 mm.
– Heiratsanzeige, «binia spoerri und bill haben geheiratet», Buchdruck, 4 Seiten, 172×87 mm. Quelle: Fleischmann 4, 1997. (Abb. S. 210)

Duss, Lederwaren und Reiseartikel, Zürich
– Briefblatt, Buchdruck, 210×297 mm.
– Briefumschlag, Buchdruck, 174×95 mm.
– Geschäftskarte, Buchdruck, 95×58 mm.
– Adreßetikette, Buchdruck, 148×87 mm.
– Preisschilder, Buchdruck, 85×35 mm, 57×43 mm und 57×41 mm.

Eugen Fritz, Gartenarchitekt, Zürich
– Geschäftskarte, Buchdruck, 106×74 mm.

Geneviève Seippel, dipl. Violinlehrerin, Zürich
– Geschäftskarte, Buchdruck, 148×104 mm.

Sharon Preiswerk Hürlimann, Zürich
Gertrud Preiswerk und Heinrich Otto Hürlimann studierten am Bauhaus bei Gunta Sharon-Stölz. 1931 gründeten sie die Firma «s-p-h-stoffe».
– Briefblatt «s-p-h-stoffe», Buchdruck, 210×297 mm. bill-zürich Quelle: Fleischmann 4, 1997. (Abb. S. 209)

Spindel, Zürich
– Geschäftskarte, Buchdruck, 148×52 mm.

Ferdinand J. Spoerri, Goldbach-Zürich
– Adreßkarte, Buchdruck, 106×50 mm.

Ferdinand J. und Ida Spoerri-Gross, Goldbach-Zürich
– Umzugsanzeige, Buchdruck braun und schwarz, 4 Seiten, 152×105 mm. (Abb. S. 210)

Ida Spoerri-Gross, Goldbach-Zürich
– Adreßkarte, Buchdruck, 106×54 mm.

Maggie Stahel
– Adreßkarte, Buchdruck rot und schwarz, 110×50 mm.

Dr. med. H. C. Stoller, Zürich
– Halbbriefblatt, Buchdruck, 210×148 mm.
– Rechnungsformular, Buchdruck, 148×210 mm.

Dr. med. dent. William Weyeneth, Zürich
– Halbbriefblatt, Buchdruck, 210×148 mm.
– Umzugsanzeige, Buchdruck, 4 Seiten, 145×105 mm.

Elsie und Giles Wildberger-Heer, Binningen
– Umzugsanzeige, Buchdruck, 4 Seiten, 150×107 mm. (Abb. S. 210)

Labanschule Käthe Wulff, Basel
– Briefblatt, Buchdruck grün und schwarz auf gelblichem Papier, 210×297 mm. Quelle: Fleischmann 4, 1997. (Abb. S. 207)
– Briefblatt, mit Information «unsere berufsausbildung geht 2 wege». entwurf: bill-zürich Quelle: Fleischmann 4, 1997. (Abb. S. 207)
– Einladung «schuldemonstration im küchlintheater», 210×297 mm. entwurf: bill-zürich Quelle: Fleischmann 4, 1997. (Abb. S. 207)

1931/32

Hans Fischli-Hofer, Architekt, Meilen
– Geschäftskarte, Buchdruck, 105×56 mm.

Dr. med. Willy Graf, Winterthur
– Briefblatt (zwei Varianten), Buchdruck, 210×297 mm.
– Halbbriefblatt, Buchdruck, 210×148 mm.

Hubacher, Steiger, Architektur- und Ingenieurbüro, Zürich
– Briefblatt, Buchdruck, 210×297 mm. bill-zürich

Medizinisches Institut Interna, Leitung: Dr. med. Willy Graf, Winterthur
– Halbbriefblatt, Buchdruck, 210×148 mm.

Fredi Leisinger, Zürich
– Briefblatt, Buchdruck, 210×297 mm.
– Adreßkarte, Buchdruck, 105×55 mm.

Dr. H. Leisinger, Zürich
– Adreßkarte, Buchdruck, 105×55 mm.

Dori Lorétan
– Adreßkarte, Buchdruck, 105×38 mm.

Elisabeth Müller SWB, Zürich
– Briefblatt, Buchdruck, 210×297 mm. bill-zürich (Abb. S. 208)

Schweizer Presse-Korrespondenz, Dr. H. Girsberger, Zürich
– Briefblatt, Buchdruck, 210×297 mm.

Tip-Top-Garage, Ford-Vertretung, Zürich
– Briefblatt, Buchdruck blau auf gelblichem Papier, 210×297 mm.
– Folgeblatt, Buchdruck blau auf gelblichem Papier, 210×297 mm.
– Rechnungsformular, Buchdruck blau auf grauem Papier, 210×297 mm.
– Halbbriefblatt, Buchdruck blau auf gelblichem Papier, 148×210 mm.
– Rechnungsformular, Buchdruck blau auf grauem Papier, 148×210 mm.
– Gutschriftformular, Buchdruck blau auf rosa Papier, 148×210 mm.
– Bestellblock, Buchdruck blau auf gelblichem Papier (Original) und rosa Papier (Doppel), 148×210 mm.
– Kaufvertrag, Block, Buchdruck blau auf blauem Papier (Original), auf hellblauem Papier (erste Kopie) und gelblichem Papier (zweite Kopie), 210×297 mm.
Signatur auf allen Blättern: bill-zürich
– Fensterbriefumschlag, Buchdruck blau, 220×108 mm und 162×114 mm.
– Briefumschlag, Buchdruck, 228×162 mm.
– Geschäftskarte, Buchdruck blau, 106×55 mm.

Otto Wolfensberger & Co., Zürich
– Geschäftskarte, Buchdruck, 105×74 mm.

Silvia Zangger und Joachim Schumacher, Kilchberg
– Heiratsanzeige, Buchdruck grün, rot und schwarz, 4 Seiten, 148×105 mm. bill-zürich (Abb. S. 210)

1932

Zeitschrift ‹information›, Zürich
– Briefblatt, Buchdruck schwarz auf gelblichem Papier, 210×297 mm. bill-zürich Quelle: Fleischmann 4, 1997. (Abb. S. 209)

– Postkarte zum Anfordern von Rezensionsexemplaren, Buchdruck, 148×105 mm.

Wohnbedarf, Zürich
– Briefblatt «wohnbedarf a-g, claridenstrasse 47», Buchdruck grau auf gelblichem Papier, 210×297 mm. bill-zürich (Abb. S. 208)
– Rechnungsformular «wohnbedarf (mit dem neuen Firmensignet von Bill), claridenstrasse 47», Buchdruck schwarz auf maisgelbem Papier, 210×297 mm. bill-zürich (Abb. S. 209)

1933

Erwin Bill, Ligerz
– Adreßkarte, Buchdruck, 105×54 mm.

Lina Bill-Wolf, Ligerz
– Adreßkarte, Buchdruck, 105×54 mm.

Max Bill
– Briefblatt «bill zürich-höngg zürcherstrasse 253» (Name in englischer Schreibschrift gesetzt), Buchdruck schwarz auf hellblauem Papier, 210×297 mm. Quelle: Fleischmann 4, 1997. (Abb. S. 205)

Klara Bosshard, Bruxelles
– Adreßkarte, Buchdruck, 105×40 mm.

Eugen Fritz, Gartenarchitekt, Zürich
– Geschäftskarte, Buchdruck, 105×55 mm

Leisinger Herrenmode, Davos-Dorf
– Geschäftskarte «herrenmode, sportartikel, parfümerie», Buchdruck, 4 Seiten, 140×54 mm.

Julie Pfau, Atelier für Handweberei, Winterthur
– Preisschild, Buchdruck, 144×55 mm.

Harry Riquer's modern orchestra
– Briefblatt, Buchdruck rot und schwarz auf chamois Papier, 210×297 mm. bill-zürich Quelle: Fleischmann 4, 1997. (Abb. S. 208)

Helen Daxelhofer und Alfred Schmidt, Zürich
– Heiratsanzeige, Buchdruck grün und schwarz, 210×146 mm. (Abb. S. 211)

Dr. Alfred R. Schmidt, Zürich
– Briefblatt, Buchdruck schwarz auf hellblauem Papier, 210×297 mm.

Dr. Alfred und Helen Schmidt, Zürich
– Adreßkarte, Buchdruck, 105×55 mm.

Helen Schmidt-Daxelhofer, Zürich
– Adreßkarte, Buchdruck, 105×55 mm.

Sharon & Hürlimann, s & h stoffe, Zürich
– Briefblatt, Buchdruck, 210×297 mm. bill-zürich
– Rechnungsformular (wie Briefblatt, jedoch auf hellblauem Papier). bill-zürich
– Geschäftskarte, Buchdruck, 150×70 mm. bill-zürich

Trudi Stössel, Gymnastik und Rhythmik, Zürich
– Briefblatt, Buchdruck schwarz auf hellblauem Papier, 210×297 mm. bill-zürich
– Rechnungsformular (wie Briefblatt). bill-zürich

Renée und Robert Winkler-Bornand, Zürich
– Geburtsanzeige «bernhard carl», Buchdruck blau und schwarz, 4 Seiten, 70×145 mm.

Robert Winkler, Architekt, Zürich
Robert Winkler war Mitarbeiter am Zett-Haus in Zürich, an Bills Wohn- und Atelierhaus in Zürich-Höngg und am zweiten, von Marcel Breuer eingerichteten Ladenlokal des Wohnbedarf an der Talstrasse in Zürich.
– Briefblatt, Buchdruck, 210×297 mm.

Wohnbedarf, Zürich
– Briefblatt «wohnbedarf (Firmensignet), talstrasse 11», Buchdruck rot und schwarz auf gelblichem Papier, 210×297 mm. (Abb. S. 209)
– Offertformular, Buchdruck rot und schwarz, 210×297 mm. bill-zürich

1934

Binia Bill

- Briefblatt «foto binia bill limmattalstrasse 253 telefon 67.567», Buchdruck, 210×297 mm. (Abb. S. 90)
- Rechnungsformular (wie Briefblatt). (Abb. S. 209)
- Adreßkarte, Buchdruck, 104×55 mm.

Max Bill

- Rechnungsformular «bill-zürich bill zürich 10 limmattalstrasse 253 telefon 67.567», Buchdruck, 210×297 mm. *Ein dazugehöriges Briefblatt konnte bisher in keinem der Archive gefunden werden.* (Abb. S. 205)

Sylvia Reimann und Hans Güttinger, Winterthur und Thalwil

- Heiratsanzeige, Buchdruck rot, grau, schwarz, 4 Seiten, 100×210 mm.

Helen und Alfred Schmidt-Daxelhofer, Zürich

- Geburtsanzeige «hans daniel hermann», Buchdruck, 4 Seiten, 148×70 mm. (Abb. S. 211)

Trudi Stössel und Dr. H. Leisinger, Zürich

- Heiratsanzeige, Buchdruck, 4 Seiten, 210×148 mm. bill-zürich

Züga Park-Genossenschaft, Zürich

- Briefblatt (zwei Varianten), Buchdruck schwarz auf grünem und auf blauem Papier, 210×297 mm. bill-zürich

1935

Olga und Hans Fischli, Architekt, Meilen

- Geburtsanzeige «olga susanna», Buchdruck rot und schwarz, 4 Seiten, 75×210 mm. (Abb. S. 211)

1936

Helen und Alfred Schmidt-Daxelhofer, Zürich

- Geburtsanzeige «Anna Barbara», Buchdruck, 4 Seiten, 148×105 mm.

Ferdinand Jakob Spoerri, Goldbach-Zürich

- Trauerbrief, Buchdruck, 4 Seiten, 210×270 mm.

Ida Spoerri-Gross, Goldbach-Küsnacht

- Trauerkarte, Buchdruck, 99×60 mm.

1937

Éclipse AG, Kleider-Schnell-Reinigung, Zürich

- Briefblatt, Buchdruck, 210×297 mm.

1938

Max Bill

- Neujahrskarte, Buchdruck, 4 Seiten, 74×210 mm. (Abb. S. 211)

1940

Priscilla Degenmann und Dieter Loewensberg, Zürich

- Heiratsanzeige, Buchdruck, 4 Seiten, 210×100 mm.

1941

Allianz-Verlag

- Briefumschlag mit Fenster, Buchdruck, vorn und auf der Klappe (Signet) bedruckt, 225×114 mm.

1942

Binia und Max Bill

- Geburtsanzeige «johann jakob bill», Buchdruck, 4 Seiten, 140×140 mm. (Abb. S. 211)

1945

Max Bill

- Briefblatt «max bill architekt limmat tal strasse 253 zürich 10 telefon 567.567», mit fetter, in der Mitte unterbrochener Linie, Buchdruck,

210×297 mm. Quelle: Schweizer Graphische Mitteilungen, Heft 2, 1946. *Der Straßenname ist (wohl wegen der Länge und damit zur besseren Lesbarkeit) in drei Teilen gesetzt.* (Abb. S. 206)
- Adreßkarte, Buchdruck, 105×55 mm.

1947

.i.p.c. Institut für progressive Cultur, Zürich

Das Institut ist eine Gründung von Bill; unter diesem Namen wurde 1949 die Wanderausstellung ‹züricher konkrete kunst› in Deutschland durchgeführt.

- Briefblatt «.i.p.c. institute for a progressive culture», Buchdruck, 210×297 mm. Quelle: Fleischmann 4, 1997. (Abb. S. 206)

1949

Max Bill

- Briefblatt «architekt max bill jenatschstrasse 10 zürich 2», Buchdruck, 210×297 mm. Quelle: Fleischmann 4, 1997. (Abb. S. 206)

Offizielles Verkehrsbüro Zürich

- Briefblatt, Buchdruck blau, Drei-Möven-Motiv (wie auf den Juni-Festwochen-Plakaten), 210×297 mm.

Verkehrsverein Zürich

- Briefblatt, Buchdruck schwarz und Blindprägung mit dem Drei-Möven-Motiv, 210×297 mm.

1952

Max Bill

- Briefblatt «atelier max bill, hochschule für gestaltung ulm [...] limmattalstrasse 383, zürich 49», Buchdruck, 210×297 mm. Quelle: Fleischmann 4, 1997. (Abb. S. 206)

Hochschule für Gestaltung, Ulm

- Briefblatt, Buchdruck, 210×297 mm.

1953

Max Bill

- Neujahrskarte, Buchdruck, 86×156 mm.

1961

Max Bill

- Briefblatt «max bill . architekt bsa . 8048 zürich . albulastrasse 39», Buchdruck, 210×297 mm. Quelle: Fleischmann 4, 1997.
- Neujahrskarte, Buchdruck gold, 56×90 mm.

1988

Max Bill

- Trauerkarte für Binia Bill, Buchdruck, 4 Seiten, 105×210 mm.

1993

Fondation Saner, Stiftung für Schweizer Kunst, Studen

- Briefblatt, Offsetdruck rot und grau, 210×297 mm.
- Briefumschlag, Offsetdruck rot und grau, 224×114 mm.
- Faltkarte «Avec mes compliments», Offsetdruck grau, 90×105 mm.

Plakate

Die Maßangaben in Zentimetern beziehen sich auf das Papierformat.

1925

Suchard Chocolat 1826–1926, Entwurf, Gouache gold, rot und schwarz, 90,5×128 cm; Kennwort: «OR-ROUGE-NOIR». Fonds Suchard-Tobler, Musée d'art et d'histoire, Neuchâtel. *Bill gewann diesen Wettbewerb während der Lehrzeit als Silberschmied an der Kunstgewerbeschule Zürich. Das Preisgeld erlaubte ihm, das Studium am Bauhaus Dessau aufzunehmen.* Quelle: Thomas 1993. (Abb. S. 9)

1929

Apollo (für das Apollo-Kino in Zürich?), Skizze, Gouache, Bleistift und Blindtext, 5,8×8,2 cm. (Abb. S. 214)

Comptoir Suisse, Lausanne, Skizze, Gouache auf Transparentpapier, 8,7×13 cm.

Fêtes du Rhône, Genève, Skizze, Gouache, ca. 14,5×21 cm.

Neues Theater am Helvetiaplatz, Skizze, Gouache auf Zeitungsausschnitt, ca. 11×15 cm. (Abb. S. 214)

Salon international de l'automobil et de cycle, Genève, Entwurf. bill Quelle: Rasch 1930. (s. S. 149)

Verkaufsausstellung Winterthurer Kunstgewerbe, Lithografie, 80×46 cm. Quellen: Rasch 1930; Ulm 1956; Fleischmann 1984. (Abb. S. 214, s. auch S. 149)

1930

Koffer-Duss, «gute lederwaren und reiseartikel», Lithografie grün und schwarz, 90,5×128 cm. bill-zürich

Konservatorium für Musik Zürich, Lithografie blau, 90,5×128 cm. Unten ist ein freier Raum gelassen für Aufkleber mit aktuellem Text. bill-zürich Quelle: Typografische Monatsblätter 8, 1933.

Téléphone International, Entwurf, Gouache, Spritztechnik, auf Karton aufgezogen, 45×64 cm. Wettbewerbsbeitrag, Kennwort: «3 Min.». (Abb. S. 214)

Verkaufsausstellung Winterthurer Kunstgewerbe, Buchdruck, Irisdruck schwarz–rot–blau, 93×60 cm. entwurf: bill-zürich

Volks-Klavierschule, Lithografie rotbraun und schwarz, 90,5×128 cm. bill-zürich Quelle: Zürich, Kunstgewerbemuseum 1981.

Tanzstudio Wulff, Basel, «films d'avant garde et d'avant guerre im blauen saal der mustermesse», Buchdruck, Linolschnitt, braun und schwarz, 90,5×64 cm. bill-zürich Quellen: Bolliger 1974; Margadant 6, 1982.

Zeitgenössische Grotesken, Wort–Klang–Bild–Tanz, Kammerorchester im Stadttheater, Buchdruck, Linolschnitt und Satz, rosa und schwarz, 90,5×128 cm. bill-typo (Abb. S. 213)

1931

Reformhaus Egli, Entwurf, Fotomontage, Gouache, 22,5×31 cm.

Internationale Raumausstellung, Köln, Entwurf, Gouache blau und Satz-abzüge schwarz, ca. 70×50 cm.

Negerkunst, prähistorische Felsbilder Südafrikas, Kunstgewerbemuseum Zürich, Buchdruck, Linolschnitt und Satz, ockergelb und schwarz, 90,5×128 cm. entwurf: bill-zürich Quellen: Typografische Monatsblätter 8, 1933; Meyer 10, 1933; Kern 1941, 1943; Ulm 1956; Neuburg 1, 1958; Gerstner, Kutter 1959; Bill 1969; Spencer 1970; Müller-Brockmann 1971; Sembach 1971; Zürich 1973, 1974, 1977; Bill 1977; Kapr 1977; Quintavalle 1977; Paradowski 1980; von Moos 1980, 1981, 1992, 1995; Zürich Kunstgewerbemuseum 1981; Neuburg 1, 1981; Margadant 1983; Mehlau-Wiebking, Rüegg, Tropeano 1989; Rotzler 1990; Döring 1994; Hollis 1994; Müller 1994; Fleischmann 4, 1997. (Abb. S. 67)

– Dazu Entwurf, Gouache rot und schwarz, Textmontage, 90,5×128 cm. Quelle: Fleischmann 4, 1997. (Abb. S. 216)

Wohnausstellung Neubühl, Zürich, Buchdruck, Linolschnitt und Satz, rot, rosa, grün und schwarz, 90,5×128 cm. entwurf: bill-zürich Quellen: Graber 4, 1963; Zürich 1973; von Moos 1980, 1981; Zürich Kunstgewerbemuseum 1981; Mehlau-Wiebking, Rüegg, Tropeano 1989; Rotzler, Schärer, Wobmann 1990; Marbach 1990; Brüning 1995; Fleischmann 4, 1997. *An dieser Ausstellung in der Wohnsiedlung Neubühl wurden Modelle der Firma Wohnbedarf AG gezeigt. Bill richtete (laut Prospekt) das «atelier eines malers und zeichners» sowie die «wohnung eines malers und zeichners mit frau» ein. Im Prospekt zur Ausstellung schrieb er den Text «bilder sind keine gebrauchsgegenstände im konkreten sinn».* (Abb. S. 215)

Wohnbedarf Zürich, «hier wird demnächst die zentralstelle für zeitgemässen wohnbedarf eröffnet», Buchdruck, 64×90 cm.

1932

Demokrat! Liste 3, Entwurf, Gouache, Textzeilen montiert, zweiteiliges Plakat, 181×128 cm. bill-zürich reklame Quelle: Fleischmann 4, 1997. (Abb. S. 214)

Eidg. Turnfest Aarau, Entwurf, Gouache rot und schwarz, 90,5×128 cm. Wettbewerbsbeitrag, Kennwort: «turn + schweizer kreuz». Quelle: Fleischmann 4, 1997. bill-zürich (Abb. S. 216)

Forster beim Corso, Zürich, Entwurf, Fotomontage, Gouache, ca. 36×50 cm.

Männerchor Außersihl-Zürich, «Geistliche Chöre, Kammermusik», Buchdruck, Linolschnitt und Satz, hellgrün und schwarz, 90,5×128 cm. entwurf: bill-zürich reklame Quellen: Zürich 1974; Quintavalle 1977.

Panettone ticinese, «das feine Kaffee- & Tee-Gebäck», Buchdruck, drei Farben, auf Karton kaschiert, mit aufgeklebten Originalfotos, 53×50 cm. bill-zürich

Telefon im Heim, nützlich, angenehm, Entwurf, Fotomontage, Gouache, ca. 30×50 cm.

Telefon spart Zeit, Wettbewerbs-Entwurf, 2. Rang, Quelle: Schweizer Reklame 1, 1934.

Wohnbedarf Zürich, Buchdruck, Linolschnitt, Klischees und Satz, rot und schwarz, 90,5×128 cm. Fotos: Klapptisch, Kleiderschrank, Tischlampe, Lehnsessel. entwurf: bill-zürich fotos: binia bill Quellen: Typografische Monatsblätter 8, 1933; Graber 4, 1963; von Moos 1980, 1981, 1992, 1995; Winterthur 1981; Zürich Kunstgewerbemuseum 1981; Mehlau-Wiebking, Rüegg, Tropeano 1989; Müller-Brockmann, Wobmann 1989; Müller 1994; Fleischmann 4, 1997. *Die Fotos zeigen Max und Binia Bill mit dem Klapptisch und dem Volkssessel, zwei Modellen von Werner M. Moser.* (Abb. S. 218)

Wohnbedarf Basel (die vorangehende Plakatgestaltung des Wohnbedarfs Zürich wurde auch für Basel verwendet).

Wohnbedarf Zürich, «exposition dans la maison de verre […] exposant: wohnbedarf zurich», Buchdruck, Linolschnitt, Klischees und Satz, rot und schwarz, 90,5×128 cm. bill-zürich Quelle: Fleischmann 4, 1997. *Die ‹Maison de verre› oder ‹Immeuble Clarté› in Genf wurde 1930–32 von Le Corbusier erbaut.* (Abb. S. 218)

Tanzstudio Wulff, Basel, «stadttheater matinée 24. april […] relâche, ariadne», Buchdruck Irisdruck ganzes Farbspektrum und schwarz, 91,5×128 cm. entwurf: bill-zürich (Abb. S. 217)

Tanzstudio Wulff, Basel, «stadttheater matinée 24. april […] relâche, ariadne», Buchdruck Irisdruck ganzes Farbspektrum und schwarz, 90,5×64 cm. entwurf: bill-zürich

Tanzstudio Wulff, Basel, «stadttheater matinée 19. april […] relâche, parade,

ariadne», Buchdruck Irisdruck ganzes Farbspektrum und schwarz, 90,5×128 cm. entwurf: bill-zürich

Tanzstudio Wulff, Basel, «stadttheater matinée 19. april [...] relâche, parade, ariadne», Buchdruck Irisdruck ganzes Farbspektrum und schwarz, 90,5×64 cm. entwurf: bill-zürich Quellen: Neuburg 4, 1959; Gerstner, Kutter 1959; Müller-Brockmann 1971; Zürich 1973, 1974; Bolliger 1974; Quintavalle 1977; Paradowski 1980; Zürich Kunstgewerbemuseum 1981; Margadant 6, 1982 und 1983; Fleischmann 1984; Holstein 1987; Rotzler, Schärer, Wobmann 1990; Hollis 1994; Fleischmann 4, 1997. (Abb. S. 217)

Züga, Zürcher Gartenbauausstellung, drei Entwürfe, dazu eine Skizze, Tempera, ca. 10×14 cm. Quelle: Das Werk 2, 1933. *An diesem eingeladenen Wettbewerb nahmen außerdem teil: Walter Käch mit zwei Entwürfen und Ernst Keller mit einem Entwurf, der dann ausgeführt wurde. Kellers Plakat ist abgebildet in Typografische Monatsblätter, Heft 8, 1933.* (Abb. S. 280)

1. Zürcher Lichtwoche, zwei Entwürfe für die ausstellung «licht in heim, büro, werkstatt», Kunstgewerbemuseum Zürich (im Landesmuseum), Fotomontage, Lasurfarbe, 34,5×50 cm; Gouache gelb und schwarz, 18×25,5 cm. *Ausgeführt wurde ein Entwurf von Alfred Willimann. Bill gestaltete die Beleuchtung und die Beschriftung vor dem Museum.*

1933

Bertha Regina, Entwurf «kunstseidengarn, wollgarn», Fotomontage, Gouache, 22×28 cm.

Japanische Architektur und Gärten, Foto-Wanderschau SWB, Verkaufsmesse SWB, Lithografie grün, violett und schwarz, 90,5×128 cm. Quelle: Museum für Gestaltung, Zürich. bill-zürich

Lohnabbau nein, Entwurf zur Abstimmung über Lohnabbau beim Bundespersonal, Fotomontage, Gouache, 34,5×47 cm. Wettbewerbsbeitrag. Quelle: Fleischmann 4, 1997. (Abb. S. 216)

Harry Riquer's, Entwurf, Gouache und farbiges Papier, 90,5×128 cm. Raum für Aufkleber mit aktuellen Daten.

Harry Riquer's, Entwurf «miami-dancing, genève», Fotomontage, Gouache, Farbpapier, 20,5×28 cm.

Künstler Maskenball im Hotel Bellerive au lac, (Zürich), 4. März 1933, Einzelanfertigung von Hand, 90,5×128 cm, Quelle: Schweizer Reklame 1, 1933.

Schweizerische Alpenposten, Entwurf, Fotomontage, Foto Postauto koloriert, Farbpapiere, Gouache, 20×28 cm. bill (Abb. S. 216)

Tip-Top-Garage, Ford-Vertretung, Zürich, «ab 4. Sept b/Stadttheater», Buchdruck, Linolschnitt und Satz, blau, 90,5×128 cm.
 – Dazu Entwurf, Gouache weiß und blau, 14×20,5 cm.

Tod und Leben, Entwurf und Skizze für die Ausstellung ‹Friedhof und Grabmal› im Kunstgewerbemuseum Zürich, Collage, Gouache, Spritztechnik, 22,5×32 cm. (Abb. S. 216)

Wohnbedarf Zürich, «klapptisch für garten und wohnung», Buchdruck rot und schwarz, 50×68 cm. Quellen: Margadant 1983, 1989.

1934

Corso-Theater, Zürich, Entwurf (Plakat?), Gouache auf Karton, Textmontage, dreifarbig, 12×16,2 cm. (Abb. S. 216)

Für kulinarische Freuden die Schweiz, Entwurf, Foto, koloriert, Gouache, ca. 60×90 cm.

Hanky, Pelzhaus, Zürich, Entwurf «mein PELZ», Fotografie, Gouache, auf Karton aufgezogen, 3×4 cm.

PKZ, Burger-Kehl & Co. AG, Zürich, Skizze «der PKZ Weihnachtsengel ist der schönste aller Engel», Tusche, 14,8×21 cm.

Ruhe und Erholung in der Schweiz, Entwurf, Farbdruck aus einer Zeitschrift, Gouache, ca. 60×90 cm.

1935

Shell, «gegen Insekten Shell», Buchdruck, Linolschnitt und Satz, gelb und rot, 60×45 cm. bill-zürich (Abb. S. 219)

Shell, «l'insecticide infaillible Shell», Buchdruck, Linolschnitt und Satz, gelb und rot, 60×45 cm. bill-zurich

Shell, «jetzt Shell Sommer Oele», Buchdruck, Linolschnitt und Satz, gelb und schwarz, 60×45 cm. bill-zürich (Abb. S. 219)

Shell, «maintenant [...] les huiles Shell d'été», Buchdruck, Linolschnitt und Satz, gelb und schwarz, 60×45 cm. bill-zurich

Shell, «TOX», Andruck Buchdruck schwarz, Linolschnitt, 60×45 cm. *Eine Verwendung dieses Linolschnitts als Plakat ist nicht nachweisbar. Bill gestaltete für das Insektenmittel «TOX» von Shell auch ein Schaufenster mit Paravent.* (Abb. S. 219)

1936

Eidgenössisches Turnfest Winterthur, Entwurf, drei Fotokontaktkopien nebeneinandergeklebt, 6,3×3 cm.

Der Schuh, Kunstgewerbemuseum Zürich, Buchdruck, Linolschnitt und Satz, gelb, rot, blau und schwarz, 90,5×128 cm. bill-zürich 1936
 – Dazu zwei Entwürfe, Bleistift, Farbkreide und Gouache auf Transparentpapier, 19,5×27,5 cm. bill-zürich Quelle: Fleischmann 4, 1997.

Schweizerisches Freiheitskomitee, «Kundgebung Mittwoch, 5. Februar [...] Der Kampf um die Freiheit», Buchdruck, 90,5×128 cm. bill-zürich Quelle: Margadant 1998.

Shell, «Aero Double Triple Shell die Sommer Oele», Entwurf, Foto, koloriert, Gouache, Bleistift, Farbstift, 16,5×29,5 cm. (Abb. S. 219)

Shell, «Aero Shell, Double, Triple. Ihre Sicherheit Shell», Chromolithografie, 55,5×96,5 cm. bill-zürich 1936 Quelle: Schweizer Reklame 1, 1936.

Shell, «jetzt Shell Sommer Oele», Chromolithografie, mit zusätzlichem Eindruck gelb, rot und schwarz, 55×99,5 cm. bill-zürich Quellen: Ulm 1956; Zürich Kunstgewerbemuseum 1981; Müller-Brockmann, Wobmann 1989.

Shell, «maintenant [...] les huiles d'été», Chromolithografie, mit zusätzlichem Eindruck gelb, rot und schwarz, 55×99,5 cm. bill-zurich

Shell, «Single Shell für Herbst und Winter», Chromolithografie, 55×98 cm. Quellen: Schweizer Reklame 1, 1936; Zürich Kunstgewerbemuseum 1981. bill-zürich

Zeitprobleme in der Schweizer Malerei und Plastik, Kunsthaus Zürich, Buchdruck, Linolschnitt und Satz, dunkelbraun und schwarz, 70×100 cm. entwurf: bill-zürich Quellen: Bill 4, 1946; Neuburg 4, 1959; Müller-Brockmann 1971; Aarau 1981; Winterthur 1981; Zürich Kunstgewerbemuseum 1981; Margadant 6, 1982, 1983, 1989; Wiese 1983; Bucher 1990; Müller 1994; Fleischmann 4, 1997. (Abb. S. 221)

1937

Schweizerischer Freiwirtschaftsbund, Stadtverband Zürich, «Kundgebung: Duttweiler durchleuchtet», Buchdruck, Linolschnitt und Satz, grün und schwarz, 90,5×128 cm.

1940

Schweizerischer Werkbund, «weihnachts-verkaufs-ausstellung», Kunstgewerbemuseum Zürich, Buchdruck, Linolschnitt und Satz, gold und schwarz, 90,5×128 cm. bill Quelle: Margadant 1989.

1941

Abstimmungsplakat, «stimmt ja ... furt mit dem „Elefante-Klub"!», Abstimmung über eine Besoldungsvorlage für die städtischen Angestellten in Zürich, Buchdruck, Linolschnitt und Satz, orange und schwarz, 90,5×128 cm. bill Quellen: Margadant 1989; Fleischmann 4, 1997. (Abb. S. 215)

1942

Allianz, Vereinigung moderner Schweizer Künstler, Kunsthaus Zürich, Buchdruck schwarz auf dunkelrotem Papier, 70×100 cm. bill Quellen: Gerstner, Kutter 1959; Neuburg 4, 1959; Kapr 1977; Paradowski 1980; Margadant 6, 1982. (Abb. S. 220)

1943

Musiksommer 1943 Gstaad, «Zehn Symphonie-Konzerte», Buchdruck, Linolschnitt und Satz, Grund Irisdruck, Titelzeile mit zweitem, anders verlaufendem Irisdruck, Eindrucktext schwarz, 62×104 cm. bill

1944

Die Farbe, Kunstgewerbemuseum Zürich, Komposition Lithografie 8 Farben (entsprechend dem Katalogumschlag, aber mit einem anderen Motiv), eingeklebt, Schrift Buchdruck grau, 90,5×128 cm. bill 44 Quellen: Ulm 1956; Lohse 1, 1958; Neuburg 1, 1958; Zürich 1969; Müller-Brockmann 1971; Zürich 1974; Quintavalle 1977; Margadant 6, 1982; Bosshard 1996. (Abb. S. 220)

– Skizzen auf Transparentpapier, zum Teil mit dem Motiv des Umschlags.

Konkrete Kunst, Kunsthalle Basel, Buchdruck, Linolschnitt, 90,5×128 cm. bill 44 Quellen: Ulm 1956; St. Gallen 1967; Zürich 1969; Lüthi 1968; Zürich 1974; Quintavalle 1977; Plakatgesellschaft 1991; Weinberg-Staber 19, 1993; Fleischmann 4, 1997. *Auszeichnung ‹Schweizer Plakate des Jahres›.* (Abb. S. 222)

– Dazu Skizzen mit unterschiedlichen Motiven. (Abb. S. 30f.)

1945

USA baut, Kunstgewerbemuseum Zürich, Offsetdruck blau, rot und schwarz, 90,5×128 cm. bill 45 Quellen: Ulm 1956; Lohse 1, 1958; Neuburg 1, 1958; Müller-Brockmann 1971; Quintavalle 1977; Friedl 1986; Gottschall 1989; Müller-Brockmann, Wobmann 1989.

1947

Allianz Vereinigung moderner Schweizer Künstler, Kunsthaus Zürich, Buchdruck Irisdruck und schwarz, 70×100 cm. bill Quellen: Neuburg 4, 1959; Paradowski 1980; Margadant 6, 1982, 1983, 1989; Fleischmann 4, 1997; Friedl, Ott, Stein 1998. (Abb. S. 223)

1948

Josef Albers, Hans Arp, Max Bill, Galerie Herbert Herrmann, Stuttgart, Offsetdruck rot, hellviolett und schwarz, 38×49 cm.

1949

[Pierre] Bonnard, Kunsthaus Zürich, Buchdruck, Linolschnitt (Faksimile nach Bonnards Signatur) und Satz, orange und hellblau auf braunem Papier, 70×100 cm. bill (Abb. S. 225)

Juni-Festwochen Zürich 1949, Schauspielhaus, Buchdruck, Linolschnitt und Satz, hellblau, orange, gelb und schwarz, 90,5×128 cm. bill 49

Juni-Festwochen Zürich 1949, Tonhalle, Buchdruck, Linolschnitt und Satz, hellblau, orange, rosa und schwarz, 90,5×128 cm. bill 49 *Auszeichnung ‹Schweizer Plakate des Jahres›.* (Abb. S. 224)

Juni-Festwochen Zürich 1949, Stadttheater, Buchdruck, Linolschnitt und Satz, hellblau, orange, violett und schwarz, 90,5×128 cm. bill 49 Quellen: International Poster Annual 1950; Werk 5, 1950; Neuburg 1, 1958; Lüthi 1959; Plakatgesellschaft 1991; Fleischmann 4, 1997.

– Farbstiftskizze auf Transparentpapier, ca. 10,5×4,5 cm. (Abb. S. 224)

Pevsner, Vantongerloo, Bill, Kunsthaus Zürich, Buchdruck, Linolschnitt, 70×100 cm. Quellen: Maldonado 1955; Hill 7, 1953; Ulm 1956; Zürich 1969; Quintavalle 1977; Bucher 1990; Friedl, Ott, Stein 1998. (Abb. S. 223)

Zürcher Konkrete Kunst, Galerie Lutz & Meyer, Stuttgart, und Moderne Galerie Otto Stangl, München, Buchdruck, Linolschnitt und Satz, hellblau und schwarz, 31×49 cm. Quelle: Schweizer Graphische Mitteilungen, Heft 1, 1951.

1950

Max Bill, Skizzen, Bleistift, Farbstift, zum Teil maschinengeschrieben, je ca. 105×148 mm, für geplante (nicht zustandegekommene?) Ausstellungen in Paraguay und Buenos Aires, Argentinien.

Europäische Kunst XIII^tes^ bis XX^stes^ Jahrhundert aus Zürcher Sammlungen, Kunsthaus Zürich, Buchdruck, Linolschnitt und Satz, rot und schwarz, 90,5×128 cm. bill

Futurismo & Pittura Metafisica, Kunsthaus Zürich, Buchdruck schwarz auf braunem Packpapier, 70×100 cm. bill 50 Quelle: Odermatt 1998. (Abb. S. 225)

1951

Konkrete Kunst, Kunstverein Freiburg im Breisgau, Buchdruck blau, rot und gelb (Kreis, Quadrat, Dreieck), Text schwarz, 42×59,4 cm.

Moderne Kunst aus der Sammlung Peggy Guggenheim, Kunsthaus Zürich, Buchdruck, 70×100 cm. max bill Quellen: Neuburg 4, 1959; Gottschall 1989; Friedl, Ott, Stein 1998. (Abb. S. 225)

Neue Malerei und Plastik aus Zürich, René Simmen, Bern, Buchdruck zweimal schwarz mit unterschiedlicher Farbgebung, 42×59,4 cm. bill

1955

Piet Mondrian, Kunsthaus Zürich, Abbildung Offsetdruck vierfarbig, Text grau, 70×100 cm. max bill

1956

Josef Albers, Fritz Glarner, Friedrich Vordemberge-Gildewart, Kunsthaus Zürich, Buchdruck, Linolschnitt und Satz, violett und schwarz, 70×100 cm. max bill Quelle: Neuburg 4, 1959. (Abb. S. 225)

1957

Max Bill, Zürcher Kunstgesellschaft, Helmhaus Zürich, Lichtdruck (Abbildung Kontinuität, 1947), 90,5×128 cm.

Max Bill, Architektur, Malerei, Plastik, Produktform, Publizistik, Typografie, Die Neue Sammlung, München: violett, grün, Grund orange (Hochformat); Städtisches Kunstmuseum, Duisburg: orange, violett, Grund grün (Querformat); Karl-Ernst-Osthaus-Museum, Hagen: grün, orange, Grund violett (Hochformat); Offsetdruck, Texteindrucke Buchdruck schwarz, 59×86 cm. *Die drei Plakate sind auch als grafische Reihe mit dem Titel ‹trilogie› in einer Auflage von 33 Exemplaren gedruckt.*

50 Jahre Globus, «Max Bill, international bekannt als Architekt, Gestalter und Theoretiker, zeigt Ihnen [...] die unbekannte Gegenwart», Buchdruck rot und schwarz, 50×70 cm.

1959

Max Bill, Städtisches Museum Leverkusen, Schloß Morsbroich, Grund Offsetdruck blau, Text Buchdruck schwarz, 59,4×84,1 cm. Quelle: Neuburg 4, 1959. (Abb. S. 226)

1960

Bianco e nero, «6. internationale ausstellung von zeichnung und grafik», Lugano, Buchdruck, Flächen Linolschnitt grau und schwarz, Text von Klischees grau gedruckt (italienische, französische und deutsche Version), 63,5×101,5 cm. max bill Quellen: International Poster Annual 1962; Lüthi 1968; Zürich 1974; Plakatgesellschaft 1991. *Auszeichnung ‹Schweizer Plakate des Jahres›.* (Abb. S. 227)

Max Bill, Galerie Suzanne Bollag, Zürich, Offsetdruck rot und violett, Text Buchdruck blau, 29,7×42 cm.

Max Bill, Kunstmuseum Winterthur, Buchdruck, Linolschnitt, blau, 70×100 cm. Quellen: Zürich 1974; Margadant 1983; Odermatt 1998. (Abb. S. 32)

Max Bill, Staatsgalerie Stuttgart, Grund Offsetdruck rot, Text Buchdruck schwarz, 59,4×84,1 cm. (Abb. S. 226)

Dokumentation über Marcel Duchamp, Kunstgewerbemuseum Zürich, Buchdruck, Linolschnitt und Satz, orange und grau, Hand Lichtdruck blau, 90,5×128 cm. max bill Quellen: International Poster Annual 1962; Zürich 1974. (Abb. S. 233)

Konkrete Kunst, 50 Jahre Entwicklung, Helmhaus Zürich, Buchdruck, Linolschnitt und Satz, rot, blau und schwarz, 90,5×128 cm. max bill Quellen: Farner 1960; Zürich 1974.

1961

Bauhaus II. Generation, Galerie Suzanne Bollag, Zürich, Buchdruck, 27×54 cm.

Max Bill, Galerie Anna Roepcke, Wiesbaden, Flächen Siebdruck grün und rot, Text schwarz, 42×60 cm.

Max Bill, Galerie du perron, Genève, Buchdruck, Linolschnitt, rot und schwarz, Text schwarz, 70×100 cm. *Dieses Plakat ist auch als Grafik mit dem Titel ‹1:2:3:4› in einer Auflage von 15 Exemplaren gedruckt.*

Max Bill, Galerie du perron, Genève, Offsetdruck blau und grün, Text Buchdruck schwarz, 29,7×42 cm. *Dies ist, zusätzlich zum vorangehenden, ein zweites Plakat mit der Grafik wie für Bollag 1960, jedoch in anderen Farben gedruckt.* Quelle: Museum für Gestaltung, Zürich.

Eternit Druckrohr Ausstellung, Kongreßhalle Berlin, anläßlich des 5. Internationalen Wasserversorgungs-Kongresses, Offsetdruck blau, orange, grau und schwarz, 841×1189 cm. max bill

1962

Max Bill, Galerie Hilt, Basel, Siebdruck vier Farben, Text schwarz, 35×50 cm.

1963

Max Bill, Studio F, Ulm, Offsetdruck blau und grün, Text grau, 31×43 cm.

Max Bill, Galerie du perron, Genève, Offsetdruck blau und grün, Text Buchdruck schwarz, 30×42 cm.

Max Bill, Quadrat-Bilder, Galerie Susanne (!) Bollag, Zürich, Offsetdruck gelb und hellviolett, Text Buchdruck grau, 29,7×42 cm.

1964

Max Bill, Galerie Suzanne Bollag, Zürich, Siebdruck vier Farben, Text schwarz, 32×42 cm.

1965

Max Bill, Galerie Aktuell, Bern, Siebdruck drei Farben, Text schwarz, 50×69,5 cm.

Max Bill, Galerie Suzanne Bollag, Zürich, Siebdruck drei Farben, Text grau, 31×44 cm.

Max Bill, Galleria flaviana, Locarno, Siebdruck drei Farben, Text grau, 31×44 cm.

Max Bill, (Op) Art Galerie, Esslingen, Offsetdruck fünf Farben, Text grau, 59,4×84,1 cm.

Max Bill, Galerie 58, Rapperswil, Siebdruck vier Farben, Text grau, 45×73 cm.

1966

Max Bill, Galerie Suzanne Bollag, Zürich, Siebdruck vier Farben, Text grau, 32×44 cm. Quelle: Museum für Gestaltung, Zürich.

Max Bill, Hanover Gallery, London, Siebdruck sechs Farben, Text grau, 46×81,5 cm. *Dies ist wahrscheinlich Bills erstes Plakat mit handschriftlichem Texteintrag. In der Folge sind die Texte fast aller Plakate seiner Personalausstellungen in Handschrift gehalten.* (Abb. S. 228)

1967

Max Bill, Galerie im Erker, St. Gallen, Lithografie fünf Farben, Text schwarz, 78×62 cm. (Abb. S. 231)

– Dazu Skizzen, Farbkreide und Bleistift, 21×29,7 cm (Abb. S. 230)

Kunstausstellung in Höngg, Kirchgemeindehaus Höngg, Zürich, Buchdruck, Linolschnitt und Satz, blau und orange, 90,5×128 cm.

1968

Max Bill, Galerie Suzanne Bollag, Zürich, Siebdruck vier Farben, Text grau, 31,5×44 cm.

Max Bill, Haags Gemeente Museum, Siebdruck vier Farben, Text schwarz, 40×60,5 cm. ONTWERP MAX BILL

Max Bill, Kestner-Gesellschaft, Hannover, Siebdruck fünf Farben, Text grau, 44×61,5 cm.

Max Bill, Kunsthalle Bern, Siebdruck fünf Farben, Text schwarz, 90,5×128 cm.

Max Bill, Kunsthaus Zürich, Siebdruck fünf Farben, Text schwarz, 90,5×128 cm. Quellen: Zürich 1974; Plakatgesellschaft 1991. *Auszeichnung ‹Schweizer Plakate des Jahres›.* (Abb. S. 229)

Max Bill, Kunstverein für die Rheinlande und Westfalen, Kunsthalle Düsseldorf, Siebdruck vier Farben, Text grau, 59,4×84,1 cm.

Max Bill, das druckgrafische Werk bis 1968, Albrecht Dürer Gesellschaft Nürnberg in der Kunsthalle Nürnberg, Siebdruck vier Farben, Text grau, 42×59,4 cm.

Piet Mondrian, Nationalgalerie Berlin, Offsetdruck vierfarbig, Text grau und schwarz, 84×59 cm. gestaltung: max bill

Zürcher Künstler im Helmhaus. 1: abstrakte und nichtfigürliche Richtungen, Buchdruck, Linolschnitt, Satz, blau und schwarz, 90,5×128 cm. max bill

1969

Max Bill, Galerie Bischofberger, Zürich, Siebdruck vier Farben, Text schwarz, 50×70 cm.

Max Bill, Centre national d'art contemporain, Paris, Siebdruck vier Farben, Text grau, 41,5×62 cm.

Max Bill, Galleria Martano / Due, Turin, Siebdruck vier Farben, Text grau, 50×70 cm.

Max Bill, Galleria la Polena, Genua, Siebdruck fünf Farben, Text Satzschrift schwarz, 50×70,5 cm.

Max Bill, Musée de peinture et de sculpture, Grenoble, Siebdruck vier Farben, Text grau, 43×62 cm.

Max Bill, graphiques et multiples, Galerie Denise René, Paris, Siebdruck fünf Farben, Text grau, 67×102 cm. (Abb. S. 228)

1970

Max Bill, Artestudio Macerata (Italien); Variante 1: Siebdruck schwarz auf weißem Papier (positiv); Variante 2: Siebdruck schwarz über weiß auf weißem Papier (negativ), 50×70 cm.

Max Bill, Galerie Appel & Fertsch, Frankfurt a. M., Siebdruck fünf Farben, Text hellgrau auf dunkelgrauem Grund, 41×59,2 cm.

Max Bill, Edition Bischofberger, Eröffnungsausstellung, Zürich, Siebdruck fünf Farben, Text grau, 53×75 cm.

Max Bill, Galleria del Cavallino, Venedig, Siebdruck zwei Farben, Text orange, 50×70 cm.

Max Bill, Grafiken aus 30 Jahren, Galerie Design 1, Hamburg, Siebdruck vier Farben, Text grau, 49,5×70 cm.

Zürcher Künstler im Helmhaus. Figurative Malerei und Plastik, Buchdruck orange und schwarz, 90,5×128 cm. max bill

Artistes zurichois à Strasbourg, Peinture et sculpture figuratives, Buchdruck orange und schwarz, 80×120 cm. max bill

Zürcher Künstler im Helmhaus. Konkrete und Phantastische Kunstrichtungen, Buchdruck, Linolschnitt, Satz, rot/schwarz, 90,5×128 cm. max bill

Zürcher Künstler in Berlin. Konkrete und phantastische Richtungen, Galerieräume Jebenstrasse 2, Berlin, Buchdruck, Linolschnitt und Satz, rot und schwarz, 70×100 cm. max bill

1971

Max Bill, Galerie Suzanne Bollag, Zürich, Siebdruck rot und violett über schwarz, 48×70 cm.

Max Bill, Galerie im Erker, St. Gallen, Lithografie fünf Farben, Text grau, 78×63 cm. (Abb. S. 231)

Max Bill, Galerie Reckermann, Köln, Siebdruck vier Farben, Text grau, 59×84 cm.

Max Bill, Galerie Denise René, Paris, Siebdruck vier Farben, Text schwarz, 65×95 cm.

Dynamische Schweiz mit Landesring, Wahlplakat, Offsetdruck sechs Farben, Text schwarz, 90,5×128 cm.

1972

Max Bill, Galleria Lorenzelli, Mailand, Siebdruck vier Farben, Text grau, 49,5×69,5 cm.

Max Bill, Musée Rath, Genève, Siebdruck vier Farben, Text grau, 66×96 cm. Quelle: Zürich 1974.

Max Bill, farbige Grafik, Galerie Dr. Ernst Hauswedell, Baden-Baden, Offsetdruck fünf Farben, Text grau, 41×58 cm.

Max Bill, Grafik, Aarhus Kunstmuseum, Offsetdruck gelb, rot, blau, grün, Text Lichtdruck, 50×70 cm.

Max Bill, neue Werke, Marlborough Galerie, Zürich, Offsetdruck fünf Farben, Text schwarz, 50×70 cm.

Max Bill, neue Werke, Marlborough Galerie Zürich, Offsetdruck, 35×50 cm.

Max Bill: surfaces, Marlborough-Godard Gallery, Toronto und Montreal, Offsetdruck vierfarbig, 60×84 cm.

Fritz Glarner, Kunsthalle Bern, Siebdruck vierfarbig, Grund hellgrau, Text dunkelgrau, 68,5×100 cm. Quellen: Zürich 1974; Quintavalle 1977.

Konstruktivismus – Entwicklung und Tendenzen seit 1913, Galerie Gmurzynska und Bargera, Köln, Offsetdruck, 60×84 cm. max bill 72

Künstler helfen für die Freiheit in Spanien, Galerie Burgdorfer, Zürich, und Schweizerisches Komitee für die politische Amnestie in Spanien, Buchdruck, Linolschnitt und Satz, orange und schwarz, 21×59,4 cm, mit rückseitiger Künstler- und Preisliste auf 21×14,8 cm gefalzt. Quellen: Margadant 1989, 1998.

Olympische Spiele München 1972, Offsetdruck acht Farben, 59,4×84,1 cm und 64×101 cm. max bill

Georges Vantongerloo, Galerie Denise René, Hans Mayer, Düsseldorf, Siebdruck fünf Farben, Rahmen hellgrau, Text dunkelgrau, 59,4×84,1 cm.

1973

Max Bill, Multibills, Galerie 58, Rapperswil, Siebdruck vier Farben, Text grau, 45×73 cm.

Max Bill, Multibills, Galerie Ziegler, Genève, Siebdruck fünf Farben, Text grau, 50×70 cm.

1974

Max Bill, Albright-Knox Art Gallery, Buffalo, Los Angeles County Museum of Art, San Francisco Museum of Art, Corcoran Gallery of Art, Washington, Offsetdruck vier Farben, Text grau, 62×94,5 cm.

Max Bill, Albright-Knox Art Gallery, Buffalo, Los Angeles County Museum of Art, San Francisco Museum of Art, Offsetdruck vier Farben, Text grau, 62,5×95 cm.

Max Bill, Marlborough Fine Art Gallery, London, Siebdruck vier Farben, Text grau, 50×65 cm.

Max Bill, Marlborough Galerie, Zürich, Siebdruck vier Farben, Text grau, 50×70 cm.

Max Bill, estampes 1954–1974, Galerie Media, Neuchâtel, Siebdruck vier Farben, Text grau, 50×70 cm.

Edizioni Bolaffi 1974, Cataloghi Bolaffi, Offsetdruck sechs Farben, Text grau, 50×70 cm; Separatdrucke 44×56 cm. bill 1973

Kulturelle Plakate der Schweiz, Kunstgewerbemuseum Zürich, Siebdruck fünf Farben, Grund dunkelgrau mit negativem Text, 90,5×128 cm. max bill Quellen: Zürich 1974; Plakatgesellschaft 1991; Friedl, Ott, Stein 1998. *Auszeichnung ‹Schweizer Plakate des Jahres›.* (Abb. S. 233)

75. Schweizerisches Tonkünstlerfest Amriswil 1974, Siebdruck drei Farben, Text grau, 64×100 cm. max bill

1975

Max Bill, Marlborough Gallery, New York, Siebdruck vier Farben, Text grau, 63×95 cm.

1976

Max Bill, Akademie der Künste, Berlin, Siebdruck vier Farben, Namenszug grau, Text (nicht von Bill gestaltet) grau, 84×90 cm.

Max Bill, Hamburger Kunsthalle und Museum für Kunst und Gewerbe, Hamburg, Siebdruck vier Farben, Text grau, 59,4×84,1 cm.

Max Bill, Württembergischer Kunstverein, Stuttgart, Siebdruck acht Farben, Text grau, 59,4×84,1 cm.

1977

Max Bill, Seedamm-Kulturzentrum, Pfäffikon, Offsetdruck, Ellipsen mit Farbverlauf vierfarbig, Flächen (drei verschiedene Plakate) rot, gelb, blau, Text braun, je 90,5×128 cm.

Max Bill, Grafiken, Schloßgalerie Arbon, Siebdruck vier Farben, Text grau, 60×84 cm. Quelle: Museum für Gestaltung, Zürich.

Max Bill, pittore, architetto, scultore, Parma, Università, Centro studi e archivio della communicazione, Offsetdruck orange und schwarz, 61,5×87 cm. Design: Max Bill

Max Bill, Prinzip seriell, Variationen 1935–77, Kunstmuseum Düsseldorf, Offsetdruck, 42×59,5 cm.

Gidon Graetz, Galerie Lopes, Zürich, Siebdruck blau, 69,5×100 cm.

Um 1930 in Zürich Neues Denken Neues Wohnen Neues Bauen, Kunstgewerbemuseum Zürich, Siebdruck rot und schwarz, 90,5×128 cm. bill 77 (Abb. S. 233)

– Dazu Kleinplakat, Siebdruck rot und schwarz, 23×33 cm.

Georges Vantongerloo, Galerie Lopes, Zürich, Siebdruck farbig, Grund grau, Text schwarz, 70×100 cm. Quelle: Museum für Gestaltung, Zürich.

1978

Max Bill, Galleria Lorenzelli, Mailand, Siebdruck fünf Farben, Text grau, 50×70 cm.

Max Bill, Grafiken, Studio F, Ulm, Siebdruck fünf Farben, Text grau, 50×85 cm.

Max Bill, Quadrat, Bottrop, Moderne Galerie, Siebdruck fünf Farben, Text schwarz, 59×83 cm.

1979

Akademie Amriswil, Amriswiler Orgeltage, Offsetdruck vier Farben, Text schwarz, 70×100 cm. Quelle: Museum für Gestaltung, Zürich.

Max Bill, Consejo nacional de la cultura, Museo de bellas artes, Caracas, Siebdruck vier Farben, Text grau, 60×84 cm.

Galerie Heidi Vollmoeller, Zürich, Offsetdruck, Abbildung Duplex, Grund blau, 42×59,4 cm. bill 79–81

1980

Max Bill, Fundació Joan Miró, Centre d'estudis d'art contemporani, Barcelona, Offsetdruck vier Farben, Text grau, 50×70 cm.

Max Bill, Galeria Eude, Barcelona, Siebdruck vier Farben, Text grau, 42×60 cm.

Max Bill, Kunsthalle im Waaghaus, Winterthur, Siebdruck vier Farben, Text grau, 30×63 cm.

Max Bill, Museo español de arte contemporaneo, Madrid, Offsetdruck vier Farben, Text schwarz, 48×68 cm.

Max Bill, Rassegna internazionale delle arti e della cultura, Villa Malpensata, Lugano, Offsetdruck fünf Farben, Text schwarz, 32×43,5 cm.

Dada in Zürich, Kunsthaus Zürich, Offsetdruck orange, rot, blau und schwarz, 90,5×128 cm. bill 80

Galerie Heidi Vollmoeller, Zürich, Offsetdruck Duplex, Grund rot, 41,5×59,6 cm. bill 80

1981

Max Bill, Galerie 63, Klosters, Siebdruck drei Farben, Text schwarz, 42×60 cm.

Georges Vantongerloo, Musées Royaux des Beaux-Arts de Belgique, Bruxelles, Offsetdruck drei Farben, Rahmen hellgrau, Text dunkelgrau, 56×80 cm.

Georges Vantongerloo: ein gasförmiger Stern, 1964, Kunsthaus Zürich, Offsetdruck vierfarbig, plus hellblau und dunkelblau, 90,5×128 cm.

1982

Max Bill, Galerie Bossin, Berlin, Siebdruck vier Farben, Text grau, 50×70 cm.

Max Bill, Galerie Denise René, Paris, Siebdruck vier Farben, Text grau, 50×70 cm.

Max Bill, Galerie Denise René / Hans Mayer, Düsseldorf, Siebdruck vier Farben, Text grau, 50×70 cm.

Max Bill, Gimpel-Hanover + André Emmerich Galerien, Zürich, Siebdruck vier Farben, Text grau, 50×70 cm.

Max Bill, Werke aus 50 Jahren, Mönchehaus-Museum für moderne Kunst, Goslar, Siebdruck vier Farben, Text grau, 50×70 cm.

1983

Beruf: Arlecchino, Opera Factory, Theater am Hechtplatz, Zürich, Siebdruck vier Farben, 90,5×128 cm. max bill 1983 Dazu Kleinplakat, Offsetdruck, 30×42 cm; Handzettel, 21×29,4 cm; Karte, 15×20,8 cm.

Max Bill, Erker Galerie, St. Gallen, Lithografie sechs Farben, Text grau, 50×70 cm.

Max Bill, Gimpel-Hanover & André Emmerich Galerien, Zürich, Siebdruck vier Farben, Text grau, 50×70 cm.

Max Bill, Helmhaus Zürich, Siebdruck fünf Farben, Text grau, 90,5×128 cm.

Max Bill, bilder, grafik, plastiken, zum 75. geburtstag, Galerie Hesz, Augsburg, Siebdruck drei Farben, Text grau, 60×84 cm.

Schweizerisches Tonkünstlerfest St. Gallen, Offsetdruck vier Farben, Text grau, 70×100 cm. max bill 1983

Sophie Taeuber-Arp, Museo communale, Ascona, Offsetdruck vierfarbig, Balken blau und rot, 26,5×44,5 cm. bill 83

1984

Max Bill, Deutsche Bank, Hamburg, Offsetdruck vier Farben, Text schwarz, 42×61,5 cm.

Max Bill, Deutsche Bank, Düsseldorf (wie vorangehendes Plakat).

Max Bill, Bilder, Grafik, Plastiken, zum 75. Geburtstag, Galerie Hesz, Augsburg, Siebdruck drei Farben, Text grau, 60×84 cm.

Max Bill, Bilder, Plastiken, Lippische Gesellschaft für Kunst, Schloß Detmold, Siebdruck drei Farben, Text grau, 42×59,4 cm.

Max Bill, Sculpture Pavillon, Musée Savoisien, Chambéry, Siebdruck, 60×80 cm.

Deutscher Anästhesiekongreß 1984, Wiesbaden, Offsetdruck fünf Farben, Text schwarz, 60×84 cm. bill 83
  - Dazu eine Farbskizze, Kugelschreiber, Bleistift, Filzstift auf kariertem Papier, 21×14,8 cm. (Abb. S. 232)

1985

Max Bill, Malerei – Plastik – Grafik, Galerie Wolfgang Ketterer, München, Siebdruck vier Farben, Text grau, 42×59,4 cm.

1986

Konzertreihe mit Computer-Musik, Zürich, Siebdruck vier Farben, Text grau, 90,5×128 cm. max bill

1987

Max Bill, Zentrum für Kunstausstellungen der DDR, Kunsthalle am Theaterplatz, Weimar, Siebdruck gelb, grau und schwarz, 57×80,5 cm.

Max Bill, retrospektiv, Schirn Kunsthalle, Frankfurt, Offsetdruck vier Farben, 90,5×128 cm.

L'Esprit Nouveau, Le Corbusier und die Industrie, 1920–1925, Bauhaus-Archiv, Berlin, Museum für Gestaltung, Zürich, Offsetdruck fünf Farben, 59,4×84,1 cm. montage von max bill 1987

L'Esprit Nouveau, Le Corbusier und die Industrie, 1920–1925, Kunstgewerbemuseum Zürich, Museum für Gestaltung, Offsetdruck fünf Farben, 90,5×128 cm. montage von max bill 1987 (Abb. S. 233)

1988

Max Bill, Kunst im Herrenhof, Neustadt-Mußbach; eine Matinee im 1. Fernsehprogramm ARD, Siebdruck vier Farben, Text grau, 50×70 cm.

Max Bill, Zentrum für Kunstausstellungen der DDR, Museum der bildenden Künste, Leipzig, Siebdruck drei Farben, Text grau, 59,4×83,6 cm.

Max Bill, Skizzen «zürich: max bill. 1 landesmuseum, 2 helmhaus, 3 kunsthaus, 4 stiftung k+k / 4×max bill, zürich zeigt max bill». *Dies sind vermutlich Skizzen zu einer geplanten Ausstellungsreihe in den vier Zürcher Kunstinstituten zu Bills 80. Geburtstag.*

Max Bill – zum 80. Geburtstag, Stiftung für konstruktive + konkrete Kunst, Zürich, Siebdruck vier Farben, Text Satzschrift schwarz, 70×90 cm. max bill

Max Bill zum 80. Geburtstag, Richard Haizmann-Museum, Niebüll, Offsetdruck vier Farben, Text schwarz, 59,5×84 cm.

Konzertreihe mit Computer-Musik, Zürich, Siebdruck vier Farben, Text grau, 90,5×128 cm. max bill

1989

Max Bill, Malerei + Plastik, Galerie am Lindenplatz, Fürstentum Liechtenstein – Schaan, Siebdruck vier Farben, Text schwarz, 49×70 cm.

Galerie Heidi Vollmoeller, Zürich, Offsetdruck, Abbildung Duplex, Grund orange, 41,7×59,6 cm. bill 1989

1990

Max Bill, Galerie Martin Krebs, Bern, Siebdruck vier Farben, Text schwarz, 50×70 cm.

Max Bill, Wilhelm-Hack-Museum, Ludwigshafen, Siebdruck sechs Farben, Text schwarz, 59×84 cm. Quelle: Museum für Gestaltung, Zürich.

Max Bill, Jakob Bill, Galerie im Trudelhaus, Baden, Offsetdruck blau, orange und schwarz, 29,7×63 cm.

XIXᵉ Festival internacional de música de cadaqués 1990, Siebdruck vier Farben, Text schwarz, 50×64,5 cm. max bill 90

1991

Max Bill, Pinacoteca comunale, Casa Rusca, Locarno, Offsetdruck vier Farben, Text schwarz, 90,5×128 cm.

Max Bill, Pinacoteca comunale, Casa Rusca, Locarno, Offsetdruck vier Farben, Text schwarz, 29,8×60 cm.

25 Jazz Festival Montreux July 1991, Offsetdruck vier Farben, Text schwarz, 70×99 cm. max bill 90

1992

Max Bill, scultura e grafica, Galleria ‹l grup› Colonnata (Carrara), Offsetdruck vier Farben, Text grau, 68,5×98,5 cm.

Graeser, Fritz Glarner, Lohse, Hans Hinterreiter, Loewensberg, Max Bill, Haus für konstruktive und konkrete Kunst, Zürich, Siebdruck vier Farben, Namen in handschriftlicher Signatur, 30×63 cm.

1993

Max Bill, Dokumente und Druckgrafik, Mies-van-der-Rohe-Haus, Berlin, 42×59,4 cm.

Max Bill, Bilder, Plastiken, Eröffnungsausstellung der Fondation Saner, Stiftung für Schweizer Kunst, Studen, Siebdruck vier Farben, Text schwarz, 70×100 cm.

1994

Galerie Heidi Vollmoeller, Zürich, Offsetdruck, Abbildung schwarz, Grund grün, 42×59,4 cm. bill 1994

Entwürfe für ein Plakat für die Züga, Zürcher Gartenbauausstellung, 1932. Die sechs zum geladenen Wettbewerb eingesandten Plakatentwürfe; links oben und unten sowie rechts oben: Max Bill, Mitte oben und unten: Walter Käch, rechts unten: Entwurf des ausgeführten Plakats von Ernst Keller; aus: *Das Werk,* Heft 2, 1933.

Kataloge, Einladungskarten

Die Maßangaben beziehen sich bei Katalogen und ungefalzten Einladungskarten auf das Papierformat, bei gefalzten Einladungskarten auf das geschlossene Format.

1929

Max Bill, Einladungskarte, Buchdruck dunkelgrau auf grauem Karton, 4 Seiten, 148×105 mm. Quelle: Rasch 1930. (Abb. S. 28, s. auch S. 149)

1930

Max Bill, Einladungskarte, Buchdruck oliv und braun auf gelblichem Karton, 226×104 mm. (Abb. S. 29)

1931

Deutsche Bauausstellung Berlin 1931, Katalog der Abteilung Schweiz, Gestaltung des Umschlags; Buchdruck, 148×210 mm. bill-zürich Quellen: Meyer 6, 1931; Fleischmann 4, 1997. (Abb. S. 283)

Prähistorische Felsbilder Südafrikas und Negerkunst, Katalog, Kunstgewerbemuseum Zürich, Gestaltung des Umschlags; Buchdruck ockergelb und schwarz, 175×224 mm. Quellen: Margadant 1989; Rüegg 1997; Fleischmann 4, 1997. (Abb. S. 234)

– Einladungskarte, Buchdruck ockergelb und schwarz, 4 Seiten, 152×106 mm. Quelle: Fleischmann 4, 1997.

1933

Trudy Egender-Wintsch, Cornelia Forster-Fischer, Margarita Osswald-Toppi, Germaine Richier-Bänninger, Einladungskarte, Buchdruck, 4 Seiten, 148×105 mm. Quelle: Dôme-Journal 2, 1933.

1935

Cornelia Forster, Bilder, Zeichnungen, Keramik, Einladungskarte der Firma Sibold & Co AG, Zürich, Buchdruck, 148×105 mm.

1936

Zeitprobleme in der Schweizer Malerei und Plastik, Katalog, Kunsthaus Zürich; Einleitung von W. [Wilhelm Wartmann], Texte von Sigfried Giedion, Max Bill: ‹konkrete gestaltung› und Le Corbusier; Buchdruck, 148×210 mm. typografie: bill-zürich Quellen: Bill 3, 1937; Bill 2, 1959; Zürich 1977; Winterthur 1981; Margadant 1989; Bosshard 1996; Fleischmann 4, 1997. (Abb. S. 86, 115, s. auch S. 159, 170)

1942

Allianz, Vereinigung moderner Schweizer Künstler, Katalog, Kunsthaus Zürich; Text zu den Künstlern und ihren Werken von Max Bill; Text und Umschlag Buchdruck, Abbildungen Lichtdruck, 148×210 mm. der katalog wurde nach angabe und unter aufsicht von max bill […] hergestellt. Quellen: Bill 4, 1946; Ulm 1956; St. Gallen 1967; Zürich 1969; Müller-Brockmann 1971. max bill 1941 (Abb. S. 86, s. auch S. 163)

1943

Musik-Sommer Gstaad, Katalog, Ausstellung Moderne Malerei; Texte von Carola Giedion-Welcker, Paul Éluard, Georges Hugnet, René Crevel, Michel Seuphor und einigen Künstlern, unter anderem Bill: ‹konkrete kunst nennen wir […]›, 1942; Buchdruck, 148×210 mm. Der Katalog wurde gedruckt […] unter Aufsicht von Max Bill. Quellen: Bill 4, 1946 und 2, 1959. (Abb. S. 234f., s. auch S. 162, 168)

– Programm, Buchdruck, 8 Seiten, Fensterfalz, 83×156 mm.

1944

Die Farbe in Natur, Kunst, Wissenschaft und Technik, Katalog, Kunstgewerbemuseum Zürich, Gestaltung des Umschlags; Buchdruck gelb, rot, blau, orange, grün, violett und schwarz, 148×210 mm.
– Dazu ein Entwurf, Farbstift und Bleistift. (Abb. S. 61)

Konkrete Kunst, Katalog, Kunsthalle Basel; Texte: ‹Ein Zwiegespräch über moderne Kunstrichtungen› (anonym), Max Bill: ‹ein standpunkt› und von Jean Arp; Buchdruck, schwarzweiße Abbildungen, 148×210 mm. Quelle: Bill 4, 1946. dieser katalog wurde [...] nach angaben und unter aufsicht von max bill [...] gedruckt. (Abb. S. 234 f., s. auch S. 163)

1945

USA baut, Katalog, Kunstgewerbemuseum Zürich, Gestaltung des Umschlags mit dem gleichen Motiv wie das Plakat; Buchdruck blau, rot und schwarz, 148×210 mm. bill (Abb. S. 236)
– Einladungskarte, Buchdruck blau, rot und schwarz, 4 Seiten, 150×105 mm.

1946

Max Bill, Katalog-Faltblatt, Galerie des Eaux-Vives, Zürich; Buchdruck, schwarzweiße Abbildungen (vier Lithografien); das Blatt im Format A4, 210×297 mm, ist auf das Format A6, 105×148 mm, gefalzt. Quelle: Bill 2, 1959. (Abb. S. 87, s. auch S. 170)

1947

Allianz, Vereinigung moderner Schweizer Künstler, Katalog, Kunsthaus Zürich; Texte von Leo Leuppi, Jean Arp, Max Bill: ‹Worte rund um Malerei und Plastik (über den Sinn theoretischer Artikel, Werktitel und Begriffe)›, Le Corbusier, Richard Paul Lohse und Walter J. Moeschlin; Text und Umschlag Buchdruck, Abbildungen Lichtdruck, 148×210 mm. der katalog wurde [...] nach Angaben von Max Bill hergestellt Quelle: Margadant 1989. (Abb. S. 86)

1948

Josef Albers, Hans Arp, Max Bill, Katalog, Galerie Herbert Herrmann, Stuttgart; Texte von Hans Hildebrandt und Max Bill: ‹unendlicher raum umgrenzt, zur plastik *dreiteilige einheit*›, und: ‹vom sinn der begriffe in der modernen kunst›; Buchdruck, schwarzweiße Abbildungen, 105×148 mm. (Abb. S. 236)
– Einladungskarte, Buchdruck rot und schwarz, 4 Seiten, 148×105 mm.

Paul-Klee-Stiftung, Katalog, Kunsthaus Zürich; Einleitung von W. Wartmann: «Als Schüler und Freund von Paul Klee hat Max Bill [...] sich sehr verdient gemacht, auch [...] bei der Bereinigung des Werkverzeichnisses und der Drucklegung des Katalogs.»; Buchdruck, 148×210 mm. Quelle: Bill 2, 1959. (s. S. 170)

1949

Die gute Form, Katalog, Sonderschau an der Schweizer Mustermesse, Basel 1949, veranstaltet vom Schweizerischen Werkbund SWB «nach Idee und Plan von Architekt Max Bill Zürich», herausgegeben vom Schweizerischen Werkbund; Text von Max Bill: ‹Unter einer guten Form verstehen wir [...]›; Rotationsdruck, 105×297 mm. Quelle: Fleischmann 4, 1997.

Antoine Pevsner, Georges Vantongerloo, Max Bill, Katalog, Kunsthaus Zürich; Einleitung von W. Wartmann, Texte von Antoine Pevsner, Georges Vantongerloo und Max Bill: ‹Die mathematische Denkweise in der Kunst unserer Zeit›; Buchdruck, schwarzweiße Abbildungen, 148×210 mm.
– Einladungskarte zur Ausstellungseröffnung, Buchdruck, 105×148 mm.
– Einladungskarte zur Führung mit Max Bill, Buchdruck, 105×148 mm.

Züricher Konkrete Kunst, Katalog, Galerien Lutz und Meyer, Stuttgart, Otto Stangl, München, und Otto Ralfs, Braunschweig; Text von Max Bill: ‹konkrete kunst nennen wir [...]›; Buchdruck, schwarzweiße Abbildungen, Umschlag Transparentpapier mit schwarzem Druck über unbedrucktem Karton, 105×148 mm. Im Druckvermerk schreibt Bill: «diese ausstellung ist vom ‹.i.p.c.› [institut für progressive cultur] sitz zürich, jenatschstraße 10, zusammengestellt als ergänzung zur offiziellen ausstellung schweizer malerei der gegenwart›, die in verschiedenen städten deutschlands gezeigt wird und in der das fortgeschrittenste kunstschaffen in der Schweiz, die konkrete kunst, nicht berücksichtigt wurde.» Quellen: Schweizer Graphische Mitteilungen 1/1951; Hill 7, 1953; Bill 2, 1959; Fleischmann 4, 1997. (Abb. S. 88, s. auch S. 168)

1950

Binia Bill, Ausstellung Fotos. Pflanzen, Tiere, Menschen, Erde, Wasser, Luft, Einladungskarte der Galerie 16, Buchdruck, 148×105 mm. *Willy Boesiger, Herausgeber von Le Corbusiers Œuvre complète, richtete um 1950 am Limmatquai 16 eine Galerie ein, wo Allianz-Künstler ausstellten.*

Futurismo & Pittura Metafisica, Katalog, Kunsthaus Zürich; Einleitung von R. Wehrli, Einführung von Max Bill, Zitate aus futuristischen Manifesten; Buchdruck, 148×210 mm. (Abb. S. 236)
– Einladungskarte, Buchdruck, 105×148 mm.

1951

Moderne Kunst aus der Sammlung Peggy Guggenheim, Katalog, Kunsthaus Zürich; Einführung von Max Bill; Buchdruck, 148×210 mm. Quelle: Bill 2, 1959. (s. S. 171)

1955

Piet Mondrian, Katalog, Kunsthaus Zürich; Einleitung von R. W. [René Wehrli], Text von Max Bill: ‹der massstab der modernen malerei›, und Piet Mondrian; Buchdruck, 148×210 mm. die einrichtung der ausstellung, die gestaltung des plakates und dieses kataloges besorgte max bill, zürich und ulm. Quellen: Ulm 1956; Bill 2, 1959. (Abb. S. 85, s. auch S. 173)

1956

Josef Albers, Fritz Glarner, Friedrich Vordemberge-Gildewart, Katalog, Kunsthaus Zürich; Einleitung von R. W. [René Wehrli], Einführung von Max Bill; Buchdruck, 148×210 mm. die einrichtung der ausstellung, die gestaltung des plakates und dieses kataloges besorgte max bill. (Abb. S. 88)
– Einladungskarte, Buchdruck, 105×148 mm.

Max Bill, Katalog, Ulmer Kunstverein, Museum der Stadt Ulm; Texte von Max Bill, Will Grohmann und Ernesto N. Rogers; Buchdruck, schwarzweiße und farbige Abbildungen, 105×148 mm. Bill in der Einleitung: «verzeichnis mit 111 abbildungen von arbeiten, die meist zwischen 1931 und 1956 entstanden sind und die in ähnlicher zusammenstellung 1951 im museu de arte in sao paulo, brasilien, gezeigt wurden. [...] andere museen in deutschland schlossen sich diesem vorhaben an, dadurch kam eine wanderausstellung zustande, von der man zur zeit noch nicht wissen kann, wann sie wo sein wird.» Quelle: Bill 2, 1959. (Abb. S. 237, s. auch S. 173)

1957

A arte do Bauhaus, Katalog-Faltblatt, exposição oficial da alemanha na IV bienal do museu de arte moderna de são paulo; Arbeiten von Albers, Arndt, Bayer, Bill, Lyonel und Lux Feininger, Imkamp, Itten, Kadow, Kandinsky, Kerkovius, Klee, Levedag, Moholy-Nagy, Muche, Schawinsky, Schlemmer, Schmidt, Weininger, Winter; Text von Ludwig Grote; Buchdruck, 8 Seiten, Fensterfalz, 148×210 mm. bill Quelle: Bill 2, 1959. (s. S. 169)

Max Bill, Architektur, Malerei, Plastik, Produktform, Publizistik, Typografie, Katalog, Zürcher Kunstgesellschaft im Helmhaus Zürich; Einleitung von R. Wehrli, Text von Max Bill: ‹aktuelle probleme der gestaltung›; Buchdruck, schwarzweiße Abbildungen, 148×210 mm.
  – Einladungskarte, Buchdruck, 148×105 mm.
Die unbekannte Gegenwart, Beiheft zur Ausstellung in den Filialen des Warenhauses Globus, Zürich; Umschlag: Buchdruck rot und schwarz, 226×320 mm; Inhalt: ‹Erklärende Texte zu den Darstellungen in den Schaufenstern, von Architekt Max Bill›, 20 hektografierte Blätter, 210×320 mm. Quelle: Fleischmann 4, 1997. *Bill konzipierte die Ausstellung anläßlich des 50jährigen Bestehens des Warenhauses Globus.*

1959

Max Bill, Katalog, Städtisches Museum Leverkusen, Schloß Morsbroich; Texte von Udo Kultermann und Eugen Gomringer; Buchdruck, schwarzweiße und farbige Abbildungen, 190×260 mm. gestaltung max bill
Swiss Design, Katalog, Ceylon Tea Centre, London, «An exhibition of standard Swiss Design for everyday use sponsored by Schweizerischer Werkbund SWB (Swiss Design Association)»; Einführung von Max Bill; Buchdruck, 75×105 mm.

1960

Max Bill, Katalog, Staatsgalerie Stuttgart; Einführung von Adolf Vogt; Buchdruck, schwarzweiße und farbige Abbildungen, 148×210 mm.
Max Bill, Katalog, Kunstmuseum Winterthur; Einführung von Eduard Plüss; Buchdruck, schwarzweiße Abbildungen, 148×210 mm. (Abb. S. 236)
Max Bill, Bilder und Plastiken, Katalog-Faltblatt mit zwei eingelegten farbigen Kunst-Postkarten, Galerie Ronca, Trudy Oberli, Luzern; Buchdruck, 105×148 mm.
Dokumentation über Marcel Duchamp, Katalog, Kunstgewerbemuseum Zürich; Einleitung von Hans Fischli, Texte von Max Bill: ‹Zu Marcel Duchamp›, Serge Stauffer und Marcel Duchamp; Buchdruck, 220×200 mm. Max Bill gestaltete auch die Wegleitung und das Plakat.
Konkrete Kunst. 50 Jahre Entwicklung, Katalog, Helmhaus Zürich; Vorwort von R.W. [René Wehrli], Einleitung von Max Bill, Katalog dokumentiert von Margit Staber; Text von Max Bill: ‹vom sinn der begriffe in der neuen kunst›; Buchdruck, 110×297 mm.

1961

Max Bill, Katalog, Galerie du Perron, Genève; Texte von Ernesto N. Rogers und Will Grohmann; Buchdruck, schwarzweiße und farbige Abbildungen, 105×148 mm.

1962

Max Bill, Faltprospekt zur Ausstellung in der Galerie Hilt, Basel; Buchdruck, 8 Seiten, Parallelfalz, 140×280 mm. *Das Faltblatt enthält die Antworten von Max Bill auf Fragen über Kunst, die ihm der Psychologe Rudolf Pollozek 1954 gestellt hatte und die dieser als Grundlage für ein Buch verwenden wollte.*
Georges Vantongerloo, Katalog, Marlborough Fine Art Gallery, London; Einführung von Max Bill, Text von Georges Vantongerloo; Buchdruck, 210×230 mm. Layout: Max Bill

1963

Max Bill, Katalog, Gimpel & Hanover Galerie, Zürich; Buchdruck, schwarzweiße und farbige Abbildungen, 160×240 mm.

1964

Max Bill, Katalog-Faltblatt, Galerie Suzanne Bollag, Zürich; Buchdruck, vierfarbig, 8 Seiten, Fensterfalz, 105×148 mm.

1965

Max Bill, Katalog, edizioni flaviana/galleria flaviana, locarno; Buchdruck, mit einem signierten Farbdruck und schwarzweißen Abbildungen, 173×210 mm. progetto: max bill e studio grafico flaviana locarno

1966

Max Bill, Katalog, Hanover Gallery, London; with an essay by Max Bense; Buchdruck, schwarzweiße und farbige Abbildungen, 105×148 mm.

1967

Max Bill, Katalog, Galerie im Erker, St. Gallen; Texte von Will Grohmann, Max Bense und Max Bill: ‹wie sieht die kunst aus um das jahr 2000?›; Buchdruck, schwarzweiße und farbige Abbildungen, 172×223 mm. typografie max bill (Abb. S. 238f.)

1968

Max Bill, Katalog, Kestner-Gesellschaft, Hannover; Einleitung von Wieland Schmied, Texte von Will Grohmann, Max Bense und Max Bill: ‹wie sieht die kunst aus um das jahr 2000?›; Buchdruck, schwarzweiße und farbige Abbildungen, 165×210 mm. gestaltung katalog und plakat max bill, zürich
Max Bill, Malerei und Plastik 1928–1968, Katalog, Kunstverein für die Rheinlande und Westfalen, Düsseldorf; Vorwort von Karl-Heinz Hering (sonst wie vorangehender Katalog).
Max Bill, Malerei und Plastik 1928–1968, Katalog, Kunsthalle Bern; Texte von Adolf Max Vogt und Max Bill; Buchdruck, schwarzweiße und farbige Abbildungen, 185×240 mm. gestaltung katalog und plakat max bill, zürich
Max Bill, Katalog, Kunsthaus Zürich; Einleitung von R. Wehrli, Text von Will Grohmann; Buchdruck, schwarzweiße und farbige Abbildungen, 190×210 mm. gestaltung von katalog und plakat max bill

1969

Max Bill, Katalog-Faltblatt, Staempfli Gallery, New York; 6 Seiten, Wickelfalz, Offsetdruck vierfarbig, 230×198 mm. design: max bill
Zürcher Künstler. Konkrete und Phantastische Richtungen, Katalog, Helmhaus Zürich und Galerieräume Jebenstrasse 2, Berlin; Einführung von Max Bill; Buchdruck, 108×297 mm. Gestaltung Max Bill

1970

Zürcher Künstler. Figurative Malerei und Plastik, Katalog, Helmhaus Zürich; Einführung von Max Bill; Buchdruck, 108×297 mm. Gestaltung Max Bill

1971

Max Bill, Katalog, Galerie Denise René, Paris; Texte und Abbildungen sind von Hand geschrieben beziehungsweise gezeichnet und in Offsetdruck reproduziert, 206×260 mm. le présent ouvrage est conçu et entièrement dessiné par max bill (Abb. S. 93)

1972

Max Bill, Katalog, Musée Rath, Genève; Texte von Maurice Pianzola, Valentina Anker und Max Bill (mehrere übersetzte Texte); Buchdruck, schwarzweiße und farbige Abbildungen, 166×244 mm. conception de l'exposition et du catalogue max bill et valentina anker

1974

Max Bill, Katalog, The Buffalo Fine Arts Academy and the Albright-Knox Art Gallery; Texte von Lawrence Alloway, James N. Wood und Max Bill; Offsetdruck, schwarzweiße und farbige Abbildungen, 210×280 mm.

Kulturelle Plakate der Schweiz, Katalog, Kunstgewerbemuseum Zürich; Gestaltung des Umschlags, Adaptation der Schriftgestaltung auf dem Plakat, jedoch in schwarzweiß und mit feinen Linien; Offsetdruck, 220×200 mm. (Plakat Max Bill)

1976

Max Bill, Einladungskarte Museum für Kunst und Gewerbe / Hamburger Kunsthalle; ausgestanztes Faltobjekt nach der ersten Variation der *quinze variations sur un même thème,* 1938; Siebdruck, 142×142 mm, offen ca. 490×200 mm. Quelle: Bill 6, 1976.

1977

Max Bill, Originalgrafik, Einladungskarte Schloßgalerie Arbon, 4 Seiten; Offsetdruck vier Farben, Text schwarz, 148×210 mm, perforiert, mit Bestellkarte für Grafiken.

Um 1930 in Zürich. Neues Denken Neues Wohnen Neues Bauen, Katalog, Kunstgewerbemuseum Zürich, Gestaltung des Umschlags; darin ist der Text von Max Bill ‹meine 30er Jahre› enthalten; Offsetdruck rot und schwarz, 220×200 mm. Gestaltung von Plakat, Katalogumschlag und Einladungskarte: Max Bill
– Einladungskarte, Offsetdruck rot und schwarz, 148×210 mm.
– Einladungskarte zur Eröffnung, Offsetdruck rot und schwarz, 4 Seiten, 148×210 mm.

1983

Max Bill, Einladungskarte mit biografischen Angaben, Galerie Hesz, Augsburg, Grafik Siebdruck drei Farben, Text Offsetdruck grau, 6 Seiten, Zickzackfalz, 210×200 mm.

Sophie Taeuber-Arp, Katalog, Museo comunale, Ascona; Text von Angela Thomas Jankowski; Offsetdruck, schwarzweiße und farbige Abbildungen, 210×210 mm. gestaltung: max bill, zürich

1991

Max Bill, Katalog, Edward Totah Gallery, London; Text von Angela Thomas Bill; Offsetdruck, schwarzweiße und farbige Abbildungen, 195×190 mm. Designed by Max Bill

1993

Max Bill, Katalog, Fondation Saner, Studen; Texte von Angela Thomas: ‹Gespräch mit Max Bill› und ‹max bill – relations avec la france›, und von Max Bill: ‹fünfzehn variationen über ein thema›, ‹die mathematische denkweise in der kunst unserer zeit› und ‹feststellungen 1974–1976›; Offsetdruck, schwarzweiße und farbige Abbildungen, 220×240 mm.
– Einladungskarte zur Eröffnungsausstellung, Offsetdruck vierfarbig, 6 Seiten, Wickelfalz, 210×100 mm.

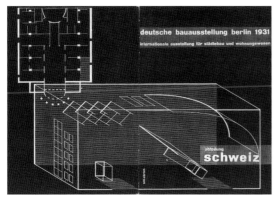

Katalogumschlag, *deutsche bauausstellung berlin,* Vorder- und Rückseite, 1931.

Bücher, Verlagsdrucksachen

Die Maßangaben beziehen sich bei Büchern auf den Buchblock, bei ungefalzten Prospekten auf das Papierformat und bei gefalzten Prospekten auf das geschlossene Format.

1930

Albert Ehrismann: Lächeln auf dem Asphalt, Gedichte, Zürich und Leipzig, Orell Füssli, 1930; 110×186 mm, kartoniert. ausstattung bill-zürich Schutzumschlag Buchdruck. bill-zürich / foto: ad astra Quellen: Zürich Kunsthaus 1981; Rüegg 1997; Margadant 1989; Fleischmann 4, 1997. (Abb. S. 68)

Max Oederlin: Marsch im Jura 1916/17, Zürich und Leipzig, Grethlein, 1930; ca. 120×186 mm; Schutzumschlag, Buchdruck braun und schwarz. *Dieses Buch war nicht eruierbar, jedoch befindet sich der Schutzumschlag auf einer der Ausstellungstafeln, die Bill zwischen 1929 und 1932 erstellte.*

1932

Francis D. Pelton: Sprung über ein Jahrhundert, Bern und Leipzig, Gotthelf, o. J.; 110×192 mm, broschiert, Ecken abgerundet. bill-zürich *Das kreisförmige Foto auf dem Umschlag stellt vermutlich Bill dar; vergleiche S. 196 (swb-tagung) und S. 199 (Wechlin-Tissot).* (Abb. S. 240)

Heinrich Regius (d. i. Max Horkheimer): Dämmerung, Notizen in Deutschland, Zürich, Oprecht & Helbling, 1934; 145×210 mm, kartoniert. Schutzumschlag: Bill Zürich Schutzumschlag Buchdruck blau und schwarz. bill-zürich (Abb. S. 240)

1933

Franz Eugster: Sozialismus und Katholizismus, Zürich, Dr. Oprecht & Helbling AG, 1933; 148×210 mm, broschiert. typografie: bill-zürich Umschlag rot und schwarz. bill-zürich Quelle: Typografische Monatsblätter 4, 1933. (Abb. S. 240)

Oprecht und Helbling, Bücherkatalog, Umschlaggestaltung, Buchdruck, 136×210 mm. bill-zürich

Ignazio Silone (d. i. Secondo Tranquilli): Der Fascismus. Seine Entstehung und seine Entwicklung, Zürich, Europa-Verlag, 1933; 142×204 mm, Leinenband. Schutzumschlag: Bill, Zürich Schutzumschlag Buchdruck. Quelle: Fleischmann 4, 1997. (Abb. S. 240)

Ignazio Silone: Fontamara, Roman, Zürich, Dr. Oprecht & Helbling AG, 1933; 130×204 mm, Leinenband und broschierte Ausgabe. typo, umschlag- und einbandentwurf: bill-zürich Schutzumschlag Buchdruck. bill-zürich Quellen: Zürich Kunsthaus 1981; Fleischmann 4, 1997. (Abb. S. 240)

Elisabeth Thommen: blitzfahrt durch sowjetrussland, Zürich, Dr. Oprecht & Helbling AG, 1933; 148×210 mm, kartoniert. *Die Gestaltung des Umschlags kann Bill zugeschrieben werden.* (Abb. S. 240)

1934

Lothar Frei (d. i. Walter Pahl): Deutschland wohin? Bilanz der nationalsozialistischen Revolution, Zürich, Europa-Verlag, 1934, Copyright 1933; 148×210 mm, broschiert. Einband: Bill, Zürich Schutzumschlag rot und schwarz, am Rücken angeklebt. bill-zürich Quelle: Margadant 1989. (Abb. S. 240)

Konrad Heiden: Geburt des dritten Reiches. Die Geschichte des Nationalsozialismus bis Herbst 1933, Zürich, Europa-Verlag, 1934; 138×204 mm, Leinenband. Umschlagentwurf: Bill, Zürich Schutzumschlag Buchdruck schwarz auf braunem Papier. (Abb. S. 241)

Eduard Keller (Hrsg.): Ascona Bau-Buch, Zürich, Oprecht & Helbling, 1934; 210×297 mm, broschiert. Umschlag und Innenausstattung: bill-zürich Umschlag Buchdruck rot und schwarz auf gelblichem Karton. bill-zürich Quellen: Meyer 10, 1934; Margadant 1989. (Abb. S. 241f.)

1935

– Schutzumschlag zu: Le Corbusier & Pierre Jeanneret, Œuvre complète, Band 2, 1929–1934, Buchdruck rot, hellblau und schwarz. Quellen: Typografische Monatsblätter 12, 1934 (!); Girsberger 1970 und 1981. (Abb. S. 71)

1936

– Prospekt zu: Le Corbusier & Pierre Jeanneret, Œuvre complète, Band 1, 1910–1929, nouvelle édition en français, und Band 2, 1929–1934, Buchdruck blau und schwarz, 4 Seiten, 285×235 mm. composition: bill-zürich Quelle: Girsberger 1981. (Abb. S. 243)

1937

– Schutzumschlag zu: Le Corbusier & Pierre Jeanneret, Œuvre complète, Band 1, 1910–1929, zweite Auflage, Buchdruck rot und schwarz. bill-zürich Quelle: Zürich 1977. (Abb. S. 70)

Trudi Egender-Wintsch: Kleine Reise ins Elsaß, Zürich, Girsberger, 1937; 148×210 mm, kartoniert. Schutzumschlag Buchdruck rot und schwarz.

Aline Valangin: Geschichten vom Tal, Zürich, Girsberger, 1937; 134×190 mm, kartoniert. Schutzumschlag Buchdruck rot und schwarz.

1938

Max Bill: quinze variations sur un même thème, mit einem einführenden dreisprachigen Text von Max Bill, Paris, Editions des chroniques du jour, 1938; 305×320 mm, broschiert, mit Pergaminumschlag. Das Thema und die Variationen 2 und 15 in Buchdruck, die übrigen Variationen in Lithografie gedruckt. Quellen: Wood 1974; Bill 1977; Hüttinger 1977. (Abb. S. 72f.)

– Prospekt Buchdruck schwarz auf grünem Papier, angeklebt ein Blatt mit der Variation 8, Lithografie, 305×320 mm.

Linus Birchler u. a. (Hrsg.): Moderne Schweizer Architektur, Teil I, Basel, Karl Werner, o. J.; Einzelblätter, 210×297 mm, in Mappe aus Graukarton mit roter Buchbinde. (Abb. S. 79, 88, 248f.)

– Prospekt (für den Verlag Fritz Lindner, Basel), Buchdruck, 6 Seiten, Wickelfalz, 210×297 mm. Typografie: bill-zürich

1939

Max Bill (Hrsg.): Le Corbusier & Pierre Jeanneret, Œuvre complète, Band 3, 1934–1938, Zürich, Girsberger, 1939; 286×232 mm, Leinenband. Schutzumschlag Buchdruck braun und schwarz. (Abb. S. 77, 242/243, 244f.)

– Prospekt Buchdruck, 4 Seiten, 285×235 mm.
– Prospekt Buchdruck schwarz auf braunem Papier, 285×235 mm. bill-Zürich

Schweizerische Zentrale für Verkehrsförderung, Umschlagentwurf Handbuch der Schweizerischen Produktion 1939, Andruck Buchdruck weiß und schwarz auf rotem Papier; 160×240 mm.

Aline Valangin: Tessiner Novellen. Sechs Geschichten vom Tal, Zürich, Girsberger, 1939; 110×185 mm, Leinenband. Schutzumschlag Buchdruck rot und schwarz. (Abb. S. 241)

1940

Alfred Roth (Hrsg.): Die Neue Architektur, Erlenbach-Zürich, Verlag für Architektur, 1940; 285×236 mm, Leinenband. Schutzumschlag Buchdruck blau, grün und schwarz. Quellen: Gauchat 8, 1938; Meyer 12,

1939; Benett 1940; Bill 4, 1946; Girsberger 1970; Roth 1973; Rüegg 1996; Fleischmann 4, 1997. *Benett nannte dieses Buch «a Rolls-Royce among books».* (Abb. S. 76, 246f., s. auch S. 161)

– Probebuch zu: Die Neue Architektur. 24 Seiten, Buchdruck orange, grün und schwarz; 285×236 mm, kartoniert. (Abb. S. 76)
– Prospekt mit Bestellkarte, Buchdruck schwarz auf hellblauem Karton, perforiert, 148×340 mm.

1941

Jean Arp: poèmes sans prénoms, mit drei Zeichnungen von Sophie Taeuber-Arp, Zürich, Allianz, 1941, Publikation in 150 Exemplaren, davon 10 Vorzugsausgaben mit einer Originalzeichnung von Sophie Taeuber-Arp; 135×220 mm, Mappe.

Max Bill: 10 original-lithos, «von max bill auf den stein gezeichnet», auf Karton aufgezogen, Zürich, Allianz, 1941, Publikation in 100 Exemplaren; 305×320 mm, Mappe. Dasselbe, Lithos nicht aufgezogen, 150×210 mm, Mappe.

Max Bill (Hrsg.): 5 constructionen + 5 compositionen, 10 originalgrafische Blätter (Lithografien, Holzschnitte) von Max Bill, Serge Brignoni, Hans Erni, Hans Fischli, Hans Hinterreiter, Max Huber, Leo Leuppi, Richard Paul Lohse, Vreni Löwensberg, Sophie Taeuber-Arp; Zürich, Allianz, 1941, Publikation in 100 Exemplaren; 305×320 mm, Mappe. Etikette für die Mappe, Buchdruck grau, rot, grün und schwarz, 270×90 mm.

– Prospekt, Buchdruck, 210×297 mm.

Böhny, Ferdi (Hrsg.): Bericht des Verbandes des Personals öffentlicher Dienste über das Jahr 1940, Zürich, 1941; 154×227 mm, broschiert. Ausgaben deutsch und französisch. typografische gestaltung: bill-zürich Quellen: Bill 4, 1946; Müller-Brockmann 1971. *Nationalrat Hans Oprecht, der Bruder des Verlegers Emil Oprecht, war Zentralsekretär des VPOD und 1934 Mitbegründer der Büchergilde Gutenberg und deren erster Präsident.* (Abb. S. 85, s. auch S. 162)

1942

Max Bill: x = x, 10 Zeichnungen, Buchdruck (Klischees), Zürich, Allianz, 1942, Publikation in 150 Exemplaren; 148×210 mm, kartoniert, in Schuber mit orangem, rot bedrucktem Überzugpapier. (Abb. S. 176)

Max Bill (Hrsg.): 10 origin, originalgrafische Blätter von Jean Arp, Max Bill, Sonia Delaunay, César Domela, Wassily Kandinsky, Leo Leuppi, Richard Paul Lohse, Alberto Magnelli, Sophie Taeuber-Arp, Georges Vantongerloo; Zürich, Allianz, 1942, Publikation in 100 Exemplaren; 210×270 mm, Mappe. (Abb. S. 89)

Max Bill u. a. (Hrsg.): Moderne Schweizer Architektur, Teil II, 5 Lieferungen, farbige Kartonmappen, Basel, Karl Werner, 1942; Einzelblätter, zum Teil ein- und zweimal parallel gefalzt, 210×297 mm. Copyrightvermerke: Lieferungen 1 bis 3: 1942, Lieferung 4: 1944, Lieferung 5: 1947, ganze Schachtel: 1949. *Die erste Lieferung erschien 1938. 1942 wurde die Fortsetzung unter einer neuen Herausgeberschaft mit Max Bill, Paul Budry, Werner Jegher, Georg Schmidt und Egidius Streiff beschlossen. Die Herausgabe erstreckte sich jedoch, nicht zuletzt durch die Kriegsjahre bedingt, bis 1949.* (Abb. S. 79, 88, 248f., s. auch S. 162)

– Prospekt, Buchdruck rot und schwarz, 4 Seiten, 210×297 mm.
– Prospekt für den zweiten Teil, Buchdruck rot und schwarz, 6 Seiten, 210×148 mm.
– Prospekt für den zweiten Teil, Buchdruck, 6 Seiten, 210×148 mm.
– Prospekt für die zweite Auflage des ersten Teils, für 1943 angekündigt, Buchdruck, 4 Seiten, mit Bestellzettel, perforiert, 210×148 mm.

1943

Allianz-Verlag: Prospekt «allianz-verlag 1941/1943» Buchdruck, 8 Seiten, Fensterfalz, mit Bestellzettel, 148×105 mm.

Almanach für Kunst und Leben 1943/44, Entwurf, Umschlag Bleistift auf rotem Karton, Inhalt mit Blindtext und ausgeschnittenen Abbildungen (zum Beispiel aus dem Katalog der Allianz-Ausstellung 1942) maquettiert, 105×148 mm.

Max Bill (Hrsg.): les derniers 9 dessins de sophie taeuber-arp, Brieftext von Gabrielle Buffet-Picabia, Zürich, Allianz, 1943, Publikation in 250 Exemplaren; 190×190 mm, broschiert, mit Pergaminumschlag.
– Prospekt «neuerscheinung 1943», Buchdruck, 6 Seiten, Leporello, 99×210 mm.

Civitas, Sammelwerk ‹Die menschliche Siedlung›, Prospekt für eine von Alfred Roth gegründete und herausgegebene Buchreihe; Zürich, Verlag für Architektur, 1943; Buchdruck rot und schwarz, 6 Seiten, Wickelfalz, 210×297 mm. *Der beratende Ausschuß setzte sich aus den Architekten Hans Bernoulli, Hans Schmidt, Rudolf Steiger, Ernst F. Burckhardt und Max Bill zusammen.*

Leo Leuppi: 10 compositionen, Holzschnitte, Einleitung von Max Bill, Zürich, Allianz, 1943, Publikation in 100 Exemplaren; 147×200 mm, broschiert. (Abb. S. 264)

Sozialer Wohnungs- und Siedlungsbau, eine Schriftenreihe zur Frage der Arbeitsbeschaffung, herausgegeben vom Delegierten für Arbeitsbeschaffung, Bautechnische Reihe Nr. 9; Zürich, Polygraphischer Verlag, 1944; 210×293 mm, broschiert. Die Drucklegung dieser Schrift erfolgte unter Mitarbeit und nach Angaben von Architekt Max Bill Zürich.

1945

Max Bill: Wiederaufbau, Dokumente über Zerstörungen, Planungen, Konstruktionen, herausgegeben von der Abteilung Außenhandel des Schweizerischen Gewerbeverbandes; Erlenbach-Zürich, Verlag für Architektur, 1945; 148×210 mm, Leinenband und broschierte Ausgabe. Schutzumschlag Buchdruck rot und schwarz. Quellen: Bill 4, 1946; Roth 5, 1946; Ulm 1956; St. Gallen 1967; Thomas 1993. (s. S. 161)
– Prospekt, Buchdruck, 4 Seiten, 148×210 mm.

Max Bill (Hrsg.): arp: 11 configurations, Holzschnitte; mit dem Gedicht «sophie» von Jean Arp, ferner mit einem monografischen Text von Gabrielle Buffet-Picabia und einer Einführung von Max Bill; Zürich, Allianz, 1945, Publikation in 200 Exemplaren; 260×266 mm, broschiert, mit Pergaminumschlag. sous la direction artistique de max bill Quellen: Bill 4, 1946; Maldonado 1955. *Dieses Buch ist durch seinen zurückhaltenden Einsatz der typografischen Mittel eine der vollendetsten Publikationen, die Bill in seinem Allianz-Verlag herausgegeben hat.* (Abb. S. 146, s. auch S. 163)

Ugo Pirogalla: Intime Reise, mit drei farbigen und fünf schwarzweißen Tafeln nach Gemälden von Hansegger, Zürich, Editions des Eaux-Vives, 1945; 148×210 mm, broschiert. Gestaltung: Max Bill, Zürich

Johannes M. Sorge: Einführung in die Betrachtung der abstrakten und konkreten Malerei, mit drei farbigen und fünf schwarzweißen Tafeln sowie zwei Zeichnungen, Zürich, Editions des Eaux-Vives, 1945; 148×210 mm, broschiert. Gestaltung: Max Bill, Zürich Quellen: Bill 4, 1946; Schweizer Graphische Mitteilungen, Heft 12, 1946. (s. S. 164)
– Prospekt für die beiden Bücher Ugo Pirogalla und Johannes M. Sorge; Buchdruck, mit einer Farbabbildung, auf den Innenseiten zusätzlich rot, blau und schwarz, 4 Seiten, 148×210 mm.

1946

Paul Klee: Zehn Farbenlichtdrucke nach Gemälden von Paul Klee, Auswahl und Einleitung von Georg Schmidt, Basel, Holbein, 1946; 285×378 mm. Mappe mit lose eingelegten Blättern. Die Reproduktionen sind auf Karton aufgeklebt. Gestaltung Max Bill, Zürich
– Französische Ausgabe: Dix reproductions en facsimilé.
– Prospekt Buchdruck, 4 Seiten, 160×210 mm.

1948

Georg Schmidt (Hrsg.): Sophie Taeuber-Arp; Geleitwort von Georg Schmidt; Texte von Sophie Taeuber-Arp, Erika Schlegel-Taeuber, Emmy Ball-Hennings, Hugo Ball, Hans Arp, Gabrielle Buffet-Picabia, Camille Bryen, Wassily Kandinsky, Hugo Debrunner; mit einem kommentierten Werkkatalog von Hugo Weber; Basel, Holbein, 1948; 210×297 mm, kartoniert, blauer, schwarz bedruckter Papierüberzug, rot bedruckter Pergaminumschlag; zusätzlich wurde eine broschierte Ausgabe erstellt. Typographische Gestaltung: Max Bill, Zürich Quellen: Lewis 1969; Hochuli 1993; Fleischmann 4, 1997. (Abb. S. 83, 250f.)

1949

Max Bill: Probeheft zu einem Buch über Kandinsky, das bei Benno Schwabe, Basel, herauskommen sollte; Buchdruck, 210×297 mm, broschiert. «Dieses Buch wird ein Erinnerungswerk für Wassily Kandinsky, das, auf Anregung von Frau Nina Kandinsky, von seinen Freunden geschrieben ist [...]» Zusammengestellt und herausgegeben von Max Bill *Dieses Werk ist jedoch nie im Verlag Schwabe erschienen; die aufgeführten Autoren – Alberto Magnelli, Hans Arp, Max Bill, Carola Giedion-Welcker, Will Grohmann und Nina Kandinsky – lassen aber vermuten, daß es sich hier um das Buchprojekt handelt, das dann 1951 von Maeght in Paris verwirklicht wurde.*

Max Bill: Robert Maillart, Erlenbach-Zürich, Verlag für Architektur, 1949; 210×214 mm, Leinenband. Schutzumschlag Buchdruck rot und schwarz; in der dritten Auflage 1969 ist ein anderer Schutzumschlag verwendet worden. Der Inhalt ist zum Teil auf hellgrauem Papier gedruckt, in der dritten Auflage nur noch auf weißem. Typographical layout by the editor Dritte Auflage: Layout by Max Bill Quellen: Typografische Monatsblätter 5, 1949; Fleischmann 4, 1997. *Gemäß Anhang in der ersten Auflage waren für 1949 folgende Bücher von Bill «in Vorbereitung»: Wassily Kandinsky (Monographie), Benno Schwabe, Basel; Die Funktion einer neuen Kunst, Enzyklopädie der konkreten Kunst, Kunstverlag KG, Dieter Keller & Co., Stuttgart; Moderner Schweizer Wohnbau, Karl Werner, Basel. Das erste Buch ist 1951 bei Maeght in Paris erschienen, die beiden anderen sind wahrscheinlich nie fertiggestellt worden.* (Abb. S. 79, 83, 252)
– Prospekt, Buchdruck rot und schwarz, 4 Seiten, 215×220 mm.

Max Bill (Hrsg.): Moderne Schweizer Architektur 1925–1945, Basel, Karl Werner, 1949; Einzel- und Faltblätter von 2 bis 6 Seiten, 210×297 mm, in Schachtel, 230×310×28 mm. Gliederung: Bauten der Arbeit, des Verkehrs, des Wohnens, der Erholung, der Bildung und Erbauung. Quellen: Bill 4, 1946; Maldonado 1955; Müller-Brockmann 1971; Gottschall 1989. (Abb. S. 79, 88, 248f.)

Wassily Kandinsky: Zehn Farbenlichtdrucke nach Aquarellen und Gouachen, ausgewählt und eingeleitet von Max Bill, Basel, Holbein, 1949; 285×382 mm. Mappe mit lose eingelegten Blättern. Die Reproduktionen sind auf grauem Karton aufgeklebt. Gestaltung Max Bill, Zürich

Oskar Schlemmer: 12 farbige Reproduktionen, mit Einleitung von Georg Schmidt, Bildanalyse mit 8 Zeichnungen von Oskar Schlemmer, Bern-Bümpliz, Benteli, 1949; 285×380 mm. Mappe mit lose eingelegten Blättern. Die Reproduktionen in Buchdruck sind auf Karton aufgeklebt. Gestaltung Max Bill

1950

Alfred Roth: Das Neue Schulhaus, Zürich, Girsberger, 1950; 180×244 mm, Leinenband. Quelle: Typografische Monatsblätter 12, 1958. *Auszeichnung ‹Die schönsten Schweizer Bücher 1958›. Dieses Buch wurde vermutlich in der zweiten Auflage (mit einem Schutzumschlag von Karl Mannhart) prämiert. Auf Anregung von Jan Tschichold wurde 1944 die*

*Prämierung der schönsten Schweizer Bücher nach deutschem Vorbild
erstmals durchgeführt, nach einem Unterbruch von drei Jahren ab 1950
regelmäßig. Bills auszeichnungswürdige Bücher Sophie Taeuber-Arp,
Robert Maillart und Moderne Schweizer Architektur fielen in die Jahre
ohne Buchprämierung. (Abb. S. 254)*

1951

Max Bill (Hrsg.): Wassily Kandinsky, «avec la participation de Jean Arp,
Charles Estienne, Carola Giedion-Welcker, Will Grohmann, Ludwig
Grote, Nina Kandinsky, Alberto Magnelli», Paris, Maeght, 1951;
200×230 mm. Broschur mit der Reproduktion des Farbholzschnittes
aus ‹Kleine Welten› und schwarz bedrucktem Pergaminumschlag.

1952

Max Bill (Hrsg.): FORM, eine Bilanz über die Formentwicklung um die Mitte
des XX. Jahrhunderts, Basel, Karl Werner, 1952; 210×220 mm, Leinenband. **Layout by the author** Schutzumschlag Buchdruck. Quellen: Roth
1953; Eckstein 2, 1953; Hill 7, 1953; Neuburg 48, 1953; Zerbe 12, 1953;
Ruder 85, 1959; Hochuli 1993; Fleischmann 4, 1997. *Auszeichnung ‹Die
schönsten Schweizer Bücher 1952›.* (Abb. S. 79, 83, 253)
– Prospekt Buchdruck, 6 Seiten, Wickelfalz, 100×210 mm.
– Prospekt Buchdruck, 95×210 mm.

Wassily Kandinsky: Über das Geistige in der Kunst, herausgegeben und
eingeführt von Max Bill, Bern-Bümpliz, Benteli, 1952; 148×210 mm,
broschiert, mit Pergaminumschlag. **Gestaltet von Max Bill**

1955

Max Bill: Miës van der Rohe, Milano, Il Balcone, 1955; 121×266 mm, broschiert.

Wassily Kandinsky: Essays über Kunst und Künstler, herausgegeben und
kommentiert von Max Bill, Teufen, Arthur Niggli und Willy Verkauf, 1955;
146×210 mm, Leinenband. **Gestaltet von Max Bill** Schutzumschlag Buchdruck. 2. Auflage: Bern, Benteli, 1963, broschiert, Pergaminumschlag.
– Prospekt Buchdruck, 6 Seiten, Wickelfalz, 100×210 mm.

Wassily Kandinsky: Punkt und Linie zu Fläche, mit einer Einführung von
Max Bill, Bern-Bümpliz, Benteli, 1955; 148×210 mm, broschiert,
mit Pergaminumschlag. **Gestaltet von Max Bill** (Abb. S. 111ff.)

1957

Max Bill: Bill-Salubra, mit einer Einführung von Max Bill und 45 Tapeten-
mustern, «in der bill-salubra habe ich nun, im rahmen einer logisch auf-
gebauten reihe von 6 verwandten gruppenbildungen, solche farbige
wirkungen gestaltet [...]»; 265×240 mm, broschiert.

Max Bill: Die gute Form, herausgegeben von der Mustermesse Basel und
vom Schweizerischen Werkbund SWB; Winterthur, Buchdruckerei Winterthur AG, 1957; 143×148 mm, broschiert. **Gestaltung: Max Bill**

Hübner/Schiltknecht: Schutzumschlag zu: Die Praxis der anodischen
Oxydation des Aluminiums, Düsseldorf, Aluminium-Verlag; Buchdruck
silber, gelb, rot, blau, grün, violett und schwarz, 470×230 mm.
Quelle: Das Kunstwerk 3/XI, 1957.

1960

Eugen Gomringer: 33 Konstellationen, mit 6 Konstellationen von Max Bill,
St. Gallen, Tschudy, 1960; 178×180 mm, kartoniert. **maquette max bill
zürich** Quelle: Hochuli 1993. (Abb. S. 255)

1968

Eugen Gomringer: worte sind schatten, die konstellationen 1951–1968,
Gestaltung des Schutzumschlags, Reinbek bei Hamburg, Rowohlt,
1968; 157×230 mm, kartoniert. **umschlagentwurf von max bill**

1971

Kurt Fassmann u. a. (Hrsg.): Die Großen der Weltgeschichte, Zürich
und München, Kindler, 1971; Gestaltung der Schutzumschläge mit
einem Reihen-Farbkonzept für 12 Bände. Dazu Farbskizzen und
Montagen mit Farbpapieren. **Schutzumschlag: Max Bill** *Max Bill war
zusammen mit Hoimar von Ditfurth, Hanno Helbling, Walter Jens,
Robert Jungk und Eugen Kogon Herausgeber dieser gewichtigen
Publikation und schrieb zudem (in Band 8) Beiträge über Kandinsky
und Mondrian.*

1972

Max Bill: system mit fünf vierfarbigen zentren, anleitung zum betrachten
eines bildes, St. Gallen, Erker, 1972; 216×288 mm, broschiert.
*Dieses Werk wurde als Beilage in Typografische Monatsblätter 5, 1973
gedruckt.*

1977

Eduard Hüttinger: max bill, Zürich, ABC, 1977; 210×280 mm, Leinenband.
Schutzumschlag Offsetdruck rot und schwarz.

Wladimir Vogel: Dai Tempi più remoti, tre pezzi per pianoforte, Partitur,
herausgegeben und mit einem Nachwort versehen von Walter Labhart,
Adliswil, Eulenburg, 1977; Offsetdruck, 230×302 mm, broschiert.
In 500 Exemplaren gedruckt, davon sind 50 vom Komponisten und von
Bill signiert. **bill 77** *Siehe auch das Zitat von Walter Labhart zu Ars Viva
1936 unter der Rubrik Zeitschriften.* (Abb. unten)

1979

Valentina Anker: Max Bill ou la recherche d'un art logique. Essai d'une
analyse structurale de l'œuvre d'art, Lausanne, l'Age d'Homme, 1979;
205×280 mm, kartoniert.

1991

Angela Thomas: mit unverstelltem blick, bericht zu drei künstlerinnen:
anna baumann-kienast, alis guggenheim, sophie taeuber-arp, Bern,
Benteli, 1991; 148×210 mm, Paperback. **gestaltung: max bill**

1992

Eduard Hüttinger: Porträts und Profile. Zur Geschichte der Kunstgeschichte,
St. Gallen, Erker, 1992; 165×238 mm, Leinenband. **Gestaltung: Max Bill**
Schutzumschlag Offsetdruck rot und schwarz.

*Wladimir Vogel, Partitur, Umschlag,
1977.*

Zeitschriften, Zeitungen, Zeitschriftenbeiträge

1929

Nebelspalter

«Illustriertes humoristisch-satyrisches Wochenblatt», seit 1875 ohne Unterbruch erscheinend.

– Umschlagentwurf: «Schweizerische Nationalbank A-G. Entwurf Goldwährung», Bleistift, Tusche, Deckweiß, 240×325 mm. Bill 29
– Gestaltung des Umschlags der Ausgabe vom 23. Oktober 1929: «USSR – ein Posten Sowietführer [!] weit unter Anschaffungspreis abzugeben», Buchdruck rot und schwarz, 238×330 mm Bill 29

1932–34

information

Zeitschrift für Wirtschaft, Wissenschaft, Erziehung, Technik und Kunst. Herausgeber: Genossenschaft für literarische Publikationen (1. Jahrgang) und Dr. Oprecht & Helbling (2. Jahrgang). Für die Hefte 1 bis 11 gestaltete Bill die Umschlag-Illustrationen. Er schrieb 1977: «während jener zeit war der plan gereift, eine kritische zeitschrift herauszugeben mit titel und inhalt ‹information›. die leitung hatte ignazio silone. der kreis der links-intellektuellen verschmolz sich hier mit den ciam-leuten. ich wurde mit der visuellen gestaltung betraut.»

– Gesamtgestaltung. Umschläge 1. Jahrgang auf weißem Karton, 2. Jahrgang auf grauem Karton, Buchdruck rot und schwarz 148×210 mm. Signatur auf den Umschlägen der Hefte 1–3: typografie: bill-zürich Quellen: Ulm 1956; Bill 1967, 1969, 1977; St. Gallen 1967; Zürich 1969, 1977; Zürich Kunstgewerbemuseum 1981; Zürich Kunsthaus 1981; Fleischmann 1984 und 4, 1997; Margadant 1989; Lang 1990; Thomas 1993; Rüegg 1997. (Abb. S. 75, 256–259)

1933

Die Nation

Unabhängige Zeitung für Demokratie und Volksgemeinschaft. Diese von Hans Oprecht und einem überparteilichen Komitee initiierte linksliberale Wochenzeitung erschien von 1933 bis 1952. Sie suchte – nach eigener Angabe – die «offene, sachliche Aussprache über alle wichtigen Landesfragen».

– Gestaltung des Zeitungskopfs. Quellen: Zürich Kunstgewerbemuseum 1981; Fleischmann 4, 1997. (Abb. S. 18)

Dôme-Journal

Illustrierte Monatszeitung für Kunst, Wissenschaft und Aktualitäten, in nur fünf Ausgaben erschienen.

– Gestaltung des Zeitungskopfs in zwei Versionen als vertikaler Streifen im Format 70×270 mm; Blattformat: 240×310 mm. bill-zürich Quellen: Matheson 1983; Fleischmann 4, 1997. (Abb. S. 17)

SVZ revue ONST

Offizielle Reisezeitschrift der Schweizerischen Verkehrszentrale, Revue de l'Office national suisse du tourisme.

– Gestaltung des Umschlags der Ausgabe 8, 1934, Tiefdruck rot und schwarz, 244×344 mm. bill-zürich

1935

Föhn

In diesem «unterhaltsamen Schweizer Magazin» publizierten unter anderen Binia Bill, Herbert Matter und Heinrich Steiner Fotos.

– Gestaltung des Umschlags der Ausgabe November 1935; Buchdruck vierfarbig, 165×230 mm.
– Dazu ein Entwurf, Foto, koloriert, Titel-Andruck, Farbpapiere, Gouache, 125×183 mm, rückseitig gestempelt: bill-zürich foto: binia bill, zürich Quellen: Rüegg 1997; Fleischmann 4, 1997.

1936

MUSICA VIVA, Vierteljahresmusikzeitung

– Gestaltung des Umschlags und des Verlagssignets ARS VIVA auf der Umschlagrückseite, Offsetdruck, 210×297 mm. bill-zürich Die erste Ausgabe enthält Partituren von Ferruccio Busoni und Wolfgang Amadeus Mozart sowie Texte von Wladimir Vogel und Hermann Scherchen, dem Herausgeber dieser Musikzeitung. Eine auf 148×210 mm verkleinerte Ausgabe enthält die Partitur ‹Die Kunst der Fuge› von Johann Sebastian Bach, herausgegeben von Roger Vuataz. (Abb. unten)

Walter Labhart schrieb 1977 zu Wladimir Vogels im Verlag Eulenburg, Adliswil, erschienener Partitur ‹Dai Tempi più remoti, tre pezzi per pianoforte›: «Max Bill [...] gehört zu den ersten Intellektuellen und Künstlern unseres Landes, die mit den 1933 aus Deutschland in die Schweiz eingewanderten Komponisten in freundschaftlichen Kontakt traten. Im Auftrag von Hermann Scherchen [...] schuf Max Bill in jener Zeit einen Standardumschlag für [die] Zeitschrift ‹Musica Viva›. [...] Max Bill, der immer ein reges Interesse für zeitgenössische Musik bekundet hatte, erteilte als Rektor der von ihm mitbegründeten Hochschule für Gestaltung in Ulm dem Musiker einen Kompositionsauftrag, der darin bestand, für die feierliche Einweihung dieses von Bill erbauten Hochschulkomplexes [...] fanfarenartige Blechbläsersätze zu schreiben, die schließlich in die ‹Turmmusik I–IV› eingingen».

1937

Schweizer Reklame

Offizielles Organ des Schweizerischen Reklameverbandes und des Bundes Schweizerischer Reklameberater, erschien erstmals 1929.

– Gestaltung des Beitrags ‹die typografie ist der grafische ausdruck unserer zeit [...]›, mit typografischen Beispielen, Heft 3, 1937; Buchdruck rot, chamois und schwarz, 4 Seiten, 210×297 mm. Quelle: Fleischmann 4, 1997. (Abb. S. 158f.)

1938

Das Werk

Offizielles Organ des Bundes Schweizer Architekten und des Schweizerischen Werkbundes, erschien erstmals 1914.

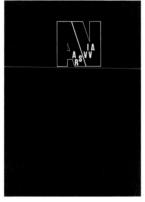

Musica Viva, Vierteljahresmusikzeitung, Umschlag, Vorder- und Rückseite, 1936.

- Umschlagentwürfe für das Januar-Heft 1939, Satzabzüge, Farbpapiere, 220×310 mm. Wettbewerbsarbeit (3. Rang).

Voix européennes

Revue bimensuelle pour les pays danubiens et l'europe du sud-est; Politique, Economie, Culture, Paris.

- Umschlagentwurf für Heft 2, 1938, Gouache, 150×230 mm.

1944/45

abstrakt/konkret

Diese Zeitschrift wurde auf Bills Anregung vom Maler und Galeristen Hansegger (d. i. Johann Egger) als Bulletin der Galerie des Eaux-Vives in Zürich herausgegeben; sie war auch Sprachrohr der Allianz-Künstler. Von November 1944 bis Dezember 1945 erschienen zwölf Ausgaben.

- Bulletin 2, 1944, Gestaltung des Umschlags mit der ersten Version der von Bill gezeichneten gräkisierenden Schrift, Offsetdruck schwarz auf dunkelrotem Karton, 210×297 mm. **bill 44** (Abb. S. 101)
- Bulletin 8, 1945, Gestaltung des Umschlags unter Verwendung einer Zeichnung von Wassily Kandinsky, Buchdruck schwarz auf grünem Karton. **Den Umschlag gestaltete Max Bill** Quellen: Schilder 1981; Matheson 1983. (Abb. S. 101)

1946

Schweizer Graphische Mitteilungen

Diese Fachzeitschrift für das graphische Gewerbe erschien 1882–1936 und 1946–1951, seit 1952 zusammen mit den Typografischen Monatsblättern und der Revue suisse de l'imprimerie.

- Gestaltung des Beitrags ‹über typografie›, mit typografischen Beispielen, Heft 4, 1946; Buchdruck grau und schwarz, 8 Seiten, 210×297 mm. Quelle: Fleischmann 4, 1997. (Abb. S. 160–166)

1947

Schweizer Graphische Mitteilungen

- Gestaltung des Beitrags ‹Der italienische Briefbogen›, mit typografischen Beispielen, Heft 5, 1947; Buchdruck, 10 Seiten, 210×297 mm. *Bill kommentiert acht Briefbogen, die er aus seiner Korrespondenz auswählte.*

1953

Typographica

Herbert Spencer gründete 1949 diese Zeitschrift für Typografie und Grafik, Verlag Lund Humphries, London. Für sein 1969 auf englisch und 1970 auf deutsch erschienenes Buch ‹pioniere der modernen typographie› schrieb Bill das Vorwort.

- anthony hill: ‹max bill. the search for the unity of the plastic arts in contemporary life›, Heft 7, 1953. **this inset has been designed [...] by max bill**

1957

Globus-Hauszeitung

- Gestaltung eines Beitrags zur Ausstellung «die unbekannte Gegenwart», mit Abbildungen, in der Ausgabe 4/5, Juli/Oktober, 1957; Buchdruck, 20 Seiten, 150×225 mm. Quelle: Fleischmann 4, 1997.

1959

form, internationale Revue

Redaktoren waren Jupp Ernst, Willem Sandberg (Direktor des Stedelijk Museum Amsterdam), Curt Schweicher und Wilhelm Wagenfeld.

- Gestaltung des Umschlags für Heft 5, 1959; Buchdruck, orange, hellblau und schwarz, 220×290 mm.

Neue Grafik

Diese Zeitschrift erschien in 18 Ausgaben (die letzte, 17/18, als Doppelnummer) von 1958 bis 1965; Redaktoren waren Richard Paul Lohse, Josef Müller-Brockmann, Hans Neuburg und Carlo L. Vivarelli, der den Umschlag gestaltete.

- Gestaltung des Beitrags ‹Kataloge für Kunstausstellungen 1936–1958›, mit typografischen Beispielen, Heft 2, 1959; Buchdruck. 8 Seiten, 250×280 mm. (Abb. S. 167–175)

1976

Du. Europäische Kunstzeitschrift

- Gestaltung des Bill-Sonderhefts vom Juni 1976 mit Texten von Max Bill: ‹vom bauhaus bis ulm›, ‹die magie der gestalteten gegenstände›, ‹autonome gegenstände für den geistigen gebrauch› und ‹bauen als teil der gestalteten umwelt›; Tiefdruck, 60 Seiten, 220×300 mm.

1987

Du. Die Zeitschrift für Kunst und Kultur

- Gestaltung des Beitrags im Januar-Heft 1987 über eine Wanderausstellung mit Werken von Max Bill; Text: ‹subversiver glanz› und Fotos von Angela Thomas Jankowski; Tiefdruck, 4 Seiten, 220×300 mm.

Baubeschriftungen, Standgestaltungen

Die mit * bezeichneten Arbeiten hat Bill auf den Ausstellungstafeln, die er zwischen 1929 und 1932 an Ausstellungen zeigte, mittels Fotos dokumentiert.

1927

Reformhaus Egli, Zürich
– Standgestaltung. Signatur: ENTWÜRFE RAUMPLAKATE MAX BILL FORMGESTALTER WINTERTHUR.

1930

Duss, Lederwaren und Reiseartikel, Zürich*
– Ladenbeschriftung.

Internationale Ausstellung für Verkehr und Touristik, Posen (Polen)*
– Standgestaltung der Schweizer Abteilung.
– Standgestaltung für den Autohersteller Saurer, Arbon. Architekt: Ernst F. Burckhardt. Quellen: Werk 8, 1930; Gubler 1975; Allas 1995.

Strandbad Küsnacht*
– Fassadenbeschriftung. Architekten: Adolf Steger und Karl Egender. Quelle: Werk 6, 1933.

1931

Deutsche Bauausstellung, Berlin*
– Ausstellungsbeschriftung. Architekt: Ernst F. Burckhardt. Quelle: Meyer 6, 1931.

Reformhaus Egli, Zürich*
– Degustationsstand («kostprobenstand») an der HYSPA, Bern. Quelle: Bill 4, 1934. (s. S. 157)
– Autobeschriftung. (Abb. S. 14)

Limmathaus, Zürich
– Fassadenbeschriftung. Architekten: Adolf Steger und Karl Egender. Quelle: Zürich Kunsthaus 1981.

Schweizerische Zentrale für Handelsförderung*
– Messestand.

Tanzstudio und Labanschule Wulff, Basel*
– Ausstellungsstand.

Wohnbedarf AG, Zürich*
– Ladenbeschriftung an der Claridenstraße 47. Architekt: Ernst F. Burckhardt. Quellen: Bill 3, 1933; Bill 1977; Zürich 1977; von Moos 1980, 1981, 1992; Mehlau-Wiebking, Rüegg, Tropeano 1989. (Abb. S. 35, s. auch S. 153, 185)

1932

Duttlinger Optik, Zürich*
– Ladenbeschriftung. Quelle: Bill 3, 1933. (s. S. 153)

Cinéma Rex, Zürich
– Entwurf für die Fassaden- und Schriftgestaltung, Gouache und Collage auf Transparentpapier auf Karton, 240×310 mm.

Schweizer Bau-Centrale SBC, Zürich*
– Propagandastand.

Zett-Haus, Zürich*
– Fassadenbeschriftungen für Zett-Haus, Zett-Restaurant, Roxy-Bar und Kino Roxy. Architekten: Carl Hubacher und Rudolf Steiger, Mitarbeit Robert Winkler. Quellen: Meyer 1, 1934; Zürich 1977; Zürich Kunsthaus 1981; Lohse 1981; Bignens 1985, 1988; Mehlau-Wiebking, Rüegg, Tropeano 1989; Frei 1991. (Abb. S. 108)

Züga, Zürcher Gartenbauausstellung
– Baubeschriftung. Architekt: Karl Egender. Quelle: Bill 3, 1933. (s. S. 153)

1. Zürcher Lichtwoche
– Ausstellungsbeschriftung und Außenbeleuchtung für die Ausstellung ‹Das Licht in Heim, Büro und Werkstatt›, Kunstgewerbemuseum Zürich (im Landesmuseum). Quelle: Mehlau-Wiebking, Rüegg, Tropeano 1989.

1933

Colas SA, Bitumen-Kaltasphalt-Produkte, Genève
– Messestand. Dazu Entwurf, Gouache (isometrische Darstellung des Standes), handschriftliche Datierung vom 10. Juni 1933. Quellen: Bill 4, 1934; Frei 1991; von Moos 1996. (s. S. 157)

1934

Corso-Theater, Zürich
Das zwischen 1898 und 1900 als Varieté-Theater errichtete Gebäude wurde 1933/34 von Ernst F. Burckhardt und Karl Knell umgebaut. Bill entwarf zwei Varianten des Corso-Schriftzugs, die sich noch heute am Bau befinden. Charakteristisch für die Beschriftung über dem Giebel sind die breitgezogenen Grossbuchstaben in Groteskschrift. Der Schriftzug in schreibschriftähnlichen Kleinbuchstaben über dem Eingang wird auch in Anzeigen für das Kino Corso verwendet.
– Außenbeschriftung auf dem Dach. Quellen: Zürich 1977; Bignens 1985; Mehlau-Wiebking, Rüegg, Tropeano 1989; Frei 1991; Bosshard 1996; Fleischmann 4, 1997.
– Außenbeschriftung über dem Eingang.
– Reinzeichnung für den schreibschriftähnlichen Schriftzug «corso», Tusche auf Transparentpapier, 295×210 mm. (Abb. S. 40)
– Entwürfe für den Schriftzug «corso» in verschiedenen Fantasieschriften und in schmalfetter Grotesk, Tusche und Gouache auf Karton, Bleistift auf Transparentpapier, Andrucke auf Farbpapiere, Breite der Zeichnungen zwischen 130 und 290 mm; Andrucke in mehreren Farben auf verschiedene Farbpapiere, je 50×20 mm. (Abb. S. 38f.)
– Entwurf für eine monumentale Fassadenbeschriftung auf den Fenstern, Pastell auf Transparentpapier, 350×416 mm. (Abb. S. 40)
– Entwurf «corso-bistro», Gouache und Farbkreiden auf schwarzem Papier, 335×260 mm.

Pestalozzi & Co, Eisenhandel, Zürich
Das von Ernst F. Burckhardt erbaute Lagergebäude am Mythenquai ist ein wichtiger Zeuge des Neuen Bauens in Zürich; es ist samt Bills 1988 restaurierter Fassadendekoration unter Denkmalschutz gestellt. Für 1999 ist eine erneute Restaurierung geplant.
– Fassadendekoration.
– Entwurf, Bleistift und Gouache auf Transparentpapier, ca. 515×190 mm, auf Karton montiert, vorne signiert, auf der Rückseite Bleistiftskizze einer Handbohrmaschine. bill 1934 (Abb. S. 41)

Café Seestern, Zürich
– Entwurf für eine Fassadenbeschriftung, Bleistift und Gouache auf Karton, ca. 400×290 mm. bill

1935

A. Brunschweiler & Co.
– Fassadenbeschriftung.

Conditorei Café Maurer, Zürich
– Ladenbeschriftung, auf dem Dach Metallschrift, auf dem Vordach Neonschrift.

Schweizer Pavillon an der Weltausstellung, Brüssel
– Grafische Gestaltung des Propagandastandes der Schweizerischen Verkehrszentrale. Architekt: Hans Hoffmann. Quellen: Jegher 7, 1935; Gubler 1975; Allas 1995.

Shell Oil Schweiz

– Schaufensterparavent für das Insektenvertilgungsmittel «Shell тох»,
Beschriftung französisch.

1936

Schweizer Abteilung an der IV. Triennale di Milano

– Architektur und Ausstellungsgestaltung. Quellen: Meyer 10, 1936;
Roth 1939; Egender 7/8, 1945; Bill 3, 1948; Lohse 1953; Maldonado
1955; Ulm 1956; Stuttgart 1968; Gubler 1975; Winterthur 1981; Frei
1991; von Moos 1996; Gimmi 1996.

1939

Schweizerische Landesausstellung, Zürich

– Mitarbeit am Sektor ‹Städtebau und Landesplanung›. Architekt: Hans
Schmidt. Quelle: Das Werk 9, 1939.

1943

Kunstgewerbemuseum, Zürich

– Mitarbeit an der Ausstellung ‹Unsere Wohnung›.

1949

Ausstellung ‹Die gute Form› an der Mustermesse, Basel

– Gestaltung der Sonderschau des Schweizerischen Werkbundes.
Quellen: Werk 8, 1949 und 4, 1953; Hill 7, 1953; Lohse 1953; Maldonado
1955; Ulm 1956; Bill 4, 1959 und 6, 1976; Stuttgart 1968; Erni 1983;
Frei 1991; Gimmi 1996.
– Skizze zur Ausstellungsgestaltung, Bleistift auf Transparentpapier,
ca. 410×310 mm. bill 10-2-49

1951

Schweizer Abteilung an der IX. Triennale di Milano

– Architektur und Ausstellungsgestaltung. Quellen: Roth 9, 1951;
Lohse 1953; Maldonado 1955; Ulm 1956; Stuttgart 1968; Bill 6, 1976;
Frei 1991.

1957

Cinévox, Neuhausen

– Architektur des Kinos und des Wohngebäudes, Beschriftung. Quellen:
Bignens 1988, 1996; von Moos 1996.

Globus Warenhaus, Zürich

– Wanderausstellung ‹Die unbekannte Gegenwart› in den Schaufenstern
der Globus-Filialen in Zürich, Basel, St. Gallen, Aarau und Chur.

1959

Ceylon Tea Centre, London

– Organisation und Gestaltung der Ausstellung ‹Swiss Design›.

1961

Eternit Aktiengesellschaft, Berlin

– Informationsstand anläßlich des 5. Internationalen Wasserversorgungs-
Kongresses. Quelle: Staber 16, 1963.

1964

Expo '64, Lausanne

– Architektur des Pavillons und Ausstellung des Sektors ‹Bilden und
Gestalten›.

1971

Duplex-Kino City und Club, Schaffhausen

– Umbau und Beschriftung.

Wortmarken, Signete

Typosignete sind aus Bleisatzmaterial zusammengesetzt und können deshalb in
Form und Größe variiert werden.

«egli» Reformhaus, Zürich. Drei Varianten: Ausstellungsstand 1927, Lieferwagen um 1930, eine dritte Variante als Andruck (Abb. S. 14).
«SA des Ciments Portland de Lorraine, Strasbourg» 1929 (s. S. 181).
«aw» Aarauer Werkstätten H. Woodtly & Cie, Aarau und Bern, 1930
(s. S. 181).
«babsi» Kinderstrickwaren, 1930 (s. S. 214).
«koffer-duss» Zürich, Name negativ in schmalem Balken mit variabler
Länge, 1930.
«bau kredit zürich» 1931 (s. S. 90, 178f., 186).
«bill-zürich» Name in Linienrahmen, als Stempel und auf Briefpapier verwendet, 1931 (Abb. S. 19, s. auch S. 39, 40, 155, 205).
«bill-zürich» Name negativ in Rechteckbalken, Andruck, 1931 oder später.
«eugen fritz gartenarchitekt» Zürich, gezeichneter Schrifttyp in der Art des
Wohnbedarf-Schriftzugs, jedoch konturiert, 1931.
«kowä» Korsett-Wäsche-Haus, Zürich, 1931.
«neubühl» Werkbund-Siedlung, Zürich-Wollishofen, 1931 (s. S. 185, 215).
«s-p-h stoffe sharon preiswerk hürlimann» Zürich, Typosignet, 1931
(s. S. 209).
«wohnbedarf», «wohnbedarf-typ», «ameublement typ» Zürich, Genf, 1931
(Abb. 35, s. auch S. 19, 56, 153, 158, 184, 185, 187–191, 209, 218). *Dieser
wohl berühmteste Schriftzug von Bill ist noch heute in Gebrauch.*
«foto: binia bill. zürich» Name in Linienrahmen, als Stempel verwendet,
1932 (Abb. S. 19).
«brillen duttlinger optik» Zürich, 1932 (s. S. 153, 186).
«information» Zeitschrift, 1932 (s. S. 75, 209, 256–259).
«interna» Medizinisches Institut, Winterthur. Typosignet, 1932 (s. S. 186).

«Reifler + Madliger» Tiefbau, Biel, 1932.

«rolex» Uhren (in zwei Varianten gezeichnet), 1932.

«SPK» Schweizer Presse-Korrespondenz. Typosignet, 1932.

«Ligno-Vialit» Vialit-Gesellschaft, Zürich, 1932.

«owo» Otto Wolfensberger & Co., Kartonagen, Buchdruckerei, Laden- und Büroeinrichtungen, Zürich, 1932.

«zett-haus» Zürich, 1932. Negativ, in Anzeigen (s. S. 122, 124, 127); positiv, als Fassadenbeschriftung über dem Kino-Eingang (s. S. 108).

«züga» Zürcher Gartenbauausstellung, 1932 (s. S. 153).

«Au Petit Dôme» Café Restaurant, Zürich. Schriftzug (ähnlich dem Kopf des Dôme Journal) und stilisiertes Großmünster im Kreis, 1933 (s. S. 17).

«EVZ» Europa Verlag, Zürich, 1933 (s. S. 240, 241).

«in-kombi» Zeichen für den «innenkombinierbaren» Schrank, entworfen von Max E. Haefeli für die Wohnbedarf AG, 1933 (s. S. 189).

«magnolians» Jazzorchester, 1933 oder später (Abb. S. 34).

«Moskill» Mona AG, Basel, Produkte für Insektenvertilgung, Reinzeichnung, Gouache, 290×110 mm, 1933 (Abb. unten).

«harry riquer's» Jazzorchester, 1933 (s. S. 208, 293).

«s+h-stoffe» Sharon + Hürlimann, Zürich. Typosignet, 1933.

«corso» Corso-Theater, Zürich, 1934. Schriftzug in Grotesk-Großbuchstaben (auf dem Dach) und in schreibschriftähnlichen Kleinbuchstaben (über dem Eingang) sowie Varianten (Entwürfe) (s. S. 38–40, 216).

«Delva» Sanitäre Anlagen, Zürich, 1934 (s. S. 129, vergleiche dazu S. 127 das alte Signet).

«DH» Durand Huguenin S.A., Bâle (Variante mit Löwenkopf im Innenraum des D), Entwurf, Gouache, 290×210 mm, 1934.

«perspektiven» Zeitschrift für literarische Publikationen, vermutlich als Nachfolgezeitschrift der «information» geplant, 1934 (s. S. 191).

«pro Musica» Ortsgruppe Zürich der Internationalen Gesellschaft für Neue Musik, 1934 gegründet, Entwurf, Gouache, 375×75 mm (Abb. unten).

«Ad. Schulthess & Co» Zürich. Typosignet, 1934 (s. S. 194f.).

«Wechlin Tissot & Co» Zürich, 1934 (s. S. 198–201).

«Dolmetsch» Messer AG, Zürich, Entwurf, Gouache grün und weiß auf ockerfarbigem Papier, 385×75 mm, 1935 (Abb. S. 290 oben).

«Graedel's Bonbonnière» um 1935 (Abb. unten).

«modelia» Herrenmode, Zürich, Skizze, Bleistift, 280×40 mm, um 1935 (Abb. S. 290 unten).

«F. H. Schoch, Berne» Andruck gold auf Karton, 390×130 mm, um 1935.

«ARS VIVA» Verlagssignet für die von Hermann Scherchen herausgegebene Vierteljahresmusikzeitung, 1936 (s. S. 286).

«Éclipse» Kleider-Schnell-Reinigung, Zürich. Typosignet, 1937 (s. S. 21).

«VA» Verlag für Architektur, Zürich. Typosignet, um 1940, Quelle: Schweizer Graphische Mitteilungen 7/1946.

«av» Allianz-Verlag, Zürich. Typosignet, von 1941 an in verschiedenen Varianten verwendet. Quelle: Schweizer Graphische Mitteilungen 7/1946. (s. S. 146, 176, 264).

«MSA» Moderne Schweizer Architektur, von 1942 an. *Signet auf der Rückseite der Mappen für die Teillieferungen dieses Sammelwerks.* Quelle: Schweizer Graphische Mitteilungen 7/1946.

«Civitas» Sammelwerk «Die Menschliche Siedlung», Buchreihe im Verlag Girsberger, Zürich, 1943. Quelle: Schweizer Graphische Mitteilungen 7/1946.

«Buchvermittlungsdienst Zürich» 8 Skizzen, 1945.

«Sasha» Anhängeetiketten für die Kinderpuppen von Sasha Morgenthaler, Buchdruck blau, rot und schwarz, Durchmesser 80 mm und, in Plombe eingelegt, 9 mm; nur blau und rot, Durchmesser 33 mm, 1945. Quelle: Schweizer Graphische Mitteilungen 7/1946. *Diese Etiketten werden noch heute verwendet.*

«.i.p.c.» institut für progressive cultur, Zürich. Typosignet, 1947 (s. S. 206).

Stilisierte Zeichnung von drei Möven Signet für die Plakate der Juni-Festwochen und für den Verkehrsverein Zürich, 1949 (s. S. 224).

«Cinévox» Kino, Neuhausen am Rheinfall, 1957 (Abb. unten).

«50 Jahre Globus» Warenhaus Globus, Zürich, Signet für die Schaufenster-Ausstellung «die unbekannte Gegenwart», 1957.

«antidrog» Skizzen, 1975.

«pagina» Wortmarke in Bills «schrift unserer zeit» für eine Buchreihe des Verlags Gruppo Editoriale Electa, Milano, um 1980 (Abb. unten).

«SF» Fondation Saner (Saner Foundation), Studen, 1993.

Gräkisierende Schrift

– Diese Schrift hat Bill erstmals 1944 für den Umschlag des Bulletins 2
der Zeitschrift ‹abstrakt/konkret› gezeichnet, dann auf den Plakaten
‹konkrete kunst›, Kunsthalle Basel, 1944, ‹pevsner, vantongerloo, bill›,
Kunsthaus Zürich, 1949, und ‹max bill›, Kunstmuseum Winterthur,
1960, weiterentwickelt und – mit Varianten einzelner Zeichen – immer
wieder verwendet (s. S. 30–32, 101, 222, 223, 290).
Von The Foundry (David Quay und Freda Sack), London, wurde diese
Schrift digitalisiert und im Postscript-Format unter ‹architype bill› ver-
öffentlicht (neben Schriften von Herbert Bayer, Theo van Doesburg,
Bart van der Leck, Paul Renner und Jan Tschichold).

abcdefghijklmnopqrstvvrvwwxyz
0123456789

Schrift aus Wortbildern

– Bei dieser «schrift unserer zeit, lesbar mit hilfe von maschinen, besser
lesbar für den menschen», wie Bill sie selber nannte, sind die Vokale
(inklusive y) – ähnlich wie bei der ‹neuen plastischen Systemschrift›
von Kurt Schwitters – fett gezeichnet. 60er Jahre. Quelle: Fleischmann
4, 1997. (Abb. S. 36f.)
Die Schrift wurde in einer aufrechten und einer kursiven Version 1997
von Jay Rutherford digitalisiert. Die kursive Version wurde als Wort-
marke für die Buchreihe ‹pagina› des Verlags Gruppo Editoriale Electa,
Milano, verwendet, so zum Beispiel für ‹lo Studio Boggeri 1933–1981,
Archetipi della seduzione grafica, 1981› (Gestaltung Bruno Monguzzi),
und ‹Hans Neuburg: 50 anni di grafica costruttiva, 1982›.

abcdefghijklmnopqrstuvwxyz
ABCDEFGHIJKLMNOPQRSTUVWXYZ
●123456789
abcdefghijklmnopqrstuvwxyz
ABCDEFGHIJKLMNOPQRSTUVWXYZ
●123456789

Schrift ohne Betonung der Vokale

– Bei dieser Schrift sind die Punzen nicht kreisbetont wie bei der «schrift
aus wortbildern», dagegen ist das typische, auch in einem Schriftzug-
entwurf «corso» gezeichnete, oben geschnittene S beibehalten; ein
weiteres Charakteristikum sind die Verdickungen bei Linienkreuzungen
und -zusammenläufen. 60er Jahre. (Abb. S. 37)
Von diesen beiden Schriften hat Bill zahllose Skizzen und Entwürfe mit
Zeichenvarianten, ferner Montagen von Wörtern und Sätzen, ja ganzen
Textgruppen sowie Negativfilme angefertigt oder anfertigen lassen.
Dieses ganze Material ist noch nicht gesichtet. Deshalb ist zurzeit ein
Überblick kaum möglich, und die Absichten, die Bill damit verfolgte,
können kaum erkannt werden. Anscheinend wollte er sich aber mit
diesen Schriftentwürfen in die Diskussion über optische Zeichenerfas-
sung einschalten.

Ausstellungstafeln

– Insgesamt sind 27 Kartons mit montierten typografischen Arbeiten
sowie Fotos von Baubeschriftungen und Standgestaltungen im Format
42×59 cm erhalten. Da die Numerierung der Kartons Lücken aufweist,
ist anzunehmen, daß es ursprünglich noch mehr solcher Ausstellungstafeln gab. Handschriftliche Notizen auf den Rückseiten geben, manch-
mal allerdings nur ungefähr, Hinweise auf die Entstehungszeit der
Arbeiten zwischen 1929 und 1932.
1928 wurde auf die Initiative von Kurt Schwitters der ‹ring neue werbe-
gestalter› gegründet. Am 20. März fand im Kunstgewerbemuseum Köln
die erste Ausstellung statt, die anschließend nach Wiesbaden, Barmen
und Bochum ging. Für eine Ausstellung in Hamburg mußten die Mit-
glieder neues Material zusammenstellen. Paul Schuitema organisierte
die erste Ausstellung außerhalb Deutschlands; die Hamburger Ausstel-
lung wurde im Dezember in Rotterdam gezeigt. 1929 waren zwei Kol-
lektionen des Rings unterwegs: die Bochumer Ausstellung ging nach
Hannover, Bremen und Magdeburg, diejenige von Rotterdam nach
Halle und Dresden. Im selben Jahr folgte eine Ausstellung in Berlin.
1930 wurde die Ausstellung ‹Gefesselter Blick› (in der Bill wahrschein-
lich zum ersten Mal vertreten war) in Stuttgart und München gezeigt;
aus deren Material ging das Buch gleichen Namens hervor. Weitere
Ausstellungen fanden in Kopenhagen, Basel und Aarau statt. In diesen
wie auch in den folgenden Ausstellungen 1931 in Essen und im Stede-
lijk Museum Amsterdam wurden nicht nur Arbeiten von Mitgliedern
gezeigt; die Öffnung zur internationalen Szene war vollzogen. Nach
1931 trat der Ring kaum noch in Erscheinung. An welchen Ausstellun-
gen Bill teilgenommen hat, läßt sich heute kaum mehr ermitteln; an
der Ausstellung im Gewerbemuseum Basel war er gemäß der von Kurt
Schwitters für den Katalog erstellten Teilnehmerliste nicht beteiligt.

Bois Brothers & Co Ldt (!), Colombo

– Entwürfe für Teepackungen; das Wort ‹tea› ist auf der einen Packung
in der Schablonenschrift des Plakates ‹verkaufsausstellung› von 1930
gezeichnet (s. S. 149), auf der anderen in der gleichen Schrift wie das
Wort «Fuss» in der ganzseitigen Anzeige Nr. 3 für das Zett-Haus von
1932 (s. S. 121). Dazu Skizzen, Gouache auf Transparentpapier. 1932.

Farbige Zeichnung mit großem O

– Entwurf, Gouache blau, weiß und schwarz, ca. 300×200 mm. Zweck
nicht bekannt (Wandmalerei?). 1932. bill 32 (Abb. S. 35)

Harry Riquer's Jazzorchester

– Aushängetafel (Unikat), Foto auf Karton montiert, Text Buchdruck auf
Foto, 40×29 cm. 1933. foto: binia bill. zürich (Abb. S. 293)

Farbige Zeichnung mit großem R

– Entwurf, Bleistift und Farbstift, von Bill als «peinture murale» bezeichnet, 290×130 mm. 1934. bill 34

Etikette für Ligerzer Wein

– Buchdruck gold (bronziert) und schwarz, 106×77 mm. 1934.

Gemeindewappen Ligerz

– Entwurf, Gouache, 200×230 mm. 1934. *Dieses Wappen ist noch heute*
in Gebrauch.

Textmontage mit Zeichnungen

– Reinzeichnung, Schreibmaschinenschrift, in Streifen geschnitten und versetzt montiert, Tuschezeichnungen, auf Karton, 550×420 mm; Andruck 280×210 mm. Zweck nicht bekannt. 1934. (Abb. S. 212) Der schwierig zu entziffernde erste Teil des Textes lautet: «Periander war des kypselus sohn, eben der/jenige, welcher dem thrasybulus von dem o/rakel kunde gegeben hatte; es war aber p/eriander – herrscher von korinth. diesem p/eriander begegnete, wie die korinther erz/ ählen, und es stimmen mit ihnen die lesbi/er überein, in seinem leben eines der grö/ssten wunder mit ARION von methymnä, welc/her auf einem DELPHIN nach tänarum ans l/and getragen ward, einem cytherspieler, de/r unter den damals lebenden keinem nachs/tand und zuerst unter allen, die wir kenn/en, einen dithyrambus dichtete, auch benann/te und zu korinth aufführte [...]»

Schweizerische Post

– Fünf Briefmarkenentwürfe mit Schwurhand. 30er Jahre. (Abb. S. 42)
– Briefmarkenentwurf, Gouache rot, grün, braun und schwarz auf Karton, 210×295 mm. 30er Jahre.

Schweizerischer Werkbund

– Entwurf, Gouache rot, Buchstaben «swb» negativ, 350×470 mm. Zweck nicht bekannt. 30er Jahre.

Schweizerische Eidgenossenschaft

– Arztdiplom «Hans J. Leuenberger», Buchdruck auf Büttenpapier, zwei Größen: 420×297 mm und 210×297 mm. 1940.

Schweizerischer Werkbund

– Label «Die gute Form». 1952. Quelle: Müller 1994.

Hochschule für Gestaltung Ulm

– Urkunden «henry van de velde» und «walter gropius», Buchdruck rot und schwarz auf Büttenpapier, 385×465 mm. 1955.

›du‹ – do it yourself

– Anleitung «alle können sich selber eine kleine bill-plastik machen», Offsetdruck, 210×297 mm, für die Ausstellung in der Galerie Design 1, Hamburg, 1970 gedruckt. Quelle: Bill 6, 1976. *Es gibt zwei Versionen dieses von Hand geschriebenen Blattes.* (Abb. S. 33)

Schweizerische Post

– Europa-Briefmarke, Sujet ‹Unendliche Schleife› von Max Bill, Tiefdruck rot und schwarz. 1974. MAX BILL
– Europa-Briefmarke, Sujet ‹Die Amazone› von Carl Burckhardt, Tiefdruck blau und schwarz. 1974. C. BURCKHARDT/BILL
– Dazu diverse Skizzen. Quelle: Fleischmann 4, 1997.

Schweizerische Eidgenossenschaft

– Sondermünze «Le Corbusier 1887–1965» mit Bills gräkisierender Schrift und der Modulorkonstruktion. Durchmesser 31 mm. 1987. bill

PWA Grafische Papiere, heute: SCA Fine Paper, Raubling

– Kalender mit zwölf Reproduktionen nach Werken von Max Bill für das Jahr 1990. Deckblatt Siebdruck weiß und grau auf Folie; Monatsblätter Offsetdruck vierfarbig, Text grau, Signet grün und blau; Textblatt mit Porträtfoto, Offsetdruck grau und schwarz, 590×740 mm. 1989.

Aushängetafel (Unikat) für Harry Riquer's Jazzorchester, 1933. Foto Binia Bill.

Bibliografie

ABC, *Beiträge zum Bauen,* Basel, Serie 1, Heft 2, 1924, unpaginiert [S. 3]
    und Heft 3/4, 1925, unpaginiert [S. 7].
Albers, Josef: ‹Zur Ökonomie der Schriftform›, in: *Offset- Buch- und Werbe-*
    kunst, Heft 7 (Bauhaus-Heft), 1926, S. 395–397.
    – ‹Kombinationsschrift '3'›, in: *bauhaus,* Heft 1, 1931, S. 1.
    – *Interaction of Color, Grundlegung einer Didaktik des Sehens,* Köln,
      M. DuMont Schauberg, 1970.
Allas, Ivo, und Giampiero Bosoni: ‹Das Projekt Schweiz bei den internatio-
    nalen Ausstellungen von 1924 bis 1939›, in: Arthur Rüegg und Ruggero
    Tropeano: *Wege zur ‹Guten Form›,* Basel, Birkhäuser, 1995, S. 32–39.
Allgemeine Plakatgesellschaft (Hrsg.): *50 Jahre Schweizer Plakate, aus-*
    gezeichnet vom Eidgenössischen Departement des Innern, Genf, 1991.
Anker, Valentina: *Max Bill ou la recherche d'un art logique, Essay d'une*
    analyse structurale de l'œuvre d'art, Lausanne, l'Age d'Homme, 1979.
bauhaus, Zeitschrift, Dessau, Heft 1, 1928, S. 4f; Heft 2/3, 1928, S. 25–29;
    Heft 4, 1928, S. 18–21.
Bayer, Herbert: ‹Typographie und Werbsachengestaltung›, in: *bauhaus,*
    Heft 1, 1928, S. 10–13.
    – ‹Versuch einer neuen Schrift›, in: *Offset- Buch- und Werbekunst,* Heft 7
      (Bauhaus-Heft), 1926, S. 398–400.
Behne, Adolf: ‹Kultur, Kunst und Reklame›, in: *Das Neue Frankfurt,* Heft 3,
    1927, S. 57–63.
Bennett, Tim: ‹The Contribution of the Thirties. The New Architecture by
    Alfred Roth›, in: *The Architectural Review,* Vol. 88, 1940, S. 29f.
Bense, Max, Will Grohmann u. a.: *max bill,* Teufen, Arthur Niggli, 1958.
Bignens, Christoph: *Corso – ein Zürcher Theaterbau 1900 und 1934,* Teufen,
    Arthur Niggli, 1985.
    – *Kinos – Architektur als Marketing,* Zürich, Rohr, 1988.
    – ‹Verlockende Architektur – Bauen für ein Massenmedium›, in: *Kunst +*
      Architektur, Heft 3, 1996, S. 250–257.
Bill, Max: ‹bill-zürich›, in: Heinz und Bodo Rasch (Hrsg.): *Gefesselter Blick,*
    Stuttgart, Zaugg, 1930, S. 23–25.
    – ‹über gebäudebeschriftungen›, in: *Schweizer Reklame,* Heft 3, 1933,
      S. 64f.
    – ‹ausstellungs-reklamebauten: halb prospekt, halb architektur›, in:
      Schweizer Reklame, Heft 4, 1934, S. 80f.
    – ‹konkrete gestaltung›, in: *Zeitprobleme in der Schweizer Malerei und*
      Plastik, Katalog, Kunsthaus Zürich, 1936.
    – ‹die typografie ist der grafische ausdruck unserer zeit ...›, in: *Schwei-*
      zer Reklame, Heft 3, 1937.
    – *quinze variations sur un même thème,* Paris, Editions des chroniques
      du jour, 1938.
    – ‹Ueber konkrete Kunst›, in: *Das Werk,* Heft 8, 1938, S. 250–256.
    – (Hrsg.): ‹Einleitung›, in: *Le Corbusier & P. Jeanneret, Œuvre complète*
      1934–1938, Zurich, Les Editions d'Architecture, 1939.
    – ‹Die Beherrschung des Raumes›, in: *Almanach neuer Kunst in der*
      Schweiz, herausgegeben von der ‹Allianz› Vereinigung moderner
      Schweizer Künstler, Zürich, 1940.
    – ‹Paul Klee›, in: *Das Werk,* Heft 8, 1940, S. 209–216.
    – ‹der verständnisvollen haltung ...›, in: *allianz,* Katalog, Kunsthaus
      Zürich, 1942.
    – ‹vom sinn der begriffe in der neuen kunst›, in: *Abstrakt/Konkret,*
      Bulletin 2 der Galerie des Eaux-Vives, Zürich, 1942.
    – *Wiederaufbau, Dokumente über Zerstörungen, Planungen, Konstruk-*
      tionen, Erlenbach-Zürich, Verlag für Architektur, 1945.

    – (Hrsg.): ‹eines tages ...›, in: *arp : 11 configurations,* Zürich, Allianz-
      Verlag, 1945.
    – ‹zur zeichnung nr. 21/1932, von wassily kandinsky›, in: *Abstrakt/Kon-*
      kret, Bulletin 8 der Galerie des Eaux-Vives, Zürich, 1945.
    – ‹Wassily Kandinsky›, in: *Werk,* Heft 4, 1946, S. 128–132.
    – ‹über typographie›, in: *Schweizer Graphische Mitteilungen,* Heft 4,
      1946, S. 193–200; und Sonderdruck.
    – ‹Der italienische Briefbogen›, in: *Schweizer Graphische Mitteilungen,*
      Heft 5, 1947, S. 181–190.
    – ‹Worte rund um Malerei und Plastik›, in: *Allianz,* Katalog, Kunsthaus
      Zürich, 1947.
    – ‹Ausstellungen. Ein Beitrag zur Abklärung von Fragen der Ausstellungs-
      Gestaltung›, in: *Werk,* Heft 3, 1948, S. 65–71.
    – ‹Graphic Art in the Atom World – Graphik im Bereich der Atome›, in:
      Graphis, Heft 21, 1948, S. 80–84.
    – *Moderne Schweizer Architektur 1925–1945,* Basel, Karl Werner, 1949.
    – ‹Die mathematische Denkweise in der Kunst unserer Zeit›, in: *Werk,*
      Heft 3, 1949, S. 86–90.
    – *Die gute Form. Wanderausstellung des Schweizerischen Werkbundes,*
      Katalog, Mustermesse Basel und Kunstgewerbemuseum Zürich, 1949.
    – ‹Schönheit aus Funktion und als Funktion›, in: *Werk,* Heft 8, 1949,
      S. 272–281.
    – *Robert Maillart,* Erlenbach-Zürich, Verlag für Architektur, 1949.
    – ‹konkrete kunst nennen wir [...] 1936–1949›, in: *züricher konkrete*
      kunst, Katalog, Galerie Lutz und Meyer, Stuttgart, Moderne Galerie
      Otto Stangl, München, Galerie Otto Rolfs, Braunschweig, 1949.
    – ‹Kandinsky als Pädagoge und Erzieher›, in: Max Bill (Hrsg.): *Wassily*
      Kandinsky, Paris, Maeght, 1951, S. 148.
    – ‹Einführung›, in: Wassily Kandinsky: *Über das Geistige in der Kunst,*
      Bern-Bümpliz, Benteli, 1952, S. 5–16.
    – *FORM, eine Bilanz über die Formentwicklung um die Mitte des*
      XX. Jahrhunderts, Basel, Karl Werner, 1952.
    – *Die mathematische Denkweise in der Kunst unserer Zeit,* Zürich, Kunst-
      gewerbeschule (Schülerarbeit von Harry Spielmann), 1954.
    – ‹Einführung›, in: Wassily Kandinsky: *Punkt und Linie zu Fläche,* Bern-
      Bümpliz, Benteli, 1955, S. 7–10.
    – ‹Einführung›, in: Wassily Kandinsky: *Essays über Kunst und Künstler,*
      Teufen, Arthur Niggli, 1955, S. 5–12.
    – ‹Grundlage und Ziel der Ästhetik im Maschinenzeitalter›, in: *Baukunst*
      und Werkform, Heft 9, 1955, S. 558–561.
    – *Mies van der Rohe,* Milano, Edizione il balcone, 1955.
    – ‹der massstab der modernen malerei›, in: *piet mondrian,* Katalog,
      Kunsthaus Zürich, 1955.
    – *max bill,* Katalog, Museum der Stadt Ulm, 1956.
    – ‹einführung›, in: *josef albers, fritz glarner, friedrich vordemberge-*
      gildewart, Katalog, Kunsthaus Zürich, 1956.
    – ‹aktuelle probleme der gestaltung›, in: *max bill,* Katalog, Helmhaus
      Zürich, 1957, S. 9–18.
    – *Die gute Form. 6 Jahre Auszeichnung ‹Die gute Form› an der Schweizer*
      Mustermesse in Basel, Winterthur, Buchdruckerei Winterthur, 1957.
    – *die unbekannte Gegenwart,* Katalog, Warenhaus Globus, Zürich, 1957.
    – ‹'Die unbekannte Gegenwart' – eine thematische Schau des Waren-
      hauses Globus Zürich, von Max Bill›, in: *Neue Grafik,* Heft 1, 1958,
      S. 67–72.
    – ‹Kataloge für Kunstausstellungen 1936–1958›, in: *Neue Grafik,* Heft 2,
      1959, S. 13–20.
    – ‹Zur Gestaltung von Ausstellungen›, in: *Neue Grafik,* Heft 4, 1959,
      S. 2–7.
    – ‹Geleitwort›, in: Hans Neuburg: *Schweizer Industrie Grafik,* Zürich,
      ABC, 1965, S. 7.

– ‹Das Behagen im Kleinstaat›, in: *Neue Zürcher Zeitung*, 24. Dezember 1968, S. 5f.

– *max bill: malerei und plastik 1928–1968*, Katalog, Kunsthalle Bern, 1968, S. 19.

– ‹Vorwort›, in: herbert spencer: *pioniere der modernen typographie*, München, Axel Juncker, 1970, S. 11f.

– ‹vom bauhaus bis ulm – die magie der gestalteten gegenstände – autonome gegenstände für den geistigen gebrauch – bauen als teil der gestalteten umwelt›, in: *Du*, Bill-Sonderheft 6, 1976, S. 12–69.

– ‹meine 30er jahre›, in: Margit Staber und Otti Gmür (Hrsg.): *Um 1930 in Zürich – Neues Denken Neues Wohnen Neues Bauen*, Katalog, Kunstgewerbemuseum Zürich, 1977, S. 186–188.

– ‹Lehren am und aus dem Bauhaus›, in: *form + zweck. Fachzeitschrift für industrielle Formgebung*, Berlin DDR, Heft 3, 1979, S. 66.

– ‹funktionelle grafik und typographie›, in: Margit Weinberg-Staber und Alois Müller (Hrsg.): *Werbestil 1930–1940, Die alltägliche Bildersprache eines Jahrzehnts*, Katalog, Kunstgewerbemuseum Zürich, Museum für Gestaltung, 1981, S. 67–69.

– ‹Bauhaus und 'abstraction-création'›, in: *Dreissiger Jahre Schweiz – Konstruktive Kunst 1915–45*, Katalog, Kunstmuseum Winterthur, 1981, S. 24.

– ‹per hans neuburg›, in: *Hans Neuburg, 50 anni di grafica costruttiva*, Electa, Milano, 1982, S. 7.

– ‹vom bauhaus bis ulm›, in: *max bill*, Katalog, Zentrum für Kunstausstellungen der DDR, Weimar, 1988, S. 88.

– ‹mein bericht zu robert maillart›, in: *Robert Maillart – Brückenschläge*, Katalog, Museum für Gestaltung Zürich, 1990, S. 5–9.

Billeter, Erika (Hrsg.): *Die zwanziger Jahre – Kontraste eines Jahrzehnts*, Katalog, Kunstgewerbemuseum Zürich, 1973.

Bolliger, Hans: Antiquariatskatalog 4, Zürich, 1974.

Bool, Flip: ‹Paul Schuitema und Piet Zwart. Die Neue Typographie und die Neue Fotografie im Dienste der Industrie und des politischen Kampfes›, in: Stanislaus von Moos und Chris Smeenk (Hrsg.): *Avantgarde und Industrie*, Delft, University Press, 1983, S. 121–133.

Bonsiepe, Gui: *Visuelle-verbale Rhetorik,* in: *ulm*, Heft 14–16, 1965, S. 23–40.

Bosshard, Hans Rudolf: *Mathematische Grundlagen zur Satzherstellung*, Bern, Verlag des Bildungsverbandes Schweizerischer Typografen BST, 1985.

– *Typografie Schrift Lesbarkeit,* sechs Essays, Sulgen, Niggli, 1996.

– *Rastersysteme : Gesetzmässigkeit und Intuition*, Sulgen, Niggli, in Vorbereitung, erscheint 1999.

Brüning, Ute: ‹Die neue plastische Systemschrift›, in: Volker Rattemeyer, Dietrich Helms, Mitarbeit Konrad Matschke: ‹*Typographie kann unter Umständen Kunst sein*›. *Kurt Schwitters – Typographie und Werbegestaltung*, Katalog, Landesmuseum Wiesbaden, 1990.

Brüning, Ute (Hrsg.): *Das A und O des Bauhauses – Bauhauswerbung. Schrift, Drucksachen, Ausstellungsdesign*, Berlin, Bauhaus-Archiv, und Leipzig, Edition Leipzig, 1995.

Bucher, Annemarie: *spirale. Eine Künstlerzeitschrift 1953–1964*, Baden, Lars Müller, 1990.

Buddensieg, Tilmann, und Henning Rogge: *Industriekultur. Peter Behrens und die AEG 1907–1914*, Berlin und Mailand, Electa, 1978.

Burchartz, Max: *Typografische Arbeiten 1924–1931*, Baden, Lars Müller, 1993.

Caramel, Luciano, und Angela Thomas (Hrsg.): *Max Bill*, Katalog, Locarno Pinacoteca comunale, Casa Rusca, 1991.

Cyliax, Walter (Hrsg.): ‹Sonderheft Schweiz›, in: *Archiv für Buchgewerbe und Gebrauchsgraphik*, Leipzig, Deutscher Buch-Gewerbeverein, Heft 11/12, 1929.

Dalang, Max (unter dem Pseudonym Peter Martin): *Der Kaufmann PB. Ein Schweizer Kaufmannsleben zwischen zwei Weltkriegen*, Zürich, Schweizer Spiegel, 1943.

Döring, Jürgen: *Plakatkunst von Toulouse-Lautrec bis Benetton*, Katalog, Museum für Kunst und Gewerbe, Hamburg, 1994.

Doesburg, Theo van: *Grundbegriffe der neuen gestaltenden Kunst*, Bauhausbuch 6, München, Georg Langen, 1925.

– ‹Das Buch und seine Gestaltung›, in: *Die Form*, Heft 21, 1929, S. 566–571.

Dôme-Journal, Zürich, Heft 2, 1933, S. 19 und S. 20.

E. L. (?): ‹Das typographische Straßenplakat›, in: *Typografische Monatsblätter*, Heft 8, 1933, unpaginiert.

Eckstein, Hans: ‹Max Bill. 'Form, eine Bilanz über die Formentwicklung um die Mitte des XX. Jahrhunderts'›, in: *Bauen + Wohnen*, Heft 2, 1953, S. 48f.

Egender, Karl: ‹Die Schweiz wirbt im Ausland. Über die Gestaltung der schweizerischen Ausstellungen an den ausländischen Messen›, in: *Graphis*, Heft 7/8, 1945, S. 150–159.

Erni, Peter: *Die gute Form, eine Aktion des Schweizerischen Werkbundes. Dokumentation und Interpretation*, Baden, Lars Müller, 1983.

Erny, Karl: ‹Ein Vierteljahrhundert schweizerisches Reklameschaffen›, in: *Schweizer Reklame*, Heft 7, 1950, unpaginiert.

– ‹Die Pioniere der Schweizer Reklameberatung›, in: *idee – Zeitschrift für angewandte Kreativität*, Heft 1, 1981, S. 18–26.

Farner, Konrad: *Der Aufstand der Abstrakt-Konkreten. Zur Kunstgeschichte der spätbürgerlichen Zeit*, München, Dobbeck, 1960.

– ‹Max Bill oder die Gerade in der Spirale›, in: *Tendenzen*, Heft 39, 1966, S. 91–96.

– ‹Realismus in der bildenden Kunst. Mögliches Modell marxistischer Kunstbetrachtung›, in: *Kunst als Engagement. Zehn ausgewählte Essays*, Darmstadt, Luchterhand, 1973, S. 193–220.

Finsler, Hans: ‹Fotografie und [Schweizerischer] Werkbund›, in: *Foto-Ausstellung des SWB*, Katalog, Kunstgewerbemuseum Zürich, 1933, S. 16–21.

Fischli, Hans, und Willy Rotzler (Hrsg.): *Grafiker – ein Berufsbild*, Katalog, Kunstgewerbemuseum Zürich, 1955.

Fleischmann, Gerd (Hrsg.): *Walter Dexel. Neue Reklame*, Düsseldorf, Marzona, 1987.

– (Hrsg.): *bauhaus: drucksachen, typografie, reklame*, Stuttgart, Oktagon, 1984 (1995).

– ‹Max Bill: Typografie, Reklame, Bücher. Fünf Versuche einer Annäherung›, in: *Typografische Monatsblätter*, Heft 4, 1997, S. 2–40.

Frei, Hans: *Konkrete Architektur? Über Max Bill als Architekt*, Baden, Lars Müller, 1991.

Friedell, Egon: *Kulturgeschichte der Neuzeit*, München, dtv, 1980, S. 52f.

Friedl, Friedrich (Hrsg.): *Thesen zur Typografie 1900–59*, Eschborn, Linotype GmbH, 1986.

Friedl, Friedrich, Nicolaus Ott und Bernard Stein: *Typographie wann wer wo*, Köln, Könemann, 1998.

Gauchat, Pierre: ‹Schweizerische Verkehrspropaganda›, in: *Das Werk*, Heft 6, 1936, S. 162–173.

– ‹Bücher›, in: *Das Werk*, Heft 8, 1938, S. 232–236.

Gerstner, Karl: *Kalte Kunst? – zum Standort der heutigen Malerei*, Teufen, Arthur Niggli, 1957.

– und Markus Kutter: *Die neue Graphik*, Teufen, Arthur Niggli, 1959.

– ‹Integrale Typographie›, in: *Typographische Monatsblätter*, Heft 6/7, 1959, S. 340–350.

Giedion, Sigfried: ‹Mode oder Zeiteinstellung?›, in: *information*, Heft 1, 1932, S. 8–11.

- ‹Wohnbedarf Zürich›, in: *Die neue Stadt,* Heft 1, 1933/34, S. 20–22.
- ‹Zeitprobleme in der Schweizer Malerei und Plastik›, in: *zeitprobleme in der schweizer malerei und plastik,* Katalog, Kunsthaus Zürich, 1936, S. 3–8.
- ‹Herbert Bayer und die Werbung in Amerika›, in: *Graphis,* Heft 11/12, 1945, S. 348–358, 423f.
- ‹Malerei und Architektur›, in: *Werk,* Heft 2, 1949, S. 36–42.
- *Die Herrschaft der Mechanisierung. Ein Beitrag zur anonymen Geschichte,* Frankfurt a.M., Europäische Verlagsanstalt, 1982. (Englische Originalausgabe: *Mechanization Takes Command,* Oxford University Press, 1948.)

Gimmi, Karin: ‹Max Bill geht ans Herz – Der Schweizer Beitrag zur Triennale di Milano von 1936›, in: *archithese,* Heft 3, 1996, S. 48–53.

Ginsburg, M. J., und A. A. Wesnin (Hrsg.): *CA, Ssowremennaja Architektura* (SA, Architektur der Gegenwart), insgesamt 30 Hefte, 1926–1930.

Girsberger, Hans: *Stationen,* Zürich, Girsberger, 1970.
- *Im Umgang mit Le Corbusier,* Zürich, Artemis, 1981.

Gomringer, Eugen: ‹max bill – der universale gestalter›, in: *max bill,* Katalog, Städtisches Museum Leverkusen, Schloß Morsbroich, 1959, S. 4–7.
- ‹Max Bill: Vielfalt und Einheit der gestalteten Welt›, in: *Werk,* Heft 8, 1960, S. 289–291.
- ‹Variety and Unity of the Shaped Environment›, in: *Architect's Year Book,* Vol. 10, 1960.
- ‹Ein romantischer Moment. Der 'form' zum Vierzigsten – sechs Weggefährten gratulieren›, in: *Design-Dimensionen, 40 Jahre form – 40 Jahre Alltagskultur,* form spezial 1, 1997, S. 10.

Gottschall, Edward M.: *Typographic Communications Today,* Cambridge (Mass.) und London, MIT Press, 1989.

Graber, Rudolf: ‹Geschichte der 'Wohnbedarf' Werbung›, in: *Intérieur,* Heft 4, 1963.

Gräff (Graeff), Werner: *Es kommt der neue Fotograf!,* Berlin, Hermann Reckendorf, 1929.

Grohmann, Will: ‹Max Bill und die Synthese›, in: *Werk,* Heft 7, 1957, S. 247–249.
- ‹über max bill›, in: *max bill,* Katalog, Kästner-Gesellschaft Hannover, 1968, S. 18–21.
- ‹mathematik, vision, intuition›, in: *max bill,* Katalog, Zentrum für Kunstausstellungen der DDR Weimar, 1988, S. 17.

Grohn, Christian: *Gustav Hassenpflug. Architektur, Design, Lehre 1907–1977,* Berlin, Hermann Reckendorf, 1929.

Gubler, Jacques: *Nationalisme et Internationalisme dans l'Architecture moderne de la Suisse,* Lausanne, Editions de l'Age d'Homme, 1975.

Hemken, Kai-Uwe: ‹'Guillotine der Dichter' oder Ausstellungsdesign am Bauhaus›, in: Ute Brüning (Hrsg.): *Das A und O des Bauhauses. Bauhauswerbung: Schriftbilder, Drucksachen, Ausstellungsdesign,* Berlin, Bauhaus-Archiv, und Leipzig, Edition Leipzig, 1995.

Herzogenrath, Wulf, und Stefan Kraus (Hrsg.): *bauhaus utopien. Arbeiten auf Papier,* Stuttgart, Cantz, 1988.

Hill, Antony: ‹max bill, the search for the unity of the plastic arts in contemporary life›, in: *Typographica,* Heft 7, 1953, S. 21–28.

Hochuli, Jost: *Buchgestaltung in der Schweiz,* Zürich, Pro Helvetia, 1993.

Hohenemser, H.: *Gesamtkatalog der Kunstplakate für die Olympischen Spiele München,* Edition Olympia, 1972.

Hollis, Richard: *Graphic Design. A Concise History,* London, Thames and Hudson, 1994.

Holstein, Jürgen: *Antiquariatskatalog 105,* Berlin, 1987.

Holz, Hans Heinz: *Vom Kunstwerk zur Ware. Studien zur Funktion des ästhetischen Gegenstands im Spätkapitalismus,* Neuwied und Berlin, Luchterhand, 1972.

Hüttinger, Eduard: ‹Max Bill›, in: *Neue Zürcher Zeitung,* 29.12.1968, S. 49.
- *Max Bill,* Zürich, ABC, 1977 (1987).

Itten, Johannes (Hrsg.): *Die Farbe in Natur, Kunst, Wissenschaft und Technik,* Katalog, Kunstgewerbemuseum Zürich, 1944.

Jedlicka, Gotthard: ‹Freie und angewandte Grafik›, in: *Werk,* Heft 8, 1943, S. 226–228.

Jegher, Werner: ‹Schweizerpavillon der Brüsseler Weltausstellung›, in: *Das Werk,* Heft 7, 1935, S. 255–268.

Kamber, Peter: *Geschichte zweier Leben – Wladimir Rosenbaum & Aline Valangin,* Zürich, Limmat, 1990.

Kandinsky, Wassily: *Über das Geistige in der Kunst,* München, Piper, 1912.
- *Punkt und Linie zu Fläche. Beitrag zur Analyse der malerischen Elemente,* Bauhausbuch 9, München, Georg Langen, 1926.

Kapr, Albert, und Walter Schiller: *Gestalt und Funktion der Typografie,* Leipzig, VEB Fachbuchverlag, 1977, S. 247.

Kästli, Tobias: ‹Hans Bernoulli und die Freiland-Freigeld-Lehre›, in: *archithese,* Heft 6, 1981, Nachdruck des thematischen Teils, 1983, S. 31f.

Kern, Walter: ‹50 Jahre Schweizer Plakat›, in: *Das Werk,* Heft 9, 1941, S. 248–252.
- ‹Das Plakat›, in: *Werk,* Heft 8, 1943, S. 237–241.

Kinross, Robin: *Modern typography: an essay in critical history,* London, Hyphen Press, 1994.

Klee, Paul: *Pädagogisches Skizzenbuch,* Bauhausbuch 2, München, Georg Langen, 1925.

Klemke, Werner (Hrsg.): *Leben und Werk des Typographen Jan Tschichold,* Dresden, VEB Verlag der Kunst, 1977.

Koella, Rudolf (Hrsg.): *Dreissiger Jahre Schweiz – Konstruktive Kunst 1915–45,* Katalog, Kunstmuseum Winterthur, 1981.

Kutter, Markus: *Werbung in der Schweiz. Geschichte einer unbekannten Branche,* Zofingen, Ringier, 1983.

Lang, Lothar: *Konstruktivismus und Buchkunst,* Leipzig, Edition Leipzig, 1990, S. 51.

Leuppi, Leo (Hrsg.): *allianz,* Katalog, Helmhaus Zürich, 1954.

Lewis, John: *Typografie, Grundlagen und Experimente,* Ravensburg, Otto Maier, 1966, S. 44f.

Lissitzky, El, und Hans Arp: *Die Kunstismen,* Erlenbach-Zürich, Eugen Rentsch, 1925.

Lohse, Richard Paul: ‹Mittel des Gebrauchsgrafikers›, in: *grafik – ausstellung des verbandes schweizer grafiker,* Katalog, Kunstgewerbemuseum Zürich, 1943, S. 8–10.
- ‹Die Entwicklung der Gestaltungsgrundlagen der konkreten Kunst›, in: *Allianz – Vereinigung moderner Schweizer Künstler,* Katalog, Kunsthaus Zürich, 1947, unpaginiert.
- *Neue Ausstellungsgestaltung – 75 Beispiele neuer Ausstellungsform,* Erlenbach-Zürich, Verlag für Architektur, 1953.
- ‹die einheit der gestaltungsprinzipien›, in: Eugen Gomringer (Hrsg.), Max Bense u. a.: *max bill,* Teufen, Arthur Niggli, 1958, S. 25–27.
- ‹Der Einfluss der modernen Kunst auf die zeitgenössische Grafik›, in: *Neue Grafik,* Heft 1, 1958, S. 6–34.
- ‹Zur soziologischen Situation des Grafikers›, in: *Neue Grafik,* Heft 3, 1959, S. 58.
- ‹Produkt und Werbung. Die Werbung der Wohnbedarf AG›, in: *Neue Grafik,* Heft 17/18, 1965, S. 100f.
- ‹Zetthaus›, in: *Dreissiger Jahre Schweiz – Ein Jahrzehnt im Widerspruch,* Katalog, Kunsthaus Zürich, 1981, S. 88–101.
- ‹der gegenwart zugewandt›, in: *Max Bill,* Katalog, Kunsthalle am Weimarer Theaterplatz, Weimar, 1988.

London: *Typographica,* Heft 5, 1952.

Màcel, Otakar: *Der Freischwinger. Vom Avantgardeentwurf zur Ware,* Delft, Technische Universität, 1992, S. 94.

Magnaguagno, Guido: ‹Plakatgrafik und Sachfotografie in der Schweiz
1925-1935›, in: Rudolf Koella: *Neue Sachlichkeit und Surrealismus
in der Schweiz 1915-1940,* Katalog, Kunstmuseum Winterthur, 1979,
S. 169-180.
   – ‹Sachfotografie und Werbung. Die Illusion der objektiven Fotografie›,
in: *Werbestil 1930-1940. Die alltägliche Bildersprache eines Jahr-
zehnts,* Katalog, Kunstgewerbemuseum Zürich, Museum für Gestal-
tung, 1981, S. 70-77.
Maldonado, Tomás: *Max Bill,* Buenos Aires, Nueva Visión, 1955.
Malewitsch, Kasimir: *Die gegenstandslose Welt,* Bauhausbuch 11, München,
Georg Langen, 1927.
Marbach, Ueli, und Arthur Rüegg: *Werkbundsiedlung Neubühl in Zürich-
Wollishofen 1928-1932. Ihre Entstehung und Erneuerung,* Zürich, gta,
1990.
Margadant, Bruno: ‹Schrift als Bild. Zum Schriftplakat in der Schweiz›, in:
Typografische Monatsblätter, Heft 6, 1982, S. 5-31.
   – *Das Schweizer Plakat 1900-1983,* Basel, Birkhäuser, 1983.
   – ‹Inhalt findet Form. Grafische und typografische Arbeiten von Max Bill
und Richard P. Lohse›, in: SWB Schweizerischer Werkbund, Sektion
Ostschweiz (Hrsg.): *Das Neue Bauen in der Ostschweiz. Ein Inventar,*
St. Gallen, SWB, 1989, S. 55-70.
   – *Hoffnung und Widerstand. Das 20. Jahrhundert im Plakat der inter-
nationalen Arbeiter- und Friedensbewegung,* Zürich, Hans-Rudolf Lutz
und Museum für Gestaltung Zürich, 1998.
Marzona, Egidio, und Marion Fricke (Hrsg.), Mitarbeit Gerd Fleischmann:
Lehre und Arbeit am Bauhaus 1919-32: Joost Schmidt, Düsseldorf,
Marzona, 1984.
Matheson, John: *Allianz. Die Geschichte einer Bewegung,* Zürich, arteba
Galerie, 1983.
McAndrew, John, und Elisabeth Mock (Hrsg.): ‹what is modern architec-
ture?›, New York, Museum of Modern Art, 1942.
Mehlau-Wiebking, Friederike, Arthur Rüegg und Ruggero Tropeano:
*Schweizer Typenmöbel 1925-1935. Sigfried Giedion und die Wohn-
bedarf AG,* Zürich, gta, 1989.
Meier, Irène: ‹Zur Ausstellung ʼZeitprobleme in der Schweizer Malerei
und Plastikʼ im Kunsthaus Zürich, 1936›, in: *1936 – eine Konfrontation,*
Aargauer Kunsthaus, 1981, S. 15-20.
Metzger, Wolfgang: *Gesetze des Sehens,* Frankfurt a.M., Waldemar Krauer,
1975.
Meyer, Hannes: ‹bauhaus und gesellschaft›, in: *bauhaus,* Heft 1, 1929, S. 2.
   – ‹Mein Hinauswurf aus dem Bauhaus. Offener Brief an Oberbürgermei-
ster Hesse, Dessau›, in: Hans M.Wingler: *Das Bauhaus 1919-1933,*
Bramsche, Gebr. Rasch und M. DuMont Schauberg, 1962, S. 170.
Meyer, Peter: ‹Deutsche Bauausstellung Berlin 1931: Die Schweizer Abtei-
lung der Internationalen Ausstellung für Städtebau und Wohnungs-
wesen›, in: *Das Werk,* Heft 6, 1931, S. 189-192.
   – ‹Reklamegraphik und Psychotechnik›, in: *Das Werk,* Heft 12, 1932,
S. 383f.
   – ‹Geschäftliche Gebrauchsgraphik›, in: *Das Werk,* Heft 2, 1933, S. 50-55.
   – ‹Zürcher Gartenbauausstellung Züga›, in: *Das Werk,* Heft 7, 1933,
S. 193-205.
   – ‹Plakate›, in: *Das Werk,* Heft 10, 1933, S. 318-320.
   – ‹Neuzeitliche Geschäftshäuser›, in: *Das Werk,* Heft 1, 1934, S. 1-11.
   – ‹Ascona-Baubuch›, in: *Das Werk,* Heft 10, 1934, S. XXXVI-XXXIX.
   – ‹XIX. Nationale Kunstausstellung Bern 1936›, in: *Das Werk,* Heft 8,
1936, S. 229-242.
   – ‹Notizen von der IV. Triennale Mailand›, in: *Das Werk,* Heft 10, 1936,
S. 312-315.
   – ‹Moderne Kunst in der Schweiz›, in: *Das Werk,* Heft 3, 1938, S. 74-78.
   – ‹Die Neue Architektur›, in: *Das Werk,* Heft 12, 1939, S. XXIIf.

Moholy-Nagy, László: ‹Typographie – Photographie: Typo-Photo›,
in: *sonderheft elementare typographie, typographische mitteilungen,*
Leipzig, Oktober 1925, S. 202-205.
   – ‹Zeitgemässe Typografie. Ziele, Praxis, Kritik›, in: *Offset- Buch- und
Werbekunst,* Heft 7 (Bauhaus-Heft), 1926, S. 375-385.
   – ‹Fotoplastische Reklame›, in: *Offset- Buch- und Werbekunst,* Heft 7
(Bauhaus-Heft), 1926, S. 386-394.
   – *Malerei, Fotografie, Film,* Bauhausbuch 8, München, Georg Georg
Langen, 1927.
   – ‹das wesentliche des typografischen fortschritts›, in: Heinz und Bodo
Rasch (Hrsg.): *Gefesselter Blick,* Stuttgart, Zaugg, 1930, S. 69-72.
   – *Vision in Motion,* Chicago, Paul Theobald, 1947.
Mondrian, Piet: *Neue Gestaltung. Neoplastizismus, Nieuwe Beelding,* Bau-
hausbuch 5, München, Georg Langen, 1925.
Moos, Stanislaus von: ‹Wohnbedarf und Lebensform. Bruchstücke zur
Schweizer Design-Geschichte der dreissiger Jahre›, in: *archithese,*
Heft 2, 1980, S. 16-25.
   – ‹Eine Avantgarde geht in die Produktion›, in: Helmuth Gsöllpointner,
Angela Hareiter und Laurids Ortner: *Design ist unsichtbar,* Wien,
Löcker, 1981, S. 195-208.
   – ‹Die zweite Entdeckung Amerikas›, in: Sigfried Giedion: *Die Herrschaft
der Mechanisierung,* Frankfurt a.M., Europäische Verlagsanstalt, 1982,
S. 779-816.
   – ‹Modern Art gets down to Business – Anmerkungen zu Alexander
Dorner und Herbert Bayer›, in: *Herbert Bayer. Das künstlerische Werk
1918-1938,* Bauhaus-Archiv Berlin, 1982, S. 93-104.
   – ‹Vom Technischen ins Visionäre›, in: *Faces,* Heft 15, 1990, S. 1f.
   – ‹Ein Name und ein Kopf wie ein Programm›, in: *Die Weltwoche,*
15. Dezember 1994, S. 61.
   – ‹Lebensform und Wohnbedarf›, in: Arthur Rüegg und Ruggero Trope-
ano: *Wege zur ‹Guten Form›,* Basel, Birkhäuser, 1995, S. 13-19.
   – ‹Schönheit als Funktion. Anmerkungen zu Max Bill›, in: Arthur Rüegg
und Ruggero Tropeano: *Wege zur ‹Guten Form›,* Basel, Birkhäuser,
1995, S. 69-72.
   – Hans Frei und Karin Gimmi: *minimal tradition. Max Bill und die
‹einfache› Architektur 1942-1996,* herausgegeben vom Bundesamt für
Kultur, Baden, Lars Müller, 1996.
Müller-Brockmann, Josef: *Gestaltungsprobleme des Grafikers,* Teufen,
Arthur Niggli, 1961.
   – *Geschichte der visuellen Kommunikation,* Teufen, Arthur Niggli, 1971.
   – und Shizuko: *Geschichte des Plakates,* Zürich, ABC, 1971.
   – *Rastersysteme für die visuelle Gestaltung,* Niederteufen, Arthur Niggli,
1981.
   – und Karl Wobmann: *Fotoplakate. Von den Anfängen bis zur Gegenwart,*
Aarau, AT Verlag, 1989.
Müller, Lars (Hrsg.): *Josef Müller-Brockmann: Gestalter,* Baden, Lars
Müller, 1994.
Müller, O.: ‹ʼModerne Kunst in der Schweizʼ – Ein Protest›, in: *Das Werk,*
Heft 5, 1938, S. 159f.
Neuburg, Hans: ‹Technische Grafik und Werbung›, in: *Werk,* Heft 8, 1943.
   – und Hermann Eidenbenz: ‹Kleine Untersuchung des Signets›, in: *Werk,*
Heft 8, 1943, S. 251-253.
   – ‹Die Gegenwartsströmungen in der schweizerischen Zweckgraphik›,
in: *Typographische Monatsblätter,* Heft 7, 1946, S. 235-260.
   – ‹Der Prospekt›, in: *Graphis,* Heft 28, 1949, S. 340-345.
   – ‹Grafik nach SWB-Norm›, in: *SWB-Ausstellung der Ortsgruppe Zürich
des Schweizerischen Werkbundes,* Katalog, Kunstgewerbemuseum
Zürich, 1950, unpaginiert.
   – ‹Form. Von Max Bill›, in: *Graphis,* Heft 48, 1953, S. 338.
   – ‹Industrie-Grafik›, in: *Neue Grafik,* Heft 1, 1958, S. 35-43.

– ‹Die besten neuzeitlich gestalteten Schweizer Plakate 1931–1957›, in: *Neue Grafik,* Heft 1, 1958, S. 52–63.

– ‹30 Jahre Konstruktive Grafik. Anfänge – Entwicklung – Gegenwarts-situation dargestellt am Beispiel von Arbeiten Anton Stankowskis›, in: *Neue Grafik,* Heft 3, 1959, S. 27–35.

– ‹Die Beherrschung des freien Raumes in der grafischen Gestaltung›, in: *Neue Grafik,* Heft 3, 1959, S. 53f.

– ‹Plakate, nach drei Gesichtspunkten geordnet›, in: *Neue Grafik,* Heft 4, 1959, S. 15–23.

– *Moderne Werbe- und Gebrauchs-Grafik,* Ravensburg, Otto Maier, 1960.

– ‹Einheit von Formgebung und Grafik›, in: *Neue Grafik,* Heft 11, 1961, S. 44–47.

– *Schweizer Industrie Grafik. Das Standardwerk der erfolgreichen Indu-striewerbung,* Zürich, ABC, 1965.

– ‹Industriewerbung und konstruktive Grafik 1930–1940: Neue Aufga-ben – neue Lösungen›, in: *Werbestil 1930–1940. Die alltägliche Bilder-sprache eines Jahrzehnts,* Katalog, Kunstgewerbemuseum Zürich, Museum für Gestaltung, 1981, S. 63–66.

– ‹Die Pioniere der Schweizer Grafik 1900–1950›, in: *idee – Zeitschrift für angewandte Kreativität,* Heft 1, 1981, S. 5–17.

Neumann, Eckhard: ‹Typografie, Grafik und Werbung am Bauhaus›, in: *Neue Grafik,* Heft 17/18, 1965, S. 29–54.

Neutra, Richard: *wenn wir weiterleben wollen. Erfahrungen und Forderun-gen eines Architekten,* Hamburg, Claassen, 1956 (2. Aufl.), S. 13.

Odermatt, Siegfried: *100+3 Plakate ausgewählt von – 100+3 affiches suisses choisies par – 100+3 Swiss Posters selected by Siegfried Oder-matt,* Zürich, Waser, 1998.

Ohff, Heinz: ‹Das Tragische verschwindet›, in: *Der Tagesspiegel,* 14. April 1976.

Paradowski, Stefan: *Das Schweizer Typoplakat im 20. Jahrhundert,* unver-öffentlichte Lizentiatsarbeit, Kunsthistorisches Seminar der Universität Zürich, 1980.

Paris: *Art & Pub. Art & Publicité 1890–1990,* Katalog, Centre Georges Pom-pidou, 1991.

Piscator, Erwin: *Das politische Theater,* Berlin, Adalbert Schultz, 1929.

Porstmann, Walter: *Sprache und Schrift,* Berlin, Verlag des Vereins Deut-scher Ingenieure, 1920.

Quintavalle, Arturo Carlo: *Max Bill,* Katalog, Parma, Università, Centro studi e archivio della comunicazione, 1977.

Rand, Paul: *Von Lascaux bis Brooklyn,* Sulgen, Niggli, 1993.

Rasch, Heinz und Bodo (Hrsg.): *Gefesselter Blick. 25 kurze Monografien und Beiträge über neue Werbegestaltung,* Stuttgart, Zaugg, 1930.

Rattemeyer, Volker, und Dietrich Helms: ‹*Typographie kann unter Umstän-den Kunst sein*›. *Kurt Schwitters – Typographie und Werbegestaltung,* Katalog, Landesmuseum Wiesbaden, 1990.

– ‹*Typographie kann unter Umständen Kunst sein*›, *Ring neue werbe-gestalter, die Amsterdamer Ausstellung 1931,* Katalog, Landesmuseum Wiesbaden, 1990.

Renner, Paul: *mechanisierte grafik – Schrift, Typo, Foto, Film, Farbe,* Berlin, Hermann Reckendorf, 1931.

– *Die Kunst der Typographie,* Berlin, Frenzel und Engelbrecher, 1939.

– ‹Über moderne Typographie›, in: *Schweizer Graphische Mitteilungen,* Heft 3, 1948, S. 119–120.

– *Der Künstler in der mechanisierten Welt,* München, Akademie für das Graphische Gewerbe, 1977, S. 43.

Riegert, W.: ‹Betrachtungen über das wissenschaftliche Buch›, in: *Typo-grafische Monatsblätter,* Heft 5, 1949, S. 237–244.

Roh, Franz, und Jan Tschichold: *foto-auge, 76 fotos der zeit,* Stuttgart, Wedekind, 1929.

Rosarivo, Raul M.: *Divina Proportio Typographica. Das Buch vom Goldenen typographischen Modul,* Krefeld, Scherpe, 1961.

Roth, Alfred: *Die Neue Architektur, dargestellt an 20 Beispielen 1930–1940,* Zürich, Girsberger, 1940.

– Probebuch zu: *Die Neue Architektur, systematisch dargestellt an 20 Beispielen aus 11 verschiedenen Ländern,* Zürich, Girsberger, o. J.

– ‹Grafische Einflüsse in der Gegenwartsarchitektur?›, in: *Werk,* Heft 8, 1943, S. 242–244.

– ‹Max Bill: Wiederaufbau›, in: *Werk,* Heft 5, 1946, S. 62f.

– ‹Der Schweizer Pavillon an der 9. Triennale in Mailand 1951, Ausstel-lungsarchitekt Max Bill›, in: *Werk,* Heft 9, 1951, S. 266–268.

– ‹Max Bill: FORM›, in: *Werk,* Heft 2, 1953, S. 24.

Roth, Emil, Hans Schmidt und Mart Stam (Hrsg.): ABC, *Beiträge zum Bauen,* Serie 1, Hefte 1–6, 1924/1925. – Hans Schmidt und Mart Stam (Hrsg.): Serie 2, Hefte 1–4, 1926–1928.

Rotzler, Willy: ‹Schweizer Plakate›, in: *Graphis,* Heft 82, 1959, S. 114–121 und 175.

– ‹Ernst Keller und die Schweizer Graphik›, in: *Ernst Keller Graphiker 1891–1968 Gesamtwerk,* Katalog, Kunstgewerbemuseum Zürich, 1976, S. 11–17.

– *Konstruktive Konzepte. Eine Geschichte der konstruktiven Kunst vom Kubismus bis heute,* Zürich, ABC, 1977.

– Fritz Schärer und Karl Wobmann: *Das Plakat in der Schweiz,* Schaff-hausen, Stemmle, 1990.

Ruder, Emil: ‹Ordnende Typographie›, in: *Graphis,* Heft 85, 1959, S. 404–413.

– *Typographie,* Teufen, Arthur Niggli, 1967.

Rüegg, Arthur, und Ruggero Tropeano: *Wege zur «Guten Form». Neun Beiträge zur Geschichte der Schweizer Produktgestaltung,* Basel, Birk-häuser, 1995.

– (Hrsg.): *Das Atelierhaus Max Bill 1932/33. Ein Wohn- und Atelierhaus in Zürich-Höngg von Max Bill und Robert Winkler,* Sulgen, Niggli, 1997.

Rütti-Morand, Paul: ‹Max Dalang›, in: *Schweizer Reklame,* Heft 3, 1965, S. 153.

Scheidegger, Ernst: ‹Fotografie und Werbegrafik›, in: *Neue Grafik,* Heft 4, 1959, S. 29–46.

Schilder, Lotte: ‹Die ‘Galerie des Eaux-Vives’ in Zürich›, in: *Konstruktive Kunst 1915–45,* Katalog, Kunstmuseum Winterthur, 1981, S. 44f.

Schmidt, Georg: ‹Funktion und Form im Bauen und Drucken›, in: *impri-matur, ein Jahrbuch für Bücherfreunde,* 2. Jahrgang, herausgegeben von der Gesellschaft der Bücherfreunde zu Hamburg, 1931, S. 56–64.

– ‹Max Bill›, in: *Surrealismus und Konstruktivismus: Wiemken, Bill, Leuppi,* Katalog, Kunststuben im Rösslyn, Zürich, 1943.

Schuitema, Paul: ‹Neue Typografie um 1930›, in: *Neue Grafik,* Heft 11, 1961, S. 2–21.

Schwitters, Kurt: ‹Thesen über Typographie›, in: *Merz 11,* Typoreklame (Pelikannummer), Hannover, 1924, S. 91.

– (Hrsg.): *Merz,* Heft 8/9, 1924, Redaktion von El Lissitzky und Kurt Schwitters.

Sembach, Klaus-Jürgen: *Style 1930 – Stil 1930,* Fribourg, Office du Livre, 1971.

Sorge, Johannes M.: *Einführung in die Betrachtung der abstrakten und konkreten Malerei,* Zürich, Editions des Eaux-Vives, 1945.

Speiser, Andreas: *Die mathematische Denkweise,* Basel und Stuttgart, Birkhäuser, 1952.

Spencer, Herbert: *pioniere der modernen typographie,* München, Axel Juncker, 1970.

Staber, Margit: ‹Die Anfänge der Konkreten Kunst›, in: *Werk,* Heft 10, 1960, S. 367–374.

– ‹Ausstellung [von Max Bill] für Asbeströhren›, in: *Neue Grafik,* Heft 16, 1963, S. 44–47.

– *Max Bill,* London, Methuen, 1964.
– ‹Anmerkungen zur konkreten Kunst›, in: *gesammelte manifeste – serielle manifeste 66,* St. Gallen, Edition Galerie Press, 1967, S. 3–17.
– *Max Bill,* St. Gallen, Erker-Verlag, 1971.
– ‹max bill beantwortet fragen von margit staber›, in: *max bill. neue werke,* Katalog, Marlborough Galerie, Zürich, 1972.
– *Um 1930 in Zürich – Neues Denken – Neues Wohnen – Neues Bauen,* Katalog, Kunstgewerbmuseum Zürich, 1977.
Stam, Mart, und El Lissitzky: ‹Die Reklame›, in: *sonderheft elementare typographie, typographische mitteilungen,* Leipzig, Oktober 1925, S. 207.
Stankowski, Anton, und Fritz Seitz: ‹Stankowski›, in: *Graphis,* Heft 98, 1961, S. 488–492, 541.
– ‹Situationen und Personen. Betrachtungen zu den frühen dreissiger Jahren›, in: *Dreissiger Jahre Schweiz – Werbestil 1930–1940,* Katalog, Kunstgewerbemuseum Zürich, Museum für Gestaltung, 1981, S. 77–80.
St. Gallen: *Max Bill,* Katalog, Galerie im Erker, 1967.
Strehler, Hermann: ‹über max bill, eine einleitung zum betrachten eines bildes›, mit Farbabbildungen des Bildes *system mit fünf vierfarbigen zentren, 1970,* und seines Aufbaus, in: *Typografische Monatsblätter,* Heft 5, 1973, S. 367f (Text), der Abbildungsteil ist separat paginiert, S. 3–28.
Streiff, Egidius: ‹Die Schweizer Abteilung an der Triennale in Mailand 1936›, in: *Das Werk,* Heft 8, 1936, S. 245f.
Stuttgart: *Arbeiten von Anton Stankowski. Dokumentation der Grafik,* Katalog, Landesgewerbeamt Baden-Württemberg, 1962.
– *50 jahre bauhaus,* Katalog, Kunstgebäude am Schloßplatz, 1968.
Szeemann, Harald (Hrsg.): *documenta 5, Befragung der Realität, Bildwelten heute,* Katalog, Kassel, 1972.
– *Monte Verità. Berg der Wahrheit,* Katalog, Kunsthaus Zürich, 1978.
Thomas, Angela: ‹Max Bill und seine Konzeption von Konkreter Kunst. Die Anfänge in Zürich›, in: *Tages-Anzeiger,* Zürich, 9. Januar 1982, S. 41f.
– ‹Max Bill: The Early Years. An Interview›, in: *The Journal of Decorative and Propaganda Arts,* Heft 19, 1993, S. 98–119.
Tschichold, Jan (Hrsg.): *sonderheft elementare typographie, typographische mitteilungen,* Leipzig, Verlag des Bildungsverbandes der Deutschen Buchdrucker, Oktober 1925.
– *Die Neue Typographie. Ein Handbuch für zeitgemäß Schaffende,* 1928.
– ‹Fotografie und Typografie›, in: *Die Form,* Heft 5, 1928.
– *Eine Stunde Druckgestaltung. Grundbegriffe der Neuen Typografie in Bildbeispielen,* Stuttgart, Wedekind, 1930.
– *Typographische Gestaltung,* Basel, Schwabe, 1935.
– ‹Glaube und Wirklichkeit›, in: *Schweizer Graphische Mitteilungen,* Heft 6, 1946.
– *Ausgewählte Aufsätze über Fragen der Gestalt des Buches und der Typographie,* Basel, Birkhäuser, 1975.
Ulm: *max bill,* Katalog, Museum der Stadt Ulm, 1956.
Varnedoe, Kirk, und Adam Gopnik: *High & Low. Modern Art & Popular Culture,* Katalog, Museum of Modern Art, New York, 1990.
Vivarelli, Carlo L.: ‹Die Prinzipien der Signetgestaltung›, in: *Neue Grafik,* Heft 5, 1960, S. 29–33.
– ‹Grundsätzliches zur Gestaltung von Schriftzügen›, in: *Neue Grafik,* Heft 12, 1962, S. 44–47.
Vogt, Adolf Max: ‹über max bill›, in: *max bill, malerei und plastik 1928–1968,* Katalog, Kunsthalle Bern, 1968, S. 4–9.
Weidenmüller, Werbwart [Hans]: ‹gestaltende anbiet-arbeit›, in: *bauhaus,* Heft 1, 1928, S. 1.
Weimar: *Max Bill,* Katalog, Kunsthalle am Weimarer Theaterplatz, Zentrum für Kunstausstellungen der DDR, 1988.

Weinberg-Staber, Margit, und Alois Müller (Hrsg.): *Dreissiger Jahre Schweiz – Werbestil 1930–1940. Die alltägliche Bildersprache eines Jahrzehnts,* Katalog, Kunstgewerbemuseum Zürich, Museum für Gestaltung, 1981.
Wiese, Stephan von (Hrsg.): *Anton Stankowski. Das Gesamtwerk,* Stuttgart, Hatje, 1983.
Willett, John: *Explosion der Mitte. Kunst + Politik 1917–1933,* Rogner & Bernhard, 1981, S. 120f.
Wingler, Hans M.: *Das Bauhaus 1919–1933, Weimar, Dessau, Berlin und die Nachfolge in Chicago seit 1937,* Bramsche, Gebr. Rasch und M. DuMont Schauberg, 1962.
– (Hrsg.): *Herbert Bayer, Das künstlerische Werk 1918–1938,* Katalog, Bauhaus-Archiv Berlin, 1982.
Winterthur: *Dreissiger Jahre Schweiz – Konstruktive Kunst 1915–45,* Katalog, Kunstmuseum, 1981.
Wood, James N., und Max Bill: *Max Bill,* Katalog, Albright-Knox Art Gallery, Buffalo, 1974.
Zerbe, Walter: ‹Die schönsten Schweizer Bücher 1952›, in: *Typografische Monatsblätter,* Heft 12, 1953, S. 555.
Zürich: *USSR Russische Ausstellung,* Katalog, Kunstgewerbemuseum, 1929.
– *Das Licht im Heim, Büro und Werkstatt,* Katalog, Kunstgewerbemuseum, 1932.
– *Zeitprobleme in der Schweizer Malerei und Plastik,* Katalog, Kunsthaus, 1936.
– *grafik – ausstellung des verbandes schweizer grafiker,* Katalog, Kunstgewerbemuseum, 1943.
– *Die Farbe in Natur, Kunst, Wissenschaft und Technik,* Katalog, Kunstgewerbemuseum, 1944.
– *konkrete kunst, 50 jahre entwicklung,* Katalog, Helmhaus, 1960.
– *Max Bill,* Katalog, Kunsthaus, 1968/69.
– *Die Zwanziger Jahre – Kontraste eines Jahrzehnts,* Katalog, Kunstgewerbemuseum, 1973.
– Kulturelle Plakate der Schweiz, Katalog, Kunstgewerbemuseum, 1974.
– *Um 1930 in Zürich – Neues Denken – Neues Wohnen – Neues Bauen,* Katalog, Kunstgewerbemuseum, 1977.
– *Gründung und Entwicklung. 1878–1978: 100 Jahre Kunstgewerbeschule der Stadt Zürich, Schule für Gestaltung,* Katalog, Kunstgewerbemuseum, 1978.
– *Dreissiger Jahre Schweiz – Werbestil 1930–1940. Die alltägliche Bildersprache eines Jahrzehnts,* Katalog, Kunstgewerbemuseum, Museum für Gestaltung, 1981.
– *Dreissiger Jahre Schweiz – Ein Jahrzehnt im Widerspruch,* Katalog, Kunsthaus, 1982.
– *Herbert Matter – Foto-Grafiker – Sehformen der Zeit,* Katalog, Schweizerische Stiftung für die Photographie, Kunsthaus, 1995.

Personenregister

Seitenzahlen mit normalem Schriftschnitt verweisen auf Personen im Text. Hingegen verweisen Seitenzahlen mit halbfettem Schriftschnitt auf Personen in den Bildlegenden.

Index of Names

Abbildungsnachweis

Nachweise der Abbildungen sind teilweise in den Bildlegenden aufgeführt. Diese werden im Abbildungsnachweis nicht wiederholt angegeben.
Sämtliche nicht im Abbildungsnachweis oder in den Bildlegenden nachgewiesenen Abbildungen sind aus dem Archiv Dr. phil. Angela Thomas Schmid, Zumikon.

9 Musée d'art et d'histoire, Neuchâtel
14, 35 unten, 42, 65 oben, 128 unten, 293 Archiv der max binia + jakob bill stiftung, adligenswil
25 Stiftung Bauhaus Dessau
41, 108 Baugeschichtliches Archiv der Stadt Zürich
65 unten Archiv Bernhard Winkler, Zürich
67 rechts unten aus: Typografische Monatsblätter 9/1933
81 Archiv Hans Rudolf Bosshard, Zürich
87 oben, 103, 105 unten, 180 Archiv Richard Paul Lohse-Stiftung, Zürich
152, 153, 157 Schweizerische Landesbibliothek, Bern
233 rechts unten Museum für Gestaltung Zürich, Plakatsammlung

Für die zur Verfügung gestellten Bücher und Zeitschriften geht ein Dank an:
Dr. Jakob Bill, Adligenswil; Hans Rudolf Bosshard, Zürich; Dr. H. Rumpel, Archiv Europa Verlag, Zürich und Heiner Spiess.

DATE DUE